KB259816

물질과 기억

세창클래식 018

물질과 기억
육체와 정신의 관계에 대한 고찰

초판 1쇄 발행 2025년 6월 13일

—

지은이 앙리 베르그송
옮긴이 이명곤
펴낸이 이방원

책임편집 조성규　　**책임디자인** 손경화
기획 김명희·박준성　　**마케팅** 최성수　　**경영지원** 이병은

—

펴낸곳 세창출판사
　　신고번호 제1990-000013호　　주소 03736 서울시 서대문구 경기대로 58 경기빌딩 602호
　　전화 02-723-8660　　팩스 02-720-4579
　　이메일 edit@sechangpub.co.kr　　홈페이지 http://www.sechangpub.co.kr
　　블로그 blog.naver.com/scpc1992　　페이스북 fb.me/Sechangofficial　　인스타그램 @sechang_official

—

ISBN 979-11-6684-419-5　　93160

ⓒ 이명곤, 2025

물질과 기억

육체와 정신의 관계에 대한 고찰

앙리 베르그송 지음

이명곤 옮김

세창클래식 018

세창출판사

베르그송은 과학철학자로, 그의 저서들은 독해하기가 쉽지 않다. 과학철학자들의 책은 철학적 언어와 과학적 언어가 혼용되어 있어서 용어들의 의미를 정확히 이해하는 데 어려움이 있다. 게다가 어떤 문장들은 구체적인 예 없이 너무나 추상적으로 표현되어 있고, 또 어떤 문장은 마치 수학 방정식처럼 너무나 함축적인 문장으로 요약되어 있다. 그래서 어떤 문장들은 30년을 철학에 몰두해 온 나조차도 몇 번을 다시 읽고 또 오랫동안 숙고해 보아야만 그 의미가 분명히 드러나는 것도 있었다. 이러한 사실을 예상했던 터라, 출판사에서 번역을 의뢰해 왔을 때, 선뜻 응하기가 쉽지 않았다. 그럼에도 나는 본능적으로 이 책의 중요성을 직감할 수 있었다. 이 책이 기억에 관해 전문적으로 다루고 있는 책이었기 때문이었다.

'물질과 기억'에 대한 과학적이고도 철학적인 이 책에는 전문적이라는 그 이름에 어울리게 수많은 과학자와 철학자들의 이름과 여러 이론 그리고 사상이 등장하고 일반인은 잘 들어 보지도 못한 의학용어나 철학용어들이 등장한다. 특히 구체적인 임상실험에 대한 이야기들이 나올 때는 철학을 전공한 나에게도 사전을 찾아보지 않고서는 무슨 의미인지 통알 수 없는 부분들이 많았다. 확실히 전문적인 책이었다. 하지만 전문적인 책이라고 해서 모두 어려운 것은 아니다. 오히려 아주 전문적인 심리학 관련 부분들을 철학자의 언어로 정확하게 그 전모를 밝혀 줄 때는 그 어떤 심리학자나 의학자보다 더 분명하고 알기 쉽게 현상들을 해명해 주기도 하였다. 게다가 인식론의 역사에서 매우 중요하게 논의되었던 복잡한 문제들을 아주 명쾌하게 요약해 주는 부분에서는 베르그송 특유의 지성적 통찰력이 나를 흥분하게 만들었다. 베르그송의 관점에서 보자면 심리학자나 과학자들, 특히 인간의 두뇌를 다루는 뇌과학자들은 근본적으로 인간의 기억과 자아에 관해 어떤 오해의 지평에서 출발할 수밖에 없다. 왜냐하면 이들은 하나같이 기억이나 자아의 문제를 물질적인 기초 위에서 출발하기 때문이다. 하지만 기억과 자아는 인간이 가진 비물질적인(정신적인) 특성을 가장 명확하게 드러내 주는 유일한 것이다. 특히 질적인 특성의 차이점을 무시한 채 동질적인 공간에서 감각과 지각을 다루고, 비분할적인 특성을 가진 운동을 무한히 분할 가능한 동질적인 시간의 간격에서 다루는 과학자들은 결코 기억과 자아의 본질적인 국면을 밝혀 줄 수가 없다. 이 책은 이러한 심리학과 과학에서 범하고 있는 오류를 밝히고, 인간의 기억과 의식 나아가 정신활동에 대해 올바른 방향성을 제시하기 위한 것이다. 따라서 이 책의 중요성은 이 책의 목적 그 자체에 집약되어 있다고 할 수 있다.

기억은 어떤 의미에서 인간의 모든 중요한 정신활동에 관련되어 있다. 인간이 시간관념을 가질 수 있는 것도 지나간 순간들을 의식 속에 보존하는 기억 때문이요, 과거를 반추하며 현재의 삶의 의미를 산출할 수 있는 것도 기억 때문이다. 게다가 기억이 희미하거나 그 지속 기간이 아주 짧다면 '나는 누구인가?'에 답할 수 있는 자아 자체를 가질 수가 없다. 왜냐하면 '나'라는 존재는 결국 나의 의식 속에 있는 과거에 대한 나의 기억의 총체이기 때문이다. 경험되지 않은 것이 기억될 수 없듯이, 기억 속에 없는 것이 자아의 내용이 될 수는 없다. 아무리 내가 정의로운 사람이라고 타인들에게 강변하더라도 만일 내 기억 속에 정의로운 행동을 했던 과거의 기억이 전혀 없다면 나 스스로는 결코 나를 정의로운 사람으로 느낄 수도 인정할 수도 없을 것이다. 이와 반대로 세상 모든 사람이 나를 이기적인 사람이라고 손가락질해도 만일 내 의식 속에 자비로웠던 기억들이 가득하다면 결코 나 스스로는 나를 이기적인 사람이라고 느낄 수도 인정할 수도 없을 것이다. 요컨대 기억이란 결코 스스로는 속일 수 없는 나의 내적인 '실재 자체'이다.

　물론 기억을 가지는 능력이 마냥 좋은 것만은 아닐 수도 있다. 잊어버리고 싶은 어떤 불편한 기억이 계속 떠올라 삶에 괴로움을 가중하기도 하기 때문이다. 사실상 우리가 정신병이라고 칭하는 대부분은 기억과 관련된 병이다. 예를 들어 트라우마나 공황장애 같은 것은 모두 과거에 체험했던 끔찍한 기억들이 원인이 되어 현재의 삶에 집중할 수 없다는 사실에서 주어진다. 하지만 누구도 구더기가 무서워 장 담그기를 포기하지 않듯이 기억이 주는 부정적인 측면 때문에 "기억 능력이 아예 없어져 버렸으면" 하고 바라는 사람은 아무도 없을 것이다. 따라서 우리가 인생을 잘 살아가기를 혹은 가치 있게 살아가기를 원한다면 자신의 기억에 대해 분명하고 정확하게 이해하지 않고서는 불가능하다. 베르그송은 기억의 역할이란 현재의 지각을 올바르게 수행할 수 있게 해 주는 것이라고 보고 있으며, 또한 현재의 지각(기억)은 앎을 획득하기 위한 것이 아니라 본질적으로 미래의 방향성을 지향하는 행동을 위한 것이라고 보고 있다. 따라서 기억이 올바르게 작동하지 않게 되면 현재에 대한 인식도 제대로 이루어지지 않을뿐더러 미래에 대한 방향성을 올바로 정할 수도 없게 된다. 요컨대 기억은 양날의 검이기도 하지만 그럼에도 인간적인 삶에서 중추 역할을 하는 것임에는 틀림이 없다.

사람들은 치매가 아주 무서운 병이라고 생각하는데 그 이유는 치매에 걸린 사람은 더 이상 사랑하는 가족들의 얼굴조차 기억하지 못하기 때문이다. 사람들은 혼자 있더라도 기억을 통해 과거의 사랑했던 가족들의 얼굴을 떠올리고, 아름다웠던 젊은 시절의 추억을 떠올리면서 가슴속에 잔잔한 환희의 물결을 느낄 수 있기에 전혀 외롭지 않을 수 있다. 하지만 기억을 상실한 사람은 모두와 함께 있어도 사실은 세상에 오직 혼자 남은 사람이나 다름없다. 왜냐하면 자신의 주위 사람들을 전혀 알아볼 수 없다는 것은 전혀 관계없는 사람들, 전혀 알지 못하는 사람들에 둘러싸여 있는 것과 다름없기 때문이다. '군중 속의 고독'이라는 말은 바로 이를 두고 한 말이 아닐까! 물질이 인간의 육체를 상징하는 용어라면 기억은 인간의 정신을 상징하는 용어라고 할 수 있다. 베르그송은 정신이 비물질적인 것임을 기억이 비물질적이라는 특성에서 가장 분명하게 발견하고 있다. 기억이란 물리적인 방식으로는 결코 없애거나 되살릴 수가 없으며, 나아가 조작하거나 변형할 수 없다는 것이다. 오직 반추하는 정신을 통해서만 현재의 기억은 과거의 기억을 통합하고 조직하고 질서 지으면서 부정할 수 없는 자신의 내적인 존재, 즉 '자아'를 형성해 간다. 그러므로 자신의 자아를 찾고자 하는 사람에게 이 책은 원하는 바를 찾아줄 것이다. 내가 가장 매력을 느낀 부분도 바로 이 부분이었다. 하루하루 힘겨운 번역의 시간들이 전혀 힘들게 느껴지지 않았던 것은 이 책이 일견 전문적인 지식을 전달하는 것 같았지만 사실은 —최소한 나에게는— '나는 누구이며, 나는 나를 어떻게 형성하며, 나는 나의 미래를 어떻게 정초해 갈 것인가?' 하는 심오한 삶의 지혜에 대해 말해 주고 있었기 때문이었다.

  그럼에도 부정할 수 없는 한 가지 사실, 그것은 이 책을 이해하는 데 있어 다소 난이도가 높고 철학적 논의들에 익숙지 않은 초심자들에게는 어려운 글처럼 다가올 것임을 부정할 수는 없을 것 같다. 그 두 가지 이유를 말하자면, 첫째는 구체적인 현실의 실례를 들지 않고 오직 추상적인 표현이나 묘사만으로 어떤 심리적 사태나 병리적 사실을 설명하는 곳이 제법 많다는 점이다. 둘째는 일반적으로 잘 사용하지 않거나 다른 사상가들과는 다른 베르그송 자신만의 개념이나 의미로 사용하는 용어들이 상당히 많다는 점이다. 이러한 점은 어디까지가 베르그송의 관점이며 어디까지가 베르그송이 비판하거나 설명하고 있는 다른 사상가의 관점인지 알 수 없게 만드는 어려움을 낳고 있다. 첫 번째 문제를 해결하기 위해서 의미가 선뜻 와닿지 않는 추상적인 표현이나 묘사에서는 역주를 통해 구체적인 현실의 실례를 들어 독자들이 쉽게 이해할 수 있도록 하였다. 그리고 두 번째 문제를 해결하기 위해서 빈번히 사용되는 중요 개념들, 특히 베르그송 특유의 의미나 뉘앙스를 함의하고 있는 용어들에 대한 「주요 개념 정리」를 이 책의 말미에 추가하였다. 이 책은 비록 전문적인 과학철학서의 모습을 띄고 있지만, 올바른 인생, 진정한 자아를 추구하고 인간다운 자기를 형성해 가기를 갈망하는 모든 이에게 유용한 책인 듯하였다. 그래서 가급적 이해하기 쉬운 표현과 문장을 통해 설명하였고, 이것 혹은 저것, 그, 그녀 등과 같은 대명사들을 구체적인 주어로 변경하여 번역하였다. 가독성을 위해 생략된 용어나 필요한 단어를 [ ] 안에 추가하였고, 또 긴 문장은 두세 문장으로 나누었으며, 너무 길게 이어지는 문단들도 내용을 감안하여 적절한 문단으로 나누었다. 누구나가 읽을 수 있기를 바라며 역주에서도 가장 일상적인 실례들을 들고자 하였다.

　과학 기술 문명이 일상의 작은 부분들에까지 스며들고, 인간적인 삶의 대부분이 기계적이고 기술적인 것으로 대체되고 있는 암울한 현실 앞에서 이러한 어두운 삶의 양태에 맞서 '아니오!' 할 수 있는 용기를 가진 아주 보기 드문 사상가가 베르그송이라면, 그의 이러한 정신의 뿌리가 어디에 있는지를 보여 주고 있는 곳이 바로 이 책이 아닌가 생각된다. 이 책을 번역할 수 있도록 제안해 주신 세창출판사의 모든 분들께 감사드리며, 지루하게 느낄 때마다 나의 지적 호기심을 자극해 준 아내에게도 감사하고 또 향후 이 책을 읽게 될 독자들에게도 미리 감사드린다.

2025년 5월
아라동 연구실에서
이 명 곤

차례

서문

이 책은 정신의 실재réalité와 물질의 실재를 긍정하고 기억mémoire이라는 구체적인 예를 통해 이 둘의 관계를 규명하고 있다. 그러므로 이 책의 관점은 분명히 이원론적이다. 하지만 다른 한편으로 이 책에서는 이원론이 항상 제기해 온 이론적인 난제들을 제거하지는 못할지라도 크게 약화시키는 방식으로 고찰하고 있다. 이 난제들은 직접적인 의식에 의해 암시되고, 상식에 의해 수용된 것으로 많은 철학자들에 의해서는 거의 존중받지 못한 것들이다.

이러한 어려움은 대부분 우리가 물질에 대해 가지고 있는 때로는 실재론적이고 때로는 관념론적인 개념에 기인한다. 첫 번째 장의 목적은 관념론과 실재론이 모두 동일하게 과도한 두 논지라는 것을 밝히는 것이다. 즉, 물질을 우리가 지니고 있는 표상représentation으로 환원시키는 것도 잘못이며, 물질이 우리한테서 표상들을 산출하게 하지만 표상들과는 '다른 성질'을 가진 것으로 생각하는 것도 잘못임을 밝히는 것이다. 물질은 우리에게 "이미지들images"[1]의 집합체이다. 그리고 '이미지'란 관념론자가

1 　역주) 아마도 이 책의 전반에 걸쳐 가장 많이 등장하는 단어 중 하나는 'image(이미지)'일 것이다. 그리고 이와 유사한 용어는 'représentation(흐프레장타시옹)'이다. 본 번역서에서는 전자를 '이미지'로 후자를 '표상' 혹은 '재현'으로 번역하였다. 베르그송의 관점에서 '이미지'는 우리들의 인식 체계가 외부 대상을 인식할 때 가장 먼저 포착되는 것, 일종의 '직관' 혹은 '교감'을 통해서 드러나는 것을 말하고 있기에, 어떤 의미에서는 감각과 의식 그리고 감각 대상의 서로 간의 상호작용을 통해서 총체적으로 파악된 것을 의미하며, 이는 물질로도, 감각으로도, 정신적인 것으로도 환원할 수 없는 것이다. 반

표상이라고 부르는 것 이상이지만, 실재론자가 사물이라고 부르는 것보다는 덜한 어떤 것, 즉 사물과 표상 사이의 중간에 위치한 실존을 의미한다. 물질에 대한 이러한 개념은 아주 단순하게 말해 상식적인 개념이다. 철학적 사색에 익숙하지 않은 사람에게 자기 앞에 있는 대상, 그가 보고 만지는 대상이 다만 그의 정신 속에 있으며 그의 정신을 위해 존재한다거나, 혹은 보다 일반적으로 버클리Berkeley가 그렇게 생각하였듯이 오직 정신을 위해서만 존재한다고 말한다면 크게 놀라게 될 것이다.[2] 왜냐하면 이 대담자는 대상이란 이를 인식하는 의식과는 독립적으로 존재한다고 늘 생각해 왔기 때문이다. 하지만 다른 한편 우리가 이 대담자에게 대상이 우리가 통찰하는 것과는 완전히 다르며, 눈에 보이는 색깔이나 손이 느끼는 저항을 가지고 있지 않다고 말함으로써 이 대담자를 다시 한 번 놀라게 할 것이다. 왜냐하면 대담자에게 이 색깔과 이 저항은 대상 안에 있는 것이며, 이것들은 우리 정신의 상태들이 아니라 우리 자신의 실존과는 독립된 한 실존의 구성 요소들이기 때문이다. 따라서 상식에 있어서는 대상이란 한편으로는 그 자체로 존재하며, 다른 한편으로는 우리

면 '표상'은 이렇게 인식된 이미지가 '감각적으로 묘사된 것' 혹은 '감각과 언어를 통해 기술된 것' 등을 의미한다. 그래서 베르그송은 아래에서 '이미지'를 '표상'이라고 부르는 것 이상이라고 말하고 있다. 이미지를 '상(像)'으로 번역할 수도 있겠지만 불어에서 '형상(모양)'에 해당하는 용어인 'forme(포름)'이란 용어가 따로 있으며, '상'이란 일반적으로 '시각적인 모양' '표상'의 약자 혹은 '표상'된 결과를 의미하기에 보다 풍부하고 원초적인 의미를 안고 있는 용어인 '이미지'로 번역하기로 하였다. 이미지는 말 그대로 어떤 대상에 대해 가지게 되는 '인상의 전체'라고 할 수 있다. 여기엔 단순히 외형만이 아닌 느낌, 감정, 의미 등도 내포된 것이라 할 수 있다. 하지만 문맥에 따라서 가끔은 상 혹은 형상으로 번역하고 있다.

2   역주) 버클리는 관념론자이다. 그는 "내 영혼이 존재하는 것은 세계 안이 아니며, 오히려 내 영혼 안에 존재하는 것이 세계이다"라고 말하였다. 다시 말해 우리를 둘러싸고 있는 물질이나 세계라는 것은 (그 진정한 모습은 알 수 없는 것이며) 다만 우리들의 정신이 그렇게 포착하고 그렇게 이해(조작)하기에 그렇게 보일 뿐이라는 것이다. 이는 '모든 것이 마음의 조화'라는 불교식의 유심론과 유사하다. 그렇기 때문에 상식적인 사람이 이 말을 들으면 놀랄 수밖에 없는 것이다.

가 그렇게 통찰하듯이 그 자체로 회화적pittoresque이다. 이것이 이미지이고, 이 이미지는 '그 자체로 존재하는' 것이다.

버클리가 기계론적 철학자들에 대항하여 물질의 이차적 특성들이 적어도 일차적 특성들만큼 실재성을 갖는다고 확립했을 때 철학에서 큰 발전이 이루어졌다.[3] 하지만 그의 실수는 이를 정립하기 위해 물질을 정신의 내부로 옮겨와 순수한 관념pure idée으로 만드는 것이 필요하다고 믿었던 것이었다. 데카르트가 물질을 기하학적 연장성l'étendue géométrique과 동일시하였을 때, 의심의 여지 없이 그는 물질을 우리 자신과 너무 멀리 두었다.[4] 하지만 물질을 우리에게 더 가까이 가져오기 위해 물질을 우리의 정신 자체와 일치시키는 데까지 갈 필요는 전혀 없었다. 버클리는 그렇게까지 가기 위해서는 물리학의 성공을 설명할 수가 없다는 것을 알게 되었고,[5] 반면 데카르트는 현상들 사이의 수학적인 관계들을 그들의 본질 자체로 고려하였고, 우주의 수학적인 질서를 순수한 우연pur accident[6]으

---

3   역주) 여기서 물질의 '일차적 특성'은 '연장과 수' 등이며, 이차적 특성은 '색과 냄새' 등이다. 존 로크의 경험주의가 이 두 가지 물질의 특성에 대해 전자를 실제적인 것(객관적인 것)으로 그리고 후자를 '관념적인 것(주관적인 것)'으로 구분하였는데, 버클리는 이러한 로크의 구분을 비판하면서 이 둘 모두 동등하게 실재성을 가진 것으로 간주하였다. 로크의 구분은, 물질의 일차적 특성이 물질의 속성에 속하는 것이며, 이차적 특징은 인식하는 자의 주관적인 표상에 속하는 것이었다. 반면 버클리는 이 둘 모두 동등하게 실재성을 가진다고 생각하였기에 오히려 물질 역시도 인식하는 자의 주관적인 표상에 지나지 않는 것으로 간주한 것이다. 베르그송이 이러한 버클리의 사유를 '주관적 관념론'으로 고려하면서 이것이 과학발전에 큰 발전을 가져왔다고 보고 있는데, 사실상 분자구조에 대한 생각이나 양자역학의 개념 등은 모두 이러한 물질에 대한 '주관적 관념론'의 기초 위에서 출발하고 있기 때문이다. 베르그송의 연장에 관해서는 이 책 말미에 있는 「주요 개념 정리」의 '연장과 비연장'을 참조.
4   역주) 여기서 '물질을 우리 자신과 너무 멀리 두었다'는 표현은 물질이 인식하는 주체와 무관하게, 즉 인식 행위와의 상호성을 부정하고 인식 행위에 대해 '독립적으로 존재하고 있는 것'으로 간주하였다는 말이다.
5   역주) 버클리는 주관적 관념론자이다. 그에게 있어서 인간이 지각하는 자연의 모든 물체와 법칙들도 사실은 나의 정신이 만들어 낸 것이다. 그러니 자연 속에서 객관적인 질서를 가정할 수는 없으며, 물리학은 성공할 수가 없는 것이다.

로 받아들였다.

따라서 칸트의 비판은 이 수학적 질서에 대한 이유를 제시하고 물리학에 견고한 기초를 복원하기 위해서 필수적인 것이었다. 다른 한편 바로 이 기초 위에서 우리의 감각과 이해의 범위에 제한을 둠으로써만 이 비판이 성공할 수 있었다. 만일 우리가 데카르트가 밀어붙인 지점과 버클리가 끌어낸 지점 사이의 중간 지점, 즉 간단히 말해 상식이 이해하는 물질을 그대로 남겨 두었다면, 적어도 이 점에서 칸트의 비판은 필요하지 않았을 것이고, 적어도 이 방향에 있어서 인간의 정신은 자신의 고유한 이해의 범위를 제한할 필요가 없었을 것이며, 물리학을 위해 형이상학을 희생하지는 않았을 것이다.[7] 우리가 이 물질을 직접 보려고 노력하는 곳은 바로 이곳이다. 우리는 첫 번째 장에서 물질을 보는 방식을 규정하고 있으며, 마지막 장에서는 그 결과들을 도출하고 있다. 하지만 미리 알려 준 바 있듯이 우리는 이 물질의 문제를 이 책의 2장과 3장에서 현재의 연구 대상이 되고 있는 주제에 국한하여, 즉 육체에 대한 정신의 관계에 대한 문제에 국한하여 다룰 것이다.

육체와 정신 사이의 관계는 철학의 역사를 통하여 지속적으로 질문해 왔지만 그럼에도 실제로는 거의 연구되지 않았다. "영혼과 육체의 일치"를, 다른 것으로 환원할 수도 없고 설명할 수도 없는 사실로 확인하는 것으로 제한하는 이론과 육체를 영혼의 도구로 다소 모호하게 설명하는

---

6   역주) 여기서 '순수한 우연'이란 그렇게 되어야 할 필연적인 이유가 없는, 말하자면 원래 그렇다 혹은 우연히 그러하다는 의미이다.

7   역주) '물리학을 위해 형이상학을 희생하는 것'이란, 칸트가 인식의 법칙을 범주를 통해 확립함으로써 이성이 이 인식 조건을 넘어서는 것에 대해서는 말할 권한이 없게 되었고, 따라서 (특수) 형이상학적 대상들인 신, 영혼, 세계에 대해서는 이성이 침묵해야만 하기에 형이상학은 불가능하게 된 것을 말하는 것이다.

이론을 한쪽으로 제쳐 둔다면, 사실상에 있어서 동일한 결론에 봉착하게 되는 '부수현상설'[8] 혹은 '평행설'[9] 이외에 '정신생리학적인 관계'에 관한 개념은 거의 남아 있지 않게 된다.

사실상 우리가 사고를 뇌의 단순한 기능으로 간주하고 의식의 상태를 뇌 상태의 부수현상으로 간주하거나, 아니면 사고의 상태와 뇌의 상태를 동일한 원본에 대한 두 가지 다른 언어로 된 두 가지 다른 번역으로 간주하든지 간에, 두 경우 모두에 있어서 원칙적으로 우리가 활동하고 있는 뇌의 내부에 침투하여 대뇌피질을 구성하고 있는 원자들의 교차를 목격할 수도 있을 것이며, 다른 한편으로 만일 우리가 정신생리학의 핵심을 알고 있다면, 상응하는 의식에서 일어나는 일에 대한 모든 세부 사항을 알 수 있을 것이다. 사실을 말하자면, 이것은 과학자들뿐만 아니라

8 　역주) '부수현상설' 혹은 부대현상설(l'épiphénoménisme)이란 정신과 관련된 현상들(신념, 욕망, 감정 또는 의도)은 인과관계를 가진 것이 아니기에 신체나 다른 정신 현상에 영향을 미치지 않는다는 가설을 말하는 것이다. 이 이론은 주로 인간의 정신현상을 뇌의 기능과 연관시켜 이해하고자 하는 영미의 '심철학(philosophy of mind)'에서 주장하고 있는 이론이다. '부수현상론자'에게 있어서는 물리적 사건만이 다른 사건의 원인이 될 수 있으며, 정신적 사건은 인과의 계열에 포함될 수 없고 다만 결과로만 나타나고 있다. 그렇기 때문에 이들은 정신현상을 '부수현상', 즉 뇌의 특정한 활동의 부산물로 분류한다. 이러한 이론은 몸과 마음의 관계에 대한 이원론적 개념, 특히 속성의 이원론(한편으로는 육체적이고 다른 한편으로는 정신적인 것)을 암시하고 있다.

9 　역주) '평행설' 혹은 평행론(le parallélisme)은 일반적으로 육체와 정신의 관계를 설명하는 스피노자식의 이론을 지칭하는 것이다. 사실상 이 용어는 스피노자가 사용한 것은 아니며, 스피노자의 사유를 설명하기 위해 라이프니츠가 고안한 용어이다. 스피노자에게 있어서 모든 존재는 마치 동전의 양면처럼 한편으로 물질적이고 다른 한편으로는 관념적이다. 다시 말해서 우리들 생각 속의 일련의 관념들과 연장 속의 일련의 운동들 사이에는 존재론적 동일성이 있는데, 이 두 계열은 결코 교차하지도 않고 서로 영향을 주지도 않기 때문에 '평행하는 것'이다. 왜냐하면 이 두 계열은 사실상 우리가 어떤 관점 혹은 어떤 지평에서 이해하는가 하는 그 차이에서만 달라질 뿐 동일한 계열이기 때문이다. 즉 동일한 하나의 것이 이쪽에서 볼 때 물질적으로 나타나며, 저쪽에서 볼 때 관념적으로 나타나는 것이다. 그렇기 때문에 평행설에 따르면 대뇌피질상의 변화(물질적인 변화)와 심리적 상태의 변화(마음의 변화)는 정확히 일치한다는 관점이 가능한 것이다. 하지만 베르그송은 아래서 이러한 가능성을 부정하고 있다.

철학자들에 의해서도 가장 일반적으로 수용된 것이다. 그럼에도 과연 이러한 종류의 가설들이 편견 없이 검토된 사실들에 의한 것인지 하는 것에는 의문의 여지가 있다. 의식의 상태와 뇌 사이에 연대성solidarité이 있다는 사실에는 의심의 여지가 없다. 하지만 옷과 옷이 걸려 있는 못 사이에도 연대가 있다. 왜냐하면 못을 뽑으면 옷이 떨어지기 때문이다. 그렇다고 해서 사람들이 못의 형태가 옷의 형태를 나타내거나 혹은 어떤 식으로든 옷의 형태를 예감할 수 있게 해 준다고 말할 수 있을까? [아닐 것이다!] 이처럼 심리적 상태가 대뇌의 상태와 연결되어 있다는 사실로부터 심리학적 계열과 생리학적 계열을 "평행설"로 결론 내릴 수는 없다. 철학이 과학의 데이터들에 대해서 이러한 평행론적 논지를 지지하기에 이를 때, 철학은 하나의 진정한 악순환을 범하게 된다. 왜냐하면 과학이 하나의 사태인 연대성을 하나의 가설, 별로 지성적이지 않은 가설에 불과한 평행설의 의미로 해석한다면,[10] 그것은 의식적으로든 무의식적으로든 철학적 질서의 이유 때문이다. 왜냐하면 실증과학의 관심들보다 더 그럴듯하고 더 적절한 가설이 없다고 습관적으로 믿게 된 것은 특정한 철학에 의해서였기 때문이다.[11]

그런데 문제를 해결하기 위해 정확한 단서들이 될 사태들을 요구하자마자 우리가 옮겨 가게 되는 곳은 기억mémoire[12]의 영역이다. 우리는 여기에 도달할 수 있을 것인데, 왜냐하면 기억souvenir은 —우리가 이 책에

---

10 원주) 이 마지막 요점에 대해 우리는 다음의 논문 안에서 보다 무겁게 느낄 수 있었다. 「정신생리학적인 평행설(Le paralogisme psychophysiologique)」(*Revue de metaphysique et de morale*, novembre 1904).

11 역주) 이 특정한 철학은 물론 콩트가 창시한 '실증주의(Positivisme)'를 지칭하고 있다.

12 역주) 'mémoire(메무아르)'와 'souvenir(수브니르)'에 대한 개념 구분은 이 책의 말미에 있는 「주요 개념 정리」를 참조.

서 보여 주고자 하는 것처럼— 정확히 정신과 물질 사이의 교차점을 나타내 주기 때문이다. 하지만 이유가 무엇이든 간에 정신생리학적인 관계에 빛을 던져 줄 수 있는 전체 사태들 안에서, 정상적인 상태이든 병리적 상태이든, 기억과 관련된 것들이 특권적인 위치를 차지한다는 것에 대해서는 누구도 반론을 제기하지 않을 것이라고 나는 믿고 있다. 이와 관련된 문서는 극도로 풍부하지만 —다양한 실어증aphasie에 대해 수집된 엄청난 양의 관찰을 생각해 보라!—, 그럼에도 해부학, 생리학, 심리학이 상호적으로 지원하는 것에 성공하지는 못하였다. 영혼과 육체 사이의 관계라는 오래된 문제인 사실의 영역에 근거하여 선입견 없이 접근하는 사람들에게 이 문제는 매우 빠르게 기억의 문제, 특히 단어들에 대한 기억의 문제를 중심으로 좁히는 것으로 나타난다. 의심의 여지 없이 문제의 보다 어두운 면을 밝힐 수 있는 빛이 있어야 한다는 것은 여기서 비롯한다.

사람들은 우리가 이 문제를 어떻게 해결하려는지 보게 될 것이다. 일반적으로 심리적 상태는 대부분의 경우 대뇌 상태를 훨씬 뛰어넘는 것으로 보인다. 다시 말해서 대뇌 상태란 운동 기관의 움직임들로 변환될 수 있는 극히 일부만을 묘사해 준다는 것이다. 일련의 추상적 추론으로 전개되는 복잡한 생각을 예로 들어 보자. 이 생각은 최소한 초기 단계의 이미지들의 표현을 동반한다. 그리고 이러한 이미지 자체는 밑그림의 상태 혹은 경향성의 상태로 공간에서 자신을 표현하는 움직임이 없이는 의식에 나타나지 않는다. 즉 이러저러한 태도를 육체에 각인시키고, 공간적 움직임으로부터 이미지들이 암시적으로 내포하고 있는 모든 것을 풀어 놓는 것이다. 이러한 복합적인 생각이 이렇게 흘러간다면, 우리의 견해로는 모든 순간에 있어서 두뇌의 상태가 지칭하는 것은 바로 여기에 있다. 두뇌의 내부를 꿰뚫어 보고 거기에서 일어나는 일을 인지할 수 있는 사람은 아마도 스케치되거나 준비된 움직임에 대해 알게 될 것이다. [하지만 이것 이외에] 그가 다른 것에 대해서 알게 될 것이라는 사실을 증명할 수 있는 것은 아무것도 없다. 만일 그가 초인적인 지능을 타고났거나 정신생리학의 열쇠를 가지고 있다면, 무대 위의 배우들이 오가는 연극에서 우리가 알 수 있듯이, 의식에서 일어나는 [두뇌의 상태에] 상응하는 일에 대해서 알 수가 있을 것이다.[13]

이는 말하자면 정신적인 것과 두뇌적인 것의 관계가 단순한 관계가 아닌 것과 마찬가지로 지속적인 관계가 아니라는 것이다. 상연되고 있는 연극의 특성에 따라 배우들의 움직임은 보다 길거나 보다 짧아진다. 무언극이라면 전체적으로 그럴 것이다. 반면 순수 희곡이라면 전혀 그렇지 않을 것이다. 이처럼 우리의 두뇌 상태는 심리적 삶을 행동으로 외면화하거나 혹은 순수한 앎을 내면화하는 성향에 따라 우리의 정신 상태를 어느 정도 포함하고 있다.[14]

13　역주) 어떤 전문가가 '초인적인 지능'을 타고났거나 '정신생리학의 열쇠'를 가지고 있다면 한 개인의 뇌의 상태를 알 수 있을 때 의식의 상태도 알 수 있을 것이라는 베르그송의 생각은 약간의 풍자적인 것으로 이해해야 할 것이다. 가령 '독심술'이 아주 뛰어난 사람이나, 텔레파시의 능력을 타고난 사람은 타인의 뇌 속에서 일어나는 일을 간파하고 이를 통해 그의 의식의 상태를 추론할 수 있겠지만 그렇다고 해서 그의 정신의 상태를 완전히 알 수는 없을 것이기 때문이다. 아래서 베르그송은 이에 대해 희곡 대본만으로는 무대 위의 배우의 행동을 완전히 예측할 수 없는 것으로 비유를 들고 있다.

14　역주) 여기서 베르그송이 말하고자 하는 것은 뇌의 상태와 의식의 상태(정신적 상태) 사이에는 어느 정도 관련성이 있지만 뇌의 정보만으로는 의식의 상태를 완전히 알 수 없다는 것이며, 또한 뇌의 정보를 가지고 그의 행위가 어떠할 것인지를 알 수는 없다는 것이다. 그가 비유로 들고 있는 '희곡 대본'과 '연극배우'의 관계에서 희곡 대본은 어느 정도 연극배우의 행위를 포함하고 암시하고 있지만, 무대 위에서 배우가 행동할 내용에 대해서는 완전히 알 수가 없듯이 뇌의 상태에 대한 이해를 가지고 그의 정신이나 실제 행동에 있어서의 내용을 알 수가 없다는 것을 말하고 있다. 베르그송은 희곡과 연극배우의 행동의 비유와 유사한 비유를 다른 곳(『의식에 직접적으로 주어진 소여들』)에서는 '지휘봉의 움직임'과 '소리로서의 교향곡' 사이의 비유로 들은 바 있다.

마지막으로 정신적인 삶에는 다양한 색조가 있으며, 우리들의 심리적인 삶은 다양한 높이를 가지고 있는데, 삶에 대한 주의집중의 정도에 따라 때로는 행동에 보다 가깝게 때로는 보다 멀리 있을 수 있다. 바로 이것이 이 책을 이끌어 가는 주된 관념 중 하나이며, 우리들의 작업의 출발점이 된 이념 중 하나이다. 일반적으로 사람들이 심리적 상태의 더 큰 복잡성으로 고려하는 것이 우리의 관점에서는 우리 인격 전체의 보다 큰 확장으로서 나타난다. 우리들의 이 인격은 보통은 행동에 의해 위축되어 있으나, 죄여 있던 나사가 느슨하게 풀리면 그만큼 더 확장되며, 여기서 인격은 압축되고 항상 비분할적이며, 보다 큰 표면 위로 퍼진다. 일반적으로 사람들이 심리적 삶 자체의 동요, 내적인 장애, 인격의 질병으로 간주하는 것이 우리의 관점에서[15] 볼 때는 이러한 심리적인 삶을 이에 수반되는 운동력에 연결해 주는 연대의 이완 또는 왜곡으로 나타나며, 외적 생활에 대한 집중력의 손상 혹은 감소로 나타난다. 단어에 대한 기억의 국지화localisation[16]를 부정하고 실어증을 이러한 국지화와는 전혀 다르게 설명하였던 이러한 논문은 이 책이 처음 출판되었을 때(1896)는 완전히 역설적인 것으로 간주되었다. 오늘날은 이러한 분위기가 훨씬 덜할 것이다. 당시에는 고전적인 것이며 보편적으로 받아들여졌고 건드려서는 안 되는 것으로 여겨졌던 실어증의 개념이 특히 해부학적 질서 때문에 그리

15 　역주) 저자는 여기서 '일반적으로 사람들이 고려하는 것'과 이 책에서 고려하는 것이 완전히 다른 관점을 가지고 있다는 것을 상기하기 위해서 계속하여 '우리의 관점에서(á notre point de vue)'라는 말을 사용하고 있다. 여기서 '일반적으로 사람들이 고려하는 것'이란 보통 정신과 의사들이 고려하는 것과 이를 당연한 것으로 받아들이는 일반인들의 관점을 말한다면, 우리의 관점이란 이러한 정신과 의사나 일반인들의 생각에 이의를 제기하는 저자와 동일한 관점을 견지하는 철학자들의 관점이라고 할 수 있을 것이다.

16 　역주) 여기서 '국지화'란 두뇌의 특정 부분에 특정한 기억이 저장되어 있다는 두뇌의 분할 및 규정된 위치를 의미한다.

고 부분적으로는 우리가 금세기 시작과 더불어 제시하였던 심리학적 이유 때문에 최근 몇 년 전부터 심하게 공격받았다.[17] 그리고 피에르 자네 M. Pierre Janet가 신경증에 대해 수행한 매우 심오하고 독창적인 연구는 최근 몇 년 동안 완전히 다른 경로를 통해 이 질병에 대한 연구를 이끌어 갔다. 그것은 병의 신경쇠약적psychasthéniques 형태들에 대한 검사를 통해 사람들이 처음에는 형이상학적 관점으로 간주하였던 심리적 긴장과 실재에 대한 주의집중이라는 개념을 사용하기에 이른 것이다.[18]

사실을 말하자면, 사람들이 이것을 형이상학적이라 특징짓는 것이 완전히 틀린 것은 아니었다. 심리학이나 형이상학이 독립된 과학으로 정립되는 권리를 가지는 것에 이의를 제기하지 않으면서 우리는 이 두 학문이 서로에게 문제를 제기하고 또 특정한 한도 내에서 문제를 해결하는 데 서로에게 도움을 줄 수 있다고 믿는다. 만일 심리학이 실천을 위해 유용하게 기능하는 학문으로서 인간 정신에 대한 연구를 목적으로 삼고 있으며, 형이상학은 유용한 행동 조건을 넘어서서 순수한 창조적 에너지로서의 자신을 되찾기 위해 노력하는 동일한 인간 정신에 대해 연구하는 것이라고 한다면, 어떻게 그렇지 않을 수 있겠는가?[19] 서로에게 낯설어

---

17 원주) 피에르 마르트(Pierre Marte)의 작업들과 무티에(F. Moutier)의 저서 『브로카의 실어증(*L'aphasie de Broca*)』(Paris, 1908, 특히 제7장)을 참조하라. 여기서 이 연구의 세부 사항들과 질문들에 관련된 논쟁들을 다룰 수는 없지만, 다냥 부브레(J. Dagnan-Bouvert)의 최근 논문 「피질 하부의 운동적 실어증 (L'aphasia motor sous-corticale)」(*Journal de psychologie normale et pathologique*, janvier-février 1911)을 인용하고자 한다.

18 원주) Pierre Janet, 『강박증과 신경쇠약(*Les obsessions et la psychasthénie*)』, Paris, F. Alcan, 1903 (특히 pp. 474-502).

19 역주) 여기서 우리는 '심리학'과 '형이상학'을 구분하고 있는 베르그송의 독특한 사유를 발견할 수 있다. 일반적으로 사람들은 심리학을 일상의 삶이나 사회적 삶에 있어서 인간의 정신(심리)과 관련된 현상들을 고찰하고 문제를 해결하기 위한 실천적인 학문으로 고려하고 있다. 이 점은 베르그송 역시 마찬가지다. 하지만 형이상학이란 전통적으로 '존재론'과 거의 동일한 의미로 사용하였다. 즉 형이상학

보이는 많은 문제들이 이 두 과학이 제기하는 용어들의 엄밀한 의미들을 잘 고찰해 보면 매우 유사해 보이고 이러한 방식으로 이들의 내적인 의미들을 파고들 때 서로에게 해결의 도움을 줄 수 있는 것처럼 보인다. 우리들의 연구의 초기에는 실재론자와 관념론자 사이에 혹은 기계론자와 역동론자 사이에 기억에 대한 분석과 물질의 실존이나 본질이라는 주제에 관한 질문들 사이에 어떤 연관성이 있을 수 있다고 믿지 못하였다. 그럼에도 이러한 연관성은 실제적이며, 심지어 친밀하기까지 하다. 그리고 우리가 이를 고려한다면, 형이상학의 핵심적인 문제가 관찰의 영역으로 이동하는 것을 볼 수 있으며, 이 영역에서 형이상학의 문제는 순수한 변증법의 폐쇄된 영역 안에서의 제 학파간의 끝도 없는 논쟁으로 치닫는 대신에, 점진적으로 해소될 수 있을 것이다.

이 책의 어떤 부분에서 나타나는 복잡성은 이러한 각도에서 철학을 시작하게 될 때 발생하는 피할 수 없는 문제들의 얽힘이다. 하지만 실재의 복잡성 그 자체로부터 가지게 되는 이러한 복잡성을 통하여 만일 우리가 우리들의 연구의 안내자가 되어 준 두 가지 원칙을 놓아 버리지 않는다면 우리는 어렵지 않게 다음과 같은 두 원칙을 발견할 수 있을 것으로 믿는다. 첫째, 심리적인 분석은 본질적으로 행동 지향적인 정신적 기능들의 실용적인 특성을 지속적으로 감지하여야 한다는 것이다. 둘째,

이 정신에 대해 다룬다고 한다면 이는 인간의 존재의 구조 속에서 인간의 정신이 처해 있는 위치나 자격, 즉 본질과 실존, 형상과 질료, 영혼과 육체 나아가 실체와 속성 등의 구조 속에서 인간의 정신이 무엇을 의미하며, 어떤 위치와 역할을 담당하는 것인지 그 구조를 밝히는 것이었다. 하지만 여기서 베르그송은 형이상학을 '순수한 창조적 에너지로서의 자신(정신)을 되찾는 것'이라고 말하고 있다. 다시 말하면 형이상학이란 '창조적 에너지로서 정신의 활동'에 대한 탐구, 혹은 '창조적 행위를 하는 정신활동 그 자체'처럼 고려하고 있는 것이다. 이는 매우 역동적인 특징을 가진 '생철학'으로서의 베르그송의 사상을 보여 주는 관점이라고 할 것이다. 다른 책에서 베르그송은 이러한 '창조적 에너지로서의 정신활동'을 '직관(intuition)'과 동일하게 고려하고 있다.

행동 안에 축약된 습관들habitudes[20]은 사변의 영역으로 올라가 여기서 인위적인 문제들을 창조하고,[21] 형이상학은 이러한 [인위적인 문제들이 가진] 모호함을 해소하는 것으로 시작하여야 하는 것이다.

---

20 역주) '행동 안에 축약된 습관들'이란 행동을 야기하거나 행동을 이끌어 가는 어떤 내적인 성향이나 원리를 말하는 것이다. 이는 '행위는 본성을 따른다'는 토미즘의 명제와 일치하는 것으로 모든 인간의 행동은 그 행동을 야기하는 내적인 원리를 가정한다는 관점이다. 베르그송은 이 내적인 원리를 습관으로 보고 있다.

21 역주) '인위적인 문제들을 창조한다'는 것은 '행동을 설명해 줄 수 있는 가설 혹은 이론을 세운다'는 것으로 이해할 수 있다. 베르그송은 이러한 '이론 정립'에 있어서 이론이 보다 분명하고 확실한 것이 되기 위해서 분명한 개념이나 원리 혹은 공리들을 제공해 주는 것이 곧 '형이상학'의 몫이라고 보고 있다.

1장

표상을 위한 이미지의 선택에 관하여

— 육체의 역할

우리는 잠시 우리가 물질에 관한 이론들이나 정신에 관한 이론들에 대해서, 실재에 대한 논의들이나 혹은 외부 세계의 이상성idéalité에 관해서는 아무것도 모르는 척할 것이다. 이렇게 해서 나는 이미지[1]들의 앞에 서 있다. 이 이미지는 사람들이 이 단어에 대해서 취할 수 있는 가장 모호한 의미에서의 이미지인데, 내가 감각을 열 때는 통찰할 수 있지만, 내가 감각을 닫을 때는 통찰할 수 없는 이미지들이다. 이 모든 이미지는 내가 자연의 법칙이라고 부르는 불변의 법칙들에 따라 모든 기초적인 부분들 안에서 서로서로 작용하고 반응하며, 이러한 법칙들에 대한 완벽한 과학이 각각의 이미지 안에서 일어날 일들을 계산하고 예측하는 것을 가능하게 할 것이므로 이러한 이미지들의 미래는 이들의 현재에 포함되어야 하며 여기에 새롭게 추가될 것은 아무것도 없다. 그럼에도 외부에서 지각들을 통해서는 알 수 없을 뿐만 아니라 내부에서 정감들affections[2]을

---

1   역주) '이미지'에 관한 설명은 서문의 역주 1)을 참고.

2   역주) 불어에서 'affection(아펙시옹)'은 '영향을 주다(받다)' '작용하다' '슬퍼하다' '갈구하다' 등의 뜻을 가진 동사 'affecter(아펙떼)'에서 파생된 명사이다. 일반적으로 'affection'은 '애정' '병의 증상' '애착' '감동' '감정' 등 다양한 의미로 사용된다. 그런데 여기서는 나의 내면에서 발생하는 어떤 움직임으로서 '감정' '정감' '정서' 등을 의미한다고 볼 수 있다. 감정이 어떤 특별한 쾌, 불쾌의 뉘앙스를 가진 용어이며 이에 해당하는 'sentiment(상티망)'이란 용어가 있으므로 그리고 이 용어가 '일반적으로 나의 내면에 일어나는 감정적인 움직임의 일체'를 지칭한다는 의미에서 '정감'이라고 번역하였다. 문맥에 따라 달라질 수도 있겠지만 이 책에서는 일반적으로 감각 혹은 감정과 관련된 용어들을 다음과 같이 번역하고 있다. sensation(상사시옹): 감각 / sentiment(상티망): 감정 혹은 느낌 / sensibilité(상시빌리테): 감성 혹은 감각성 / affection(아펙시옹): 정감 혹은 정서.

통해서도 알 수 없는, 다른 모든 것을 일거에 넘어서는 단 하나가 있다. 그것은 바로 '나의 육체mon corps'이다.

이러한 정감이 생성되는 조건들을 검토해 볼 때, 나는 이러한 정감들이 항상 내가 외부로부터 받는 충격들과 내가 실행하고자 하는 움직임들 사이에 삽입되어 발생한다는 것을 발견하게 된다. 이는 마치 이 정감들이 최종적인 수행에 대해 잘 규정되지 않은 영향력을 실행하는 것처럼 보인다. 나는 나의 다양한 정감들을 검토한다. 이 각각의 정감들은 각자의 방식으로 나에게 행동하라고 요청하는 것 같고, 이와 동시에 기다릴 수 있는 권한과 심지어 아무것도 하지 않을 수 있는 권한도 포함하고 있는 것 같다. 이러한 정감들을 좀 더 면밀히 살펴보면 시작은 되었지만 아직 실행되지는 않은 움직임들과, 어느 정도 유용한 결정의 징표가 있지만 다른 선택을 배제하는 구속은 아닌 것을 발견하게 된다.[3] 나는 나의 기억들을 불러일으키고 이들을 비교해 본다. 나는 조직화된 세계의 모든 곳에서 자연이 살아 있는 존재에게 공간 속에서 스스로 움직일 수 있는 능력을 부여하고, 감각을 통해 종에게 자신을 위협하는 일반적인 위험들을 감지하고, 이 위험을 피하기 위해 취할 수 있는 조치들을 개별자들에게 부여하였을 바로 그 순간에 이와 동일한 감성이 나타나는 것을 본 사실을 기억한다.[4]

<hr>

3 역주) 이러한 생각은 베르그송의 자유 개념과 일치하는 관점이다. 즉 베르그송은 한 사람의 행위에 있어서 마지막 행동을 취하기 바로 전까지 그 행동을 취소할 수도 실행할 수도 있는 선택의 자유가 있다고 보고. 이러한 선택이 외부의 영향이 아닌 자기 자신의 자아에 의한 것일 때 '자유롭다'고 생각하는 것이다. 이러한 '자유'에 대한 그의 생각은 인간의 행위에 대한 일체의 '기계론적인 결정'을 부정하는 근거가 된다.

4 역주) 이러한 관점은 말하자면 인간이 가진 자유의지의 능력이 정도의 차이는 있겠지만 다른 생명체들에게도 ―예를 들어 곤충들에게도― 최소한은 있다고 말하는 것이다. 『창조적 진화』에서 베르그송은 그 근거를 동일한 위험에 처한 꿀벌들이 위험을 극복하기 위해 서로 다른 방법을 선택한다는 사

마지막으로 나는 나의 의식에 대한 의문을 제기할 것인데, 이는 의식이 정감 안에서 부여받게 되는 역할에 관한 것이다. 이에 대한 답변은 정감이 내가 주도권을 행사한다고 믿는 모든 단계에서 감정이나 혹은 감각의 형태로 도움을 준다고 답하거나, 이와 반대로 나의 행위가 자동적으로 되면서 더 이상 정감이 필요 없다고 선언하자마자 정감은 희미해지고 사라져 버린다고 답하는 것이다. 그렇다면 모든 외관이 기만적이거나[5] 혹은 정감적 상태가 도달하게 되는 행위는 한 운동에서 다른 한 운동이 발생하는 것과 같이 엄밀하게 선행하는 현상들로 추론할 수 있는 행위가 아니게 된다.[6] 따라서 이때부터 우주와 그 역사에는 진정으로 새로운 무엇인가가 추가된다. 이에 관하여 우선 외관들을 지지해 보자. 나는 순수하고 단순하게 내가 느끼는 것과 내가 보는 것을 다음과 같이 공식화하고자 한다. **내가 우주라고 부르는 이 이미지들의 총체 안에서 모든 것이 발생하는 것처럼 보이며, 나의 육체를 통해 그 유형type이 제공되는 어떤 특정한 이미지들의 매개를 통하지 않고서는 진정으로 새로운 것이 발생할 수 없다.**

이제 나는, 나의 육체와 비슷한 육체에 대해, 내가 '나의 육체'라고 부르는 이 특정한 이미지의 구성에 관해 연구하고 있다. 나는 중추신경에

실에서 발견하고 있다. 따라서 베르그송에게 있어서 생명의 등급이 있다면 그것은 한 생명체가 어느 정도의 완전한 자유를 가지고 있는가 하는 것에 의해 판단될 것이다.

5 　역주) 이 문장은 앞 문장들에서 답한 두 가지 답변에 대한 논리적인 귀결을 말하고 있는 문장이다. 다만 저자는 후자의 답변에 대한 결과를 먼저 말하고 있기 때문에 이해하는 데 약간의 혼란이 있을 수 있다. 여기서 '모든 외관이 기만적'이라는 것은 행위의 원인이 신경이나 호르몬 등의 물리적인 현상에 의해 자동적으로(기계론적으로) 발생하는 것이라면, 외관들, 즉 화냄, 분노, 환희 등의 모든 외적으로 드러난 감정적인 움직임들은 사실상 행위의 진정한 원인이 아니게 된다. 그렇기 때문에 이 외관들은 마치 이들이 우리들의 행위를 유발한 원인인 것처럼 우리를 속이고 있다고 말할 수 있는 것이다.

6 　역주) 모든 운동이 감정이나 정감에 의해서 이루어지고 있다면 감정의 변화에 따라 계속 운동이 바뀔 것이므로 운동을 물리적인 혹은 기계론적인 운동처럼 추론할 수가 없기 때문이다.

진동을 전달하는 '구심[성] 신경nerfs afférents'[7]을 인식하고, 그런 다음 중심에서 출발하여 말초신경으로 충격을 전달하며 신체의 일부 혹은 전신을 움직이는 '원심[성] 신경nerfs efférents'[8]을 인식한다. 나는 이러한 신경들의 서로 간의 관계가 가지는 목적지에 대해 생리학자와 심리학자에게 질문한다. 그들은 신경계의 원심 운동들이 신체 또는 신체 일부의 이동을 유발할 수 있다면 구심 운동들 혹은 적어도 이들 중 일부는 외부 세계의 표상représentation을 야기한다고 대답한다. 이에 대해 무엇을 생각해야 할까?

구심 신경들은 이미지들이고, 뇌는 하나의 이미지이고, 감각 신경에 의해 전달되어 뇌에 전파되는 진동들은 여전히 이미지들이다. 내가 두뇌의 진동이라고 부르는 이 이미지가 외적인 이미지들을 생성하기 위해서는 어떤 식으로든 이 두뇌의 진동이 외적인 이미지들을 포함하고 있어야 하며, 전체 물질세계의 표상이 이 분자운동의 이미지 안에 함축되었어야 한다. 그런데 여기에서 부조리를 발견하기 위해서는 이와 동일한 하나의 명제를 말하는 것으로 충분할 것이다. 물질세계의 일부를 이루는 것은 뇌이지, 뇌의 일부를 이루는 것이 물질세계가 아니다. 물질세계라는 이름을 지니고 있는 이미지를 제거한다면 당신은 이와 동시에 이 물질세계의 일부를 이루고 있는 뇌와 뇌의 진동을 무화無化시키게 될 것이다. 이와 반대로 이 두 이미지, 뇌와 뇌의 떨림이 사라진다고 가정해 보자. 가설에 따르면 당신은 단지 그것들만을 지울 뿐이다. 다시 말해 하나의 막대한 그림 안에서 거의 의미가 없는 아주 작은 것을 지울 뿐이다. 그림 전체는 다시 말해서 우주는 온전하게 남아 있다. 뇌를 총체적인 이

미지의 조건으로 만든다는 것은 참으로 자기 자신에 대해 모순되게 말하는 것이다. 왜냐하면 가설에 따르면 뇌란 이 총체적인 이미지의 한 일부에 지나지 않기 때문이다.[9] 따라서 신경도 중추신경도 우주의 이미지를 조건 지을 수는 없다.

이 마지막 관점에 대해 주목해 보자. 여기 외적인 이미지들이 있다, 그리고 나의 신체corps[10]가 있고, 그런 다음 마지막으로 나의 신체를 통한 주변 이미지들의 변형이 있다. 나는 주변 이미지들이 내가 나의 신체라고 부르는 이미지에 어떤 영향을 미치는지 잘 볼 수 있다. 주변 이미지들은 나의 신체에 움직임을 전달한다. 그리고 나는 또한 나의 신체가 외부 이미지에 어떤 영향을 미치는지 보게 된다. 나의 신체는 외부 이미지들에게 움직임을 복원한다. 따라서 내 몸은 전체 물질세계 안에서 다른 이미지들과 마찬가지로 움직임을 수용하고 내보내는 하나의 이미지이다. 아마도 내 몸이 다른 이미지들과 다른 점이 있다면 어느 특정한 한도에까지 나의 몸은 수용한 움직임을 되돌려 주는 그 방법을 선택할 수 있다는 점일 것이다. 그런데 어떻게 일반적으로 내 몸이, 특히 나의 신경계가 우주에 대한 '나의 표상ma représentation'의 전부나 일부를 생성해 낼 수 있는 것일까? 내 몸이 물질이라고 하든지 혹은 이미지라고 하든지 그 용어는 크게 중요한 것이 아니다. 내 몸이 물질이라면 내 몸은 물질세계의 일부를 이룰 것이며, 따라서 물질세계의 주변이나 물질세계의 외부에 존재

---

9 역주) 한마디로 말해 우리가 가지고 있는 우주의 총체적인 이미지가 모두 뇌에 의해서 파생된 것이라는 생각이 말이 되지 않는다는 것이다. 왜냐하면 뇌 자체가 물질세계의 아주 작은 일부에 지나지 않는 것이기 때문이다.

10 역주) 불어에서 'corps(코르)'는 몸, 육체 혹은 신체 등을 의미한다. 따라서 이 책에서는 문맥에 따라 몸, 육체, 신체 등으로 번역하고 있다.

할 것이다. 만일 내 몸이 이미지라면, 이 이미지는 우리가 그 안에 넣어 준 것만을 줄 수 있을 뿐이고, 가설에 따라 이 이미지는 나의 몸의 이미지일 뿐이므로 이 몸의 이미지로부터 전 우주의 이미지를 이끌어 내고자 하는 것은 말이 되지 않는다.[11] 따라서 대상들을 움직이기 위해 있는 하나의 대상인 나의 몸은 행동의 중심이며, 나의 몸이 표상[혹은 재현]을 생성시킬 수는 없다.

그러나 만일 내 몸이 자신을 둘러싼 대상들에 대해 실제적이고 새로운 행동을 실행할 수 있는 대상이라면, 내 몸은 이 대상들에 대해 특권적인 위치를 차지해야 한다. 일반적으로 어떤 이미지는 이른바 자연법칙에 적합하게 하나의 결정적이고 계산 가능한 방식으로 다른 이미지에 영향을 미친다. 이 이미지는 선택을 할 필요가 없기 때문에 주변 지역을 탐색할 필요도 없고 단순히 가능한 몇 가지 작업을 미리 시도할 필요도 없다. 필요한 행동은 시간이 되면 저절로 수행될 것이다. 그러나 나는 내가 나의 몸이라고 부르는 이 이미지의 역할이 다른 이미지들에게 실질적인 영향을 미치며, 그 결과 실제적으로 가능한 여러 단계들 사이에서 스스로 결정하는 것이라고 가정하였다. 그리고 이러한 단계들은 의심의 여지 없이, 나의 몸이 주변의 이미지들에서 얻을 수 있는 크거나 작은 이점avantage에 의해, 나의 몸에게 제시되기 때문에 이러한 이미지들은 어

11　역주) 이러한 관점은 상당히 흥미로운 관점이다. 가령 과학자들은 "이것이 진짜 우주의 모습이다"라고 말하면서 어떤 멋진 우주의 사진을 제시한다. 하지만 베르그송의 관점에 따르면 인간은 오직 눈으로 수용한 것(이미지)만을 재현할 수 있을 뿐이다. 그런데 이것이 진짜 '우주의 모습'이라고 말하기 위해서는 눈이 수용한 것(이미지)이 '진짜 우주의 이미지'라는 전제하에서 그렇게 말할 수 있다. 따라서 문제는 눈이 수용한 것이 '진짜 우주의 이미지'라는 것을 어떻게 알 수 있는가? 하는 점이다. 논리학에서는 이러한 문제를 '선결문제의 오류'라고 말하고 있다. 즉 인간이 혹은 시각이 수용한 것(이미지 정보)이 '진짜 우주의 이미지'임을 먼저 증명해야만, 시각이 재현하는 것을 '진짜 우주의 이미지'라고 말할 수 있는 것이다.

떤 방식으로든 나의 몸을 향하는 자신들의 얼굴을, 즉 나의 몸이 이미지들로부터 끌어낼 수 있는 측면le parti을 그려 내어야 한다. 사실상 나는 내 몸이 다가서거나 멀어짐에 따라 외부 대상들의 크기, 형태, 색상 자체가 변형되고 냄새의 강도나 소리의 강도가 거리에 따라 증가 및 감소하는 것을 관찰한다. 결국 이 거리 자체가 내 신체의 즉각적인 행동에 대해 어떤 식으로든 주변 물체들이 보장되는 척도를 나타낸다. 나의 지평이 넓어질수록 나를 둘러싼 이미지들은 보다 균일한 지반 위에서 그 형태를 갖추는 듯하고, 나에게서 초연해지는 것 같다. 내가 이 지평을 보다 좁힐수록, 이 지평이 둘러싸고 있는 대상들을 나의 몸이 만지고 움직이는 데 있어서의 용이성에 따라 보다 뚜렷하게 펼쳐진다. 따라서 이 이미지들은 마치 내 몸이 하나의 거울인 것처럼 자신들의 잠재적인 영향력을 내 몸에 반사한다. 이들은 내 신체의 능력이 증가하거나 감소함에 따라 정돈된다. 내 신체를 둘러싸고 있는 대상들은 이들에 대한 내 신체의 가능한 행동을 반영한다.

이제 다른 이미지들은 건드리지 않고 내가 나의 육체라고 부르는 이미지를 약간 변형할 것이다. 이 이미지 안에서 나는 사유를 통해 뇌척수계système cérébro-spinal의 모든 '구심성 신경들'을 분할한다. 그럼 무슨 일이 일어날까? 몇 번의 가위질을 통해 몇 개의 섬유 다발이 절단될 것이다. 우주의 나머지 부분과 내 몸의 나머지 부분은 그대로 남아 있을 것이다. 따라서 변형된 것은 별로 의미가 없는 것이다. 그런데 사실상 사라진 것은 '나의 인식의 총체'이다. 따라서 방금 일어난 일에 대해서 좀 더 면밀히 살펴보자. 여기 일반적으로 우주를 구성하는 이미지들이 있고, 내 몸을 둘러싼 이미지들이 있으며, 마지막으로 내 몸 자체가 있다. 이 마지막 이미지에서 구심신경들의 일상적인 역할은 운동들을 뇌와 척수에 전달하는 것이다. 원심신경들은 이 움직임을 주변으로 다시 보낸다. 따라서 구심성 신경의 절단은 실제로 이해할 수 있는 단 하나의 효과를 산출할 수 있는데, 그것은 중심을 통과하여 주변에서 주변으로 흐르는 [정보의] 흐름을 차단하는 것이다. 결과적으로 이것은 여러 사물들의 한가운데 있는 내 육체가 이들에게 작용하기 위해 필요한 운동의 질이나 양을 이끌어 내는 것을 불가능하게 하는 것이다. 이것은 행동에 관한 것이며, 다만 행동에만 해당된다. 그럼에도 사라지는 것은 나의 지각이다. 나의 지각이 그림자나 반사와 같은 방식으로 일련의 이미지들을 그려 내고 내 신체의 가상적인 혹은 가능한 행동들을 정확하게 그려 낸다는 점을 제외하면 이것은 무엇을 의미하는 것일까? 그런데 가위질이 야기한, 미미한 변화가 있는 이미지 체계는 일반적으로 사람들이 물질의 세계라고 부르는 것이다. 그리고 다른 한편 방금 사라진 것은 물질에 대한 "나의 지각"이다. 따라서 잠정적으로 다음의 두 가지 정의가 주어진다. 나는 물질을 일련의 이미지라고 부르고, 나의 육체라 말하는 규정된 특정한 이미지들의 가능한 행동에 관련된 이 동일한 이미지를 물질에 대한 인식이라 부르는 것이다.

이 마지막 보고서를 좀 더 깊이 고찰해 보자. 나는 구심신경과 원심신경, 중추신경으로 나의 몸을 고려한다. 나는 외부 물체가 중심으로 전파되는 구심신경에 충격을 주고, 중추신경은 매우 다양한 분자운동의 활동 장소이며, 이러한 움직임들이 대상들의 특성과 위치에 달려 있다는 것을 알고 있다. 대상들을 바꾸고 내 몸과의 관계를 수정하면 내 지각 센터의 내부 움직임에서도 모든 것이 변경된다. 그런데 "나의 인식" 안에서도 모든 것이 변경되었다. 그러므로 나의 지각은 이러한 분자운동들의 기능이며, 이들에게 달려 있다. 그런데 나의 지각이 어떻게 분자운동들에 의존하는 것일까? 아마도 당신은 나의 지각이 분자운동들을 번역하고, 나의 최종적인 분석에서 내가 나타내는 것은 오직 대뇌 물질의 분자운동 외에 다른 어떤 것이 아니라고 말할 것이다. 하지만 이러한 명제가 어떻게 최소한의 의미라도 가질 수 있다는 말인가? 신경계와 그 내부 움직임의 이미지는, 가설을 통한, 어떤 물질적 대상의 이미지일 뿐인데, 내가 어떻게 물질적 우주 전체를 나 자신에게 표상[혹은 재현]représente 할 수 있다는 말인가?[12] 과학자들이 여기서 어려움을 피하기 위해 노력하고 있다는 것은 사실이다. 과학자들은 본질적으로 물질적 우주의 나머지 부분과 유사한 두뇌, 따라서 우주가 이미지라면, 두뇌의 이미지를 우리에게 제시하고 있는 것이다. 그런 다음 두뇌의 내부 움직임이 대뇌 진동의 이미지를 무한히 넘어서는 전체 물질세계의 이미지를 생성하거나 규정한다는 것을 과학자들이 믿고 있기 때문에 이러한 분자 움직임 안에서나 다른 운동 일반에 대해서도 다른 것들과 같은 이미지들을 더 이상 보지 못하는 것으로 가정하는 것이다. 그런 다음 '정도의 차이는 있겠지만 이미지보다 더 많은 것', 어쨌든 '이미지와는 다른 한 본성'을 제시하는 것이며, 바로 여기서 하나의 진정한 기적을 통해 표상이 나타나는 것이다.[13]

---

12 역주) 이러한 베르그송의 의문을 쉽게 표현하면, 나의 뇌 속의 분자운동도 일종의 물질적인 이미지인데, 어떻게 이렇게 제한된 물질적인 이미지 안에 막대한 우주 전체의 물질적 이미지가 나타날 수 있는가? 하고 묻는 것이다. 따라서 베르그송의 이러한 비판에는 나의 뇌이건 정신이건 우주의 이미지가 나타나기 위해서는 이 이미지가 물질적인 것이어서는 논리적인 모순을 범하는 것이 되기에, 비물질적', 즉 '정신적인 이미지'여야 한다는 것을 암시하고 있다고 볼 수 있다.

13 역주) 여기서 '진정한 기적을 통해'라고 말하는 것은 과학자들의 태도를 비꼬는 것이다. 위에서 우주나 두뇌나 다 같이 물질적인 이미지라고 한다면 제한된 두뇌에 어떻게 막대한 우주의 이미지가 표상되는가 하는 점을 비판하였다. 그런데 이제는 이러한 비판을 피하기 위해 과학자들이 두뇌 속의 운동의 이미지를 물질과는 다른 어떤 것이라 가정한다고 보고 있으며, 이렇게 된다면 물질과 이미지(표상) 사이에는 관련성이 전혀 없게 될 것이며 따라서 기적을 통해서만 '표상'이 나타나게 된다고 비꼬는

이처럼 물질은 표상과는 근본적으로 다른 어떤 것이 되며, 그 결과 우리는 물질에 대한 어떤 이미지도 가지고 있지 않은 것이다. 물질 앞에는 우리가 어떤 관념도 형성하지 못하는 '이미지가 없는 의식'이 놓여 있다. 결국 이러한 공허한 의식을 채우기 위해서 '형태가 없는 물질'에 대한 '물질이 없는 사유'라는 이해할 수 없는 행동을 고안한 것이다. 그러나 진실을 말하자면 이미지로서의 물질의 움직임들은 매우 선명하고, 이 움직임에서는 우리가 보는 것 외에 다른 것을 찾을 이유가 없다는 것이다.[14] 유일한 어려움은 '매우 특별한 이러한 이미지들'[15]에서 무한히 다양한 표상들représentations을 이끌어 내는 것이 어떻게 가능한가 하는 것이다. 그런데 뇌의 진동들이 물질세계의 **일부이며** 따라서 이러한 이미지가 표상의 아주 작은 한 구석만을 차지한다는 데 모두가 동의하는데, 왜 누군가 이러한 생각을 해야만 하는가? 그렇다면 이러한 움직임은 무엇이며, 이러한 특별한 이미지들은 전체를 표상하는 데 있어서 어떤 역할을 하는 것일까? 나는 다음과 같은 사실을 의심할 수 없다. 그것들은 내 몸 안에서 외부 물체의 작용에 대한 내 몸의 반응을 준비하도록 마련된 '내 몸의 내

것이다.

14　역주) 여기서 우리는 '물질(혹은 질료)'이라는 가장 기본적인 요소에 대한 베르그송의 분명한 관점을 볼 수 있다. 일반적으로 과학자들은 돌, 나무, 고무, 쇠, 금속 등 모든 물질들을 이루고 있는 공통된 기본 입자나 원자 등을 가정하는 경우가 있다. 그리고 다양한 물질들이 서로 다르게 되는 것은 이 근본적이고 공통되는 입자들의 '분자구조'가 달라지기 때문이라고 생각한다. 그래서 양자역학에서는 분자의 구조를 바꾸어 주면 '쇠'가 '금'이 될 수도 있다고 생각하는 것이다. 사실상 아리스토텔레스 역시 이러저러한 서로 다른 물질이 되기 이전에 모든 물질들의 근원이 되는 '순수한 물질'이라는 것은 최소한 '논리적으로 가정할 수 있다'고 생각한 바 있다. 그런데 베르그송은 '물질'이라는 것의 속성이나 특성이 우리들의 오감에 포착되는 바로 그것이며, 이것의 배후에 있는 '순수 물질'이나 '공통의 분자' 등을 가정할 하등의 이유가 없다고 보는 것이다. 즉 물질이란 '이미지(표상)'로 드러나는 그것과 동일한 의미인 것이다.

15　역주) 물론 '매우 특별한 이러한 이미지들'이란 뇌의 인식과 관련된 이미지들을 말하며, 다양한 표상들이란 우리의 뇌(정신)가 인식하는 우주의 양태들이라고 할 수 있다.

부의' 움직임이다. 이미지 자체는 이미지를 생성할 수 없다. 그러나 이미지들은 매 순간 마치 사람들이 장소를 이동시키는 나침반처럼 주위의 이미지들과 관련하여 어떤 결정된 이미지, 즉 나의 몸의 위치를 표시해 주고 있다. 전체 표상 안에서 이들의 수는 보잘것없는 것이다. 그러나 이들은 내가 '나의 몸'이라고 부르는 표상의 부분에 있어서는 결정적인 중요성을 가지고 있다. 왜냐하면 이들은 모든 순간에 표상의 가상적 단계들démarches virtuelles을 설계하기 때문이다. 따라서 소위 뇌의 지각 기능이라 부르는 능력과 척수의 반사 기능 사이에는 정도의 차이만 있을 뿐 본성nature의 차이는 있을 수 없다. 골수는 발생한 자극들을 실행된 움직임으로 변환한다. 뇌는 이 움직임들을 단순한 초기 반응으로 확장한다. 그러나 다른 경우와 마찬가지로 어떤 경우에도 신경 물질의 역할은 이 초기 반응을 이끌거나 이들을 구성하거나 혹은 움직임들을 억제하는 것이다. 그렇다면 우주에 대한 나의 지각이 대뇌 물질의 내부 움직임에 의존하는 것처럼 보이는 이유는 무엇이며, 이 내부 움직임들이 다양화될 때 우주에 대한 나의 지각이 변하는 이유는 무엇이며, 이들이 소멸할 때 우주에 대한 나의 지각이 사라지는 이유는 또 무엇인가?

이 문제의 어려움은 특히 사람들이 '두뇌의 회백질substance grise'과 그 변위들을 마치 그 자체로 충분하고 나머지 우주의 부분들과는 분리될 수 있는 것으로 고려한다는 데에서 기인한다. 유물론자와 이원론자는 기본적으로 이 점에 동의한다. 이들은 대뇌 물질의 특정한 분자적 운동들을 개별적으로 고려한다. 따라서 일부[16]는 우리의 의식적인 지각에서 이러

---

16   역주) 이들은 유물론자들을 지칭한다. 유물론자들은 대뇌 운동의 분자적 운동들을 모두 물질의 작용으로 고려하는 이들이다. 그렇기 때문에 분자적 운동을 밝혀 주는 것 역시 '인광'과 같은 물질적인 것이며, 이것이 곧 인식이라고 보는 것이다.

한 분자운동을 뒤따르며 그 흔적을 밝혀 주는 인광[야광]phosphorescence을 보게 된다. 다른 이들[17]은 대뇌피질의 분자운동을 자신의 방식으로 끊임없이 표현하는 의식 안에서 우리의 지각들을 제시한다. 전자의 경우든 후자의 경우든 마찬가지로 지각이 그려지거나 해석된다고 추정하는 것은 우리 신경계의 여러 상태들이다.[18] 그런데 신경계는 자신에게 영양을 공급하는 기관 없이, 기관이 숨 쉬는 공기 없이, 이 공기가 떠다니는 지구 없이, 이 지구가 그 주위를 돌고 있는 태양 없이, 자신이 살아 있다고 생각할 수 있겠는가? 보다 일반적으로, [외부 세계로부터] 분리된 하나의 물질적 대상이라는 허구[가상]fiction는 일종의 부조리를 암시하지 않는가? 왜냐하면 이 대상은 자신의 물리적인 속성들을 다른 모든 것들과 유지되는 관계들로부터 차용하고, 각 속성들의 규정이 다른 대상들에게 빚지고 있으며, 그 결과 우주 전체 안에서 위치하고 있는 이 가상적 대상의 실존 자체가 다른 대상들에게 빚지고 있기 때문이다.[19] 따라서 우리의 인식들이 단순히 '두뇌 집단의 분자운동들'에 달려 있다고 말하지는 말자.

---

[17]　역주) 이들은 이원론자들을 지칭한다. 이원론자들은 대뇌 운동의 분자적 운동들을 인식으로 전환한 것이 물질과는 다른 의식이며, 의식 안에서 분자적 운동을 다시 표현하는 것이 곧 인식인 것이다.

[18]　역주) 물론 베르그송은 유물론자도 이원론자도 동일한 오류를 범하고 있다고 보고 있다. 그는 우리들의 인식구조가 인식 대상인 '외부 세계'와 끊임없이 교감하고 서로 연관되어 있어서 뇌의 분자운동이나, 인식의 구조를 인식 대상인 외부 세계와 분리하여 독자적으로 고찰할 수 없다고 보고 있다. 이것은 그의 '지속 개념', 즉 '단절이 없음의 개념' 중 하나이다. 하지만 유물론자나 이원론자들이 우리들의 인식을 고려함에 있어서 외부 세계와 단절된 '뇌의 상태'만을 문제 삼고 있다고 비판하는 것이다. 이러한 베르그송의 관점은 '가상세계'에 대한 지나친 긍정적인 태도를 비판할 때에 유용할 것이다. 진정한 인간의 인식이란 그것이 뇌이든 의식이든 우리들의 인식 체계와 인식 대상으로서의 외부 세계와 지속적인 상호교류라는 '교감'의 형식을 통해서 가능한 것이지만, 가상세계는 오직 두뇌 속에서 발생하는 이미지만으로 충분하다고 여기고 있기 때문이다.

[19]　역주) 여기서 '다른 대상들에게 빚지고 있다'는 표현은 다른 대상들과의 관계성 속에서 '속성을 가지고' 또 '실존을 가지게 된다'는 것을 말하는 것이다. 그래서 바로 위에서 베르그송은 '관계성'과 무관한 독립된 한 대상이란 일종의 부조리를 내포하고 있다고 본 것이다.

우리들의 인식들이 두뇌의 분자운동에 따라 다양화되지만 이 분자운동들 자체는 나머지 물질세계와 불가분의 관계로 연결되어 있다고 가정해 보자. 이 경우 더 이상 우리의 인식이 어떻게 대뇌 회백질의 변형과 관련되는지 아는 것만이 문제가 아니다. 문제는 확대되고 훨씬 더 명확한 용어로 제기된다. 여기에 내가 우주에 대한 나의 인식이라고 부르는 이미지 시스템système[20]이 있다. 이 시스템은 나의 몸이라는 특별한 이미지의 약간의 변형에 의해서도 위에서 아래로 뒤집어진다. 이 특별한 이미지가 중심을 차지한다. 이 이미지를 중심으로 다른 모든 이미지들이 조절된다. 마치 만화경kaléidoscope을 돌린 것처럼 이 중심 이미지가 움직일 때마다 모든 것이 바뀐다. 다른 한편 여기에 동일한 이미지들이 있지만, 각자가 그 자체로서 고려된 이미지들이 있다. 의심의 여지 없이 이들은 서로에게 영향을 주고받지만, 그 결과는 항상 원인에 비례하여 유지되는 방식으로 이루어진다. 이것이 바로 내가 우주라고 부르는 것이다.[21]

이 두 시스템이 공존하고 있다는 것을 어떻게 설명할 수 있으며, 또 동일한 이미지가 우주에서는 상대적으로 불변하며, 인식 안에서는 무한히 가변적이라는 것을 어떻게 설명할 수 있을까? 따라서 문제는 실재론과 관념론 사이에서 출발하여, 아마도 유물론과 유심론[영성주의]

20　역주) 여기서 '시스템'이라고 번역한 불어 용어는 'système(시스템므)'이다. 이 용어는 '체계'라고 번역해도 되고 또 '시스템'이라 번역해도 상관이 없을 것이다. 하지만 '체계'라고 할 때는 '도식적으로 규정되어진 정적인 이미지'가 강조되고, '시스템'이라고 할 때는 하나의 '유기적인 기관'이라는 동적인 이미지가 부각된다. 따라서 문맥에 따라 '체계' 혹은 '시스템'으로 번역하고 있다.

21　역주) 여기서 베르그송이 말하고자 하는 핵심은 나의 몸이라는 특별한 이미지에 포착된 '우주의 이미지'와 나의 인식과 무관하게 그 자체로 고려된 '우주의 이미지'는 완전히 다른 것이라는 말이다. 전자는 일종의 '자유로운 것'이나 후자는 일종의 '기계론적인 것'이라는 말이다. 바로 이어 이 두 가지 이미지가 어떻게 서로 공존하는지를 질문하고 있다.

spiritualisme 사이에 두어지게 될 것인데,[22] 우리의 언어에 따르면 다음의 관점에서 발생할 것이다. 동일한 이미지들이 두 개의 서로 다른 시스템에 동시에 들어갈 수 있는 이유는 무엇인가? 하나의 시스템 안에서는 각 이미지가 자기 자신에 대해서 그리고 자신을 둘러싸고 있는 주변 이미지들의 실제적인 작용에 대해서 분명히 정해진 방식에 따라 다양화되며, 다른 하나의 시스템 안에서는 모든 이미지들이 오직 하나의 이미지[나의 몸]에 대해서 그리고 이 특별한 이미지의 가능한 행동을 반영하는 방식에 따라 다양화되지 않는가?

모든 이미지는 어떤 특정한 이미지들의 내부에 있고 또 다른 어떤 이미지들의 외부에 있다. 하지만 전체적인 이미지에 대해서 우리는 이들이 우리들의 내부에 있다고 말할 수 없으며, 또한 이들이 우리들의 외부에 있다고도 말할 수가 없다. 왜냐하면 내부성과 외부성은 다만 이미지들 사이의 관계일 뿐이기 때문이다.[23] 따라서 우주가 다만 우리의 생각 안에만 존재하는 것인지 아니면 우리의 생각 바깥에 존재하는 것인지를 질문한다는 것은 이해할 수는 있다 할지라도 해결할 수는 없는 용어들로서

---

22 역주) 여기서 '실재론'과 '관념론' 사이에서 출발한다는 것은 '외부의 대상들(이미지들)'이 우리들의 인식과 무관하게 독립적으로 있는가(실재론의 관점) 아니면 우리의 인식에 의해 전적으로 의존하는 것(관념론의 관점)인가 하는 질문으로 출발한다는 것을 말하며, '유물론'과 '유심론' 사이에 두어지게 된다는 것은 이렇게 '세계'라고 인식된 이미지가 '오직 물질적인 것(두뇌운동이나 두뇌 물질 등)'으로 환원되는가, 아니면 일체가 '마음의 작용(심리적인 현상, 정신적인 것)'으로 고려되는가의 문제로 안착하게 된다는 것을 말한다.

23 역주) 이에 대한 구체적인 예를 들자면, 지구라는 이미지는 태양계라는 이미지의 내부에 있으며, 강과 산의 이미지에 대해서는 외부에 있다. 하지만 전체적인 이미지가 우리들의 외부에 있는 것인가(실재론적 관점) 다만 우리들의 내부에, 즉 사유 안에만 있는 것인가(관념론적 관점)를 질문할 수는 없다. 왜냐하면 이미지라는 것 자체가 외부 대상(태양계)과 인간의 몸(오감 및 두뇌)과의 관계성을 통해서 발생하거나 혹은 관계성 그 자체에서 주어지기 때문이다. 그래서 베르그송은 이미지의 실체에 대해 묻고 이에 대해 실재론적 관점이 맞는 것인가 혹은 관념론적 관점이 맞는 것인지를 토론한다는 것은 무익한 소모적인 논쟁에 시간을 허비하는 것으로 보고 있는 것이다.

문제를 제기하는 것이다. 이러한 문제제기는 필연적으로 이쪽저쪽에서 완전히 다른 의미로 취해질 수밖에 없는 사유, 실존, 우주 등의 용어들을 가지고 완전히 무익한 토론에 자신을 가둬 버리는 것이다. 논쟁을 해결하기 위해 우리는 먼저 투쟁이 시작되는 공통의 지반을 찾아야 하며, 누구에게 있어서나 우리는 이미지의 형태로만 사물을 파악하기 때문에, 우리는 이미지에 의해서 그리고 이미지만을 고려하면서 문제를 제기해야만 하는 것이다.

그런데 어떤 철학적 이론도 동일한 이미지들이 동시에 두 개의 서로 다른 시스템에 속할 수 있다는 데 대해 이의를 제기하지 않는다. 그 하나는 각각의 이미지가 자신과만 관련되어 하나의 절대적인 가치를 유지하는 과학이며, 다른 하나는 모든 이미지들이 하나의 중심 이미지인 우리들의 육체에 따라 변형되면서 이 중심 이미지에 의해 규제되는 의식의 세계이다. 따라서 실재론과 관념론 사이에서 제기된 질문은 매우 명확해진다. 이 두 이미지의 시스템이 서로 간에 가지고 있는 관계는 무엇인가? 주관적 관념론은 두 번째 체계[의식의 세계]에서 첫 번째 체계(과학)를 도출하는 데서 성립하고, 유물론적 실재론은 첫 번째 체계에서 두 번째 체계를 도출하는 것에서 성립하는 것임을 이제 쉽게 알 수 있다.[24]

과연 실재론자는 우주에서, 다시 말해 불변의 법칙들에 의해 상호관계가 지배되는 전체적인 이미지에서 출발한다. 여기서 결과들은 그들의 원인들에 비례하고, 중심을 가지지 않으면서 무한히 확장되는 하나의 동일한 평면 위에서 모든 이미지들이 펼쳐진다는 특징을 가지고 있다. 하

---

24 역주) 이를 좀 더 쉽게 설명하면, 불교의 '유심론'이나 버클리의 '관념론'은 우리들의 의식의 세계로부터 외부 세계의 이미지를 설명하려 하고, 실증주의와 같은 '실재론'은 외부 세계의 이미지들로부터 우리들의 의식의 세계를 설명하려고 한다는 것이다.

지만 실재론자는 시스템과 더불어 인식들perceptions이 있음을 인정하지 않을 수 없다. 다시 말해 이러한 동일한 이미지들이 이들 중 하나의 이미지에 관계하고, 이 이미지 주위에 다른 다양한 평면들plans이 일정한 간격을 두고 펼쳐져 있으며 이 중심 이미지가 조금만 변화해도 전체의 이미지가 변모되는 것이다. 관념론자들은 바로 이 인식에서부터 출발하며, 그가 취하는 이미지 체계 안에는 '그의 육체'라는 하나의 특권적인 이미지가 존재하는데 다른 모든 이미지들이 이것에 의해 규제되는 것이다. 그러나 그가 현재를 과거에 연결하고 미래를 예견하기를 원하자마자 그는 이 중심적인 위치를 포기해야 하고 모든 이미지들을 동일한 평면 위에 재위치시켜야 한다. 이제 이미지들은 더 이상 자신을 위해 변화하지 않고 이미지들을 위해 변화한다고 가정해야만 하며,[25] 이 이미지들은 각각의 변화가 그 원인에 대한 정확한 척도를 제공하는 시스템의 일부인 것처럼 고려하여야 한다. 이러한 조건 아래서만 '우주에 대한 과학'이 가능해진다. 그리고 이러한 과학이 존재하고 있으며 이 과학이 미래를 예견하는 데 성공하기 때문에 이러한 과학을 기초하는 가설은 자의적인 가설이 아니다. 첫 번째 시스템[외부의 세계]만이 현재의 경험에 주어진다. 그러나 우리는 과거와 현재와 미래의 연속성을 확인한다는 유일한 사실로 인해 두 번째 시스템[의식의 세계]을 믿는다. 따라서 실재론에서와 마찬가지로 관념론에서도 두 시스템 중 어느 하나를 먼저 세우고, 다른 하나를 이로부터 추론해 내려는 것이다.

하지만 실재론도 관념론도 이러한 추론에 성공할 수가 없다. 왜냐하

25　역주) 이렇게 가정할 수밖에 없는 이유는 현재의 이미지는 '나의 몸'과 '외부 세계'와의 직접적이고 실제적인 교감과 소통을 통해 이루어지지만, 과거나 미래는 직접적인 소통이나 교감이 불가능하므로 이미지들의 인과관계에 의해서 변화될 뿐이기 때문이다.

면 이미지들의 두 시스템 중 어느 것도 다른 시스템에 함축되어 있지 않고 각 시스템은 스스로 충분하기 때문이다. 만일 당신이 중심이 없고 각 요소가 절대적인 크기와 값을 갖는 이미지들의 시스템을 제공한다면, 나는 왜 이 시스템에 각각의 이미지가 규정되지 않은 값을 가지면서 모든 이미지들이 중심 이미지의 변화들 아래에 놓이게 되는 두 번째 시스템이 추가되어야 하는지 알 수가 없을 것이다. 따라서 인식을 야기하기 위해서는 '의식부수현상la conscience-épiphénomène'[26]이라는 유물론자들의 가설과 같은 '데우스 엑스 마키나deus ex machina'[27]를 불러오는 것이 필요할 것이다.

우선적으로 취하게 될 절대적인 변화가 있는 모든 이미지 중에서 사람들은 우리가 뇌라고 부르는 이미지를 선택할 것이며, 그런 다음 이 이미지의 내적 상태에서 —어떻게 그럴 수 있는지는 잘 모르겠지만— 다른 모든 이미지들에 대한 상대적이고 가변적인 재생산으로 자신을 두 배로 늘릴 수 있는 특별한 특권을 부여할 것이다. 그런 다음 사람들은 이러한 재현에 별다른 중요성을 부여하지 않고, 이 재현의 뒤편에서 대뇌의 진동들에 의해 남겨진 인광을 보게 될 것이다. 마치 이 재현들을 구성하는 이미지들 안에 내장된 대뇌 물질과 대뇌 진동들이 이러한 이미지들과는 다른 성질을 가질 수 있는 것처럼! 따라서 모든 실재론은 지각을 우연으로, 결과적으로 신비로운[28] 것으로 만들 것이다. 하지만 이와 반대

---

26 역주) 이 용어에 대해서는 이 책의 서문 역주 8)을 참조.

27 역주) '데우스 엑스 마키나'는 일종의 라틴어 관용구라고 할 수 있다. 직역을 하면 '기계의 신' 혹은 '기계로 구성된 신'이 되겠지만, 이 용어는 연극이나 드라마에서 복잡하고 어려운 상황 속에서 어떤 예상치 못한 인물이 등장하거나 사건이 발생하여 문제를 일거에 해결해 주는 것을 의미한다. 아마도 풍자적인 뜻을 지닌 비슷한 한국어 표현으로는 '도깨비방망이'가 적절할 것이다.

28 역주) 한마디로 어떻게 외부 세계의 이미지가 두뇌의 내적인 상태에서 재현될 수 있는지 알 수 없기

로 만일 당신이 한 특권적인 중심의 주위에 배열된 불안정한 이미지들을 심오하게 변화시키면서 이 중심의 인지할 수 없는 변위들을 위해 하나의 시스템을 자신에게 부여한다면, 당신은 우선적으로 자연의 질서를 배제하는 것이 될 것이며, 이 자연 질서는 이제 사람들이 자신을 위치시키고, [탐구를] 시작하는 그 지점과는 무관하게 될 것이다. 이제 당신은 당신의 차례에서 '데우스 엑스 마키나'를 불러옴으로써만, 즉 자의적인 가설을 통해 ―나는 사물들과 정신 사이에 어떤 미리 확립된 조화가 있는지 알 수가 없다― 혹은 적어도 칸트처럼 말함으로써만,[29] 감성과 이해력 사이에 이 질서를 재정립할 수가 있을 것이다. 이렇게 되면 과학은 하나의 우연accident이 되고, 그 성공은 수수께끼가 된다. 그러므로 당신은 두 번째 이미지의 체계(의식의 세계)로부터 첫 번째 이미지 체계(과학의 세계)를 추론할 수도 없고, 첫 번째 이미지의 체계로부터 두 번째 이미지의 체계를 추론할 수도 없을 것이며, 실재론과 관념론이라는 이 두 상반된 학설이 마침내 동일한 지반 위에 놓이게 될 때는 동일한 장애물[30]에 대해 서

에 신비로운 것이다.

29   역주) 여기서 '칸트처럼 말함으로써'라는 것의 의미는 '인식하는 대상 자체(물자체)는 알 수가 없지만 인식하는 주체가 자신의 내면에 가진 규칙과 질서를 외부 대상에게 부여함(적용함)으로써'라는 의미이다. 이를 사람들은 '인식론에 있어서의 코페르니쿠스적인 전환'이라고 부르고 있다. 즉 코페르니쿠스를 통해 사람들이 지구 주위를 도는 것이 태양이 아니라 오히려 태양 주위를 지구가 돌고 있다는 사실을 알았듯이, 칸트를 통해 사람들이 사물들을 인식하는 것은 외부 대상을 수동적으로 수용하는 것이 아니라, 오히려 내면의 조건들(범주들)을 통해서 외부 대상에 질서를 부여함(적용함)으로써 능동적으로 인식을 형성하는 것처럼 이해하는 것이다. 하지만 베르그송은 이 역시도 일종의 자의적인 가설처럼 간주하고 있다. 즉 '데우스 엑스 마키나'를 통해 우리의 의식과 외부 대상들 사이에 놀라운 조화나 일치가 일어난다고 생각하는 것이나, 혹은 우리들의 내면의 경험에 앞서는(선험적인) 규칙이나 원리가 먼저 있고 외부 대상을 이 규칙이나 원리를 통해 재구성하는 것(이를 '선험적 관념론'이라 부른다)이나, 후자가 보다 세련된 설명일 뿐 별반 다르지 않다는 것이 베르그송의 관점이다.

30   역주) 물론 '동일한 장애물'이란 인식주체와 인식 대상(외부 세계) 사이의 '일치'가 어떻게 가능한가를 해명하기 어렵다는 사태이다.

로 상반된 의미에서 충돌하게 될 것이다.

이제 두 학설의 아래를 파헤쳐 보면, 당신은 이들이 가진 공통된 공리를 발견하게 될 것인데, 우리는 이를 다음과 같이 공식화할 것이다. 인식은 순전히 사변적인 관심을 가지고 있다. 인식은 순수한 앎이다. 모든 논의는 과학적 지식에 맞서 이 지식(순수한 앎)에 귀속되어야 하는 순위에 관한 문제이다. 어떤 사람들은 과학이 요구하는 질서를 스스로에게 부여하고 지각에서 모호하고 잠정적인 과학만을 본다. 다른 사람들은 지각을 먼저 제시하며 이를 절대적인 것으로 설정하고, 과학을 실재에 대한 상징적인 표현으로 받아들인다. 하지만 전자의 사람들에게서나 후자의 사람들에게서나 인식한다는 것은 무엇보다 먼저 '아는 것connaître'을 의미한다.

그런데 우리가 이의를 제기하는 것은 바로 이 가정[31]이다. 이 가정은 동물 계열에서의 신경계 구조에 대한 가장 피상적인 조사에서조차도 부인된다. 그리고 사람들은 물질에 대한, 의식에 대한 그리고 이들의 관계에 대한 삼중의 문제를 완전히 모호하게 하지 않고서는 이 가정을 받아들일 수가 없을 것이다.

사실상 생물학자들은 단세포 생물에서부터 고등 척추동물에 이르기까지 외부 지각의 진보를 단계적으로 추적하고 있지 않은가? 이들은 생명체가 단순한 원형질 덩어리 상태에서 이미 자극에 반응하며 수축성이

---

31 역주) 이 가정은 물론 바로 위에서 말한 '인식은 순전히 사변적인 관심을 가지고 있으며, 순수한 앎'이라는 가정이다. 그 이유를 미리 말하자면 베르그송의 시각에서 인식한다는 것은 '알고자 하는 것' 외에 '느끼고자 하고' '감탄하고자 하고' '교감을 가지고자 하는' 미학적 정서적 동기나 의미가 우선일 수 있다. 그리고 보다 하등동물일수록 인식이란 앎과는 무관하게 물리적, 화학적인 반응에 지나지 않을 수 있다. 그래서 베르그송은 '인식이란 앎이다'라는 이 전제가 잘못되었다고 보는 것이다.

있고, 외부 자극의 영향을 받아 기계적, 물리적 및 화학적 반응으로 응답하고 있음을 발견하고 있다. 우리가 일련의 유기체들 안에서 상승함에 따라 우리는 생리학적 작업이 분화되는 것을 보게 된다. 신경세포가 나타나고 다양화되며 하나의 시스템으로 그룹화되는 경향을 보게 된다. 이와 동시에 동물은 외부 자극에 대해 보다 다양한 움직임으로 반응한다. 그러나 받은 충격이 즉시 완성된 움직임으로 이어지지 않을 때에도 그것은 단순히 기회를 기다리고 있는 것처럼 보이며, 유기체에 전달되는 동일한 자극이 주변의 변화를 결정하거나 혹은 이에 적응할 준비를 하는 것으로 보인다. 고등 척추동물의 경우에는 의심의 여지 없이 우선적으로 척수에 위치한 순수한 자율운동과 뇌의 개입을 필요로 하는 의지적인 활동 사이의 구별이 근본적으로 나타난다. 우리는 수용된 충격이 운동으로 실현되는 대신에 앎으로 정신화된다se spiritualise는 것을 상상해 볼 수 있다. 그런데 뇌의 기능과 척수계의 반사 활동 사이에 본성적인 차이가 아니라 복잡성의 차이만이 있다는 것을 확신하기 위해서는 뇌의 구조를 골수의 구조와 비교해 보는 것으로 충분하다.

실제로 반사 작용에서는 어떤 일이 발생할까? 흥분에 의해 전달되는 구심 운동은 골수의 신경세포를 통해 근육의 수축을 결정하는 원심 운동에 즉시 반영된다. 반면에 대뇌 시스템의 기능은 무엇일까? 말초신경의 진동은 척수의 운동세포에 직접 전파되어 필요한 근육의 수축을 야기하는 대신에, 먼저 뇌로 올라간 다음 반사운동에 개입하는 동일한 척수의 운동세포로 다시 내려온다. 그래서 말초신경은 이 우회로에서 무엇을 얻었으며, 대뇌피질이라 일컫는 민감한 세포에서 무엇을 찾았는가? 나는 말초신경이 이 대뇌피질에서 사물들을 표상으로 변형시키는 기적적인 힘을 이끌어 낸다는 것을 이해하지 못하고 있으며, 앞으로도 결코 이해하지 못할 것이며, 더욱이 우리가 곧 보게 될 이 가설은 쓸모없는 것이라 생각한다. 그런데 내가 매우 분명하게 이해하는 것은 외피의 다양한 감각 영역의 세포, 즉 끝이 나뭇가지 모양으로 된 구심 섬유와 중심 영역의 운동세포들 사이에 삽입된 세포가 수용된 충격에서 척수의 구체적인 운동 메커니즘을 마음대로 선택하면서 그 결과를 선택한다는 것이다. 이 삽입된 세포들이 더 많이 증식할수록 다양한 방식으로 서로 접근할 수 있는 아메바 형태의 확장이 더 많이 방출될 것이며, 외곽으로부터 온 동일한 충격에 대해 열릴 수 있는 경로도 더 많아지고 더 다양해질 것이다. 결과적으로 여기엔 더 많은 운동 시스템들이 있게 될 것이며, 동일한 흥분에 대해 이 시스템들 중에서 선택의 여지가 있게 될 것이다. 따라서 우리의 관점에서 뇌란 일종의 '중앙 전화국'에 지나지 않는 것이다. 뇌의 역할은 "통화를 해 주거나" 혹은 통화를 기다리게 하는 것이다. 뇌는 자신이 수용한 것에 아무것도 더 추가하지 않는다. 하지만 모든 지각 기관들이 자신들의 마지막 확장들을 뇌로 보내고 척수와 연수의 모든 운동 기관들이 뇌에서 자신들이 획득한 대표성을 갖기 때문에 뇌는 실제로 하나의 중심을 형성하며, 여기서 말초신경의 자극들이 더 이상 부과된 기관이 아닌 선택된 구체적인 운동 기관과 관련을 맺게 되는 것이다. 다른 한편으로, 말초신경으로부터 온 동일한 진동에 대해 [뇌의] 실체substance에서 엄청난 수의 운동 경로들이 모두 함께 열릴 수 있기 때문에, 이 진동은 그 안에서 자신을 무한대로 분할하는 기능을 가지고 있으며, 결과적으로 무수히 많은 단순한 초기의 반사 운동들을 상실할 수 있는 것이다. 이처럼 뇌의 역할은 때로는 수용된 움직임을 선택된 반응 기관으로 인도하는 것이며, 때로는 운동 기관들 전체를 이 움직임에 열어 주는 것인데, 이는 가능한 모든 반응들을 그려 보고 또 스스로 분산되면서 자신을 분석하기 위한 것이다. 다시 말해서, 우리에게 있어서 두뇌란 수집된 움직임과 관련하여서는 분석의 도구로 그리고 실행된 움직임과 관련하여서는 선택의 도구로 나타나고 있다. 그러나 다른 경우들과 마찬가지로 뇌의 역할은 움직임을 전달하고 분할하는 것으로 제한된다. 그리고 골수에서와 마찬가지로 피질의 상위 센터들에서도 신경 요소들이 앎을 위해 작동하지는 않는다. 신경 요소들은 한 번에 여러 가지 가능한 행동들의 윤곽을 그리거나 혹은 이들 중에서 어느 하나를 구성하거나 할 뿐이다.

이는 말하자면 두뇌의 시스템은 표상들을 산출하거나 심지어 이를 준비하는 장치와는 아무런 관련이 없다는 것이다. 두뇌의 기능은 자극을 수용하고, 운동 장치들을 활성화시키고, 주어진 자극에 이러한 장치들의 가능한 최대 수를 제공하는 것이다. 두뇌 시스템이 보다 더 발전할수록 항상 더 복잡한 운동 메커니즘과 관련된 공간의 지점들이 더 많아지고 더 확대된다. 이처럼 두뇌의 시스템이 우리의 행동에 허용하는 위도緯度는 더 확대되고 이렇게 하여 두뇌의 완전함이 증가하는 것이다. 하지만 동물들의 연속에서 한쪽 끝에서 다른 쪽 끝으로 가면서 신경계가 점점 더 필연적이지 않은 행동을 위해 구성되어 있다면,[32] 그 진보가 자신의 행동에 의해 규제되는 지각에 대해서도 마찬가지로 순수한 앎을 위해서가 아니라 전적으로 행동을 지향하고 있다고 생각해야 하지 않을까? 그렇다면 점점 더 풍부해지는 이 인식perception[33] 자체가 사물들에 대

한 그의 행동에서, 단순하게 '생명체의 선택에 남겨진 불확정성[비규정성] indétermination의 정도'[34]를 상징하고 있다고 생각해야 하지 않을까? 따라서 이 불확정성을 진정한 원리처럼 간주하고 여기에서부터 시작하자. 일단 이 불확정성이 제기되면, 우리는 이것으로부터 '의식적인 지각perception consciente'의 가능성을, 심지어 그 필연성을 추론할 수는 없는 것인지 고찰해 보아야 한다. 다시 말해, 우리가 물질세계라고 부르는 상호의존적이고 잘 연결된 이미지 시스템을 우리 자신에게 부여하고, 이 시스템의 여기저기에서 생명체를 통해 대표되는 '실제적인 행동의 중심'을 상상해 보아야 한다. 나는 각 중심의 둘레에 이 중심의 위치에 종속되고 이 중심을 통해 다양화될 수 있는 이미지들을 배치하여야 한다고 생각하며, 따라서 나는 의식적인 지각이 반드시 일어나야 하며, 더욱이 이 의식적인 지각이 어떻게 발행하는지 이해할 수 있다고 생각한다.

먼저 하나의 엄밀한 법칙이 의식적 지각의 범위를, 생명체가 제시하는 행동의 강도와 연결한다는 점에 주목해 보자. 만일 우리의 가설이 정당화된다면, 이러한 인식[의식적인 지각]은 물질이 받은 충격이 '필연적인 반응'으로 지속되지 않는 바로 그 순간에 나타난다. 초보적인 유기체의 경우 충격이 발생하기 위해서는 —이는 사실이다— 관심을 끄는 대상과의 즉각적인 접촉이 필요하며, 그렇게 된다면 이에 대한 반응은 전혀 지연되지 않는다. 이처럼 하위 종들에서의 촉각은 수동적이면서 동시에 능동적이다. 촉각은 먹이를 인식하고 포착하며, 위험을 감지하고 이를 피하기 위한 노력의 역할을 한다. 원생동물protozoaire의 다양한 확장, 극피

---

34 역주) '생명체의 선택에 남겨진 불확정성의 정도'란 다른 말로 '행위 주체의 자유로운 선택에서 자유로움의 정도'라고 할 수 있을 것이다.

동물의 관족ambulacra은 촉각적 지각뿐만 아니라 움직임을 위한 기관이기도 하다. 히드라의 쏘는 기관은 지각의 도구이자 동시에 방어의 수단이기도 하다. 한마디로 말해 반응이 보다 즉각적일수록 지각은 보다 단순한 접촉과 닮아야 하며, 이 경우 지각과 반응의 전체 과정은 필연적인 움직임에 뒤따르는 기계적인 충동과 거의 구별되지 않는다. 그러나 반응이 더 불확실해질수록 그리고 망설임의 여지가 더 많아질수록, 관심을 가진 대상의 행동에 대해 동물이 느끼는 여지도 많아지게 된다. 시각과 청각을 통해 이 동물은 점점 더 많은 것들과 관계를 맺고 점점 더 멀리서까지도 영향을 받게 된다. 그리고 이러한 대상들이 자신에게 유익한 것을 약속하든 또는 위험으로 자신을 위협하든 약속과 위협은 작용 기한을 연장시킨다. 한 생명체가 가지고 있는 독립성의 부분, 혹은 우리가 그렇게 말하듯이, 그 생명체의 행위를 둘러싸고 있는 '불확정성의 영역la zone d'indétermination'은 따라서 이 생명체가 관계를 가지고 있는 사물들에 대한 수와 범위를 선험적으로*a priori* 평가하는 것을 가능하게 한다.[35] 이 관계가 무엇이든, 따라서 지각의 내밀한 본성이 무엇이든 간에, 우리는 지각의 넓이가 연속적인 행동의 불확정성을 정확하게 측정한다고 단언할 수 있으며, 따라서 다음과 같은 법칙을 말할 수 있다. 즉, 행동이 시간을 요구하는 것과 동일한 비율로 지각은 공간을 요구한다.

[35] 역주) 인식의 주체가 대상과 가지는 관계성이 많아질수록 또 그 거리가 멀수록 인식으로부터 이어지는 행동에 있어서 독립성과 불확정성이 많아진다는 것이며, 이는 경험에 앞서(선험적으로) 평가될 수 있는 것이라는 의미이다. 다시 말해서 이는 경험적 관찰과 무관하게 하나의 보편적인 법칙처럼 고려할 수 있다는 것이다. 이 불확정성의 개념은 후일 베르그송이 '자유'의 개념을 규정하는 데 결정적인 역할을 하게 된다. 베르그송은 『창조적 진화』에서 한 개인은 행동을 감행하는 데 있어서 감행하기 바로 직전까지 스스로 행동을 실행하거나 철회하는 것을 결정할 수 있을 때 '자유롭다'고 하였다. 왜냐하면 자유란 필연과 대립하는 개념이기 때문이다. 여기서 행동을 실행하거나 철회하는 것을 마지막까지 알 수 없다는 그 사실이 곧 '불확정성'을 의미하는 것이다.

그런데 어째서 다소 멀리 떨어져 있는 대상들에 대한 유기체의 이러한 관계가 '의식적인 지각'이라는 특수한 형태를 취하는 것일까? 우리는 조직된 육체 안에서 무슨 일이 일어나고 있는지 살펴보았다. 우리는 움직임들이 전달되거나 차단되는 것을 보았고, 수행된 행동으로 변형되거나 초기의 행동으로 흩어져 버리는 것을 보았다. 이러한 움직임은 우리에게 행동과 관련된 것으로, 오직 행동에만 관련된 것으로 보였다. 이 움직임들은 표상의 과정과는 절대적으로 이질적인 것이었다. 따라서 우리는 행동 자체와 이 행동을 둘러싼 불확정성을 신경계의 구조 안에 적용된 불확정성으로 간주하였으며, 신경계란 불확정성을 가지기 위해 구성된 것이지 '표상'을 가지기 위해 구성된 것이 아닌 것으로 고려하였다. 이러한 불확정성을 하나의 사실로 인정하게 되면서 우리는 인식[지각]의 한 필연성에 대해 결론 내릴 수 있었다. 다시 말해 이 불확정성으로부터 우리는 한 생명체와 이 생명체가 관심을 가지는 대상들 사이에 정도의 차이를 지닌 영향력들이 이 둘 사이의 가변적인 관계를 가지게 한다고 결론 내릴 수 있었다. 그런데 이러한 지각이 어디에서부터 의식conscience이 되며, 왜 이 의식이 대뇌 물질의 내적 움직임에서 발생하는 것처럼 보이는가?

이 질문에 답하기 위해 우리는 먼저 의식적 지각이 수행되는 조건을 크게 단순화할 것이다. 사실 기억이 스며들지 않은 지각은 없다. 우리는 우리의 감각에 즉각적이고 현재적으로 주어진 것에다 과거 경험의 수천 가지 세부 사항을 혼합한다. 대부분의 경우 이러한 기억은 우리의 실제 인식을 변위시키며, 우리가 유지하는 것은 오래된 이미지를 상기시키기 위한 몇 가지 징후, 단순한 징표뿐이다. 인식의 편리함과 신속함은 이러한 대가를 치른 것이며, 또한 이로부터 모든 종류의 환상illusions이 생겨난다. 우리의 과거에 완전히 스며든 이 지각은 성숙하고 형성된 의식이 갖게 될 지각이겠지만, 반면 다른 모든 작업을 배제하고 현재에 갇혀 오직 외부 대상의 틀에 맞춰 자신을 주조하는 일에 골몰하는 것을 방해할 것은 아무것도 없다.[36] 우리는 개별적인 우연들을 제거하여 얻은 이 이상적인 인식이 더 이상 실재와 일치하지 않는다고, 그리하여 자의적인 가정을 하고 있다고 말할 수 있을까? 그런데 우리가 증명하고자 하는 것은 개별적인 우연들이 이 비개별적인 지각에 접목되어 있으며, 이러한 지각이 사물들에 대한 우리들의 앎의 기초를 이루고 있다는 것이다. 그리고 전체 지각으로부터 '내적이고 주관적인 비전vision intérieure et subjective'[37]을 가진다는 것은 기억mémoire이 여기에 더하거나 잘라 낸 것을 구분하지 못한 때문이며, 이들이 다만 기억souvenir과 강도의 차이에서만 다르다고 생각한 때문이다.[38] 따라서 이것이 우리의 첫 번째 가설이 될 것이다. 그러나

---

36 역주) 이 단순한 문장에서 저자가 말하고 있는 것은 인식론적으로 매우 중요한 두 관점을 말해 주고 있다. 하나는 인식이란 본질적으로 자신의 과거의 경험과 축적된 이미지로 이루어지는 것이어서 그 자체로 매우 '주관적인 것'이라는 관점인데 이는 스콜라 철학자들이 주로 주장하는 것이며, 또한 키르케고르가 '철학적 앎이란 본질적으로 주관적인 것'이라고 할 때의 인간 인식의 특징을 말해 주는 것이기도 하다. 반면 다른 하나의 관점은 인식이 올바로 이루어지기 위해서는 모든 주관적인 것(과거의 경험과 축적된 이미지)을 배제하고 오직 외부 현상에만 관심을 집중하고자 하는 것인데, 이 경우 자신(인간)을 이해하는 데 있어서도 이 외부 대상이 가진 구조에 맞추고자 하게 된다. 이는 주로 '실증주의'의 관점이라고 할 수 있으며, '현상 그 자체로'라는 모토를 가진 '후설의 현상학'도 최소한 인식의 방법에 있어서는 이러한 관점을 공유한다고 볼 수 있다. 그런데 베르그송의 근본적인 관점은 이 둘이 서로 접목되어 있다고 보는 것이다.

37 역주) 불어에서 'vision(비지옹)'은 '관(觀)' '시각' 혹은 '전체적 이미지'로 이해된다. 따라서 '내적이고 주관적인 비전'이란 예를 들면 한 개인이 가지고 있는 '주관적인 관점' 혹은 '세계관' '인생관'을 말한다고 할 수 있다.

38 역주) 어떤 사람들은 외부 대상의 실재를 '있는 그대로' 인식할 수 없으며, 모든 인식이란 '주관적'일 수밖에 없다고 생각한다. 베르그송은 이러한 생각은 '지반(배경)'이 되는 기억(즉. 추억)으로 인해 현재의 기억이 덧붙이거나 잘라 낸 것을 간과하고 있기 때문이며, 그 이유는 덧붙이거나 잘라 낸 것이 지반이 되고 있는 기억(즉. 추억)과 다만 강도의 차이만 있을 뿐 동일하다고 생각하기 때문이라고 분석하고 있다.

이 가설은 자연스럽게 다른 하나의 가설로 이어진다. 지각이 아무리 짧아도 사실 그것은 항상 일정한 기간을 차지하므로 결과적으로 여러 순간을 서로 연장하는 기억의 노력이 요청되는 것이다. 우리가 보여 주려고 하는 것처럼 심지어 감각적 특성의 '주관성'은 무엇보다도 우리들의 기억에 의해 작동되는 일종의 '실재에 대한 압축contraction du réel'에 의해 구성된다. 간단히 말해, 이 두 가지 형태의 기억, 즉 즉각적인 지각의 지반fond을 기억[추억]의 한 층으로 덮고 있는 하나의 형태와 다양한 순간을 압축시키는 다른 하나의 형태가 지각에 있어서 개별적인 의식의 주요한 측면을 형성하는 것이다. 다시 말해 사물들에 대한 우리들의 앎의 주관적인 측면을 형성하는 것이다.[39] 그리고 우리는 우리의 관념을 보다 명확하게 하기 위해서 이러한 [개별적 의식의] 측면을 배제하면서 우리가 접어든 길에서 적합한 정도보다 훨씬 더 멀리 나아가게 될 것이다. 따라서 우리는 우리의 길로 되돌아오기 위해서, 특히 우리의 결론들이 과도할 수 있는 것은 기억을 다시 통합함으로써 수정하기 위해 여기[40]에서 벗어날 것이다.

그러므로 이어지는 것에서 우리는 단지 도식적인 제시만을 보아야 하며, 잠정적으로 지각을 통해 구체적이고 복잡한 나의 지각을 보는 것이 아니라, 즉 나의 추억들에 의해 부풀어 오르고 항상 일정한 두께를 가진 지각을 보는 것이 아니라, 사태이기보다는 권리상en droit에 존재하는

---

39 역주) 여기서 지각의 주관적인 측면을 이루는 두 요인을 쉽게 설명하면 다음과 같다. 첫째, 배경이 되고 있는 기억(추억)이 사람들마다 다르다. 둘째, 각자 다른 '배경기억(추억)'으로 인해 다양한 순간을 압축하는 과정에서 현재의 기억이 지각의 대상에 덧붙이거나 잘라 낸 것이 있기 때문이다. 따라서 지각의 객관적인 특성에 대해 이해하기 위해서는 먼저 이러한 주관적 특성을 제거해 보아야 한다는 것이 베르그송의 생각이다. 물론 이러한 작업에서 너무 멀리 나아가게 되면 다시 주관적 특성으로 되돌아와서 주관적 특성과 객관적인 특성을 통합하여야 한다는 것이 베르그송의 생각이다.

40 역주) 여기란 '의식의 개별적인 축을 배제하는 것'을 의미한다.

하나의 지각인 순수 지각perception pure[41]을 보게 될 것이다. 이러한 지각은 내가 처해 있는 상황에 처해 있고, 내가 살아 있는 것처럼 살아 있는 그러한 존재의 지각이 아니라, 완전히 현재에 흡수되어 있고 [지각주체가 이미 지니고 있는] 모든 형태의 기억을 제거함으로써 질료로부터 즉각적이고도 순간적인 비전vision을 획득할 능력이 있는 존재의 지각인 것이다. 그러므로 우리 자신을 이러한 가설 안에 두고서 의식적인 지각이 어떻게 설명되는 것인지 질문해 보자.

의식을 추론해 낸다는 것은 매우 대담한 일이 되겠지만 여기서는 실제로 필요하지는 않다. 왜냐하면 물질세계를 제시하게 되면 우리는 일련의 이미지를 가질 수밖에 없고, 이것 외에 우리가 다른 것을 가진다는 것이 불가능하기 때문이다. 물질에 관한 어떤 이론도 이러한 필연성을 피해 갈 수는 없다. 물질을 움직임 중에 있는 원자들로 환원시켜 보라. 물리적 특성조차 배제된 이 원자들은 그럼에도 비전[시각]과 가능한 접촉을 통해서만 규정된다. 즉 조명이 없는 시각과 물질성이 없는 접촉과 관련하여서만 규정된다.[42] 원자를 힘의 중심으로 압축하고 연속적인 유체 안에 움직이고 있는 소용돌이에서 분해하여 보라. 이 유체, 이 움직임들, 이 중심들은 무력한 접촉, 비효과적인 자극, 변색된 빛에 대해서

41 　역주) 여기서 '순수 지각'이란 일체의 인식주체가 가진 개별적인 특성을 없이하고 완전히 인식 대상 그 자체와 현재에 몰입하고 있는 지각을 말하는 것으로 저자는 실제로 가능한 인식이라기보다는 논리상 혹은 이론상 가능한 인식이라고 보고 있다. 물론 불교나 도교의 어떤 이들에게는 혹은 동일성의 철학이라고 부르는 '피히테' 등에게서는 이러한 인식이 실제로 가능하다고 볼 수도 있을 것이다.

42 　역주) 현실에서는 조명이 없이는 '시각(봄)'을 가질 수가 없고, 물질성이 없이는 접촉이 불가능하다. 따라서 여기서 저자가 말하고자 하는 것은 물질을 원자들의 움직임으로 환원하는 사태는 일종의 관념적인 차원에서의 혹은 순수한 정신적 차원에서의 물질에 대한 규정임을 말하고자 하는 것이다. 이러한 관점에서 과학이 발전할수록 과학자들이 보다 관념적인 대상을 다루게 된다는 것은 하나의 아이러니라고 할 수 있을 것이다.

만 규정된다. 이 모든 것이 여전히 이미지들이다. 이미지가 인식되지 않고 존재할 수 있다는 것은 사실이다. 이미지는 표상되지 않고서도 현존être présente할 수 있다. 현존과 표상이라는 두 용어 사이의 거리는 물질 자체와 우리가 물질에 대해 갖는 의식적인 인식 사이의 간격을 정확하게 측정해 주는 것 같다. 하지만 이러한 것을 보다 자세히 살펴보고 이 차이점이 정확히 무엇인지 알아보자. 첫 번째 용어[즉, 현존]보다 두 번째 용어[즉, 표상]에 더 많은 것이 있다면, 그리하여 현존에서 표상으로 넘어가기 위해 무언가를 추가해야 한다면 그 거리는 건널 수 없는 게 될 것이며 물질에서 지각으로의 이동은 통찰이 불가능한 신비에 싸여 있을 것이다. 그런데 만일 감소를 통해 현존에서 표상으로 넘어갈 수 있다면, 즉 이미지의 표상이 단순한 현존보다 적은 것이라면 이와 동일하지 않을 것이다. 왜냐하면 이 경우엔 표상된 이미지들이 있기 위해서는, 즉 단순한 현존을 표상으로 전환하기 위해서는 이 현존présence에 있는 어떤 것들을 버리도록 요구하는 것으로 충분할 것이기 때문이다.

그런데 여기에 내가 물질적 대상이라고 부르는 이미지가 있다. 나는 이것에 대한 표상을 가지고 있다. 표상이 나에게 있어서의 표상représentation과 그 자체로서의 상image이 다르게 보이는 것은 어디서 연유하는가?[43] 그것은 다른 이미지들의 전체와 연관되어 선행하는 이미지

---

43 역주) 일반적으로 인식론을 다루는 사상가들은 '사물 그 자체'와 이 사물을 인식한 뒤 '표상된 이미지'가 동일한 것인가 혹은 다른 것인가를 질문한다. 그리고 각자의 관점에서 '다르다' '유사하다' '동일하다'는 등의 입장을 가지게 된다. 반면 베르그송은 '사물 그 자체'에 대한 '순수한 이미지', 즉 인간의 인식에 포착되기 이전에 이 사물이 가진 '이미지 그 자체(image en soi)'가 있다고 가정하며 이후 인간의 인식에 의해 포착되고 '표현(재현)된' 것을 '표상(représentation)'으로 규정하고, 이 둘 사이에서의 다름이 어디서 연유하는가를 묻고 있다. 아래에서 베르그송은 이 순수한 이미지를 '현재의 이미지', '객관적 실재(réalité objective)의 이미지'라고 부르고 '표상'을 '표상된 이미지(image représentée)'라고 부르고 있다.

들에 연장된 것이듯 뒤따르는 이미지에서 지속되기 때문이다. 이 물질적 대상의 순수하고 단순한 실존existence을 표상으로 전환하기 위해서는 표상에 뒤따르는 것과 이 표상에 앞서는 것, 그리고 이 표상을 채우고 있는 것을 단김에 제거하고 외적인 껍질과 피상적인 막만을 남겨 두는 것으로 충분할 것이다. 현재의 이미지image présente인 객관적 실재réalité objective의 이미지를 표상된 이미지로부터 구별해 주는 것은, 표상된 이미지는 각각 자신의 시점에서 모든 다른 이미지들의 시점들에 대해 작용하며, 자신이 수용한 것의 총체를 전달해야만 한다는 필연성에 있다. 게다가 표상된 이미지는 각각의 작용에 대해 동등하고 반대되는 반응으로 대립하며, 마침내 광대한 우주로 퍼져 나가는 모든 방향에서의 변화들이 지나가는 단 하나의 길이 될 수밖에 없다는 그 필연성이다.[44]

만약 내가 그것을 고립시킬 수 있다면, 특히 내가 그것의 봉투에 넣어 분리할 수 있다면, 나는 그것을 표상으로 바꿀 수 있을 것이다. 표상은 분명 여기에 있을 것이지만, 이 표상이 행위로à l'acte 나아갈 때 지속되어야 할 의무와 다른 것에서 상실해야만 하는 의무를 통해 이 표상은 항상 잠정적이고 중립적이다. 이러한 변환을 얻기 위해서 필요한 것은 [감각] 대상을 분명히 밝히는 것이 아니라, 오히려 대상의 특정 부분을 모호하게 하고 대상 그 자체의 큰 부분을 축소하여 잔여물들을 대상의 주변에 중첩되어 있지 않도록 하며 마치 **그림에서**처럼 이 잔여물들을 [대상으

---

44 역주) 여기서 '순수한 이미지'와 '표상된 이미지'를 구분해 주는 필연성을 아주 쉽게 설명하자면 다음과 같이 될 것이다. 순수한 이미지란 다른 어떤 것들과도 연관되지 않은 현재의 한 대상이 가지고 있는 외피나 겉껍질에 대한 것이겠지만, 표상된 이미지란 **필연적으로** 과거나 현재에 이미 수용된 다양한 이미지들과의 연관성 속에서 표상된 것이며, (과장해서 말하자면) 인간이 표상한 작은 하나의 이미지도 결국은 전 우주에 대해 지니고 있는 이미지와의 관계성 속에서 표상된 것이라는 점이다.

로부터] 분리하는 것이다.[45] 그런데 만약 생명체들이 우주 안에서 "불확정성의 중심들"을 이루고 있고, 이 불확정성의 정도가 그들이 수행하는 기능들의 수와 상승으로 측정된다면, 생명체의 존재만으로도 이러한 기능과는 무관한 모든 대상들의 모든 부분들을 압도할 수 있을 것이다. 이들은 말하자면 자신들에게 아무 관심도 없는 외적인 작용들이 자신들을 지나가도록 내버려둘 것이다. 고립된 다른 것들은 바로 그 고립에 의해 "인식"이 될 것이다. 따라서 우리에게 있어서 모든 것은 마치 인식 대상의 표면에 빛을 반사하는 것처럼 성찰할 것이며, 이 빛은 항상 퍼져 나가고 있지만 결코 드러나지 않는 빛이다.

우리를 둘러싼 이미지들은 우리의 몸을 향하는 것처럼 보이지만, 이번에는 우리의 몸에 관심이 있는 측면이 밝혀진다. 그들은 우리가 지나가다가 멈추는 곳, 우리가 영향을 미칠 수 있는 것을 그들의 실체로부터 떼어 놓을 것이다.[46] 그들을 연결해 주는 근본적인 메커니즘으로 인하여 서로에게 무관심하지만, 그들은 그들의 모든 측면을 상호적으로 서로에게 제시한다. 이는 말하자면 그들의 모든 기초적인 부분들을 통해서 그들 사이에서 작용을 하고 또 반작용을 하는 것이다. 따라서 이들 중에서 어떤 것도 인식되었거나 혹은 의식적으로 인식하지는 않는다. 반대로 우리를 둘러싸고 있는 이미지들이 어딘가에서 어떤 자발성spontanéité으로 반응하고 충돌한다면, 그들의 작용은 같은 양만큼 감소하고, 이러한 작

---

45 역주) 예를 들어 현실에서는 산과 들판 사이의 구분이 분명하지 않다. 반면 그림에서는 이들 사이의 구분이 비교적 분명한데, 그러기 위해서는 산과 들판 사이의 많은 것을 제거하여야만 하는 것이다.

46 역주) 사실은 사물들이 우리의 몸에 관심을 가지는 것이 아니라, 우리가 관심을 갖는 부분이 우리들의 인식에 포착되는 것이며, 인식되는 부분을 그들의 실체로부터 분리하는 것은 바로 우리의 지각이다.

용의 감소는 정확히 우리가 그것들에 대해 가지고 있는 표상이다. 따라서 결국 사물들에 대한 우리들의 표상은 그들이 우리의 자유에 반하여 반사되어 온다는 사실로부터 탄생하는 것이다.[47] 광선이 한 매질에서 다른 매질로 통과할 때 일반적으로 방향을 바꾸면서 통과한다. 그러나 특정 입사각에 있어서 더 이상 굴절이 가능하지 않은 두 매질의 각각의 밀도가 있을 수 있다. 이렇게 되면 전반사가 발생한다. 여기서는 광선이 자신의 경로를 따라갈 수 없음을 상징하는 일종의 광점point lumineux이 형성된다. 지각도 이와 동일한 종류의 현상이다. 주어진 것은 내부적 요소들의 총체와 함께 물질적 세계의 이미지의 총체이다.

그러나 만약 당신이 진정한 활동의 중심, 즉 자발적인 것spontané을 가정한다면, 여기에 도달하고 이 활동에 관심을 가질 광선들은 이를 통과하는 대신에 여기에 되돌아와서 이 광선을 반사한 물체의 윤곽을 그리는 것처럼 보일 것이다. 여기에는 긍정적인 것도, 이미지에 추가되는 것도, 새로운 것도 없을 것이다. 지각 대상들에게는 그들의 잠정적인 행동을, 다시 말해 사실상 생명체가 자신들에 미칠 수 있는 영향을 나타내기 위해서 자신들의 실제적인 행동에서 일부를 포기하는 것만이 있을 것이다. 따라서 지각은 굴절 장애에서 오는 반사의 현상들과 유사하다. 이는 마치 신기루의 효과와 같다. 이것은 이미지들의 경우 '존재'와 '의식적으로 인지된 존재' 사이의 다름이 본성[성질]의 다름이 아니라 단순한 정도의 차이가 있을 뿐이라고 말하는 것과 같다. 물질의 실재란 물질을 이루는 요소들의 총체와 이 요소들의 모든 종류의 작용들로 구성된다. 물질

---

47 역주) 이 부분은 저자가 말하고 있는 바의 의미를 정확하게 이해하기가 쉽지 않다. 다만 우리는 표상이라는 것이 근본적으로 우리들의 작용에 대립하는 대상의 반작용을 통해서 형성된다는 것 정도로 이해해 볼 수 있을 것이다.

에 대한 우리들의 표상은 육체들에 대한 우리들의 가능한 행동의 척도이다. 이 표상은 우리들의 필요와 무관하거나 보다 일반적으로 우리의 기능들과 관련되지 않는 것들을 제거한 결과이다. 어떤 의미에서 순간성instantanéité 안에서의 어떤 무의식적인 물질적 지점에 대한 지각은 우리들의 [의식적인] 지각보다 무한히 넓고 완전하다고 말할 수 있다. 왜냐하면 이 지점은 물질적 세계의 모든 측면의 작용들을 수용하고 전달하지만, 반면 우리들의 의식은 특정한 측면을 통한 특정한 부분에만 도달하기 때문이다. 의식은 ―외적인 인식의 경우― 정확히 이러한 선택으로 형성된다. 하지만 우리들의 의식적인 인식의 이 필연적인 빈약함 속에는 이미 정신을 선언하고 있는 어떤 긍정적인 것이 내포되어 있다. 그것은 언어의 인식론적인 의미에 있어서 '분별력discernement'이라는 것이다.

우리가 다루고 있는 문제의 모든 난점은 우리가 지각을 사물들에 대한 풍경 사진처럼 표현한다는 사실에서 발생한다. 이러한 관점은 지각 기관과 같은 특별한 장치를 사용하여 규정된 한 지점에서 [사물을] 포착한 다음, 이후 대뇌의 물질 안에서 이를 발전시킨 것인데, 나로서는 어떤 화학적 과정이나 정신적 과정을 거쳐서 이것이 이루어지는지 알 수가 없다. 그러나 만일 사진이 존재한다면, 사물의 바로 그 내부에서 그리고 공간의 모든 지점들에 대해서 이미 촬영되고 이미 그려져[인화되어] 있다는 것을 어떻게 외면할 수가 있겠는가?[48] 어떤 형이상학도, 어떤 물리학

---

[48] 역주) 여기서 '사진이 존재한다면'이라는 가정은 '우리의 두뇌 혹은 정신에 어떤 사물의 이미지가 나타나 있다면' 혹은 '우리의 두뇌나 정신 작용을 통해 이미지가 표상되어 있다면'이라는 의미이다. 그리고 풍경 사진과 같은 이 이미지가 어떤 과정을 거쳐서 형성되는지는 잘 알 수 없지만 이 이미지가 외부 대상의 모든 부분들과 모든 지점을 그대로 반영하고 있음을 부정할 수는 없음을 주장하고 있는 것이다. 다시 말해 우리가 표상하는 이미지는 일종의 외부 대상과의 교감을 통해 '왜곡 없이 있는 그대로'를 제시해 주고 있음을 말하는 것이다.

도 이 결론을 피할 수는 없다. 원자들로 우주를 구성해 보라. 물질의 모든 원자들에 의해 발휘된 작용들이 거리에 따라 달라지겠지만 질적 양적으로 각자에게서 느껴진다. 힘을 중심으로 구성할 것인가? 모든 중심들을 통해 모든 방향으로 방출된 힘의 선들이 물질세계 전체의 영향을 각 중심으로 전달한다. 마지막으로 모나드monade로 구성할 것인가? 라이프니츠가 원했던 것처럼 각 모나드는 우주의 거울이다. 따라서 모두가 이 점에 동의한다. 다만 우리가 우주의 어떤 한 장소[즉, 공간]를 고려한다면, 우리는 모든 물질의 작용이 저항 없이 그리고 손상 없이 그곳을 통과하며 그곳에서의 전체 사진은 반투명translucide하다고 말할 수 있다.[49] [이 공간에서는] 건판의 뒤편에 이미지가 나타나는 검은 화면이 결여되어 있다. 우리의 "비결정성의 영역zones d'indétermination"은 일종의 화면 역할을 할 것이다. 이 영역에서는 '존재하는 그것'에 어떤 것도 보태지 않을 것이며, 다만 실제적인 작용action réelle은 지나가게 하고 잠재적인 작용action virtuelle만이 남을 것이다.[50] 이것은 가설이 아니다. 우리는 어떤 인식 이론도 지

---

49 역주) '장소(공간)'란 다만 사물이 존재할 수 있기 위한 하나의 조건에 불과한가 아니면 실제로 존재하는 '어떤 것'이라고 할 수 있는가의 문제는 여전히 논란이 있을 것이며, 베르그송 역시도 이에 대해서 분명한 입장을 취하고 있지는 않다. 다만 여기서 베르그송이 '장소'를 '반투명한 것'이라고 생각하는 이유는 물체들이나 물체들의 작용이 공간에서 멈추지 않고 지나쳐 가기 때문이며, 또한 투명한 것으로 고려하지 않은 이유는 이 공간에서 '이미지들(표상들)'이 인간의 감각 기관이나 정신에 의해 포착되고 있다고 보기 때문이다. 그리고 마치 사진에서처럼 이미지들이 나타나는 화면(인화지)은 공간이 아니라 인간의 정신 혹은 의식이라고 보고 있으며, 아래서 이 부분을 (인간의) '비결정성의 영역'이라고 표현하고 있다.

50 역주) 우리는 여기서 인식론에 있어서 베르그송의 '실재론적 입장'을 발견할 수 있다. 이미지가 표상되는 '비결정성의 영역(두뇌 혹은 의식)'에 나타나는 '풍경 사진'과 같은 이미지(표상)는 실제로 존재하는 것(외부의 인식 대상)에서 아무것도 보태지 않는다는 것은 '외부의 인식 대상'과 '인식되어진 내부 대상'이 동일하다는 것을 의미한다. 다만 인식 대상의 작용은 실제적인(réelle) 작용이라면, 인식된 의식 속의 작용은 '잠재적인(virtuelle) 혹은 '가상의' 작용일 뿐이다. 가령 무지개를 인지한 인간의 의식 속에는 무지개와 동일한 색을 가진 '무지개의 표상'이 주어질 것이며, 이 둘 사이의 차이는 전자는 '실제적인 색'이지만 후자는 '잠재적인 색'일 뿐이다. 하지만 그 색의 내용은 동일하다.

나쳐 버릴 수 없는 주어진 요소들을 정식화하는 것으로 제한하고 있다. 사실상 어떤 심리학자도 최소한 물질세계의 가능성을, 즉 기본적으로 모든 것에 대한 잠재적 지각의 가능성을 전제하지 않고서는 외부 지각에 대한 연구에 착수할 수가 없을 것이다.

사람들은 단순히 가능한 이 물질 덩어리에서 내가 나의 몸이라고 부르는 특정한 대상을 분리시킬 것이며 또한 이 몸에서 지각의 중심[51]을 분리할 것이다. 사람들은 공간의 어느 지점에서 오는 충격이 신경을 따라 전파되고 중심에 이르는 것을 보여 줄 것이다. 그런데 바로 여기서 극적인 사건이 발생한다. 몸을 둘러싸고 있는 이 물질세계, 뇌를 감싸고 있는 이 몸, 중심을 구별하게 하는 이 뇌, 갑자기 사람들은 이 모든 것을 무시해 버린다. 그리고는 마치 요술방망이를 사용하는 것처럼 하나의 완전히 새로운 방식으로 먼저 제시하였던 것으로부터 표상을 나타나게 하는 것이다. 우리는 이 표상이 우리가 출발했던 물질과는 더 이상 공통점이 없도록 공간의 바깥으로 밀어낸다.[52] 물질 그 자체가 문제일 때는 이를 무시해 버리고자 하겠지만, 그럼에도 그럴 수는 없다. 왜냐하면 이 물질의 현상들은 이들 사이에 매우 엄밀한 하나의 질서로 나타나기 때문이며 우리가 [표상의] 기원을 선택하는 지점[53]과는 너무나 무관한 것으로 나타나

---

51 역주) 여기서는 '두뇌'를 지칭한다.

52 역주) 표상을 공간의 바깥으로 밀어낸다는 표현은 표상이 비물질적인 것(정신적인 것)이기 때문에 공간을 차지하지 않는다는 의미이다. 그렇기 때문에 또한 첫 출발점(물질)과는 완전히 다른 새로운 방식이 되는 것이다. 베르그송은 감각 인식이란 물질에서 출발한 것이 이해할 수 없는 과정을 거쳐서 비물질적인 '이미지'로 나타나고 있다고 생각하며, 아직 객관적인 방식으로 표상되지 않은 것, 즉 정신(의식) 속에만 있는 이미지를 '잠재적 작용(action virtuelle)'으로 그리고 현실적으로 표상된 것을 '실제적인 작용(action réelle)'으로 고려하고 있다.

53 역주) 표상의 기원으로 선택하는 지점이란 '표상이 시작되는 의식 혹은 두뇌'를 의미한다. 그런데 의식은 정신적인 것이며, 두뇌는 물질적인 것이다. 따라서 비물질적인 것으로서의 표상은 당연히 그 출발점이 의식이라고 할 수 있다. 실증주의자들은 이 출발점을 뇌라고 주장하겠지만, 최소한 베르그송

기 때문이다. 이 규칙성과 이 무관성이 진정으로 [우리들의 의식과는] 독립된 실존을 형성할 만큼 매우 엄밀하고 [의식과는] 무관한 것으로 나타나기 때문이다. 따라서 물질에 그의 유령fantôme[54]을 보존하는 것을 감수해야 할 것이다. 그런 다음 최소한 물질에 생명을 부여하는 모든 특성을 제거하여야 할 것이다. 사람들은 무정형 공간에서 움직이는 형상을 잘라 낼 것이다. 혹은 심지어 (거의 동일한 것에 해당되겠지만) 이들 사이에 합성되는 크기의 관계들, 그 내용을 발전시키면서 진화하게 될 기능들을 상상할 것이다. 이때부터 물질에서 제거되었던 것들로 채워진 표상이 집약적인 의식 안에서 자유롭게 펼쳐지게 될 것이다. 하지만 잘라 내는 것만으로는 충분하지 않으며, 바느질을 해야 한다. 당신이 물질적 지반에서 분리한 이러한 질적인 것들은 이제 이들이 어떻게 서로 합성되는지를 설명할 필요가 있을 것이다. 당신이 물질을 감소시킨 각각의 속성은 표상과 그 대상son objet 사이의 간격을 넓히고 있다.[55]

은 뇌와 의식은 분명 구분되는 것이며, 뇌는 의식과 외부(물질)세계를 이어 주는 매개체일 뿐 그 자체 의식으로 간주되거나 의식을 담고 있는 그릇처럼 고려하지는 않고 있다.

54 역주) 여기서 '물질에 그의 유령'이라고 표현한 것은 생명이 없지만, 스스로 작용하는 어떤 법칙, 예를 들어 '만유인력'과 같은 원리를 지칭하고 있다고 볼 수 있다. 그리고 아래서 이를 물질에서 잘라 낸 것이라고 표현하고 또 이러한 원리가 다른 원리들과 상호적으로 작용하는 것을 설명하기 위해서는 '바느질을 해야 한다'라고 비유하고 있다.

55 역주) 이 문단에서는 물질적 대상으로부터 감각 인식을 통해서 마지막으로 물질들 사이에 작용하는 어떤 속성들이나 원리들을 도출하면서, 물질과는 전혀 다른 일종의 '정신적인(자발적인) 표상'을 산출하는 과정에 대해서 말해 주고 있다. 이러한 과정을 실행하는 것은 당연히 과학자들이다. 그런데 그 주어를 처음에는 '우리(nous)'라고 하다가 그 다음에는 '사람들(on)'이라고 하다가 마지막에는 '당신들(vous)'이라고 하고 있다. 아마도 이는 처음 부분에는 공감이 가는 것이지만 점점 더 공감이 가지 않는, 다시 말해 베르그송의 관점에서는 납득할 수 없는 것임을 암시하고 있다. 이어지는 문장에서는 이러한 과학자들의 관점을 비판하는 질문을 던지고 있다. 베르그송이 과학자들의 지각 이론에 대해 가장 공감하지 않는 부분은 바로 여기, 즉 '지각 대상'과 '표상된 것' 사이의 괴리이다. 그리고 바로 아래서는 이 괴리가 '과학자들이 이미지 전체를 제시하는 것이 아니라, 자신들에게 관심이 있는 부분으로 축소하기 때문'이라고 논하고 있다.

만일 당신들이 이 물질을 '비연장적인inétendue 것으로 만든다면, 이 물질은 어떻게 확장extension을 가지게 되는 것인가? 만일 당신들이 이 물질을 균질한 운동으로 환원한다면 그렇다면 질적인 것은 어디에서 나타나는가? 특히 사물과 이미지 사이, 물질과 생각 사이의 관계를 어떻게 상상할 수 있겠는가? 이 두 용어는 정의상 서로에게 부족한 것만을 가지고 있지 않는가? 이처럼 당신들의 진행 과정에서 많은 어려움들이 발생할 것이며, 그중 하나를 해결하고자 하는 수많은 노력들은 다만 수많은 어려움들 중 하나만을 해결할 수 있을 뿐이다. 따라서 우리가 당신들에게 요구할 수 있는 것은 무엇일까? 단순히 당신들의 요술방망이질을 멈추고 당신들이 처음 접어들었던 길을 계속 가라고 말하는 것이다. 당신은 감각 기관들에 도달하여 신경들을 수정하고 뇌 안에 그 영향을 미치는 외적인 이미지들을 우리에게 보여 주었다. 끝까지 가 보라. 움직임은 여기에 머물지 않고 대뇌 물질을 가로질러 자발적인 행동으로 꽃피울 것이다. 이것이 지각에 관한 전체적인 메커니즘이다. 이미지로서의 지각 그 자체가 문제가 될 때, 당신은 이것을 먼저 가정하였기 때문에 그 기원을 추적하지 않았다. 다른 한편 두뇌를 제시하면서, 최소한의 물질적인 조각을 제시하면서 만일 이것[지각 그 자체]을 가정하지 않는다면, 당신은 당신에게 이미지의 총체를 제공하지 않은 것이 아닌가? 따라서 당신이 설명하고 있는 것은 지각이 어떻게 발생하는가 하는 것이 아니라, 지각이 어떻게 제한되는가 하는 것이다. 왜냐하면 지각이란 당연히 전체에 대한 이미지일 것인데, 사실상 지각은 '당신에게 관심이 있는 것ce qui vous intéresse으로 축소되기 때문이다.

그러나 만일 그 부분들이 가변적인 중심에 대해 정렬된다는 점에서 지각이 순수하고 단순한 이미지와 구별된다고 한다면 이러한 제한은 어렵지 않게 이해된다. 지각은 권리상 무한하지만 사실상에 있어서 당신이 당신의 몸이라고 부르는 특별한 이미지의 전개 방식에 남겨진 비규정성의 일부를 그려 내는 것으로 한정되기 때문이다. 그 결과, 반대로 뇌의 회피질구조에서 비롯된 것과 같은 신체 움직임의 불확정성은 당신의 지각의 범위에 대한 정확한 척도를 제공한다.[56] 따라서 모든 것이 마치 다음과 같이 발생하는 것처럼 보인다고 해서 놀랄 필요는 없다. 즉 당신의 지각이 두뇌의 내부 움직임에서 비롯되고 어떤 식으로든 대뇌피질의 중심에서 나오는 것처럼 보이는 것에 놀랄 필요는 없다. 하지만 지각이 두뇌에서 나올 수는 없다. 왜냐하면 뇌란 다른 이미지들의 덩어리에 감싸인 하나의 이미지일 뿐이며, 포함하고 있는 것[다른 이미지들]이 포함된 것[뇌의 이미지]으로부터 나온다는 것은 말이 되지 않기 때문이다. 그런데 뇌의 구조는 당신이 선택한 운동들에 대한 세밀한 지도를 제공하고, 다른 한편으로 지각을 구성하기 위해 그 자신에게로 되돌아오는 것처럼 보이는 외부 이미지의 부분들이 우주의 모든 지점들을 적절하게 그려 내는 것이다. 바로 이 지점들에 대해 운동이 선택되고 의식적인 지각과 두뇌의 변화가 엄밀하게 일치하는 것이다. 따라서 이 두 용어[의식적 지각과 두뇌의 변화]의 상호의존성은 이 둘 모두가 의지vouloir의 불확정성을 의미하는 제3자의 '기능들fonctions'이라는 사실에서 기인한다.[57]

---

56   역주) 다시 말해 지각의 범위가 커지면 뇌의 변화도 커지는 것이다. 아래서 베르그송은 '의식적 지각'과 '두뇌의 변화'는 정확히 일치하며, 이 둘은 상호의존적인 것이라 말하고 있다.

57   역주) 의식적 지각과 두뇌의 변화가 '(의지의) 기능들'이라고 고려하는 점은 매우 참신한 관점이라고 할 수 있다. 이는 중세철학자들이 식물혼(생리적 원리)과 동물혼(감성적 원리)을 지성혼(이성혼)의 두 기능처럼 고려한 것과 유사하다. 가령 지성혼이 설익은 포도를 생각하게 되면, 감성혼이 (가상적으로) 새콤함을 느끼게 되고 동시에 식물혼이 침을 분비하게 되는 것이다. 즉 식물혼과 감성혼은 모두 지성혼의 기능들이기에 함께 반응을 하며, 그 변화는 서로 일치하는 것이다. 이와 유사하게 의지가 작동하게 되면, 의식적 지각과 두뇌의 변화가 동시에 야기되는 것이다.

예를 들어 빛나는 광원 P가 있고, 광선들이 망막의 a, b, c의 지점들에서 움직이고 있다고 가정해 보자. 지점 P에서 과학은 특정한 진폭과 특정 기간의 진동을 측정한다. 이 동일한 지점 P에서 의식은 빛을 인지한다. 우리는 이러한 논의 과정에서 양자[과학과 의식]가 모두 타당하며, 추상적 역학이 거부하는 통일성, 불가분성 및 질적 이질성을 운동에 적용한다면, 이 빛과 이 운동들 사이에는 본질적인 차이가 없다는 것을 인정할 수 있을 것이다. 나아가 감각적 특성에서 우리의 기억에 의해 작동된 많은 수축[변형]을 볼 수 있다면 과학과 의식은 순간적으로 일치하게 될 것임을 인정할 수 있을 것이다. 여기서 단어의 의미를, 너무 깊이 파고들지 않으면서 지점 P가 망막에 빛나는 진동들을 보낸다고 잠정적으로 말하는 것으로 제한하자.

만일 지점 P의 시각적 이미지가 주어지지 않았다면 무슨 일이 일어날까? 그렇게 된다면 우리는 이 이미지가 어떻게 형성되는지를 찾아보아야 할 것이고, 우리는 해결할 수 없는 문제에 매우 빨리 직면하게 될 것이다. 그런데 이 시각적 이미지에 대해서 어떤 방식을 취하든지, 사람들은 우선적으로 이 이미지를 제시할 수밖에 없다. 따라서 우리가 던져야 할 유일한 질문은 왜 그리고 어떻게 이 시각적 이미지가 나의 지각의 일부로 선택되었는지, 그리고 왜 다른 수많은 이미지들은 제외된 것인가를 묻는 것이다. 그런데 나는 지점 P에서부터 망막의 다양한 소체들로 전달된 진동들이 피질하부와 피질의 시각중추centres optiques로 전달되는 것을 보게 된다. 그리고 이 전달은 종종 다른 중추들로 전이되기도 하는데, 이 다른 중추들은 어떤 때는 [수용된 진동을] 운동 기관들로 전달하기도 하고 또 어떤 때는 잠정적으로 멈추는 경우도 있다. 따라서 관련된 신경 요소들은 수용된 진동들에 그 효력을 부여하는 것이다. 이 신경 요소들은 의지의 불확정성을 상징한다. 이 신경 요소들의 통일성에 이 [의지의] 불확정성이 달려 있다.[58] 결과적으로 이러한 신경 요소들의 손상은 우리의 가능한 행동을 감소시키면서 그 만큼 우리들의 지각을 감소시킬 것이다.

다시 말해서 만일 물질세계 안에서 수용된 진동이 기계적으로 전달되지 않는 지점들이 있다면, 우리가 말했듯이 불확정성의 영역이 있다면, 이러한 영역은 정확히 감각운동기관sensori-moteur이라 부르는 경로에서 발견되어야 한다. 그리고 이때부터 모든 것은 마치 광선 Pa, Pb, Pc가 이 경로를 따라 통찰되고 그런 다음 P에 투영되는 것처럼 발생하여야 한다. 나아가 이러한 불확정성이 실험과 계산을 벗어난 것이라면, 반면 인상impression을 수용하고 전달하는 신경 요소들에서는 이와 동일하지 않다. 그러므로 생리학자와 심리학자가 다루어야 할 것은 이러한 요소들이다. 이러한 요소들에 대해 외적인 인식의 모든 세부 사항들이 규정되고 설명될 것이다. 이러한 요소들을 따라서 관찰한 이후, 그리고 중심을 발견한 이후에, 만일 우리가 원한다면 자극이 여기에서 의식적인 이미지image consciente로 변환되고, 그런 다음 P지점에서 외면화된다고 말할 수 있을 것이다. 그런데 [감각 인식에 대해] 이와 같이 자신을 표현하면서 우리는 단순하게 과학적인 방법의 요구에 굴복하게 될 것이다. [왜냐하면 이러한 방식으로는] 실제적인 과정에 대해서는 전혀 설명하고 있지 않기 때문

58 역주) '의지의 불확정성(indétermination)'이란 의지란 본질적으로 자유로운 것임을 말하는 것이다. 따라서 '의지의 불확정성이 신경 요소들의 통일성에 달려 있다'는 말은 자유로운 의지의 발로는 그 만큼 신경 요소들이 잘 통일되어 있다는 것을 의미하며, 반대로 신경 요소들의 통일성이 무너지면 그 만큼 자유로운 의지의 행사가 감소하게 된다는 것을 의미한다. 물론 이러한 분석은 과학적 차원 혹은 현상학적 차원의 분석이며, 의지의 자유가 오직 신경 요소들의 통일성과만 관계하는 것은 아닐 것이다. 즉 신경 요소들의 통일성은 자유로운 의지의 행사에 대해 '필요조건'이지 '충분조건'은 아닐 것이다.

이다. 사실상 먼저 의식에서 형성되고 나서, 그런 다음 P지점으로 투사되는 협소한 의미의 이미지는 어디에도 없다. 진실은 다음과 같다. 광선들을 방출하는 P지점, 망막 그리고 관련된 신경 요소들이 확고한 하나의 전체를 형성한다는 것이며, 빛나고 있는 P지점은 이 전체의 한 부분을 이루고 있으며, 이미지가 형성되고 인지되는 곳은 다른 곳이 아니라 실제로 P지점이라는 사실이다.[59]

이러한 방식으로 사물을 우리 자신에게 표상한다는 것은 우리가 다만 상식으로부터의 순진한 확신에 되돌아왔음을 의미한다. 우리 모두는 우리가 대상 자체에 진입했다는 것, 우리가 대상을 우리 자신에게서가 아니라 대상 자체에서 지각했다고 믿는 것에서 시작하였다. 그런데 만일 심리학자가 너무 단순하고 그토록 실재에 가까이 있는 이러한 생각을 경멸한다면, 그 이유는 지각의 작은 한 부분에 지나지 않는 뇌의 내적인 과정이 그에게는 전체 지각과 동등한 것처럼 보이기 때문이다. 이러한 내적인 과정을 보존하면서 지각된 대상을 제거해 보라. 그러면 그에게는 대상의 이미지가 [독자적으로] 존속하는 것처럼 보이는 것이다. 그리고 이

---

59 역주) 이 대목은 '감각 인식'에 대한 매우 중요한 관점을 시사해 주고 있다. 쉽게 설명하면 과학자들이 분석하는 감각 인식의 요소는 네 가지이다. ① 감각 대상, ② 감각 대상에 부딪히고 동공에 전달되는 빛의 진동, ③ 빛의 진동을 수용하고 이 정보를 뇌에 보내는 눈(시신경), ④ 시신경이 보낸 정보로 이미지를 형상화하는 뇌이다. 따라서 과학자들에게 감각 지각이란 감각 대상에서 반사된 빛의 파동을 시신경이 수용하여 뇌에 보내면, 뇌에서 정보를 수합하여 이미지(의식적 이미지)를 형성하고, 그런 다음 이 이미지를 동공(망막)에 투사하는 것이다. 과학자들은 이를 외부의 인식 대상에 투사하는 것이라 말하고 있다. 하지만 베르그송은 이러한 분석은 실제의 과정을 말해 주는 것이 아니라고 보고 있다. 베르그송에 의하면 이러한 요소들과 과정들이 '지각'의 관점에서 보면 '하나의 전체'를 이루고 있고 동시적이다. 이것을 베르그송은 다른 책에서 '지속(durée)'이라 부르고 있다. 따라서 뇌 속의 이미지는 뇌 속의 이미지(의식적 의미지)로 남아 있고, 외부 대상의 이미지(지점 P의 이미지)는 분명 외부 대상(지점 P)에 있는 것이다. 외부 대상의 이미지와 뇌 속의 이미지가 매우 유사하거나 거의 일치하는 것을 베르그송은 '교감(sympathie)'이라고 부르고 있다. 즉 감각 인식은 '교감'을 통해 이루어지는 것이다.

러한 심리학자의 믿음은 다음과 같이 쉽게 설명된다. 즉, 환각이나 꿈과 같이 모든 면에서 외부 지각을 모방하는 이미지가 발생하게 되는 수많은 상태가 있는 것이다. 이러한 경우에는 대상은 사라지나 뇌는 남게 되므로, 뇌 현상만으로도 이미지를 생성하기에 충분하다는 결론을 내리게 된다. 하지만 이런 종류의 모든 심리적 상태에서 기억이 첫 번째 역할을 한다는 사실을 잊어서는 안 된다. 지각이 우리가 이해하는 대로 일단 인정되면, 이후에 우리는 기억이 일어나야 하며, 지각 그 자체와 마찬가지로, 이 기억도 그의 실제적이고 완전한 조건을 뇌 상태 안에서 가지는 것은 아니라는 사실을 증명하고자 노력할 것이다.[60]

이 두 가지 사항에 대한 검토로 나아가기 전에 새롭지 않은 매우 간단한 관찰을 제시하는 것으로 논의를 제한하도록 하자. 선천적으로 맹인인 많은 사람들은 손상되지 않은 시각 센터를 가지고 있지만, 시각 이미지를 형성하지 못한 채 살다가 죽는다. 따라서 이와 같은 이미지는 외적인 대상이 최소한 한번이라도 역할을 수행한 경우에만 나타날 수 있다. 따라서 이 외적인 대상은 적어도 한 번은 실제로 표상되었어야 한다. 지금으로서 우리는 다른 것을 요구하지 않는다. 왜냐하면 우리가 여기서 다루고 있는 것은 기억에 의해 복잡해진 지각이 아니라, 순수 지각perception pure이기 때문이다. 따라서 기억과 관련된 관계를 잠시 제쳐 두고 원시적

---

60 역주) 비록 베르그송이 과학철학자로 알려져 있지만, 순수한 자연과학자들과 완전히 관점을 달리하는 점이 여기에 있다. 과학자들은 기억이란 그 정보가 뇌 속에 저장되어 있고, 기억을 담당하는 어떤 뇌 부위를 손상당하면 기억도 사라지는 것처럼 고려하고 있다. 하지만 베르그송은 뇌란 다만 기억이 실제적으로 작동하기 위한 하나의 조건에 지나지 않으며, 기억이 존재하고 작동하기 위해서는 뇌 이상의 다른 것이 요구된다. 그것이 바로 정신 혹은 영혼이다. 뇌란 정신과 육체를 이어 주는 매개체의 역할을 할 뿐이다. 중세의 아우구스티누스나 토마스 아퀴나스 같은 사상가들도 기억이란 영혼에 저장되는 것이며, 감각기억은 '감각혼'에 정신적 기억은 '지성혼'에 저장된다고 보고 있다.

상태의 지각을 고려하도록 하자. 여기서 당신은 대상 없이는 결코 이미지도 없다는 사실을 받아들여야 한다. 그러나 당신이 뇌의 내적인 과정에 이 과정의 원인이 되었던 외부 대상을 추가하자마자, 나는 이 대상의 이미지가 어떻게 뇌의 내적인 과정에 뇌와 함께 주어졌는지 알지를 못한다. 나는 이 외부 대상의 이미지가 어떻게 두뇌운동으로부터 탄생하였는지 전혀 알 수가 없다. 신경 또는 중앙 시스템의 손상이 뇌 진동의 과정을 방해하게 되면 이에 따라 지각 역시 감소하게 된다. 이것이 놀라운 일인가? 신경계의 역할은 이 뇌 진동을 사용하여 실제적으로 혹은 잠재적으로 수행되는 현실적인 실천으로 변환하는 것이다.

만일 그 어떤 이유로 자극이 더 이상 일어나지 않는데, 그럼에도 그에 상응하는 지각이 여전히 일어난다면 이상할 것이다. 왜냐하면 이 지각은 더 이상 하나의 선택을 하도록 직접적으로 초대하지 않는 공간의 지점과 우리의 육체를 연관시키기 때문이다. 동물의 시신경을 절단해 보라. 빛의 지점에서 오는 진동은 더 이상 뇌로 전달되지 않으며, 따라서 운동 신경으로 전달되지도 않는다. 시신경을 둘러싸면서 외부 대상과 동물의 운동 메커니즘을 연결하는 실이 끊어진 것이다. 따라서 시각적 인식은 무력해지며 이 무력함 속에서 바로 무의식inconscience이 관여하게 된다. 물질이 신경계의 도움 없이, 감각 기관 없이 지각될 수 있다는 것은 이론적으로 상상할 수 없는 것은 아니다. 하지만 이러한 종류의 인식은 아무런 쓸모가 없기 때문에 현실적으로 불가능하다. 이러한 인식은 유령에나 적합한 것이며, 살아 있는 존재, 즉 활동적인 존재에 어울리는 것은 아니다. 우리는 살아 있는 신체를 한 왕국 속의 한 왕국으로 간주하며 신경계는 따로 고려하는데, 이 신경계의 기능은 먼저 인식들을 구성하고 그런 다음 운동을 창조하는 것으로 고려한다. 하지만 진실은 다음과 같다. 내 몸을 뒤흔드는 대상들과 내가 영향을 미칠 수 있는 대상들 사이에 놓여 있는 나의 신경계는 움직임을 전달하거나 분배하거나 억제하는 단순한 운전자의 역할을 할 뿐이다. 이 운전자는 주변에서 중앙으로, 중앙에서 주변으로 뻗어 있는 다양하고 무수한 실[신경섬유]들로 구성되어 있다. 주변부에서 중심으로 가는 신경섬유의 수가 많을수록 나의 의지에 잘 호소할 수 있고, 말하자면 나의 활동의 동기에 대한 기본적인 질문을 제기할 수 있는 여지가 많아진다. 주어진 각각의 질문은 사람들이 지각이라고 부르는 바로 그것이다. 이처럼 지각은 감각섬유라 부르는 것 중 하나가 끊어질 때마다 그 요소들 중 하나에 의해 감소하게 된다. 왜냐하면 이 경우 외부의 지각 대상의 일부가 행위를 유도하는 데 있어 무력해지기 때문이며, 또한 매번 안정적인 습관이 형성될 때마다 이미 형성된 것이 질문을 무용하게 만들기 때문이다. 다른 경우와 마찬가지로 여기서도 사라지는 것은 진동 그 자체에 대한 분명한 반사[반응]이며, 빛이 시작된 그 이미지로의 복귀이며 혹은 오히려 지각이 이미지로부터 빠져나오는 이러한 분리, 이러한 분별력이다. 따라서 우리는 지각의 세부 사항이 소위 감각 신경들의 세부 사항에 정확히 맞춰져 있다고 말할 수 있지만, 전체로서의 지각은 몸이 자신을 움직이고자 하는 경향성에 그 진정한 존재 이유가 있다고 말할 수 있는 것이다.

이러한 관점에 대해 일반적으로 착각을 불러일으키는 것은 우리의 움직임을 유발하는 자극에 대한 우리들의 운동의 명백한 무관심이다. 청각을 통해 그 대상을 알게 되었든 시각이나 촉각을 통해 [그 대상이] 나에게 알려졌든, 하나의 [지각] 대상에 도달하고 이 대상을 수정하려는 내 몸의 움직임은 여전히 동일하게 남아 있는 것처럼 보인다. 그러면 나의 운동 활동은 [대상과] 동떨어진 독립체가 되고, 움직임을 유발하는 이미지의 종류가 무엇이든 간에, 움직임이 마음대로 나오는 일종의 저장소가 된다. 그러나 진실을 말하자면, 겉으로 보기에 똑같이 보이는 운동의 특성이 시각적, 촉각적 또는 청각적 인상에 반응함에 따라 내적으로는 수정되었다는 것이다. 나는 공간 안에서 수많은 물체를 본다. 그들 중 각자는 시각적인 형태로서 나의 활동을 요청한다. 나는 갑자기 시력을 잃는다. 의심의 여지 없이 나는 여전히 공간에서 동일한 양과 동일한 질을 가진 운동을 실행한다. 하지만 이러한 움직임들은 더 이상 시각적 인상과 조화를 이룰 수는 없다. 예를 들어 이 움직임들은 이제 촉각적인 인상을 따라야 할 것이며, 의심의 여지 없이 새로운 배열이 뇌 안에 형성될 것이다. 이번에는 대뇌피질에서 운동 신경 요소의 원형질 확장expansions protoplasmiques이 감각이라고 불리는 신경 요소와 관련되는 수가 훨씬 적게 될 것이다. 따라서 동일한 동작을 수행할 수 있는 상황에서 [지각의] 대상들이 나에게 기회를 덜 제공한다는 의미에서 내 활동이 실제로 감소한 것이다. 결과적으로 시각적 전달의 갑작스러운 중단은 나의 활동의 전체 요청들의 한 부분을 제거하면서 본질적이고도 심오한 효과를 야기한 것이다. 그런데 이미 우리가 보았듯이 이 요청이 지각 자체인 것이다. 우리는 여기서 우리의 운동 활동에 제기된 질문의 한 종류를 다루고 있는 것이 아니라, 고유하게 말해 감각적인 진동과 관련하여 지각에서 발생하는 것에서 오류를 범하는 이들에 대해 다루고 있다. 이들은 이 운동 활동을 지각의 과정에서 분리하고, 마치 지각이 소멸되어도 운동 활동이 존속하는 것처럼 보이기 때문에 지각이, 소위 말하는 감각 신경 요소에 국한되어 있다고 결론을 내리는 것이다. 하지만 진실을 말하자면 지각은 더 이상 운동 센터에 존재하는 만큼 감각 센터에 존재하지 않는다는 것이다. 지각은 이들 사이의 관계들의 복잡성을 측정해 주며, 지각은 지각이 나타나는 곳에 존재하는 것이다.

어린 시절에 관해 연구한 심리학자들은 우리의 표상이 비개별적인 것에서 시작된다는 것을 잘 알고 있다. 그리고 조금씩 귀납의 힘에 의해 우리의 육체를 표상의 중심으로 취하며 [비개별적인 표상이] 우리 자신의 표상이 된다고 생각하고 있다. 한편 이러한 작용의 메커니즘은 이해하기에 어렵지 않다. 내 몸이 공간을 이동함에 따라 다른 모든 이미지들이 달라진다. 반면 나의 몸은 변치 않게 남아 있다. 따라서 나는 나의 몸을, 다른 모든 이미지들을 그곳으로 가져올 중심으로 삼아야 하는 것이다. 외부 세계에 대한 나의 믿음은 [이 외부 세계가] 나 자신의 바깥으로 투사하는 광범위하지 않은 나의 감각들로부터 오는 것이 아니며, 올 수도 없다는 것이다. 이 같은 감각들은 어떻게 확장을 가지게 되며 또 나는 어떻게 외면성l'extériorité의 개념을 획득할 수 있는 것일까? 그런데 경험이 증명해 주듯이 만일 일련의 이미지들이 [나의 몸에 대한 이미지보다] 먼저 주어진다고 인정하게 된다면, 나는 내 몸이 어떻게 이러한 총체들 사이에서 하나의 특권적인 위치를 가지게 되는지를 매우 분명하게 알 수 있다. 그리고 처음에는 다만 나의 몸과 다른 몸들로만 구별되었던 것이 어떻게 내부와 외부의 개념으로 나타나게 되는지를 이해하게 된다. 사람들이 일반적으로 그렇게 하듯이 나의 육체로부터 출발해 보자. 당신은 내가 내 몸의 표면에서 받은 인상들, 그리고 오직 이 몸에만 관련된 인상들이 어떻게 나에게 있어서 하나의 독립적인 대상으로 구성되고 하나의 외부 세계를 형성하는지를 이해시키지 못할 것이다. 이와 반대로 나에게 일반적인 이미지들을 제공해 보라. 나의 육체는 이 이미지들의 한가운데서 필연적으로 하나의 구별되는 것으로 형태를 갖추게 될 것이다. 왜냐하면 이미지들은 끊임없이 변화하지만, 나의 육체는 다양화되지 않기 때문이다. 이처럼 내부와 외부의 구분은 부분과 전체의 구분으로 나타나게 될 것이다. 먼저 이미지의 전체가 있다. 이 전체 이미지 안에 "행동의 중심"이 있으며, 이 중심에서 관심이 있는 이미지들이 반사되는 것이다. 이렇게 하여 지각들이 탄생하고 행동이 준비되는 것이다. 나의 육체는 이러한 지각들의 중심으로 그려지고, '나의 인격ma *personne*'은 이러한 행동이 관련되어야 하는 존재이다.

어린이들이 그렇게 하듯이, 즉각적인 경험과 상식이 우리에게 요청하는 것처럼 표상[재현]의 주변부에서부터 중심으로 나아간다면 제 사물들이 분명하게 된다. 이와 반대로 이론가들과 함께 중심에서 주변부로 나아간다고 주장하게 되면 모든 것이 모호해지고 다양한 문제가 발생하게 된다.[61] 이 경우 비확장적인inextensive 감각들로부터 조금씩 인위적으로 형성된 외부 세계에 대한 이 개념은 어디서 온 것일까? 이러한 감각들이 어떻게 연장된 표면을 형성하게 되었는지도, 이후 이러한 감각들이 어떻게 나의 육체의 바깥으로 투사되는 것인지도 알 수가 없는 것이다. 왜 사람들은, 모든 외관으로 나타나는 것과 달리, [나의 인식이] 의식적인 자아mon moi conscient에서 내 육체로 나아가며, 그런 다음 나의 육체에서 다른 육체들로 나아간다고 생각하는 것일까? 사실에 있어서 나는 나의 몸이라고 부르는 행동의 중심을 점진적으로 제한하여 다른 모든 육체들과 구분하기 위해서 단김에 나 자신을 일반적인 물질세계 안에 위치시키는

---

61 역주) 예를 들어 '붉고 둥근 사과'에 대한 '지각(인식)'이 이루어졌다고 하자. 주변부에서 중심으로 나아간다는 것은 '붉고 둥근 사과의 이미지(주변부)'가 그곳(외부 세계)에 있고, 나의 두뇌(중심)가 이것을 감각을 통해 수용한다고 이해하는 것이며, 이는 상식적인 차원의 '감각 지각'에 대한 설명으로서 문제가 발생하지 않는다. 반면 '중심(두뇌)'에서 주변부(사과 이미지)로 나아간다는 것은 나의 두뇌가 다양한 정보들을 수용한 다음 이미지를 형성하여 그런 다음 주변부(외부 세계에 있는 사과)에 이 이미지를 투사하는 것이어서 다양한 질문과 어려움들이 발생하게 된다는 것이다.

것이 아닌가? 우리의 외적인 지각이 우선적으로 비확장적inextensif[62]이라는 이러한 믿음에는 너무 많은 환상이 통합되어 있고, 우리가 순수하게 내적인 상태들을 우리들의 바깥으로 투사한다는 이러한 생각에는 너무 많은 오해를 발견할 수 있으며, 여기에는 잘못 제기된 질문들에 대한 너무 많은 불완전한 답변들이 있어서, 이 모두를 한꺼번에 밝힐 수는 없을 것이다. 우리가 이러한 환상들의 이면에 놓여 있는 분할되지 않는 연장성étendue[63]과 '동질적인 공간'에 대한 형이상학적인 혼동에 대해 그리고 "순수 지각"과 기억에 대한 심리학적 혼동에 대해 보다 분명하게 밝혀 줄 수 있다면 지각이 조금씩 밝혀질 것이다. 그런데 다른 한편 이러한 오해와 혼동들이 실제 사실과 연결되어 있으므로 이제부터 우리는 이들에 대한 해석을 교정하기 위해 지적할 수 있을 것이다. 이러한 사실들 중 첫 번째는 우리의 감각들은 교육이 필요하다는 것이다. 시각도 촉각도 자신들이 받은 인상을 즉시 분별할 수는 없다. 일련의 비교와 추론이 필요하며 이를 통해 우리는 조금씩 인상들 서로 간에 조정을 하게 되는 것이다.

---

62 역주) 여기서 '비확장적'이라는 표현은 아래서 설명하고 있는 '연장성(étendue)'을 가지지 않음을 의미한다. 연장성이란 '펼쳐져 있는' '공간을 차지하고 있는 물리적 속성'을 의미한다. 그런데 우리가 마음속에 떠올린 '이미지'는 만질 수도 없고 공간을 차지하지도 않기에 연장성을 가지고 있지 않다. 이것이 곧 '비확장적'인 것이다.

63 역주) '연장성'이라고 번역한 'étendue(에땅듀)'는 보통 '연장'이라고 번역하고 있다. '펼쳐져 있음' '실제로 공간을 차지하고 있음'을 지칭하는 용어이다. 그런데 여기서는 '연장성'으로 번역하였다. 그 이유는 '연장'이 노동자들의 공구를 지칭하는 것과 혼동될 수 있고, 또 많은 경우 연장적인 성질을 지칭하고 있기 때문이다. 본 역서에서는 문맥에 따라 '연장' 혹은 '연장성'으로 번역하고 있다. 그런데 이러한 물질의 연장성이 가진 속성을 문제 삼을 때 많은 경우 '분할 가능성'을 제시한다. 가령 마음속의 사과는 분할할 수 없지만, 실제 사과는 분할할 수 있다. 그런데 과학자들은 이러한 물질이 가진 연장을 무한히 분할 가능한 것인가 아닌가를 질문한다. 그런 다음 더 이상 분할할 수 없는 미세입자로 구성된 것이 연장의 성질이라 결론을 내린다. 그런데 베르그송은 연장성은 무한히 분할할 수 있다고 해도 이러한 분할은 필요에 의한 인위적인 분할이지 연장 그 자체는 '지속의 성질'을 가지고 있으며, 분할되지 않는 것이라 생각하고 있다.

여기서부터 우리는 본질적으로 비확장적인 감각들을 서로 병치하면서 연장성을 구성하려는 감각에 대한 관념으로 비약하게 되는 것이다. 하지만 우리가 세운 바로 그 가설에 있어서도 —물론 의심의 여지 없이 사물들에 일치시키기 위해서가 아니라 감각들 사이에서 일치를 이루기 위해서— 우리의 감각에도 교육이 필요하다는 사실을 모르는 사람이 어디 있겠는가?

여기 모든 이미지의 한가운데에 내가 '나의 육체'라고 부르는 특정한 이미지가 있으며, 이 육체의 잠정적인 행동은 주변 이미지들 그 자체가 명백하게 반사되는 것으로 해석된다. 내 육체에 가능한 많은 종류의 행동이 있는 만큼, 다른 몸체들의 다른 반사의 시스템들이 있을 것이며, 이러한 각 시스템은 내 감각들 중 하나에 해당할 것이다. 따라서 내 육체는 다른 육체들에게 가해지는 다양한 행동의 관점에서 다른 육체들을 반사하고 분석하는 하나의 이미지처럼 고려된다. 결과적으로 동일한 대상 안에서 나의 다른 감각들에 의해 통찰된 각각의 특성들은 나의 활동의 특정한 방향과 특정한 요구를 상징symbolise한다. 이제 나의 다양한 감각들에 의해 통찰된 한 몸체에 대한 이러한 지각들이 합쳐져서 이 몸체에 대한 완전한 이미지를 제공할까? 의심의 여지 없이 그렇지는 않을 것이다. 왜냐하면 이 지각들은 전체 안에서 선택된 것이기 때문이다. 모든 몸체들의 모든 지점에서부터 모든 영향들을 통찰한다는 것은 물질적 대상의 상태로 하강하는 것이다. 의식적으로 지각한다는 것은 선택한다는 것을 의미하며, 의식은 무엇보다 먼저 이 '실천적 분별력'에 있다. 그러므로 나의 다양한 감각이 제공하는 동일한 대상에 대한 다양한 통찰들을 결합할 때, 이것이 지각 대상에 대한 완전한 이미지를 재구성하지는 않을 것이다. 이러한 통찰들은 어떤 측면에서는 나의 필요에 따른 너무나 많은 공허함을 측정해 주는 간격들에 의해 서로 분리되어 있을 것이다. 감각들에 대한 교육이 필요한 것은 이러한 간격들을 채우기 위해서이다. 이 교육의 목적은 내 감각들을 서로 조화시키고, 내 몸의 필요성들에 의한 불연속성 그 자체에 의해 단절된 요소들 사이의 연속성을 재확립하고, 최종적으로 물질적 대상의 전체를 거의 유사하게 재구성하는 것이다.

이렇게 우리의 가설에서 감각 교육의 필요성이 설명될 것이다. 이 설명을 이전의 설명과 비교해 보자.[64] 첫 번째 설명에서 시각의 비확장적인 감각은 촉각의 비확장적인 감각 및 다른 감각들과 종합하여 물질적 대상에 대한 관념을 제공하였다. 하지만 우선 우리는 이러한 감각들이 어떻게 연장extension을 획득하는 것인지 설명할 수가 없으며, 특히 일단 합리적으로 연장을 획득한 이후에 실제로 특정한 공간의 지점에 있어서 이 감각들 중 하나의 선호도를 어떻게 설명할 것인지 알 수가 없다. 그런 다음 우리는 어떤 행운의 일치를 통해서, 어떤 미리 확립된 조화를 통해서 서로 다른 종류의 감각들이 함께 조화를 이루어 안정된 대상을 형성하는 것인지에 대해 질문할 수 있다. 이 대상은 이때부터 나의 경험과 모든 사람의 경험에 공통적이며, 다른 대상들과의 관계에 있어서 사람들이 자연 법칙이라고 부르는 변함없는 규칙들에 종속되는 그러한 대상이다.

첫 번째 설명과는 반대로 두 번째의 설명에서 "우리의 서로 다른 감각들에 주어진 요소들"은 우리에게서가 아니라 먼저 사물들한테서 통찰된 사물들의 특성들qualités이다. 이러한 특성들은 서로 결합하는 반면 추상 행위만이 이들을 분리시킨다는 것은 놀라운 일이 아닌가? 첫 번째 가

---

64 역주) 여기서 '이전의 설명'이란 뇌를 중심으로 형성된 이미지를 외부 대상에 투사하게 된다는 과학자들의 설명이다.

설에서 물질적 대상이란 우리가 인식하는 것의 모든 것이 아니었다. 우리는 한쪽에는 감각적 특성들과 함께 의식적 원리를, 다른 한쪽에는 그것에 대해 다른 말이 필요 없는 물질을 놓을 것이다. 이 물질에 대해서는 부정적으로만 규정할 수 있을 것인데, 왜냐하면 우선 우리가 이 물질을 계시해 주는 모든 것을 제거하였기 때문이다. 두 번째 가설에서는 물질에 대한 보다 더 깊이 있는 앎이 가능하다. 통찰된 어떤 것을 잘라 내는 것이 아니라, 이와 반대로 우리는 모든 감각적 특성들을 모아서 이들 사이의 친족 관계를 재발견하고 우리의 필요성[65]에 의해 단절시킨 연속성을 이들 사이에 다시 확립하여야 한다. 따라서 물질에 대한 우리의 통찰은, 곧 알게 되겠지만, 적어도 원리적으로는 그리고 추론에 의하면 감정에 따라 특히 기억에 따라 상대적이거나 주관적이지 않다. 이 통찰은 단순히 우리의 다양한 필요성에 의해 분할되었을scindée 뿐이다.

첫 번째 가설에서는 정신 역시도 물질만큼이나 알 수가 없는 것이다. 왜냐하면 사람들은 정신에 감각을 불러일으키는 규정할 수 없는 능력을 부여하는데 이 능력이 어디서 오는지 알 수도 없으며, 또 감각들을 이 감각이 몸체를 형성하는 공간에 투사하지만 왜 그런지 알 수가 없기 때문이다. 두 번째 가설에서는 의식의 역할이 명확하게 정의된다. 의식은 가능한 행동을 의미한다. 그리고 정신에 의해 획득된 형태들, 우리에게 본질을 가리는 형태들은 이 두 번째 원리에 따라 버려야만 한다. 이처럼 우리는 우리의 가설에서 정신과 물질을 더 명확하게 구별하고 이 둘 사이를 가깝게 접근해 갈 수 있는 가능성을 엿볼 수 있다. 하지만 이 첫 번째 관점은 내버려두고 두 번째 관점으로 나아가 보자. 주장되는 두 번째 관

---

65 역주) 이 필요성은 '분석'하기 위해 추상을 통해 다양한 감각적 특성들을 분리시키는 것을 말한다.

점은 오랫동안 "신경의 특수한 에너지"라고 불려 온 것에 달려 있다. 사람들은 외부의 충격이나 전류에 의한 시신경의 흥분이 시각적인 감각을 줄 것이며, 이 동일한 전류가 청신경이나 설인두glosso-pharyngien에 가해지면 소리를 들을 수 있거나 맛을 느낄 수 있다는 것을 알고 있다. 이 특별한 사실로부터 사람들은 동일한 신경에 작용하는 다른 원인들이 동일한 감각을 자극하고, 다른 신경들에 작용하는 동일한 원인이 다른 감각들을 유발한다는 두 가지 매우 일반적인 법칙으로 넘어간다. 그리고 이러한 법칙들 자체로부터 사람들은 우리의 감각이 단순히 신호일 뿐이며 각 감각의 역할이 공간에서 발생하는 동질적이고 기계적인 움직임을 자신의 고유한 언어로 번역하는 것이라고 추론하는 것이다.[66]

이러한 결론으로부터 결국 한편으로는 공간 속의 동질적인 움직임, 다른 한편으로는 의식 속의 비확장적인 감각들이라는 두 개의 구분되는 부분으로 나누어진 우리의 지각에 대한 관념은 서로 결합하기가 불가능하게 된 것이다. 이 두 법칙에 대한 해석이 야기하는 생리학적 문제들을 검토하는 것은 우리의 몫이 아니다. 이 법칙들을 이해하는 어떤 방법들, 즉 '특수한 신경 에너지'라 부여하거나 혹은 이 에너지를 중심부로 다시 가져가거나 한다면 우리는 해결할 수 없는 어려움에 봉착하게 될 것이다. 그런데 점점 더 문제가 되는 것은 바로 이 법칙들 자체이다. 로체Lotze는 이미 이 법칙들의 허구성을 의심하였다. 그는 이 법칙들을 믿기 위해

---

66 역주) 동질적이고 기계적인 움직임(진동 혹은 파장)이 다양한 감각 신경에 의해 고유하게 번역된다는 이러한 관점은 '일체유심조(一切唯心造)'와 같은 인식론적인 '관념론'을 형성할 것이다. 왜냐하면 모든 감각 인식의 근원이 '동일한 파동이나 파장'이며, 이것이 청각에서는 '소리'로 '시각'에서는 '색'으로 그리고 후각에서는 '냄새'로 나타나게 된다는 것은 모든 감각 인식이 곧 감각주체의 번역에 달려있다고 말하고 있기 때문이다. 물론 베르그송은 근본적으로 이러한 인식론적 관념론에 반대하는 입장이다.

서 "음파가 눈에 빛의 감각을 주거나, 혹은 빛의 진동이 귀에 소리를 듣게 할 때"[67]를 기다렸다. 진실은 주장된 모든 사실들이 하나의 유일한 유형으로 수렴되는 것처럼 보인다는 것이다. 즉, 서로 다른 다양한 감각들을 생성할 수 있는 유일한 자극체나 동일한 감각을 생성할 수 있는 다양한 자극체들은 육체적인 기관 안에서 전기적 균형의 변화를 결정할 수 있는 전류 또는 하나의 기계적인 원인인 것이다.

이제 우리는 전기적 자극이 다양한 종류의 감각에 객관적으로 대응하는 다양한 구성 요소들을 포함하지는 않는지, 그리고 각 감각의 역할이 전체에서 관심 있는 구성 요소를 단순히 추출하는 것은 아닌지 질문해 볼 수 있다. 만일 그렇다면, 동일한 감각을 야기하는 것은 동일한 자극들이며, 서로 다른 다양한 감각을 야기하는 것은 서로 다른 다양한 자극들일 것이다. 좀 더 정확하게 말자면, 예를 들어 '혀의 전기화'l'électrisation de la langue'가 화학적 변형을 일으키지 않는다는 것을 인정하기는 어렵다. 그런데 모든 경우에 있어서 우리가 '풍미[맛]'라고 부르는 것은 바로 이러한 '화학적 변형들'을 말한다. 다른 한편, 만일 물리학자가 빛을 '전자기 교란 perturbation électro-magnétique'과 동일시할 수 있다면, 역으로 사람들은 물리학자가 전자기 교란이라고 부르는 것을 빛의 어떤 것이라고 말할 수 있을 것이다. 그 결과 시신경이 전기화 안에서 객관적으로 통찰하는 것은 실제로 빛이 될 것이다. 어떤 의미에 있어서도 특수한 에너지에 대한 이론은 청각을 제외하면 더 이상 견고하게 확립된 것처럼 보이지 않으며, 어떤 곳에서도 지각된 사물의 실제적인 실존만큼 더 개연성이 있는 곳은 없다. 하지만 우리는 이러한 사유들을 지지하지는 않는다. 왜냐하면 이

67 원주) LOTZE, *Métaphysique*, p. 528 et suiv.

러한 논의를 다루고 있는 최근의 저작에서 이에 대한 심오한 논의를 발견할 수 있을 것이기 때문이다.[68] 우리가 여기서 말하는 감각들은 우리 몸 밖에서 우리가 지각하는 이미지가 아니라 오히려 우리 몸 자체 안에 국한된 감정들affections[69]이라는 점을 지적하는 것으로 제한하자. 이제 앞으로 보게 되겠지만 우리 육체의 본성과 목적에 따라 소위 감각 요소들이라고 부르는 각각은 일반적으로 통찰된 외부 대상에 대해 자신의 가상적[잠재적] 작용과 같은 종류의 고유한 실제적 작용을 가지며,[70] 그 결과 왜 각각의 감각 신경들이 감각으로 규정된 하나의 방식에 따라 진동하는 것처럼 보이는지를 이해할 수 있다.[71] 하지만 이러한 관점을 해명하기 위해서는 감정의 본성에 대해 더 깊이 파고들 필요가 있다. 이로써 우리는 우리가 검토하고자 했던 세 번째이자 마지막 논의에 이르게 된 것이다.

이 세 번째 논의는 공간을 차지하는 '표상적인 상태'에서 비연장inétendu으로 나타나는 감정의 상태로 눈에 띄지 않게 넘어간다는 사실에서 도출된다. 이로부터 사람들은 모든 감각에 자연적이고 필연적인 비확장성inextension이 있고, 감각에 연장성이 더해지면서 지각의 과정은 내적인 상태의 '외면화하기'에서 이루어지는 것으로 결론을 내린다. 심리학자는 실제로 자신의 육체에서 출발하며, 이 육체의 주변부에서 수용된

---

68 원주) SCHWARZ, *Das Wahrnehmungsproblem*, Leipzig, 1892, p. 313 et suiv.

69 역주) 'affection(아펙시옹)'에 관한 설명은 1장 역주 2)를 참조.

70 역주) 여기서 '가상적(잠재적) 작용'이란 외부에서 수용되거나 인지된 것을 '감각 이미지'로 바꾸는 작용을 말하며, '실제적 작용'이란 육체 안에서 실제로 어떤 맛이나 소리에 해당하는 진동이나 파장을 가지는(야기하는) 작용을 말한다.

71 역주) 감각인지에 대한 베르그송의 입장은 감각을 할 때 우리의 육체 안에 시각, 청각, 미각 등 각각의 감각 양태에 해당하는 서로 구분되는 실제적인 진동이나 파장이 야기된다는 것이며, 이는 앞서 언급한 과학자들의 입장, 즉 동일한 파장이나 진동이 시신경이나 청신경을 통해서 서로 다르게 이미지가 형성되는 것이라는 관점과 다른 관점이다.

인상들이 전체 물질적 우주를 재구성하기에 충분한 것처럼 보이기 때문에 그가 우선적으로 우주로 축소하는 것은 자신의 몸이다. 그런데 이 첫 번째 입장은 수용하기 어렵다. 그의 육체는 다른 모든 육체보다 더 많거나 더 적은 실재성을 가지고 있지 않으며 가질 수도 없다. 따라서 우리는 더 멀리 나아가야 하며, 원칙의 적용을 끝까지 따라야 한다. 우주를 살아 있는 몸의 표면에 축소한 후에 이 몸 자체를 '비연장성inétendu'으로 가정하게 될 하나의 중심으로 축소하여야 한다. 그런 다음 이 중심에서 사람들은 부풀어 오를, 말하자면 연장으로 확장될 비연장적인 감각들을 시작하게 될 것이며, 마침내 우리의 연장적인 육체를 제공하고, 이후에 다른 모든 물질적 대상을 제공하게 될 것이다.

하지만 이러한 이상한 가정은 '연장적인 이미지들'과 '비연장적인 관념들' 사이에 일련의 중간적인 상태인, 어느 정도 모호하게 규정된 '정감적 상태들états affectifs'을 가정하지 않는다면 불가능할 것이다. 우리의 이해력은 습관적인 착각에 양보하면서 한 사물이 연장적이거나 혹은 비연장적이라는 딜레마를 제시한다. '정서적 상태'가 모호하게 연장적인 성격을 지니며, 불완전하게 장소를 차지하고 있으므로 오성은 이러한 상태가 절대적으로 비연장적인[비확장적인] 것으로 결론을 내린다. 하지만 이렇게 되면 확장[펼쳐짐]의 연속적인 정도들과 연장성 그 자체는 비연장적인[비확장적인] 상태로부터 획득된 [나는 알 수 없는] 그 어떤 속성들로부터 설명될 것이며, 지각의 역사는 내적이고 비연장적인 상태들에 대한 지각에서 외부로 펼쳐지고 투사하는 것의 역사가 될 것이다.

이러한 논증을 다른 한 형식으로 나타내기를 원하는가? 그 대상에 대한 행동의 증가를 통해서 정감이 될 수 없는, 보다 특수하게는 고통이 될 수 없는 지각은 있을 수가 없다. 이처럼 우리는 뾰족한 바늘과의 접촉에서 '찌름'으로 알아차리지 못하게 나아간다. 역으로 감소하는 고통은 조금씩 그 원인에 대한 지각과 일치하며, 말하자면 외면화된다.[72] 따라서 정감과 지각 사이에는 정도의 차이가 있음에도 불구하고 본성의 차이는 없는 것 같다. 그런데 정감은 나의 개별적인 실존과 내밀하게 연관되어 있다. 사실상 그것을 느끼고 있는 주체와 분리된 고통이란 무엇이겠는가? 그러므로 이러한 것은 두 번째의 경우에도 마찬가지인 것 같으며, 외적인 지각은 대수롭지 않게 변한 [즉, 약화된] 정감이 공간 안에 투사되면서 구성되는 것 같다. 실재론자와 관념론자는 이러한 방식에 동의한다. 관념론자는 물질적인 우주에서 주관적이고 비확장적인inextensif 상태들의 종합 외에는 아무것도 보지 않는다. 반면 실재론자들은 이러한 종합의 이면에 이것에 상응하는 독립적인 실재가 있다는 것을 추가한다. 하지만 둘 모두 물질적 우주의 표상이란 정감에서 표상으로의 점진적인 이동으로부터 상대적이고 주관적인 것으로, 말하자면 우리가 먼저 이 표상에 참여한engagé 것이 아니라, 이 표상이 우리로부터 나온 것이라 결론 내린다.[73]

---

72 역주) 감각 지각과 이에 대한 표상을 설명하는 저자의 해명이 베르그송의 관점은 아니며 다만 일반적인 과학자나 심리학자들의 설명임을 염두에 둘 필요가 있다. 베르그송은 '주사 맞기'의 예를 들어 설명해 주고 있는데, 바늘에 찔릴 당시는 그 고통에 대한 감지가 오직 '내적인 것'이며 외적인 현상에 대해서는 인지를 하지 못한다. 그리고 고통이 점차 완화되면서 오히려 현상(원인)에 대한 지각이 이루어지고 이를 다시 외적으로 투사하여 표상이 이루어진다고 보고 있다. 하지만 아래서 베르그송은 이러한 과정에 대해서 회의적인 견해를 보이고 있다.

73 역주) 외부 대상의 지각에 관한 복잡한 이상의 설명은 다음과 같이 아주 간략히 요약될 수 있다. 우선 전제되는 다음의 3가지가 있다. ① 뇌 속의 특수한 파동 및 전자기의 에너지(비연장성) ② 정감(affection)(연장성과 비연장성의 중간) ③ 외부 대상(연장성). ③을 통해서 ②를 거쳐 ①이 생성되고, 지각이란 일차적으로 각 신경이 ①을 인지하고 통일성을 갖는 것(종합하는 것)을 말하며 다시 ②를 거쳐 ③에 투사를 할 때, 감각인지가 이루어지는 것이다. 베르그송은 이 과정이 일반적으로 과학자들이 해명하는 방식이라 생각하며, 관념론자들은 우리가 인지하는 것은 (외부의 대상과 상관없는) 우리 자신에게서 나온 것이라고 생각하고, 실재론자들은 이 지각이 우리 자신에게 나온 것은 맞지만 외부에 이

　　정확한 사실에 대한 이 의심스러운 해석을 비판하기 이전에, 이 해석이 사실을 설명하고 있지 못할 뿐만 아니라, 고통의 본질이나 지각의 본질조차도 밝혀내지 못하고 있음을 먼저 증명해 보자. 본질적으로 내 인격과 연결되어 있고 내가 사라진다면 사라져 버릴 나의 정감적 상태들, 강도의 감소라는 유일한 효과로 확장을 획득하고,[74] 공간 안에서 규정된 위치를 차지하며,[75] 안정적인 경험을 구성하고 항상 자기 자신과 다른 사람들의 경험에 일치하는 이 정감적 상태들은 사람들이 매우 어렵게 우리를 이해시키고자 하는 그것이다. 우리가 무엇을 하든, 사람들은 어떤 형태로든 처음에는 확장을, 그런 다음에는 우리가 무시하고자 했던 독립성을 감각에 되돌려주게 될 것이다.[76] 그런데 다른 한편 이러한 가설에서 정감affection은 표상보다 전혀 분명하지가 않을 것이다. 왜냐하면 만일 정감이 강도가 약해짐에 따라 어떻게 표상이 되는지 알지 못한다면, 처음에 지각으로 주어진 동일한 현상이 강도가 증가함에 따라 어떻게 정감이 되는지 이해할 수 없기 때문이다. 고통에는 긍정적이고 능동적인 어떤 것이 있는데, 사람들은 특정한 철학자들의 사유를 통해 이것이 '모호

지각에 해당하는 지각과는 다른 독립된 실재가 있다고 생각한다고 평하고 있다. 물론 베르그송은 관념론자와 실재론자 모두가 지각에 대해 적절한 해명을 하지 못하고 있다고 보고 있다.

74　역주) 정감이 강도가 감소함에 따라 확장을 획득한다는 것은 무슨 의미일까? 이를 이해하기 위해 구체적인 예를 들어 보자. 우리가 어떤 사건이나 어떤 사람에 대해 분노나 고통을 느낄 때, 우리는 그 분노나 고통의 강도가 클수록 오직 그 사건이나 사람에게만 의식이 집중된다. 하지만 분노의 강도가 약해지면, 즉 분노가 누그러지면 나의 의식은 보다 넓게 주변의 상황이나 사건의 맥락에 정감이나 의식이 확장됨을 이해할 수 있다.

75　역주) 정감이 공간 안에서 특정한 위치를 차지한다는 말은 다분히 은유적이어서 말의 의미가 선뜻 와닿지 않는다. 아마도 분노나 고통과 같은 정감은 막연한 것에 대해서가 아닌 특정한 대상, 즉 구체적인 것에 대해서만 발생한다는 의미가 아닌가 생각된다.

76　역주) '독립성을 감각에 되돌려준다'는 것은 아마도 감각이 우리의 정신이나 의식에 의해 좌지우지되는 것이 아니라, 그 자체 독립적으로 어떤 것을 수용하거나 지각한다는 것을 의미하는 것 같다. 아래에서 고통의 예시를 들고 있는 것을 보면 이렇게 이해하는 것이 맞는 것 같다.

한 표상représentation confuse'으로 구성되어 있다고 말함으로써 잘못 설명하고 있다. 하지만 진정한 어려움은 여기에 있는 것이 아니다. 자극의 점진적인 증가가 결국 인식을 고통으로 변모시킨다는 것은 논란의 여지가 없다. 변모가 어떤 특정한 순간부터 발생한다는 것은 사실이다. 그런데 왜 다른 순간이 아니라 지금 이 순간인가? 그리고 처음에는 내가 무관심한 응시자에 불과하였던 한 현상이 갑자기 나로 하여금 생생한 관심을 가지게 한 특별한 이유는 무엇인가? 그러므로 나는 이 가설에서 왜 어느 특별한 순간에 현상 안에서의 강도의 감소가 확장과 분명한 독립성의 권한을 부여하는지를 파악하지 못하며, 왜 다른 순간이 아닌 특정한 이 순간에 강도의 증가가 우리가 고통이라고 부르는 긍정적인 행동의 원천인 이 새로운 속성을 창조하는지 알 수가 없다.

이제 우리의 가설로 돌아와 어떤 특정한 순간에 이미지에서 어떻게 정감이 **나타나야** 하는지를 제시해 보자. 우리는 또한 연장étendue을 차지하고 있는 '지각'에서 '비광범위한inextensive' 것이라 믿고 있는 '정감affection'으로 어떻게 나아가는지도 이해하게 될 것이다.[77] 그러나 그전에 고통의

---

77 역주) 이해를 돕기 위해 '연장을 차지하고 있는 지각'이라는 표현과 '비광범위한 것이라 믿고 있는 정감'이라는 표현에 대해 간략히 부연 설명을 해 보자. 여기서 지각이란 '감각 지각'을 말하는 것이다. 감각 지각이란 어떤 식으로든지 '넓이' '길이' '부피' '모양' '색깔' '냄새' 등의 속성을 가진 외부 대상을 인지하는 것을 말한다. 여기서 '넓이' '길이' '부피' 등은 모두 물질적인 속성으로 '연장(펼쳐져 있음)'의 속성이다. 그리고 일반적으로 감각적인 인식이 이루어질 때, 광범위하게 이루어진다. 예를 들어 시각의 경우 산이나 건물을 볼 때 우리의 의지와 무관하게 전체를 보게 된다. 건물의 현관만 보고 창문은 보지 않으려고 해도 그냥 보인다. 즉 감각적인 지각은 범위의 전체가 보이는 광범위한 인식, 즉 연장적이다. 반면 감각 인식으로부터 어떤 정감(느낌, 정서)을 가지게 될 때, 일반적으로 이 정감은 광범위하지 않다. 다시 말해 전체 풍경의 어떤 특정한 부분이 우리에게 어떤 특정한 느낌이나 정서를 느끼게 하는 것이다. 그것이 소리이든, 색깔이든 혹은 모양이든 어떤 특정한 것이 우리의 내면에 어떤 특정한 감정이나 느낌을 유발하는 것이다. 즉 감각 지각은 광범위하게 이루어지나, 정감은 비광범위하게 이루어지는 것이다.

진정한 의미에 대한 몇 가지 사전 언급들이 필요하다.

어떤 물질이 아메바의 연장부 중 하나에 닿으면 이 연장부가 수축한다. 따라서 원형질 덩어리의 각각의 부분은 동일하게 자극을 수용할 수 있고 이 자극에 반응할 수 있다. 지각과 움직임은 여기서 수축성이라는 하나의 유일한 속성으로 합쳐진다. 하지만 유기체가 복잡해짐에 따라 작업이 분화되고 기능이 분화되며, 이렇게 구성된 해부학적 요소들은 자신들의 독립성을 상실하게 된다. 인간의 것과 유사한 유기체에서 감각 섬유라 불리는 것은 진동이 운동적 요소로 전파되는 중심 영역으로서 전적으로 여러 흥분들을 전달하는 일을 맡고 있다. 따라서 이 감각 섬유들은 경계자의 자격으로 전체 육체의 진보에 기여하기 위해 개별적인 행동을 포기한 것같이 보인다. 그러나 이 섬유들은 유기체 전체를 위협하는 동일한 파괴의 원인에 대해 여전히 노출되어 있으며 고립되어 있지 않다. 이 유기체는 위험을 피하거나 손실을 복구하기 위해 움직이는 능력을 가지고 있는 반면, 감각적인 요소는 작업의 분화가 야기한 상대적인 부동성을 유지하고 있다. 이렇게 하여 고통이 탄생하는 것이며, 고통이란 우리의 견해에 따르면 상처를 입은 요소가 사태들을 제자리에 돌려놓으려는 노력 —예민한 신경에 대한 일종의 운동 경향— 에 지나지 않는다. 따라서 모든 고통은 하나의 노력, 무력한 노력으로 구성되어야 한다. 모든 고통은 지엽적인 노력이며, 그 무력함의 원인은 바로 이러한 노력의 고립에 있다. 왜냐하면 유기체는 그 부분들의 연대 때문에 '함께의 효과'에만 적합하기 때문이다. 노력이 국부적이기 때문에 또한 고통은 살아 있는 존재에 당면한 위험에 절대적으로 적합하지 않다. 즉, 위험은 치명적일 수 있고 고통은 경미할 수 있으며, 고통은 (치통과 같이) 참을 수 없는 것일 수 있지만 그 위험은 미미할 수 있다. 따라서 고통이 개입하는 정확한 순간이 있어야 한다. 이 순간이란 유기체의 관련된 부분이 자극을 수용하는 대신 밀어내는 순간이다. 그리고 지각과 정감을 구분하는 것은 정도의 차이만이 아니라 본성nature의 차이이다.[78] 이로써 우리는 살아 있는 몸체를 주변 대상들과 이 대상들이 자신에게 가하는 행동에 대해 반성하는 일종의 중심으로 고려하였다. 바로 이 반성réflexion에서 외부 지각이 형성되는 것이다.[79]

그런데 이 중심은 수학적인 지점이 아니다. 이 중심은 자연의 모든 육체와 마찬가지로 자신을 붕괴하려고 위협하는 외부 요인들의 작용에 노출된 육체이다. 우리는 이 육체가 이러한 외부 요인의 영향에 저항한다는 것을 방금 보았다. 이 육체는 외부로부터의 행동을 성찰하는 것에 자신을 제한하지 않는다. 이 육체는 고군분투하고 이렇게 하여 이 외부 행동으로부터 무언가를 흡수하게 된다. 바로 이것이 정감의 원천이 될 것이다. 따라서 우리는, 은유적으로, 지각이 신체의 반성 능력을 측정한다면, 정감은 신체의 흡수 능력을 측정한다고 말할 수 있는 것이다.

하지만 이것은 하나의 은유에 불과하다. 우리는 대상들을 좀 더 자세히 살펴보아야 하며, 정감의 필연성은 지각 그 자체의 실존으로부터 비

---

78   역주) 여기서 본성의 차이란, 예를 들어 고통으로서의 '정감'은 거의 물리적이고 직접적인 것이나, 지각은 어느 정도 정신적인 것, 즉 '반성의 능력'을 포함하는 능력이기 때문이다. 전자가 '수동적인 특성'을 가지고 있다면 후자는 '능동적인 특성'을 가진다. 아래서 베르그송은 지각은 신체의 반성 능력을 측정하고, 정감은 신체의 흡수 능력을 측정한다고 말함으로써 이를 분명히 하고 있다.

79   역주) 일반적으로 철학자들은 '반성' 혹은 '성찰'로 번역되는 'réflexion(레플렉시옹)'을, 사유를 가진 인간의 고유한 특성으로 간주하고 있다. 하지만 베르그송은 스스로 움직이는 모든 생명체는 정도의 차이를 달리하여 '반성'의 능력을 가지고 있다고 생각하고 있다. 그 근거로 베르그송은 '자유의 행사'를 들고 있는데, 개미나 꿀벌 같은 곤충들조차 완전히 기계적으로 움직이는 것이 아니라 최소한의 '선택 행위'를 하는 것을 들고 있다. '선택'이란 동일한 상황 속에서 최선의 것을 추구하고자 하는 '성찰'의 과정을 거쳐야 가능하기 때문이다. 그리고 이러한 성찰의 과정은 반드시 자신을 둘러싸고 있는 주변 상황, 즉 외부 세계에 대한 지각을 요하게 한다.

롯된다는 것을 잘 이해하여야 한다. 우리가 이해하는 대로 지각은 대상들에 대한 우리의 가능한 행동을 측정하고, 마찬가지로 역으로 우리에 대한 대상들의 가능한 행동을 측정하는 것이다. 신체의 활동력이 클수록 (신경계의 더 상위적인 복잡성으로 상징화된) 지각이 수용하는 영역이 더 넓어진다. 그러므로 지각된 대상으로부터 우리 몸을 분리하는 거리는 위험의 임박함의 크거나 작은 정도, 약속 만기의 가깝거나 먼 거리를 측정한다. 결과적으로 우리의 몸과 구별되고, 특정한 간격으로 우리의 몸과 분리된 대상에 대한 우리의 지각은 오직 하나의 잠재적인 행동만을 표현해 줄 뿐이다. 그런데 이 대상과 우리 몸 사이의 거리가 줄어들수록, 즉 위험이 가까워지거나 약속이 임박해지면 가상의 행동이 보다 실제 행동으로 전환되는 경향이 커진다. 이제 최대한으로 나아가 이 거리가 제로가 되었다고 가정해 보자. 다시 말해 인식의 대상이 우리의 몸과 일치한다고 가정해 보자. 이는 말하자면 결국에 우리 자신의 몸이 인식의 대상이 되었다고 가정하는 것이다. 그렇게 된다면 이는 더 이상 잠재적인 행동이 아니라 이 특별한 지각이 표현하게 될 실제적인 행동이다. 정감은 바로 이 실제적인 행동 그 자체에 있다.[80]

따라서 우리의 지각에 대한 우리의 감각의 관계는 우리 몸의 가능한 혹은 잠재적인 행동action virtuelle에 대한 우리 몸의 실제적인 행동action réelle의 관계에 있는 것과 같다. 우리 몸의 잠재적인 행동은 다른 대상들

---

[80] 역주) 이에 대해 이해를 돕기 위해 구체적인 예를 들어 보자. 나에게도 혹시 '암'이 있는 것이 아닐까? 하는 막연한 생각은 '암'이라는 인식 대상이 나에게서 다소 멀리 떨어져 있다는 것을 의미한다. 이 경우 암에 대한 불안은 실제적인 것이 아닌 잠재적인 것이다. 그런데 '암'이라는 인식 대상이 내 몸이 되었다는 것은 내가 암에 걸려 있다는 것을 의미한다. 이 경우 인식의 대상과 나의 육체 사이에는 거리가 제로가 된 것이다. 이렇게 되면 정감으로서의 '불안'은 더 이상 잠재적인 것(행동)이 아닌, 실제적인 것(행동)이 된 것이다.

과 관계하고 이 대상들 안에서 구체화되지만, 우리 몸의 실제적인 행동은 우리 자신에 대해 관계하고 따라서 자기 자신에 있어서 구체화된다. 그러므로 모든 것은 실제적인 행동들과 잠재적인 행동들이 그들의 적용 지점이나 근원지로 실제로 되돌아오는 것처럼 그렇게 이루어질 것이다. 외부 이미지는 우리의 몸을 둘러싼 공간에서 우리 몸에 의해 반사되고 실제적인 행동은 '우리 몸의 실체의 내부intérieur de sa substance'에서 몸에 의해 정지될 것이다. 바로 이것이 외부와 내부의 '공통된 한계인' 몸의 표면이 사물이 인지되고 느껴지는 공간의 유일한 부분인 이유이다. 이는 항상 나의 지각이 내 몸의 바깥에서 이루어지는 반면 나의 정감은 나의 몸 안에서 이루어진다고 말하는 것으로 되돌아오는 것이다. 외부 대상들이 그들이 있는 그곳에서 '나에게서가 아니라 그들에게서' 나를 통해 지각되듯이, 마찬가지로 나의 정감적 상태들은 산출되는 그곳에서, 다시 말해 나의 육체의 어떤 특정한 지점에서 체험되는 것이다.

물질세계라고 불리는 이 이미지들의 체계를 고려해 보자. 내 몸도 이 이미지들 중 하나이다. 이 이미지 주위에는 표상, 즉 다른 사람에게 일반적으로 미칠 수 있는 그 영향력이 배열되어 있다. 이 표상에서 정감이, 즉 자기 자신에 대한 자기의 현실적인 노력이 산출되는 것이다. 이러한 것이 근본적으로 이미지와 감각 사이에 우리들이 자연스럽게 그리고 자발적으로 확립하는 차이이다. 우리가 '이미지는 우리의 외부에 존재한다'고 말할 때, 우리는 이를 통해 이미지가 우리의 몸의 바깥에 존재한다는 것을 의미한다. 우리가 감각을 '내적인 상태'라고 말할 때, 우리는 이를 통해 감각이 우리의 몸 안에서 일어난다는 것을 의미한다. 바로 이러한 이유로 우리는 우리의 몸이 사라져도 '지각된 이미지들의 총체성'은 실존한다고 긍정하는 것이다. 반면 우리는 우리의 감각들을 사라지게 하지 않고서는 우리의 몸을 삭제할 수가 없다.

이러한 생각을 통해 우리는 '순수 지각 이론théorie de la perception pure'[81]에 관한 첫 번째 수정의 필요성을 엿볼 수 있다. 우리는 우리들의 지각이 마치 그 실체로부터 분리된 이미지의 일부인 것처럼 추론했으며, 마치 우리 육체에 대한 대상의 가상적 작용 혹은 대상에 대한 우리 육체의 가상적인 작용처럼 표현하면서, 지각을 대상의 전체로부터 우리에게 관심이 있는 국면만을 분리시키는 것으로 추론하였다. 하지만 우리의 육체가 공간 속의 한 수학적 지점이 아니라는 것과 신체의 잠재적 행동들이 복잡하고 실제적인 행동들과 합쳐진다는 것을, 다시 말해 정감이 없이는 지각도 없다는 것을 고려하여야 한다. 따라서 정감은 외부 물체들의 이미지에 우리 몸 내부의 이미지를 혼합하는 것이다.[82] 이미지의 순수성을 재발견하기 위해서 정감은 먼저 지각에서 추출되어야 한다.[83] 그러나 지각

---

81 역주) 여기서 말하는 '순수 지각 이론'이란 '순수 지각에 대한 이론'을 말하는 것으로, 간단히 말해 우리의 내적인 정서가 섞여 있는 대상에 대한 지각이 아니라, 순수하게 외부 대상의 이미지만을 파악한다는 지각에 대한 이론을 말하는 것이다. 베르그송은 이러한 순수 지각 이론에 대해 회의적인 태도를 견지하고 있다.

82 역주) 여기서 '정감(affection)' '이미지(image)' '감각(sensation)' '지각(perception)' 등의 용어에 대한 설명과 이들 사이의 관계를 다시 한번 간략히 설명하는 것이 도움이 될 것이다. 우선 정감은 우리의 감각 기관이 외부로부터의 어떤 '자극을 받은 상태' 혹은 자극으로 인해 어떤 특정한 '작용(반응)이 발생한 상태'라고 할 수 있다. 베르그송은 여기서 정감을 사물들의 '외부 이미지'에 우리 자신의 '내부 이미지'를 혼합한 것으로 묘사하고 있다. (이것이 교감의 가장 일차적인 의미이다.) 그리고 '이미지' 혹은 '상'이란 감각 기관에 포착된 전체적인 '모습' 혹은 '형상'이라고 할 수 있는데 여기엔 감각의 주체인 우리의 '몸'도 그 자체 하나의 '이미지'이다. 감각이란 일반적으로 오감을 통해서 외부 대상을 인지하는 사태 자체를 의미하기도 하고, 통증이나 맛 등의 특정한 신체적 변화를 파악하는 것을 의미한다고 할 수 있다. 따라서 '정감'과 '감각' 사이에 주어질 수 있는 중간 상태를 우리는 '느낌'이라고 할 수 있을 것이다. 지각은 여기서는 통상 '감각 지각'을 의미하는데, 오감을 통해 정감이 발생하고, 정감을 통해 특정 이미지를 획득하고 이로써 외부의 감각 대상을 '인지한 상태' 혹은 '알아차림의 상태'라고 할 수 있다. 다른 말로는 '통찰'이라고 하기도 한다. 이상의 이해에서 보자면 정감을 가리켜 '외부 대상의 이미지'에 '우리 내면의 이미지'가 합쳐진 것이라고 보는 것은 타당해 보인다.

83 역주) '이미지의 순수성'을 재발견하기 위해서 '정감'이 '지각'에서 추출되어야 하는 이유를 다음과 같

과 감각 사이에서 본성의 차이와 기능의 차이에 대해 —감각은 실제적인 행동을 포함하고, 정감은 단순히 가능한 행동만을 포함한다— 눈을 감는 심리학자는 이 둘 사이에서 오직 정도의 차이만을 발견할 수 있을 뿐이다. 감각이 (감각이 포함하고 있는 모호한 노력 때문에) 단지 모호하게만 국한되어 있다는 사실을 이용하여 심리학자는 즉각 감각이 '광범위하지 않다'고 선언하고, 따라서 감각 일반을 우리가 외부 이미지들을 조합하는 방식으로 획득하는 단순한 요소로 만들어 버린다. 진실은 정감이 지각을 이루는 원재료가 아니라는 것이다. 오히려 불순물이 여기에 섞여 있다. 여기서 우리는 심리학자가 감각을 광범위하지 않은 것으로 그리고 지각을 감각들의 집합체로 간주하게 하였던 오류를 그 근원에서 파악하게 된다.[84] 앞으로 보게 되겠지만, 이 오류는 공간의 역할과 연장étendue의 본성에 대한 잘못된 개념에서 발생한 주장에 의해 더욱 강화된다. 그러나 다른 한편 이 오류는 또한 앞으로 우리가 살펴보아야 할 여러 사태들에 대한 잘못된 해석에서 비롯한 측면도 있다.

첫째, 정감적 감각sensation affective을 신체의 한 장소에 국한시키는 데

이 설명해 볼 수 있다. '지각'이란 대상에 대해 인지한 상태, 무엇이라고 알아차리고 있는 상태이며, 이는 곧 주체와 객체가 교감된 상태를 말한다. 말하자면 인식주체의 '내부의 이미지'와 인식 대상인 '외부 이미지'가 섞여 있는(합쳐진 상된) 상태라고 할 수 있다. 따라서 외부 대상의 순수한 이미지를 파악하기 위해서는 '내부 이미지'와 '외부 이미지'가 서로 교차 되는 과정에서 '내부 이미지'를 제거하면 되는 것이다. 이를 문학적으로 말하자면 우리가 지각하고 있는 모든 대상에 대한 이미지는 '나(주체)'와 '너(객체)'의 혼합물이기에 '순수하지는 않은 것'이다. 즉, 대상의 순수한 이미지를 얻기 위해서는 나의 마음을 완전히 비워야 하는 것이다.

84 역주) 설명이 매우 추상적이어서 선뜻 그 의미가 와닿지 않는다. 한마디로 말해 심리학자들의 오류는 외부 대상에 대한 지각에서 이 대상에 대한 교감이나 직관을 긍정하지 않고, 각각의 감각 지각을 따로 인지하고 이를 다시 모아서 새롭게 구성해 낸다고 보는 데서 오류를 범한다는 것이다. 하지만 베르그송은 감각은 그 자체로 대상을 광범위하게 지각하며, 일종의 교감이나 직관을 통해 파악한다고 보고 있다. 그리고 여기서 항상 지각에는 나의 내적인 정서나 정감이 마치 불순물처럼 섞여 있다고 본 것이다. 따라서 심리학자들이 주장하는 '순수 지각에 대한 이론'을 비판하고 있는 것이다.

92

는 진정한 교육[훈련]이 필요한 것 같다. 아이가 [벌레 등에] 쏘인 피부의 정확한 지점을 만지기까지는 어느 정도 시간이 걸린다. 이런 사실을 부인할 수야 없지만, 여기서 결론 내릴 수 있는 것은 침에 찔린 피부의 고통스러운 인상과 팔과 손의 움직임들을 이끄는 근육 감각의 인상을 조화시키기 위해서는 더듬기가 필요하다는 것이다. 우리의 외적인 인식들과 마찬가지로 내적인 정감들도 여러 종류로 나뉜다. 이러한 종류는 인식의 종류와 마찬가지로 불연속적이며 교육[훈련]이 채우는 간격을 통해 분리되어 있다. 그렇다고 해서 각 종류의 정감에 특정 종류의 즉각적인 국지화localisation immédiate, 즉 그 정감에 고유한 색채가 없다는 결론이 나오는 것은 아니다. 좀 더 나아가 보자. 만일 정감이 이러한 국지적인 색채 couleur locale를 즉각적으로 갖지 못한다면, 정감은 결코 그렇게 되지 않을 것이다.[85] 왜냐하면 교육[훈련]이 할 수 있는 모든 것은 현존하는 정감적 감각에 시각이나 촉각에 의한 가능한 특정 지각에 관한 이념을 연합하는 게 전부일 것인데, 그 결과 하나의 '규정된 정감affection déterminée'은 동일하게 규정된 시각적 또는 촉각적 이미지를 불러일으킬 것이기 때문이다. 그러므로 바로 이 정감 자체 안에는 같은 종류의 여타 정감들과 구별되는 무엇이 있어야 하며, 시각이나 촉각의 구체적인 가능한 재료에 이 무엇을 결부시킬 수 있도록 허용되어야 한다. 그런데 이것은 '정감이 처음부터 어떤 연장적 규정détermination extensive을 가지고 있다'고 말하는 것으로 되돌아오는 것이 아닌가?[86]

85　역주) 즉 정감이 시각적이거나, 촉각적인 것 등의 구체적이고 개별적인 것으로 구분될 수 없을 것이라는 말이다.

86　역주) 이상의 설명을 아주 간단하게 요약하면, 정감이란 다양한 감각에 공통되는 것이 아니라, 모두 애초에 각각의 '연장적인 속성'을 가진 것으로 구분된다는 말이다.

사람들은 여전히 잘못된 국지화, 즉 '신체가 잘려 나간 사람들의 환영 illusion des amputés'[87]을 (이 문제는 새로운 검토가 필요해 보인다) 제시하고 있다. 하지만 이것으로부터 무엇을 결론 내릴 수 있는가? 교육[훈련]이 일단 이루어지기만 하면 지속된다는 것과 '기억의 내용들'이 현실의 삶에 더 유용하기 때문에 '즉각적인 의식의 내용들'로 이동된다는 것 외에 무슨 결론이 주어질 수 있는가?[88] 행동을 하기 위해서는 우리의 정감적 경험을 시각, 촉각, 근육 감각의 가능한 데이터로 변환하는 것이 필수적이다. 일단 이 변환이 확립되면 원본은 사라진다. 하지만 원본이 먼저 주어지지 않았다면 그리고 정감적 감각이 처음부터 그 유일한 힘으로써 그 자신의 방식으로 국지화되지 않았다면 결코 이러한 변환이 이루어지지 않았을 것이다.[89] 그러나 심리학자는 이러한 상식적인 생각을 받아들이는 데 큰 어려움을 가지고 있다. 그의 생각으로는 사물들이 지각되어야만 지각이 지각된 사물들 안에 있을 수 있는 것처럼, 하나의 감각도 신경이 느껴야만 신경 안에 있을 수 있는 것이다. 하지만 신경이 [감각을] 느끼지 않는다는 것은 분명하다. 이리하여 사람들은 감각을 상식이 국지화하는 곳에서 취하고 그곳에서 추출하며, 신경보다는 더욱 의존하는 것 같은 뇌에 더

87　역주) '신체가 잘려 나간 사람들의 환영'이란, 예를 들어 사고로 한쪽 다리를 상실한 사람이 이미 상실된 다리이지만 사고가 나기 전에 아팠던 부분에 여전히 통증을 느끼거나 가려움을 느껴 없어진 다리를 긁고 싶은 상태를 말하는 것이다. 즉 뇌는 여전히 마치 다리가 아직 있는 것처럼 느끼는 그러한 '환영'을 말하는 것이다.

88　역주) 여기서 베르그송이 주장하는 것은 없어진 신체 부분을 뇌가 있는 것처럼 느끼는 것(신체 절단자의 환영)이 특정한 종류의 정감에 고유한 색채(대상)가 없다는 증거가 되지 못한다는 것이다. 왜냐하면 이 환영은 다만 기억에 남아 있는 정보가 현실적으로 도움이 되기 때문에 즉각적인 의식에 포함되었다는 것을 알려 줄 뿐이기 때문이다.

89　역주) 다시 말해 감각들이 일반적인 정보들을 획득하고 이 정보를 뇌가 '인지 가능한 데이터'로, 즉 이미지나 소리 등으로 환원하는 것이 아니라, 처음부터 시각은 시각적인 것을 청각은 청각적인 것을 그리고 촉각은 촉각적인 것을 수용한다는 것을 주장하고 있는 것이다.

가까이 가져갈 것이다. 이처럼 사람들은 논리적으로 감각을 '뇌 안에dans le cerveau' 두게 될 것이다. 그러나 사람들은, 감각이 일어나고 있는 것처럼 보이는 지점에 있지 않다면, 감각은 더 이상 다른 곳에도 있을 수 없다는 것을 빨리 알아차리게 된다. 만일 감각이 신경 안에 있지 않다면 뇌 안에도 없을 것이다. 왜냐하면 중심에서 주변부로의 투사projection를 설명하려면 어떤 특정한 힘이 필요한데, 사람들은 이를 다소간 활동적인 의식에 귀속시키기 때문이다. 그러므로 더 나아가서 감각들을 뇌의 중심에 모은 후에 뇌와 공간의 바깥으로 밀어내는 것이 필요할 것이다. 따라서 한편으로는 절대적으로 비연장적인 감각을 상정하고, 다른 한편으로는 감각이 거기에 투사될 감각과는 무관한 빈 공간을 표상하게 될 것이다. 그런 다음 사람들은 어떻게 비연장적인 감각이 연장적인 것을 획득하는지 그리고 어떻게 다른 모든 곳보다 선호하는 특정 지점을 선택하여 여기서 [획득된 연장적인 것을] 국지화하는지를 우리에게 설명하려고 온갖 종류의 노력을 다할 것이다.

그러나 이러한 이론은 '비연장적인 것l'inétendu'[90]이 어떻게 '연장적인 것'이 되는지'를 분명하게 설명하지 못할 뿐만 아니라, 정감, 연장[펼침], 표상 등도 설명이 불가능하게 만든다. 왜냐하면 이 이론은 정감의 상태들을 '그만큼의 절대적인 것autant d'absolus'으로 제시해야 하는데, 왜 의식 안의 구체적인 순간에 이 정감들이 나타나고 또 사라지는지 사람들은 알

---

90 역주) '비연장적인 것(l'inétendu)'은 '연장적인 것(l'étendu)'의 반대말이다. 앞에서 언급했듯이 '연장'이란 '펼쳐져 있음' '넓이나 부피가 있음'을 의미하는 물질적인 것의 속성이다. 데카르트는 정신과 육체를 구별하면서 정신은 '비연장적인 것'이며 육체는 '연장적인 것'이라고 하였다. 감각에 인지된 '내적인 이미지'는 '비연장적인 것'이다. 그런데 이러한 비연장적인 것이 '표상'될 때 '외적 이미지'의 형식으로 연장적인 것이 된다. 베르그송은 이 과정을 심리학자들은 잘 설명하지 못하고 있다고 보고 있는 것이다.

수가 없기 때문이다. 정감에서 표상으로의 전환도 뚫을 수 없는 신비에 싸여 있을 것이다. 왜냐하면 우리는 단순하고 비연장적인 내적 상태에서 이들이, 공간 안에서 '규정된 구체적인 한 질서'를 우선적으로 채택해야 하는지 그 이유를 결코 찾을 수 없기 때문이다.[91] 그리고 마지막으로 표상 그 자체는 '하나의 절대적인 것'으로 간주되어야 할 것이다. 즉 우리는 그것의 기원도 목적지도 볼 수 없는 것이다. 반대로 만일 우리가 표상 자체, 즉 '통찰된 이미지의 총체성'에서 출발한다면 상황이 명확해진다. 기억에서 분리된 순수한 상태의 나의 지각은 내 몸에서 다른 [사물들의] 몸체들로 이동하지 않는다. 처음에는 [사물들의] 몸체들 전체 안에서 존재하다가, 그런 다음 조금씩 제한되어 가면서 내 몸을 중심으로 삼게 된다. 그리고 지각이 여기에 이르는 것은 정감을 느끼고 행동을 실행하기 위해 지니고 있는 이중의 능력에 대한 체험을 통해서, 한마디로 모든 이미지 사이에 특권이 있는 특정 이미지의 감각운동력sensori-moteur의 경험에 의해 이루어진다.

사실 한편으로 이 이미지[몸의 이미지]는 항상 표상의 중심을 차지하므로 다른 이미지들은 자신의 행동을 수행할 수 있는 순서대로 이 중심 이미지 주위에 배열된다. 다른 한편으로 나는 다른 이미지들에서처럼 피상적인 표면만을 아는 것이 아니라, 내가 '정감적'이라고 부르는 감각들

---

91 역주) 이 진술을 잘 이해하기 위해 하나의 예를 들어 보자. 일군의 사람들이 폭풍우를 지각한 뒤, 지각된 것을 '표상'으로 옮긴다고 하자. 어떤 사람은 '교향곡'으로서 그것을 표상할 것이며, 어떤 사람은 '인상주의 그림'으로 표상할 것이며, 또 어떤 사람은 '시'로 표상할 것이다. 이들이 왜 이렇게 구체적인 특정한 질서, 즉 청각, 시각, 느낌 등의 질서를 선택하여 표상하는지를 뇌와 신경을 통해서는 설명하지 못할 것이다. (미리 말하자면 나중에 베르그송은 이를 설명하기 위해서는 표상하는 자의 의식의 상태와 자유의 개념이 필요하다고 할 것이다.) 여기서 베르그송은 심리학자들의 방식과는 정반대로 통찰된 '총체적 이미지'에서 출발하여야 한다고 주장하고 있다.

을 통해서 이 중심 이미지의 내부를, 그 안을 통찰하게 된다. 내가 내 우주의 중심이자 내 개성personnalité의 물리적 지반으로 채택한 것이 바로 이 특별한 이미지이다. 그런데 더 멀리 나아가기 전에 그리고 개인personne과 이 개인이 자리 잡고 있는 이미지들 사이의 분명한 관계를 정립하기 이전에 일반적인 심리학적 분석과 대조하면서 우리가 방금 밑그림을 그린 "순수 지각perception pure"에 대해 간략하게 요약해 보자. 우리는 설명을 단순화하기 위해 우리가 예로 선택한 시각적 감각으로 되돌아갈 것이다. 우리는 일반적으로 망막에 있는 원추들cônes과 막대들bâtonnets을 통해서 수용된 인상들에 해당하는 기본적인 감각들을 스스로에게 부여한다. 이러한 감각들을 통해 우리는 시각적 지각을 재구성할 것이다. 그런데 우선 망막은 하나가 아니라 두 개다. 따라서 서로 구분되는 것으로 추정되는 두 개의 감각이 어떻게 하나의 유일한 지각으로 합쳐져, 우리가 공간에서의 한 점이라고 부르는 것에 반응하는지 설명할 필요가 있다.

이 질문이 해결되었다고 가정해 보자. 우리가 말하는 감각들은 비확장적이다. 그렇다면 [사물들의] 확장extension을 어떻게 수용하는가? 사람들이 확장성 안에서 감각을 수용할 준비가 된 틀을 보든, 혹은 의식 안에서 의식에 용해되지 않으면서 의식 속에 공존하는 감각의 '유일한 동시성의 효과effet de la seule simultanéité'를 보든, 이 두 경우에서 모두 사람들은 설명할 수 없는 새로운 것[92]을 추가하여 소개할 것이다. 그리고 감각이 연장과 결합하는 과정, 즉 공간 안에 규정된 한 지점에 대한 각각의 기본적인 감각의 선택은 설명되지 않은 채로 남아 있을 것이다.

---

92 역주) '설명할 수 없는 새로운 것'이 구체적으로 무엇인지는 알 수 없다. 하나의 예를 들자면 '데우스 엑스 마키나'와 같이 알 수 없는 기적적인 힘을 들 수 있을 것이다.

이러한 어려움에서 벗어나 보자. 시각적 연장은 다음과 같이 구성된다. 시각적 연장은 어떻게 촉각적 연장에 합류하는가? 공간 안에서 나의 시각이 확인하는 모든 것은 내 손길이 확인할 수 있다. 우리는 사물들이 분명하게 나의 시각과 촉각의 협동으로 형성되며, 지각에서 통찰된 대상이란 이 두 감각의 일치에 의한 이 두 감각의 작품이라는 방식으로 설명할 수 있을까? 그러나 우리는 질적인 측면에서 기본적인 시각적 감각과 촉각 사이에 어떤 공통점도 인정할 수가 없다. 왜냐하면 두 감각은 완전히 서로 다른 두 종류에 속하기 때문이다. 따라서 시각적 연장과 촉각적 연장 사이의 일치는 시각적 감각의 질서와 촉각적 감각의 질서라는 '질서에 대한 평행이론le parallélisme de l'ordre'을 통해서만 설명될 수 있다. 그러므로 우리는 시각적 감각과 촉각적 감각 이외에 이 둘에 공통되는 어떤 특정한 질서를 가정해야 하며, 결과적으로 이 제3의 질서는 두 감각 모두에 독립적이어야 한다. 좀 더 나아가 보자. 이 질서는 모든 사람에게 동일하게 나타나기 때문에 우리들의 개인적인 지각과는 무관하며 결과가 원인에 연결되고 현상들이 법칙들을 따르는 물질세계를 형성한다. 따라서 우리는 마침내 우리와는 독립된 객관적 질서, 즉 감각과 구별되는 물질세계에 대한 가설에 도달하게 된다.

우리가 진보해 온 만큼, 우리는 우리가 그 일부였던 환원 불가능한 요소들을 다양화시켰고, 단순한 가설들을 확장시켜 왔다. 그런데 여기서 무엇인가 얻은 것이 있었는가? 우리가 도달한 물질이 감각들 사이의 놀라운 일치를 이해하는 데 필수적이라면, 우리는 물질에 대해 아무것도 알지 못한다. 왜냐하면 우리가 통찰한 물질의 모든 질적인 특성들은 다만 감각들 사이의 일치를 설명하기 위한 것으로 이러한 특성들은 부인되어야 되기 때문이다. 따라서 물질은 우리가 아는 어떤 것도, 우리가 상상하는 어떤 것도 될 수 없다. 물질은 '신비한 실체의 상태état d'entité mystérieuse'로 남아 있다. 그러나 우리의 고유한 본성, 우리 인격personne의 역할과 목적지 역시도 하나의 커다란 신비에 싸여 있다. 공간 안에서 발달하게 될 이러한 기초적이고 비연장적인 감각은 어디에서 나오며, 어떻게 태어나며, 어떤 목적에 봉사하는가? 이러한 것들은 우리가 시작도 끝도 볼 수 없는 무수한 절대적인 것으로 제시되어야 한다. 그리고 우리 각자 안에서 정신과 육체를 구별해야 한다고 가정할 때, 우리는 육체에 대해서도, 정신에 대해서도, 그리고 이들 사이에 유지되는 관계에 대해서도 아무것도 알 수가 없다.

그렇다면 우리의 가설은 무엇이고 다른 가설과는 정확히 무엇이 다른가? 우선적으로 그것이 다른 무엇이 아니고 왜 그것인지에 대해 아무것도 알 수 없는 '정감'에서 시작하는 대신에, '행동[작용]action', 즉 우리가 사물들을 변화시키는 능력, 의식에 의해 확인되고 조직화된 신체의 모든 능력이 여기에 수렴되는 것처럼 보이는 이 능력에서 출발해야 하는 것이다. 그러므로 우리는 즉시 연장된 이미지의 집합 속에 우리 자신을 위치시키고, 이 물질적 우주에서 우리는 삶의 특징인 '불확정적인 중심들centres d'indétermination'[93]을 정확하게 보게 된다. 이러한 중심으로부터 행동

---

93   역주) 생명 혹은 삶의 특징이 왜 '불확정적인 중심들'이며, 이것은 구체적으로 무엇을 말하는가? 여기서 베르그송은 이를 일일이 설명하고 있지는 않지만 다음과 같이 추정해 볼 수 있다. 우주의 가장 기본적인 법칙이 '작용과 반작용'이라고 할 때, 생명이 없는 물질들은 이 반작용이 '확정적'이다. 즉 오직 물리적 법칙에 의해서만 작용한다. 가령 물은 오직 100도에서 수증기로 변하고, 0도에서 얼기 시작한다. 따라서 생명이 없는 물체는 오직 하나의 확정적인 중심(물리 법칙)만을 가진다. 반면 생명체의 반작용은 불확정적이다. 가령 사람의 경우 뇌의 명령으로 반응하는 것도 있고, 빛에 눈꺼풀을 깜빡이는 것과 같은 조건반사도 있고, 또 주먹으로 사람을 내려치는 것과 같이 '의지의 능력'을 통해 이루어지는 것도 있다. 따라서 행위의 중심이 다양하다. 게다가 이러한 행위가 정확히 어느 중심을 통해 이루어질 것인지는 외부의 영향이 무엇인가에 따라 '아직 결정되지 않은' 경우가 많다. 그래서 '불확정적인 중심들'을 가지게 되는 것이다.

[작용]이 발산되기 위해서는 다른 이미지들의 움직임이나 영향들을 한편으로는 수용하고 다른 한편으로 활용해야 한다. 가장 단순한 형태와 균질한 상태의 생명체에서도 이미 스스로 영양을 공급하거나 스스로 복구하면서 이 기능을 수행하고 있다. '이 물질의 진보'[94]는 이 두 가지 범주의 기관 사이에서 이중의 작업으로부터 이루어진다. 그중 첫 번째는 영양 기관이라 불리며, 두 번째는 행동하기 위해 이루어진 것이다. 단순한 유형에 있어서 이 두 기관은 두 끝 사이에 뻗어 있는 일련의 신경 요소들을 가지는데, 그중 하나는 외부 인상을 수용하고 다른 하나는 움직임들을 수행한다.

이처럼 시각적 지각의 예로 돌아가면 원추[말초신경]와 막대[중추신경]의 역할은 단순히 진동을 수신하는 것이며, 이후 완성된 움직임이나 [새로] 탄생하는 움직임으로 전하는 것이다. 따라서 여기서는 [즉, 진동의 수용에서는] 어떠한 지각도 생길 수가 없으며, 신경계의 어떤 곳에도 '의식적인 중심centres conscients'이 있을 수가 없다. 하지만 지각은 신경 요소의 연쇄를 일으키는 것과 동일한 원인에 의해 이루어지는데, 그것은 이 연쇄를 지지하는 기관들과 일반적인 생명에 의해 이루어진다. 이 원인은 생명체의 활동 능력과 운동의 불확정성과 수용된 진동에 뒤따르는 행동을 표현하고 측정한다. 이미 우리가 보았듯이 이러한 불확정성은 운동의 원인들 자체에 대한 성찰을 통해 혹은 보다 낮게는 우리 몸을 둘러싸고 있

---

94 역주) '물질의 진보'라는 표현이 흥미롭다. 과학자로서의 베르그송은 당연히 진화론을 긍정하고 있다. 그에게 진화란 단순히 신경세포가 늘어나거나 신경이 보다 복잡하게 분화하는 것만이 아니다. 그는 신경을 안고 있는 물질 그 자체가 진보, 변화한다고 보고 있다. 베르그송에게 진화란 존재 전체의 진화를 의미한다. 이렇게 생각하는 이유는 그의 '지속(durée)'의 개념 때문이다. 즉 하나의 개체가 소유한 모든 것이 경계선을 가질 수 없을 만큼 내밀하게 '연결되어 있고 지속하는 것'으로 보는 것이다. 따라서 아메바의 몸체와 인간 육체는 물질의 차원에서 이미 서로 다른 차원을 가지고 있는 것이다.

는 이미지들의 분할을 통해 나타날 것이다. 그리고 운동을 수용하고 정지하고 전달하는 신경 요소들의 연쇄는 다만 [수용된 정보 혹은 진동들이 머무는] 자리siège일 뿐이고, 이 불확정성의 척도를 제공하므로 우리의 지각은 이러한 신경 요소 자체의 모든 세부 사항을 따르고, 이것의 모든 변형을 표현하는 것처럼 보일 것이다. 그러므로 순수한 상태에서의 우리의 지각은 진정으로 사물의 일부partie des choses가 될 것이다.[95] 그리고 고유하게 말해 감각이란 의식의 깊은 곳에서 저절로 튀어나와 공간 안에서 확장되거나 약화되는 것이 아니라, 감각에 영향을 미치는 이미지들 속에서, 우리들 각자가 자신의 육체라고 부르는 이 특별한 이미지에 뒤따르는 필수적인 변형들과 일치하는 것이다. 이러한 것이 우리가 외부 인식에 대해 말했던 단순화되고 도식적인 이론이다. 이는 '순수 지각'에 관한 이론이 될 것이다. 우리가 이를 확정적인 것으로 받아들인다면, 지각에서 우리 의식의 역할은 우리 자신의 일부가 아닌 사물들의 일부가 될, 중단되지 않은 일련의 순간적인 비전들을 '기억의 연속적인 실fil continu de la mémoire'로 연결하는 것에 제한될 것이다. 우리의 의식이 특히 외부 인식에서 이러한 역할을 한다는 것은 생명체의 정의 자체로부터 선험적으로 추론할 수 있다. 왜냐하면 만일 이러한 육체들의 목적이 예상치 못할 반

---

95   역주) 이 진술은 인식에 관한 베르그송의 실재론적 관점을 잘 보여 주고 있다. 지각의 '순수한 상태'라는 것은 지각을 방해하거나 굴곡시키는 것이 없는 상태, 즉 '있는 그대로의 사물을 인지하는 상태'를 의미한다. 여기서는 나의 어떠한 내적인 정감도 섞여 있지 않다. 그리고 이 상태에서 지각이 '사물의 일부가 된다'는 것은 마치 도가의 물아일체에서처럼 중간에 매개체가 전혀 없는 '있는 그대로의 사물'과 하나된다는 것을 의미한다. 이러한 관점은 '물자체(있는 그대로의 사물)는 알 수 없다'는 칸트의 관념론적 관점과는 대립되는 입장이다. 물론 순수한 상태에서의 지각이라는 것이 실제로 가능한 것인지, 이론상 가능한 것인지 또 어떤 조건에서 가능하며, 누구에게나 가능한 것인지에 대해서는 아직 논하고 있지 않지만 최소한 이론적으로는 그렇다는 것이 베르그송의 생각이며, 후일 베르그송은 다른 책에서 이러한 상태의 지각을 '직관(intuition)'이라고 부르며, 이를 형이상학적 활동으로 간주하고 있다.

응들을 일으키기 위해 자극을 수용하는 것이라고 한다면, 반응에 대한 선택이 무작위로 이루어져서는 안 되기 때문이다. 이 선택은 의심할 바 없이 과거의 경험들에서 영감을 얻으며 유사한 상황이 일어날 수도 있다는 기억souvenir에 호소하지 않고는 반응이 이루어지지 않을 것이다. 따라서 수행해야 할 행위들의 불확정성이 단순한 변덕caprice과 혼동되지 않기 위해서는 인지된 이미지들의 보존을 요구한다.[96]

우리는 과거에 대한 동등하고 상응하는 관점을 고려하지 않고서는 미래를 선택할 수가 없다고 말할 수 있을 것이다. 우리의 활동을 미래를 향해 나아가도록 추진하면 과거의 기억들이 빠뜨려지게 되는 공백이 남게 되며, 따라서 기억은 앎의 영역 안에서 우리들의 의지의 불확정성에 반향하게 된다.[97] 그러나 기억의 작용은 이러한 피상적인 조사가 제안하는 것보다 훨씬 더 멀고 더 깊게 확장된다. [과거의] 기억을 지각으로 재통합하고, 우리들의 결론이 과장되었을 수 있는 점을 바로잡아, 의식과 사물, 육체와 정신 사이의 접촉점을 더욱 정확하게 결정할 때가 온 것 같다. 우선 우리가 기억, 즉 과거 이미지들의 잔존을 가정한다면 이러한 이미지는 현재에 대한 우리의 지각과 지속적으로 혼합되며, 심지어 현재의 이 지각을 대체할 수도 있다는 점을 염두에 두자. 왜냐하면 과거의 이미지들은 오직 유용하게 사용할 수 있기 위해 보존되기 때문이다. 모든 순간에 이 과거의 이미지들은 수용된 경험을 풍부하게 함으로써 현재의 경

---

96 역주) 행위들의 불확정성은 선택의 자유가 있기 때문이며, 이러한 선택의 자유가 단순한 '변덕', 즉 '제멋대로'가 아닌 것은 선택이 무작위로 이루어지는 것이 아니라 의식 속에 보존된 유사한 기억에 따라서 최선을 선택하는 식으로 이루어지기 때문이다. 이러한 베르그송의 관점은 인간의 행위가 '기계론적으로' 이루어지는 것이 아니라 '자유롭게' 이루어진다는 '자유에 관한 이론'의 기초가 된다.

97 역주) 다시 말해 무엇을 선택해야 할지 확실하지 않기 때문에 과거의 기억을 불러낸다는 것이다.

험을 완성한다. 그리고 수용된 경험이 끊임없이 성장함에 따라 결국 다른 쪽을 [즉, 현재의 경험을] 뒤덮고 [이를 과거의 경험 아래] 잠기게 할 것이다. 외부 세계에 대한 우리의 지각이 실현되는 '실제적인 직관intuition réelle'의, 말하자면 '즉각적인 직관intuition instantanée'의 지반이 우리들의 기억이 이 직관에 추가하는 모든 것에 비하면 하찮은 것이라는 사실에는 의심의 여지가 없다. 왜냐하면 '이전의 유사한 직관intuitions antérieures analogues'에 대한 기억은 직관 그 자체보다 더 유용하고, 우리의 기억 속에서 뒤따라 일어날 사건들 전체와 연결되어 우리의 결정을 더 잘 밝혀 줄 수 있기 때문이다. 이러한 과거의 유사한 직관에 대한 기억의 역할은 기억된 이미지들을 불러내고, 그것에 몸을 부여하고, 그것을 활성화시키며, 이를 통해 [지각을] 현실화하는 것이기 때문에, 실제적인 직관을 이동[변형]déplace시키는 것이다.[98] 우리는 이를 나중에 증명할 것이다. 따라서 우리는 지각과 지각된 대상의 일치가 사실에 있어서en fait가 아니라 권리에 있어서en droit 존재한다고 말하는 편이 옳을 것이다. 우리는 지각한다는 것이 결국 기억을 떠올리는 기회를 가지는 것에 지나지 않는다는 것과 실재의 정도를 유용성 정도에 따라 실질적으로 측정한다는 것, 마지막으로 근본적으로 실재 자체réalité Même에 일치하는 이러한 직접적인 직관들을 실제적인 것le réel의 단순한 징표로 설정하려는 모든 관심을 고려해야만 한다.

그런데 여기서 우리는 우리 자신의 고유한 지반에서 끌어낸 다음, 공

---

[98] 역주) 이러한 베르그송의 설명을 우리는 단순하게 말해 '연상 작용'이라고 말할 수 있을 것이다. 이는 흔히 '자라 보고 놀란 가슴 솥뚜껑 보고 놀란다!'라고 할 때의 현상을 말하는 것이다. 이러한 설명은 왜 동일한 시간, 동일한 장소에서 동일한 사건을 목격한 목격자들의 진술이 일치하지 않는 것인가에 대한 좋은 해명이 될 수 있을 것이다. 사실 이미 데카르트가 이러한 감각경험의 불확실성을 말한 바 있고, 이로 인해 그는 감각적 경험에 의한 앎보다는 합리적인 추론을 통해 획득한 앎이 보다 확실한 것이라 생각했던 것이다.

간에서 전개되는 비확장적인 감각의 외부 투사projection extérieur를 지각으로 간주하는 사람들의 오류를 발견한다. 그들은 우리의 완전한 지각이 사실은 개인적으로 자신에게 속한 다수의 이미지를 떠올리는 것, 즉 간단히 말해서 '다시 기억하는' 것임을 충분히 보여 주지 못하고 있다. 이들은 다만 인식이 인식된 대상과 일치하는 곳에 비개별적인 지반이 있다는 사실과 이 지반이 '외면성 자체extériorité même'라는 사실을 망각할 뿐이다. 핵심적인 오류, 즉 심리학에서 형이상학으로 거슬러 올라가 정신에 대한 앎뿐만 아니라 육체에 대한 앎까지도 숨기게 되는 오류는 순수 지각과 기억 사이에서 본성의 차이를 보지 않고, 오직 강도의 차이만 보는 것에서 형성되는 오류이다. 우리의 인식은 의심할 바 없이 기억들[추억들]souvenirs[99]로 가득 차 있으며, 반대로 하나의 기억[추억]은, 나중에 보여 주겠지만, 기억이 삽입되는 어떤 지각의 몸체를 빌려야만 다시 현존하게 된다. 따라서 지각과 기억이라는 두 가지 행위는 항상 서로 침투하며, 삼투 현상을 통해 항상 '자기 실체의 어떤 것'을 교환한다. 심리학자의 역할은 이들을 분리하고 각자에게 그들의 자연적 순수성pureté naturelle을 되찾아 주는 일일 것이다. 이처럼 심리학에 의해 어쩌면 형이상학에 의해서도 제기된 많은 어려움이 명확해질 것이다. 하지만 [현실은] 전혀 그렇지 않다. 사람들은 순수 지각과 순수 기억이 불평등한 양으로 구성된 이러한 혼합 상태가 단순한 상태가 되기를 원한다. 그래서 사람들은 순수 기억뿐만 아니라 순수 지각까지도 모두 무시하고, 한 종류의 현상만을 알고자 하는 오류를 범하며, 이 두 가지 측면 중 어느 것이 우세한가에 따

---

99 역주) 'mémoire(메무아르)'와 souvenir(수브니르)'에 관해서는 이 책의 말미에 있는 「주요 개념 정리」를 참고.

라 때때로 기억이라고 부르기도 하고 때로는 지각이라고 부르기도 하는 것이다. 이렇게 하여 지각과 기억 사이에서 정도의 차이만 발견할 뿐 더 이상 본성[성질]의 차이는 발견하지 못하는 것이다. 이러한 오류의 첫 번째 영향은 앞으로 자세히 살펴보겠지만 기억 이론을 근본적으로 손상시킨다는 것이다. 왜냐하면 기억을 빈약한 지각으로 만듦으로써 사람들은 과거와 현재를 구분해 주는 본질적인 차이를 오해하고, 앎의 현상과 보다 일반적으로는 무의식의 메커니즘에 대한 이해를 포기하게 되기 때문이다.

그러나 반대로, 사람들이 기억souvenir을 더 약한 지각으로 만들었기 때문에 사람들은 지각에서 더 강렬한 기억 외에는 더 이상 아무것도 볼 수 없게 될 것이다. 사람들은 지각을 기억의 방식으로 마치 하나의 내적인 상태인 것과 같이 우리들의 인격으로부터의 단순한 변형처럼 우리에게 주어진 것으로 추론할 것이다. 사람들은 지각의 근원적이고 근본적인 행위, 즉 우리가 즉각적으로 사물들 안에 우리 자신을 두는 순수 지각을 구성하는 이 행위를 오해하게 될 것이다. 그리고 이와 동일한 오류는 심리학에서 기억의 메커니즘을 설명하는 데 있어서의 근본적인 무능력으로 표현되는데, 형이상학에서 물질에 대한 관념론적인 그리고 실재론적인 개념들에 깊이 스며들게 될 것이다. 사실 실재론에 있어서 자연현상들의 변치 않는 질서는 우리의 인식 자체와는 구분되는 원인 안에 주어져 있다. 이 원인은 알 수 없는 상태로 남아 있거나, 아니면 우리가 노력을 통해 도달할 수 있는 (항상 어느 정도 자의적인) 형이상학적 구성에 달려 있다. 이와 반대로 관념론자에게는 이러한 지각들이 실재의 전부이고, 자연현상들의 변치 않는 질서란 실제적인 지각들의 곁에서 우리가 가능한 지각들을 표현하는 하나의 상징에 불과하다. 하지만 관념론의 경우와 마찬가지로 실재론의 경우에 있어서도 인식이란 "진정한 환각들hallucinations vraies", 즉 자신의 바깥으로 투사된 주체의 상태들에 지나지 않는다. 그리고 이러한 두 이론은 단지 다음의 사실에서만 구분될 뿐이다. 즉 하나에서는 [즉 관념론에서는] 이러한 상태들이 [즉 진정한 환각들이] 실재를 구성하고, 다른 하나에서는 [즉 실재론에서는] 이러한 상태들이 실재와 합류한다는 점에서 다를 뿐이다.

그런데 이러한 환각은 앎에 대한 일반적인 이론으로 확장되는 또 다른 환각을 포괄하고 있다. 우리는 물질세계를 구성하는 것이 물질적 대상들이거나, 혹은 만일 보다 낫게 표현하고자 한다면 이미지들일 것이며, 모든 부분이 서로의 움직임들을 통해 작용하고 반작용한다고 말하지 않았는가. 그리고 우리의 순수 지각을 형성하는 것은 이러한 이미지들의 한가운데서 형태를 취하는 우리들의 '탄생하는 행동action naissante'이다. 그러므로 우리 지각의 **현실성**은 우리 지각을 확장하는 운동들 안에서의 **활동**activité으로 구성되는 것이며, 지각의 보다 큰 강도 안에 있는 것이 아니다. 즉 과거는 단지 하나의 관념일 뿐이고 현재는 [관념을 유발하는] 관념원동자idéo-moteur일 뿐이다. 이것이 바로 사람들이 보지 않으려고 고집하는 것이다. 왜냐하면 사람들은 지각을 일종의 관조contemplation로 여기기 때문이며, 이 지각을 항상 순전히 사변적인 목적으로 여기기 때문이며, 이 지각이 무엇을 목표로 삼기를 원하기 때문이다. 나는 여기에 어떤 '사심 없는 앎connaissance désintéressée'이 있는지 알 수가 없다.[100] 이는 마치 지각을

---

100 역주) 지각을 개별적인 기억이나 정감을 모두 배제한 '관조'로 여기는 것은 일견 보기에 '사심이 없는' 순수 지각처럼 보이지만, 오히려 이는 지각의 실재를 부정하는 다른 목적을 가진 것, 즉 사변적인 목적을 가진 것이라고 비판하는 이러한 베르그송의 생각이 흥미롭다. 이러한 생각은 구체적인 현실의 삶을 고려해 보면 충분히 공감이 가는 사유이다. 흔히 철학자들은 무엇이 정의이고 무엇이 불의인지

행동으로부터 분리시키면서 실재와의 관계를 단절시키고, 이와 동시에 이 지각을 설명할 수 없고 무용한 것으로 만드는 것처럼 보이지 않는가! 그러나 이때부터 과거는 본질적으로 더 이상 작용하지 않는 것이기 때문에 지각과 기억 사이의 모든 차이는 없어진다. 그리고 과거의 이러한 성격을 오해함으로써 사람들은 이 과거를 현재와, 즉 '행동하는 것l'agissant'과 실제로 구별할 수 없게 된다.[101] 따라서 지각과 기억 사이에는 단지 단순한 정도의 차이만이 남게 되며, 어느 쪽에서도 다른 쪽과 마찬가지로 주체는 그 자체에서만 [즉, 어느 한쪽에서만] 출현하게 될 것이다.

이와 반대로 지각의 진정한 성격을 회복해 보자. 순수 지각 안에서 깊은 뿌리들을 통해 실재 안으로 침잠하는 초기 행위의 시스템을 드러내 보자. 이러한 지각은 기억[추억]souvenir과는 근본적으로 구별될 것이다. 사물들의 실재는 더 이상 구성되거나 재구성되지 않고, 접촉되고, 스며들고 체험된다. 실재론과 관념론 사이에서 어느 한쪽으로 기우는 문제는 형이상학적인 논의들을 통해 계속 이어지는 대신에 직관intuition을 통해 해결되어야 할 것이다.[102] 그러나 여기서도 역시 우리는 관념론과 실재론

사회악이 어떻게 발생하는지 순수한 이론적인 차원에서는 잘 정립하지만, 철학이란 '사심이 없는 순수한 이론적인 작업'이라고 하면서, 전혀 불의를 해결하고자 행동하지 않을 때가 있다. 이런 경우에는 '사심이 없는 순수한 이론적 작업'이라는 그 전제가 오히려 '현실의 불의를 해결하고자 하는 노력과 행동'에서 면제받고자 하는 '사심이 있는 견해'라고 할 수 있기 때문이다.

101 역주) 과거는 관념일 뿐이고, 현재는 '행동하는 것'임에도, 즉 본성적으로 구분되는 것임에도 이 둘을 단지 (관념으로서의) 정도의 차이로서만 구분하게 되면, 결국 인식이란 '인식하는 주체 자신에게서 나오는 것'이라고 규정하게 된다는 이러한 사유는 전형적인 관념론적인 사유의 관점이다. 가령, 버클리의 관념론이나, 불교의 '유심론'이 대표적이다. 이러한 관념론적인 사유에 대한 베르그송의 비판은 이것이 실재를 지각하는 주체와 실재(le réel) 사이를 단절시키는 것으로 보고 있다. 왜냐하면 베르그송에게 지각이란 지각하는 주체와 실재 사이의 접촉 혹은 교감을 의미하며, 이는 다시 말해 지각하는 주체가 교감을 통해 이미지들을 형성하고 이를 통해 행동을 야기하는 것을 의미하기 때문이다.

102 역주) 인식론에서 인식된 내용의 정체성에 대해 관념론과 실재론은 서로 대립하고 있다. 인식된 내용이 실재 대상에 있는 것이라 주장하면 실재론이 될 것이며, 이것이 (대상을 매개로) 순전히 정신이 형성

의 이 양자 중간에 위치를 정하는 [우리의] 입장을 분명히 보게 될 것이다. 즉, 물질 안에서 오직 정신에 의해 실행된 구성이나 재구성만을 보는 것으로 환원된 입장을 보게 될 것이다. 실제로, 우리가 제시한 원칙을 끝까지 따르면서, 그리고 우리들의 지각의 주관성은 무엇보다도 우리들의 기억의 도움에 달려 있다는 원칙에 따르면서, 만일 우리들의 의식을 특징짓는 지속durée의 특수한 리듬으로부터 물질의 특성들을 해방시킬 수 있다면, 우리는 물질 자체의 감각적인 특성들이 물질 그 자체에서, 더 이상 [물질의] 외부가 아닌 물질 그 내부에서 알려질 것이라고 말하게 될 것이다.

사실 우리의 순수 지각은 아무리 빠르다고 생각하더라도 일정한 두께의 지속 시간을 차지하므로, 우리의 연속적인 지각은 지금까지 가정했던 것처럼 결코 사물의 실제적인 순간들이 아니라 우리들의 의식의 순간들인 것이다. 외부 지각에서 의식의 이론적 역할은 기억의 지속적인 흐름을 통해 실재에 대한 '즉각적인 비전들visions instantanées'을 서로 연결하는 것이라고 우리가 말하지 않았는가. 하지만 사실상 우리에게 '즉각적인 것instantané'이란 결코 존재하지 않는다. 우리가 [즉각적인 것이라는] 이 이름으로 부르는 것에는 이미 우리들의 기억의 작업, 결과적으로 우리 의식의 작업이 개입해 있으며, 이 작업은 우리가 원하는 만큼의 무한히 나눌 수 있는 시간의 순간들을, 하나를 다른 하나로 확장하여 상대적으로 단순한 직관으로 파악하는 것이다. 그렇다면 가장 엄밀한 실재론이

한 것이라고 한다면 '관념론'이 될 것이다. 어떤 의미에서 실재론은 '순수 지각'을 강조하고, 관념론은 '순수 기억'을 강조하고 있다. 그런데 베르그송은 이러한 논쟁을 끝내려면 '직관'을 통해 해결해야 한다고 주장한다. 왜냐하면 직관은 교감을 통해서 일종의 '순수 지각'과 '순수 기억'을 서로 통합하고 있기 때문이다.

이해할 수 있는 물질과 물질에 대해 우리가 가지고 있는 지각 사이의 차이점은 정확히 어디에 있는가? 우리의 지각은 우리에게 우주에 대한 일련의 멋진 그림을 제공하지만, 그러나 불연속적인 그림을 제공한다. 우리는 우리들의 현재의 지각으로부터 후속적인 지각을 추론할 수가 없다. 왜냐하면 현재의 일련의 감각적 특성에는 그것이 변모될 새로운 특성을 예측할 수 있는 것이 없기 때문이다. 반대로, 실재론이 일반적으로 주장하는 것처럼, 물질은 수학적 추론을 통해 한 순간에서 다음 순간으로 이동할 수 있는 방식으로 진화한다. 과학적 실재론réalisme scientifique이 물질과 지각 사이에서 하나의 접촉점을 발견할 수 없다는 것은 사실이다. 왜냐하면 과학적 실재론은 이 물질을 공간 안에서의 균질한 변화로 발전시키는 반면 지각은 의식 안에서의 비확장적인[비연장적인] 감각들로 좁히기 때문이다.

하지만 만일 우리의 가설이 세워지면 지각과 물질이 어떻게 구별되고 어떻게 일치하는지 쉽게 알 수 있을 것이다. 우주에 대한 우리의 연속적인 인식의 '질적인 불균질성'은 이러한 각각의 인식들 자체가, '지속성의 특정한 깊이 위에서', 엄청나게 다양한 움직임들이 기억에 응축되어 있으며, 아무리 연속적이라 할지라도 이 응축된 것이 우리에게 모두 한꺼번에 나타나고 있다는 사실에 기인한다. 지각에서 물질로 그리고 지각 주체에서 지각 대상으로 이동하기 위해서는 이 분할되지 않은 시간의 두께를 관념적으로 분할하고, 여기서 원하는 만큼 순간의 다양성을 구별하는 것으로, 한마디로 모든 기억을 제거하는 것으로 충분할 것이다. 이렇게 된다면 우리의 광범위한 감각이 더 많은 순간에 걸쳐 분산됨에 따라 점점 더 균질해지는 물질은 이 같은 '균질한 운동 시스템'을 무한정 지향하게 될 것이다.[103] 이것이 실재론이 말하는 것이나, 그럼에도 이들은 결코 이러한 사실에 전체적으로 일치하지는 않는다는 것도 사실이다. 한편으로 통찰되지 않은 운동들이 있는 공간을 배치하거나, 다른 한편으로는 비연장적인 감각들이 있는 의식을 배치하거나 할 필요가 전혀 없다. 이와는 반대로 우선적으로 지각주체와 지각 대상이 결합되는 지각 안에서 지각의 주관적인 측면은 기억이 작용하는 수렴 안에서 형성되며, 물질의 객관적인 실재는 다중적이고 연속적인 진동과 뒤섞인다. 바로 이러한 주관적 측면과 객관적 측면에서 지각이 내적으로 다시 형성되는 것이다. 이러한 것이 최소한 우리들 연구의 마지막에 나올 결론일 것이다. 주체와 객체[대상]에 관련된 질문과 이들의 구분과 이들의 결합[일치]에 관한 질문들은 공간이 아니라, 시간에 따라 질문되어야 한다.[104]

그런데 "순수 지각"과 "순수 기억"에 대한 우리들의 구별은 또 다른 대상을 목표로 하고 있다. 순수 지각이 우리에게 물질의 본질에 대한 단서를 제공하면서 우리들의 입장을 실재론과 관념론의 중간에 두는 것을 가능하게 해 준다면, 순수 기억은 우리가 정신이라고 부르는 것에 대한

---

103 역주) 이러한 베르그송의 이론을 좀 더 쉽게 설명하면 다음과 같은 예를 들 수 있을 것이다. 왜 동일한 '설악산'인데 어제 보았던 것과 오늘 아침에 보았던 것이 전혀 다르게 인식되는 것일까? 그것은 나의 지각이 (기억과 무관하게) 물리적으로 객관적으로 실행되는 것이 아니라, 어제와 오늘까지 나의 기억 속에 응축되어 있는 설악산에 관한 모든 것들이 동시적으로 나타나면서 그것을 통해서 지각하기 때문이다. 따라서 매 순간 더 많은 것이 응축될수록 동일한 대상이 다르게, 즉 균질하지 않게 지각되는 것이다. 이렇게 분할할 수 없이 기억 속에 응축되어 있는 것을 베르그송은 '지속(durée)'이라고 부르고 있다. 그렇기 때문에 우주란 본질적으로 '질적으로 균질하지 않은 것'으로 나타나지만, 베르그송은 과학적 실재론이 지각에서 '기억'을 혹은 '기억의 지속'을 완전히 제거하고, 시간을 분할하여 어느 순간 어느 지점에서의 '순수한 물질의 특성'을 산출하고 이로써 '균질한 물질적 특성'을 확보한다고 본다.
104 역주) 왜냐하면 우리들의 지각에서 가장 중요한 역할을 하는 것은 '기억' 혹은 '기억의 지속'일 것이며, 이는 곧 과거, 현재, 미래라는 시간의 문제이기 때문이다.

지평을 열어 줌으로써 유물론과 유심론spiritualisme[105]이라는 두 가지 학설을 다시 나눌 수 있게 해 준다. 나아가 이어지는 두 장에서 우리가 먼저 관심을 두는 것은 바로 이 문제에 관한 것이다. 왜냐하면 우리의 가설이 어떤 방식으로든 일종의 실험적 검증을 포함하는 것이 바로 이 측면에서이기 때문이다. 사실 우리는 순수 지각에 대한 우리의 결론을 '물질 안에는 [물질 이상의] 어떤 보다 많은 것이 있지만, 그렇다고 현실적으로 주어진 것과 다른 것은 아니다'[106]라고 말함으로로써 요약할 수 있을 것이다. 의심할 바 없이 의식적인 지각은 물질의 총체에 도달하지는 못한다. 왜냐하면 의식적인 것으로서의 지각은 이 물질 안에서 우리의 다양한 필요에 관심이 있는 것을 분리해 내거나 "식별discernement"하는 데 있기 때문이다. 그러나 순수 지각은 물질에 대해 부분과 전체의 관계에 있기 때문에 물질에 대한 이러한 지각과 물질 자체 사이에 있는 '다름'은 정도의 차이만 있을 뿐 본성적 차이는 없다. 이는 물질이 우리가 물질에서 통찰하는 것과는 다른 종류의 힘을 행사할 수 없다는 것을 의미한다. 물질은 신비한 속성을 숨기고 있지 않으며 숨길 수도 없다. 우리가 가장 관심을 갖

---

105 역주) '유심론'은 '정신주의'라고 번역하기도 한다. 불어에서 'esprit'는 정신을 의미하며, 여기서 파생된 'le spirituel'은 '정신적인 것' '영적인 것' 혹은 '마음의 것'을 지칭한다. 불어에서는 한문이나 한글이 지칭하는 마음(心)에 해당하는 단어가 없고 다만 '마음을 통하여'라는 관용구는 'par coeur'라고 심장이라는 용어를 사용한다. 하지만 'le spiritualisme'을 한글에서는 이미 '유심론'이라 번역하여 사용하고 있기 때문에 여기서도 '유심론'으로 번역하였다. 유심론이란 우주 만물의 참된 실재는 정신적인 것이며, 물질적인 것은 그 현상에 지나지 않는다고 주장하는 이론을 말한다.

106 역주) 물질 안에는 단순한 물질 이상이 있으나, 이것이 현실적으로 주어진 것과 다르지 않다는 것은 마치 모순된 진술처럼 보인다. 하지만 이는 정확히 아리스토텔레스의 관점과 일치하는 진술이다. 아리스토텔레스는 모든 존재하는 것, 즉 실재는 '형상(forma)과 질료(materia)'의 합성으로 구성된다고 보았다. 따라서 하나의 사물은 순수하게 감각적인 질서에 있는 질료적인 것과 인간의 정신에만 포착되는 '형상(본질 혹은 본성)'의 질서에 있는 것으로 구성되어 있다고 할 수 있으며, 이 후자는 '단순히 물질적인 것 이상'이라고 말할 수 있기 때문이다.

고 있는 잘 정의된 예를 들자면 색상, 저항, 응집력 등의 특정한 특성을 나타내는 물질 덩어리인 신경계는 아마도 눈에 띄지 않는 물리적 특성을 가지고 있겠지만, 다만 물리적인 특성에 지나지 않다고 말할 수 있을 것이다. 그리고 이때부터 신경계는 오직 움직임을 수신하고 억제하며 또는 전송하는 역할만을 가질 뿐이다.

그런데 모든 유물론의 본질은 그 반대를 지지하는 것이다. 왜냐하면 유물론은 물질적 요소들의 유일한 작용으로부터 자신의 모든 기능들을 갖춘 의식이 발생한다고 주장하기 때문이다. 이로써 유물론은 이미 물질 자체의 지각된 질적 특성, 즉 지각 행위 안에서 대뇌현상들의 흔적에 뒤따르는 수많은 인광과 같은 감각적인 특성들, 결과적으로 '느껴진 특성들qualités senties'을 고려하게 된 것이다. 이러한 기본적인 의식의 사태들을 생성할 수 있는 물질은 또한 최고의 지성적인 사태들도 생성할 것이다. 그러므로 감각적 특성들의 완전한 상대성을 긍정하는 것이 유물론의 본질이며, 데모크리토스가 그의 분명한 공식을 제시했던 것은 또한 유물론만큼이나 오래된 것으로 발견된다.[107] 그런데 이상한 눈멀음을 통해 유심론은 항상 이 길에서 유물론을 따라왔다. 유심론은 물질에서 획득한 모든 것으로 정신을 풍요롭게 한다고 믿으면서, 우리들의 지각 안에서 취하는 특성, 즉 주관적인 모습이 될 특성을 이 물질에서 제거하는 데 주저하지 않았다. 우리가 물질에 대해 헛된 겉모습 외에는 아무것도 알 수 없다는 이유만으로, 유심론은 너무나 자주 물질을 '신비한 개체entité mystérieuse'로 만들었고 물질은 다른 현상들과 마찬가지로 사유의 현상들

---

107 역주) 데모크리토스는 기계론자이자 원자론자이다. 그의 사유의 핵심은 '세계는 더 이상 분할될 수 없는 원자(atom)들로 구성되어 있고, 원자들의 결합에 따라서 이러저러한 사물들이 생성된다'는 것이다. 따라서 이러한 사유는 우리가 '유물론자'라고 부르는 사상과 정확히 일치하는 것이다.

을 일으킬 수 있다고 생각한 것이다.

진실은 유물론을 반박할 유일한 하나의 방법만이 있을 것이라는 사실이다. 그것은 물질이 보이는 그대로 절대적이라는 사실을 확립하는 것이다.[108] 이로써 우리는 물질에서 모든 잠재성을, 모든 숨겨진 힘을 그리고 정신 현상을 제거하여 독립적인 실재성을 가지게 하는 것이다. 그러나 이를 위해서는 유물론자와 유심론자가 물질에서 분리하기로 합의한 특성, 즉 유심론자는 물질을 정신의 표상으로 만들고, 유물론자는 이 표상에서 연장성의 우연적인 외피만을 보는 그 특성을 물질에 남겨 두는 것이 필요할 것이다. 이러한 것이 바로 물질에 대한 상식의 태도이고, 이것이 바로 상식이 정신을 믿는 이유이다. 철학은 여기서 상식의 태도를 채택하여야 하며, 우리는 다만 한 가지 점을 바로잡아야 한다고 생각한다. 실제로 지각과 분리될 수 없는 기억은 과거를 현재 안에 삽입하며, 유일한 하나의 직관 안으로 지속의 다양한 순간을 응축한다.[109] 이러한 이중의 작용을 통하여 [기억은] 우리가 우리한테서 물질을 통찰하는 원인이 되며, 또한 정당하게 우리가 물질한테서 통찰한다고 말할 수 있는 것이다.[110] 여기에 기억에 관한 문제의 핵심적인 중요성이 있다. 만일 기

108 역주) 다시 말해 물질이란 우리가 지각하는 그대로 더 이상 더할 것도 뺄 것도 없이, 있는 그대로가 물질의 실재라고 간주하는 것이다.

109 역주) '하나의 직관 안으로 지속의 다양한 순간을 응축한다'는 것은 다음과 같이 설명할 수 있을 것이다. 예를 들어 유리와 비슷한 크리스털로 된 컵의 질료를 통찰하기 위해 응시한다고 하자. 만일 3초 동안 이를 응시하였다면, 이 3초라는 순간은 어쩌면 무수한 찰나로 나눌 수 있을 것이다. 이 중에서 지금 현재의 것이 아닌 것은 일종의 과거의 기억일 것이다. 그런데 우리는 이 모든 순간을 마치 단 한 순간에 통찰하는 것처럼 단 하나의 직관에 응축하는 것이다.

110 역주) 물질을 지각하는 데 '우리한테서 물질을 통찰한다'는 것은 지각된 내용이 우리의 내면에 있는 그것이라는 의미이다. 그렇게 말할 수 있는 이유는 지각의 과정에서 기억이 과거의 내용을 삽입하였기 때문이다. 반면 또한 '물질한테서 통찰한다'는 것은 실제로 물질에 있는 것을 파악하였다는 말이다. 그 이유는 기억이 응축한 것은 현재 지각되고 있는 대상의 다양한 지속의 순간들을 응축한 것이

억이 지각에 있어서 특히 기억의 주관적 성격을 전달하는 것이라면, 물질에 관한 철학이 먼저 목표로 삼아야 할 것은 지각에서 기억의 기여를 제거하는 것이라고 사람들은 말하지 않을까. 하지만 우리는 이제 다음과 같이 덧붙일 것이다. 순수 지각은 우리에게 물질의 전부 또는 적어도 본질적인 일부를 제공하고 나머지는 기억으로부터 나오며 물질에 덧붙여지기 때문에 원칙적으로 기억은 물질에 대해 '절대적으로 독립적인absolument indépendante' 힘이어야 한다. 따라서 만일 정신이 실재라고 한다면 정신을 실험적으로 다루어야 할 곳은 바로 여기 기억 현상이다. 이 때부터 뇌의 작용으로부터 순수 기억을 추출하려고 시도하는 유혹은 근본적으로 환상임이 드러나게 될 것이다.[111] 같은 말을 더 명확한 형태로 말해 보자. 우리는 물질에는 신비로운 힘이나 알 수 없는 힘이 없으며, 본질적인 점에서 순수 지각과 일치한다고 주장한다. 이것으로부터 우리는 일반적으로 생명이 있는 육체는, 특히 신경계는 자극의 형태로 운동들을 받아들여 반사 행동 또는 자발적인 행동의 형태로 움직임들을 전달하는 장소일 뿐이라는 결론을 내린다. 이는 말하자면 사람들이 대뇌 물질에 표상들을 생성하는 속성을 부여하는 것이 헛된 일이라는 의미이다.

그런데 우리가 정신을 가장 뚜렷한 형태로 파악한다고 주장하는 기억의 현상들은, 분명히 피상적인 심리학psychologie superficielle이 가장 의도적으로 대뇌 활동으로만 끌어내고자 하는 현상이다. 왜냐하면 의식과 물

기 때문이다.

111 역주) 이 부분은 이 책에서 가장 본질적인 내용 중 하나를 다루고 있다. 베르그송은 기억이 뇌의 어떤 부분에 저장되어 있다는 주장을 반박하는 데 가장 확실한 방법은 '기억'이 비물질적인 것, 즉 정신적인 것이라고 증명을 하면 된다고 생각하고 있다. 왜냐하면 뇌란 물질적인 것이기 때문이다.

질 사이의 접촉 지점에 있으며, 유물론자의 반대자들조차도 뇌를 기억의 그릇으로 다루는 데 아무런 문제가 없다고 생각하기 때문이다. 하지만 만일 대뇌 작용의 과정이 기억의 아주 작은 부분에 반응하고, 이 반응이 [기억의] 원인이기보다는 오히려 결과라는 것을 확실히 입증할 수 있다면,[112] 다른 곳에서와 마찬가지로 여기서도 물질이 행동의 수단이지 앎의 토대substrat가 아님이 드러날 것이다. 이로써 우리가 지지하는 논제는 우리가 가장 불리하다고 판단하는 예를 통해 입증될 것이며, 정신을 독립적인 실재réalité indépendante로 확립해야 할 필연성을 스스로에게 부과하게 될 것이다. 그런데 어쩌면 이를 통해서 우리가 정신이라 부르는 것의 본성과 정신과 물질이 서로 작용할 가능성을 일정 부분 밝혀 줄 것이다. 왜냐하면 이런 종류의 증명은 순전히 부정적일 수 없기 때문이다. 기억이 무엇이 아닌지를 보여 주었다면, 이제 우리는 그것이 무엇인지 추구해야 하는 것이다. 행동을 준비하는 유일한 기능을 육체에 돌렸기 때문에 우리는 왜 기억이 이 육체와 결합되어 있는 것처럼 보이는지, 육체적인 연결들이 기억에 어떤 영향을 미치는지, 그리고 기억이 어떤 의미에서 대뇌 물질의 상태에 대해서 형성되는지를 조사해야 할 것이다. 더욱이, 이러한 연구는 기억의 심리학적 메커니즘과 이와 관련된 정신의 다양한 작용에 대한 정보를 우리에게 제공하지 않을 수 없을 것이다. 그리고 역으로 순수한 심리학적 문제들이 우리의 가설로부터 어느 정도 빛을 받는

---

112 역주) 기억의 어떤 부분과 두뇌의 어떤 부분이 상호작용을 한다고 할 때, 둘 사이의 반응이 기억의 원인, 즉 반응이 기억을 유발하는 것이라고 한다면 이는 기억이 뇌의 어떤 부분에 저장되어 있다는 것을 말해 준다. 반면 이 반응이 오히려 기억의 결과라고 한다면 기억이 뇌와는 다른 곳에 있음을 의미하는 것이 된다. 왜냐하면 기억이 먼저 떠오르고 그런 다음 뇌에서 어떤 반응이 일어났기 때문이다. 물론 베르그송의 이 후자의 입장이다.

것처럼 보인다면, 우리의 가설은 여기서 가설로서의 확실성과 견고성을 얻게 될 것이다.

그러나 우리는 기억의 문제가 어떻게 우리의 시선에 특권적인 문제가 되는 것인지 명확하게 밝히기 위해 이와 동일한 생각을 세 번째의 형태 아래 제시해야만 한다. 순수 지각에 대한 우리의 분석에서 산출되는 것은 다소 다른 두 가지 결론이다. 그중 하나는 심리학을 넘어 '정신생리학psycho-physiologie'의 방향으로, 다른 하나는 형이상학의 방향으로 나아가는 것으로 둘 다 즉각적인 검증을 포함하지는 않는다. 전자는 지각에 있어서 뇌의 역할에 관한 것이었는데, 여기서 뇌란 표현의 도구가 아니라 행동의 도구였다. 순수 지각이란 정의에 따라 현재의 대상과 관련되며, 우리의 감각 기관과 신경 조직을 활성화하는 것이기 때문에 그리고 이에 따라 마치 우리의 지각이 항상 대뇌 상태에서 발생하고, 이후 대뇌 상태와는 전혀 다른 대상들에 투사하는 것처럼 보이기 때문에, 이러한 이론을 사태에 대한 '직접적인 확인confirmation directe'으로 간주할 수는 없다. 다시 말하면, 외부 지각의 경우, 우리가 반대했던 논제와 이를 대체하는 논제는 정확히 동일한 결과를 가져오므로 우리는 둘 중 하나를 선호하여 더 높은 명료성을 산출할 수는 있을 것이지만, 이것이 경험의 권위가 될 수는 없다. 이와 반대로, 기억에 대한 경험적 연구는 둘 사이에서 [어느 것이 나은 것인지를] 판별할 수가 있으며 판별하여야만 한다. 가설에 따르면 순수 기억은 사실상 존재하지 않는 대상에 대한 표상[재현]이다. 만일 지각이 이루어지기 위해 필요하고 동시에 충분한 원인이 특정한 대뇌 활동에 있다면, 대상이 없을 때 거의 완전히 반복되는 이 동일한 대뇌 활동만으로도 지각을 재생산하기에 충분할 것이다. 따라서 기억은 뇌를 통해서 완전히 설명될 것이다. 그런데 만일 이와 반대로, 대뇌 메커니즘이 특정 방식으로 기억을 조건화하지만 기억의 존속survivance을 보장하는 데 전혀 충분하지 않으며, 대뇌 메커니즘이 기억된 지각에서 표현보다는 행동에 관련된다는 사실을 발견한다면, 이로부터 우리는 다음과 같이 추론할 수 있을 것이다. 즉, 대뇌 메커니즘은 지각 자체에서 유비적인 역할rôle analogue[113]을 수행했으며 그 기능은 단순히 현존하는 대상에 대해서 우리의 효과적인 행동을 보장하는 것일 뿐이다.

이처럼 우리의 첫 번째 결론이 확인될 것이다. 이제 형이상학적인 질서에 따른 두 번째 결론이 남아 있다. 즉, 우리는 순수 지각 속에서 진정으로 우리 자신의 외부에 위치하며, 그런 다음 즉각적인 직관intuition immédiate을 통해 대상의 실재와 접촉한다는 것이다. 여기서도 여전히 실험적 확인은 불가능하다. 왜냐하면 대상의 실재가 직관적으로 통찰되었는지, 혹은 합리적으로 구성되었는지 여부에 관계없이 실제적인 결과들은 완전히 동일할 것이기 때문이다. 그런데 여기서도 여전히 기억에 대한 연구는 두 가설 사이에서 [어느 것이 나은 것인지를] 결정할 수 있을 것이다. 두 번째 경우에는 지각과 기억 사이에서의 강도의 차이, 더 일반적으로는 정도의 차이만 있을 뿐이다. 왜냐하면 둘 다 그 자체로 충분한 표상에 대한 현상들이기 때문이다. 이와 반대로, 만일 기억과 지각 사이에 단순한 정도의 차이가 아니라 '본성으로부터의 근본적인 차이différence radicale de nature'[114]가 있다는 것을 알게 된다면, 기억 안에서는 [지각에서는]

---

113 역주) '유비적인 역할'이란 가령 A가 B로 하여금 C를 하라고 시켰을 때, 실제로 행위한 것은 B이지만, 유비적으로 말해 A가 하였다고 말할 수 있다. 왜냐하면 행위의 첫 원인이 A이기 때문이다. 여기서 A는 실제 행위자가 아니지만, 행위를 보장해 주는 것이다.

114 역주) 기억과 지각의 본성으로부터의 근본적인 차이는 이 책의 중반에서 베르그송이 잘 해명하고 있지만, 이를 미리 말하자면 전자는 '비질료적인 것' '비연장적인 것' '개인적인 정감이나 특성이 포함된 것'이며, 후자는 '질료적인 것' '연장적인 것' '보편적인 것' 등이다. 물론 이렇게 단순하게 구분하는 데

어떤 정도로도 전혀 존재하지 않았던 어떤 것을 [지각 안으로] 도입하는 것이 되며, 이 가설 덕분에 [지각의 내용은] 직관적으로 파악된 실재가 된다는 가정이 있게 되는 것이다. 이처럼 기억의 문제는 입증할 수 없는 것처럼 보이는 두 가지 논제에 대한 심리적 검증으로 이어져야 하고, 그중 두 번째 논제는 오히려 형이상학적인 질서에 있는 것으로 심리학을 무한히 넘어서는 것처럼 보이는 진정으로 특권적인 문제이다.

그러므로 우리가 따라야 할 방향은 명확하게 그려져 있다. 우리는 일반적인 심리학이나 병리학적 심리학에서 빌려 온 다양한 종류의 문서를 검토하는 것부터 시작할 것이며, 이 문서로부터 기억에 대한 물리적 설명explication physique을 끌어낼 권한이 있다고 믿을 수 있다. 이 검사는 반드시 엄정하여야 하며, 그렇지 않으면 쓸모가 없을 것이다. 우리는 가능한 한 사실의 윤곽을 따라가면서 기억의 작용에 있어서 육체의 역할이 어디에서 시작하고 어디서 끝나는지 찾아야 한다. 그리고 이 연구에서 우리는 주저하지 않고, 더 나아가 정신에 대한 기초적인 작업 자체를 고려하여 우리가 정신과 물질의 관계에 대해 그려 내었던 이론을 더 완전하게 보완하면서 우리의 가설이 확증되는 것을 발견하게 될 것이다[—역자 강조].

는 다양한 세부적인 논의 과정을 거쳐야 할 것이다.

이미지의 식별에 관하여

― 기억과 뇌

기억의 이론에 대한 우리의 원칙들에서 발생할 결과들을 즉시 진술해 보자. 우리는 육체란 자신에게 영향을 미치는 물체와 자신이 영향을 주는 물체들 사이에 놓여 있으면서 운동들을 수용하고, 이 운동들을 멈추지 않을 때는 이들을 어떤 운동의 메커니즘에 전달하는 운전자일 뿐이라고 말하였다. 여기서 운동을 전달하는 행위가 반사적일 때는 결정론적이며, 이 행위가 의지적일 때는 선택적인 것이다. 그러므로 마치 독립적인 한 기억이 시간이 지남에 따라 이미지image[1]들이 생길 때마다 그것을 주워 모으는 것처럼 되어야 하고, 그리고 우리 몸은 자신을 둘러싸고 있는 것들과 함께 이 이미지들 중에 하나인 것처럼, 그리고 일반적인 변모[됨]devenir에서 모든 순간에 순간적인 절단coupe instantanée을 시행하면

---

1   역주) 불어에서 'image'는 '이미지' '상' '영상' '초상' '사진' '그림자' '모습' '성상' 등 다양한 의미를 가지고 있다. 일반적으로 '상'으로 주로 번역이 되지만, 동사 'imager(이마제)'는 '이미지를 풍부하게 하다' 혹은 '생기를 주다'는 의미를 가지고 있으며, 형용사 'imagé(이미제)'는 '이미지가 풍부한 혹은 다채로운'의 의미를 가지고 있다. 따라서 동사나 형용사로 사용될 때는 '상'보다는 그냥 '이미지'로 번역하는 것이 의미상 더 적합하다. '상(像)'이란 주로 '감각적인 모습'을 의미하는 것으로 주로 시각적인 형상에 해당되지만, 이미지에는 '감각적인 이미지' '정신적인 이미지' '질료적인 이미지' 등 다양할 수 있다. 예를 들어 가스통 바슐라르는 '감각적인 이미지'를 주로 '시각적 모습 혹은 형상'처럼 고려하고, '정신적인 이미지(image intellectuelle)'를 무엇이라 규정하거나 묘사할 수 없는 '최초의 인상'처럼 고려하며, '질료적인 이미지(imgage matérielle)'는 '분자의 구조'나 '원자들의 운동' 등과 같은 미세세계에 대한 지식을 의미한다. 물론 베르그송은 여기서 '이미지'를 이렇게 구체적으로 구분하고 있지 않다. 하지만 그럼에도 '이미지'가 곧 '감각적인 상'을 의미하는 것은 아니다. 여기엔 느낌이나 인상 등도 내포되어 있다. 따라서 여기서는 문맥에 따라 '이미지' 혹은 '상' 등으로 번역하고 있다.

서 우리가 얻는 마지막 상[이미지]을 획득하는 것처럼 그렇게 발생하여야 한다.[2]

이 잘라 냄에서 우리의 육체는 중심을 차지한다. 우리 육체를 둘러싼 다른 육체들이 우리 몸에 작용하며 우리의 육체는 그들에게 반응한다. 이러한 육체의 반작용은 경험이 우리 실체[즉 육체] 안에 만든 장치들의 수에 따라 보다 복잡하거나 보다 다양하다. 따라서 육체가 과거의 행동을 저장할 수 있는 것은 오직 이 운동 장치의 형태 아래서뿐이다. 따라서 고유하게 말해 과거의 이미지들images passées이란 다른 방식으로 보존되며, 우리는 이 첫 번째 공식을 다음과 같이 정식화해야만 한다.

I. 과거는 다음의 두 형식들 아래서 존속한다. 1) 운동 메커니즘 안에서, 2) 독립된 기억들 안에서

그러나 실제적인 작용, 따라서 기억의 일상적인 작용, 그리고 현재의 행동을 위한 과거 경험의 사용이어야 한다. 결국 인식은 두 가지 방식으로 수행되어야 한다. 때때로 기억은 행동 그 자체에서 이루어지는데, 상

---

2   역주) 여기서 저자는 1장에서 사물들의 상이 생기는 것에 대해 복잡하게 설명한 것을 아주 간략하게 요약해 주고 있다. 이 요약을 구체적인 예를 들어 설명해 보면 다음과 같을 것이다. 우리의 (뇌가 아니라) 정신 혹은 영혼에는 외부 대상과는 독립적으로 저장되어 있는 하나의 기억, 예를 들어 설악산에 대한 기억이 있다. 이 기억이 시간의 경과와 함께 설악산에 대한 새로운 '상'들이 생기면, 이를 기존에 자신이 가지고 있는 설악산의 기억에 합치시켜 설악산에 대한 새로운 (보다 완전한) 상을 형성하며, 여기서 우리의 육체는 (감각적인) 정보들의 전달자 역할을 하면서 또한 다양한 상들 중 하나일 뿐이다. 이렇게 우리들이 지니고 있는 사물들에 대한 이미지는 지속적으로 '되어짐' 혹은 '변모'를 거친다. 그리고 우리의 필요에 따라 어느 순간 이러한 변모를 멈추고 지금까지 합치되고 완성된 상을 최종적으로 획득하는 것이다. 저자는 이를 변모의 과정에서 '잘라 냄(coupe)'이라고 말하고 있다. 이러한 베르그송의 상(image)의 획득에 대한 이론은 매우 경험적이고 실제적이다.

황에 적합한 메커니즘mécanisme[3]의 완전히 자동적인 실행으로 이루진다. 어떤 때는, 기억은 현재의 상황에 잘 적응하기 위해 가장 강력한 표상들을 과거로부터 불러내기 위한 정신의 노력을 함의할 것이다. 바로 여기서 우리들의 두 번째 명제가 나온다.

Ⅱ. 현재 대상에 대한 앎은 그것이 대상에서 나올 때는 움직임들에 의해 이루어지며, 그것이 앎의 주체에서 나올 때는 표상들에 의해 이루어진다.

이러한 표상들이 어떻게 보존되고 운동 메커니즘과 어떤 관계를 가지고 있는지를 알고자 하는 마지막 질문이 발생하는 것은 사실이다. 이 질문은 무의식에 대해 다루고 있으며, 과거와 현재의 구별이 근본적으로 어떻게 이루어지는지를 보여 줄 다음 장에서 더 깊이 연구하게 될 것이다. 하지만 지금부터 우리는 육체를 미래와 과거 사이의 유동적인 한 계점limite mouvante, 우리의 과거가 끊임없이 미래로 나아가고자 하는 운동점pointe mobile이라고 말할 수 있다. 유일한 한순간에서 고려된 나의 육체는 자신에게 영향을 미치는 대상들과 자신이 작용하는 대상들 사이에 삽입된 안내자일 뿐이다. 반면 흘러가는 시간 속에 놓여 있는 나의 육체는 항상 나의 과거가 [현재의] 행동에서 완료되는 정확한 지점에 위치하고 있다. 그리고 결과적으로 내가 대뇌 메커니즘이라고 부르는 이러한 특정한

---

3   역주) 불어의 'mécanisme(메카니슴)'은 기계장치, 기구, 조직, 구조, 체계, 메커니즘 등 다양한 뜻으로 번역된다. 여기서는 '조직을 갖추고 유기적인 방식으로 스스로 작동한다는 역동성'이 부각되는 것으로 단순한 기계장치나 구조 혹은 체계 이상이다. 따라서 '메커니즘'으로 번역하고 있다.

이미지들은 모든 순간에 나의 과거의 표상들의 연속을 완성하며, 이러한 표상들을 현재 안에서의 실재와의 부착점point d'attache, 즉 행동으로 보내는 마지막 확장이다. 만일 이러한 [과거 표상들과 실재의] 부착을 잘라 낸다면 과거의 이미지는 아마도 파괴되지는 않을 것이지만, 당신은 과거의 표상이 실재에 작용하는 모든 수단을 제거하는 것이 될 것이며, 결과적으로 우리가 보여 주었다시피 [현재의 지각을] 실현할 수 있는 모든 수단을 제거하는 것이 될 것이다. 이러한 의미에서, 그리고 오직 이러한 의미에서만 뇌의 손상이 기억의 일부를 파괴할 수가 있을 것이다. 따라서 우리의 세 번째이자 마지막 공리는 다음과 같다.

> Ⅲ. 우리는, 파악하기 힘든 정도의 차이를 가지며, 공간 속에서 생성되거나 가능한 행동을 그려 보면서 시간에 따라 배열된 기억들에서 운동으로 나아간다. 뇌 손상은 이러한 운동에 영향을 미칠 수 있지만 이러한 기억들에는 영향을 미치지 않는다.

경험이 이 세 가지 공리를 확인하는지는 아직 알 수가 없다.

I. 두 가지 형식의 기억

나는 하나의 학습내용을 공부하고 그것을 암기하기 위해 먼저 각 구절을 또박또박 읽는다. 그런 다음 특정 횟수만큼 이를 반복한다. 새로 읽을 때마다 발전이 이루어진다. 단어들이 점점 더 잘 연결된다. 결국 단어들은 함께 조직된다. 바로 지금 이 순간 나는 학습내용을 마음속으로 알고 있다. 사람들은 이 학습내용이 기억souvenir이 되었다고, 나의 기억mémoire 속에 각인되었다고 한다. 이제 나는 그 학습내용을 어떻게 배웠는지 찾아보고, 내가 거쳐 온 단계들을 차례로 재현해 본다. 그러면 내가 읽었던 각 내용들이 고유한 개별성으로 나의 마음속에 떠오른다. 나는 이것이 수반하고 여전히 이것을 둘러싸고 있는 상황들과 함께 이것을 다시 본다. 그러면 이것은 시간 속에서 차지하고 있었던 바로 그 위치에 따라 앞선 것과 뒤따르는 것이 구별된다. 요컨대, 이러한 각 독서는 내 역사의 특정한 한 사건으로 나에게 다시 발생한다. 사람들은 여전히 이 이미지들이 기억들이고 이들이 나의 기억 속에 각인되어 있다고 말할 것이다. 사람들은 이 두 경우에 모두 동일한 용어를 사용한다. 그런데 이 둘이 진정으로 동일한 것일까?[4]

암기를 통해 습득한 과목에 대한 기억은 습관의 모든 특징을 가지고 있다. 습관과 마찬가지로 과목에 대한 기억은 동일한 노력의 반복을 통해 획득된다. 습관과 마찬가지로 이 학습은 먼저 분해를 요구한 다음 총체적인 행동의 재구성을 요구한다. 결국 모든 신체의 습관적인 연습과 마찬가지로, 그것은 초기 자극에 의해 완전히 흔들리는 하나의 메커니즘 안에, 동일한 질서와 동일한 시간 안에 뒤따르는 자동적인 운동들의 닫힌 시스템 안에 저장된다. 이와 반대로, 특정한 독서에 대해서 두 번 혹

---

4   역주) 여기서 일상의 한 예를 들어 보면, 『죄와 벌』이라는 소설을 두세 번 다시 읽었을 때, 매번 느낌이나 의미가 다를 수 있다. 그리고 이 각각의 느낌이나 의미는 '이미지'의 형태로 기억에 저장된다. 그런데 이렇게 시간을 달리하여 '기억된 것들'이 동일한 '기억'이라고 할 수 있는가 하는 문제가 있다. 미리 말하자면 베르그송은 이러한 기억들을 반복될 수 없는 '자발적인 기억'이라 부르며, 영어 단어나 수학 방정식을 기억하는 것과 같이 반복될 수 있는 기억을 '의지적인 기억'이라 부른다.

은 세 번 읽은 기억은 습관적인 특징을 전혀 가지고 있지 않다. 여기서 이미지는 필연적으로 단김에 기억 안에 각인된다. 왜냐하면 다른 독서들은 정의상 다른 기억들을 구성하기 때문이다. 이것은 내 인생의 사건과 같다. 그것은 본질적으로 날짜가 정해져 있으며, 따라서 반복될 수가 없다. 이후에 다시 읽은 내용이 추가되면 이는 원래의 성격만 바뀔 뿐이다. 그리고 만일 그 상을 불러내고자 하는 나의 노력이 반복될수록 그것이 점점 더 쉬워진다면, '그 자체로 고려된 상l'image même, envisagée en soi'은 필연적으로 항상 그러한 그것일 것이다. 우리는 독서의 기억과 학습내용의 기억, 이 두 가지 기억들은 단지 정도의 차이만 있을 뿐이고, 각 독서에 의해 연속적으로 전개된 상들은 서로 겹치며, 한 번 배운 학습내용은 모든 다른 상들의 중첩으로 인해 발생하는 합성된 상이라고 말할 수 있을까? 연속해서 읽는 각각의 내용이 무엇보다도 이전 학습에서보다 더 잘 이해되었다는 점에서 이전 내용과 다르다는 점은 부정할 수가 없다. 하지만 여러 번의 독서들 역시도 그것들 각각은 점점 더 잘 배운 학습내용이 아니라 [매번의 독서가] 항상 새로운 독서로 간주되어 절대적으로 그 자체로서 충분하고, 산출된 그대로 존재하며, 그에 수반되는 모든 지각들과 함께 나의 역사에 있어서 환원 불가능한 한 순간을 구성한다는 것 역시 확실하다.

나아가 우리는 우리의 의식이 이 두 종류의 기억 사이에 심오한 차이가 있음을, 즉 '본성적인 차이différence de nature'가 있음을 밝혀 주고 있다고 말할 수 있다. 특정한 독서에 대한 기억은 하나의 표상, 다만 표상일 뿐이다. 나의 관점에서 그것을 늘리거나 줄일 수 있는 것은 정신의 직관에 달려 있다. 나는 그것에 임의의 기간을 할당한다. 그림에서처럼 내가 한꺼번에 그것을 포옹하는 것을 방해하는 것은 없다. 반대로, 학습된 내용에 대한 기억은 비록 내가 이 학습내용을 내부적으로 반복하는 것을 제한하더라도 매우 구체적인 시간이 필요하다. 이 시간은 비록 상상 속에서일지라도 필요한 모든 접합들의 움직임을 하나씩 발전시키는 데 요구되는 시간과 같다. 따라서 이것은 더 이상 표상représentation이 아니라 하나의 행동action이다. 그리고 사실, 한번 배운 학습내용은 그 기원이나 과거의 권위를 배반하는 흔적을 남기지 않는다. 그것은 내가 걷거나 글을 쓰는 습관을 가지고 있는 것과 마찬가지로 내 현재의 일부이다. 그것은 체험된 것이며, 표상되었기보다는 "행위된" 것이다. 만일 내가 이것을 습득하는 데 들인 연속되는 독서들을 마치 수많은 표상들처럼 다시 불러내는 것을 원하지 않는다면, 나는 이것을 타고난innée[5] 것처럼 믿을 수도 있다. 따라서 이러한 표상들은 [습득된 내용에 대해] 독립적이며, 이미 배운 내용과 암기된 내용들에 뒤따르는 것이므로, 일단 습득된 학습내용은 이러한 표상들 없이도 가능하다.

이러한 근본적인 구별을 끝까지 밀어붙임으로써 우리는 이론적으로 독립되는 두 가지 기억을 제시할 수가 있다. 첫 번째는 우리 일상생활의 모든 사건을 이들이 전개되는 한에서 '이미지 기억들images-souvenirs'의 형태로 기록하는 것이다. 이 기억은 어떤 세부 사항도 무시하지 않을 것이다. 이 기억에는 각각의 사실과 각각의 몸짓이 그 장소와 그 날짜를 가지게 될 것이다. 이러한 기억은 유용성이나 실천적인 적용과 무관하게 과거를 '자연적인 필연성nécessité naturelle'이라는 하나의 유일한 효과를 통해 저장될 것이다. 이 기억을 통해 이미 체험된 지각에 대한 지적인 것 같

---

5   역주) 'innée(이네)'란 본능이나 본성처럼 타고난 것, 혹은 생득적인 것을 의미한다. 학습된 내용을 이처럼 생각할 수 있는 이유는 '습관이 반복되어 제2의 천성처럼' 된 것으로 고려할 수 있기 때문이다.

은, 아니 차라리 '지적인 인식'이 가능해질 것이다. 우리가 특정한 상을 찾기 위해서 과거의 삶의 언덕을 거슬러 올라갈 때마다 우리는 이러한 지적인 인식 안에서 피난처를 찾는다. 하지만 모든 지각은 발생하고 있는 행동으로 확장된다.[6] 그리고 일단 인식된 상이 이 기억 속에 고정되고 정렬된다는 한에서, 이 상들을 교정하고 유기체로 변형시키는 것을 지속하는 운동들이 육체 안에서 행동을 위한 새로운 성향을 만들어 낸다. 이처럼 완전히 다른 질서의 경험이 형성되고 신체에 축적되며, 외부의 자극들에 대한 점점 더 많고 다양한 반응들과 끊임없이 증가하는 가능한 의문들에 있어서 이미 주어져 있는 [상들의] 복제물들을 통해 완전하게 형성된 일련의 메커니즘이 주어지게 된다. 우리는 이러한 메커니즘이 실행되는 순간 이에 대해 의식하게 되며, 현재에 저장하고자 하는 노력들로부터의 전체 과거에 대한 이 의식은 여전히 기억이지만 처음의 기억과는 근본적으로 다른 기억이며,[7] 항상 행동을 지향하며 현재에 거주하고 있지만 항상 미래만을 바라보는 기억이다.[8] 이 기억은 오직 축적된 노력을 대표하는 지성적으로 조화롭게 된 움직임만을 위해 과거와 연결될 뿐이다. 이 기억에서 자신의 과거의 노력들은 회상되는 기억의 상으로서가

6   역주) 지각이 발생하고 있는 행동(혹은 초기 행동)으로 확장된다는 것은 지각이 단순한 혹은 순수한 앎을 의미하는 것이 아니라, 이미 작용에 대한 반작용을 의미하기 때문이다. 즉 무엇을 지각한다는 것은 이미 내 안에서 어떤 반작용이 발생하고 있다는 것을 의미한다.

7   역주) '현재에 저장하고자 하는 노력들로부터의 전체 과거에 대한 이 의식'이란 예를 들어 한 시인이 시를 쓰는 자신의 의미에 대해 가졌던 최초의 사건에 대한 기억은 이후 수많은 세월이 흘러 현재에도 여전히 '시를 쓰는 의미'에 대해 생각할 때, 이는 필연적으로 과거에서 지금까지 가졌던 이에 대한 동일한 기억을 떠올리게 될 것이며, 이 모든 과거의 기억이 현재의 기억과 함께 의식된다는 것을 의미한다. 따라서 이 의식도 기억이라고 한다면 —왜냐하면 이 의식의 과거의 기억 전부를 포함하고 있기에— 과거의 그 어떤 단편적인 기억과는 다른 기억이 되는 것이다.

8   역주) 왜냐하면 기억을 떠올린다는 것은, 현재의 지각에 적용하기 위한 것이며, 또한 현재의 지각이란 곧 지각 대상에 대한 반작용을, 즉 즉각적인 미래에 주어져야 할 행위를 의미하기 때문이다.

아니라 성취되고 있는 현재의 운동을 위한 엄격한 순서와 체계적인 성격으로서 발견된다. 사실 이 기억은 더 이상 우리에게 과거를 대변해 주지 않으며, 이 과거를 [현재를 위해] 활용하고 있다. 그리고 만일 이 기억이 여전히 기억이라는 이름을 가질 자격이 있다면 그것은 더 이상 '옛 상들을 보존하기 때문'이 아니라, [옛 상들의] '유용한 효과를 현재에 이르기까지 확장하기 때문'이다.

하나는 상을 만들고 다른 하나는 반복되는 이 두 가지 기억 중에서 두 번째 기억이 첫 번째 기억을 대체할 수 있으며 종종 환상을 주기도 한다. 한 반려견이 즐거이 짖음과 함께 몸을 부비면서 주인을 맞이할 때 의심할 바 없이 반려견은 주인을 알아본다. 하지만 이러한 인식은 과거 이미지를 불러일으키고 이 이미지를 현재 지각과 비교한다는 것을 함의하는 것일까? 오히려 그것은 동물이 자신의 몸에 체득한 어떤 특별한 태도, 즉 주인과의 친밀한 관계가 점차적으로 체득되고, 이제 주인에 대한 단 한 번의 지각으로 자신에게 기계적으로 [이러한 친밀한 태도를] 야기하는 것이 아닐까? 너무 멀리 가지 말자! 동물 스스로에게 있어서는 어쩌면 과거의 모호한 이미지가 현재의 지각을 압도할 수도 있을 것이다. 사람들에게는 과거 전체가 그의 의식 속에 잠정적으로 그려져 있다고 생각할 수도 있다. 그러나 이 과거는 그를 매혹시키는 현재로부터 그를 분리시킬 만큼 그에게 흥미를 주지는 않으며, 그의 인식은 생각되기보다는 경험되어야 한다. 이미지의 형태로 과거를 불러일으키려면 현재의 행동에서 자신을 추상화s'abstraire할 수 있어야 하고,[9] 무용한 것에 가치를 부여하는 방

법을 알아야 하며, '꿈을 꾸고자 원하여야vouloir rêver'[10] 한다. 아마도 인간만이 이런 종류의 노력을 할 수 있을 것이다. 그러나 이런 식으로 거슬러 올라가는 과거는 항상 옆으로 비켜나기 쉽고 우리를 벗어나기 쉽다.[11] 이는 마치 이러한 '역행적 기억mémoire régressive'이 보다 자연스러운 다른 기억에 의해 방해받는 것 같고, 기억의 움직임이 행동하고 살고자 하는 데 있어 항상 우리를 앞으로 나아가도록 이끄는 것과 같다.

심리학자들이 기억을 수축된 주름, 반복을 통해 점점 더 깊게 각인되는 인상impression이라고 말할 때, 그들은 우리들의 기억의 대부분이 우리들의 삶의 사건들의 세부 사항들과 관련되어 있다는 사실을 망각하고 있다. 여기서 본질적인 것은 분명한 날짜를 가지고 있다는 것이므로 절대 반복되지 않는다는 사실이다. 반복을 통해 우리가 의지적으로 획득하는 기억들은 매우 드물고 예외적인 것이며,[12] 반면 유일한 사태들과 이미지들로부터 기억을 통해 지속durée의 매 순간 기록이 계속된다. 그런데 수용된 기억들이 가장 유용하기 때문에[13] 우리는 이것에 대해 우선적으

역사의 한 일부로' 환원되어 있기 때문이다. 베르그송에게 이것은 곧 '기억의 지속'을 의미한다. 따라서 여기서 먼 과거의 최초의 기억을 '상'으로 불러내려면 하나의 전체적인 기억에 녹아 있는 것을 다시 분리시켜야, 즉 추상해야 하기 때문이다.

10 역주) 과거의 기억을 추상을 통해 불러내는 것이 왜 '무용한 것에 가치를 부여하는 방법'과 연관되는가? 이는 약간은 문학적인 표현이라고 할 수 있다. 예를 들어 어린 시절 씨를 뿌리고 추수를 하던 기억을 가진 한 과학자에게 이러한 농사의 기억이 현재로서는 전혀 무용한 것이겠지만, 그럼에도 진정한 결과를 얻으려면 길고 지루한 과정을 인내하여야 한다는 '삶의 지혜'라는 가치를 여기서 획득할 수 있을 때 이를 유용한 것으로 다시 불러낼 수가 있는 것이다. '꿈을 꾸고자 원하여야 한다'는 것도 이와 동일한 맥락에서 이해할 수 있을 것이다. 요컨대 과거의 기억을 떠올리는 이유는 현재의 삶에 무엇인가 유용하고 가치가 있는 것이기에 떠올린다는 것이다.

11 역주) 왜냐하면 긍정적이든 부정적이든 이 경우 새로운 의미를 산출하기 위해 최초의 기억에 대한 왜곡이 일어날 것이기 때문이다.

12 역주) 아마도 전쟁 중에 헤어진 동생의 얼굴을 잊어버리지 않기 위해 주기적으로 또렷한 동생의 얼굴을 마음속으로 떠올려 보는 경우가 이러한 기억에 해당될 것이다.

13 역주) 여기서 유용하다는 의미는 실용적이라는 것보다 포괄적인 의미로 쓰였다. 즉 유용성은 실용적

130

로 인지하고 있다. 그리고 동일한 노력의 반복을 통해 이러한 기억을 획득하는 것은 이미 알려진 습관의 과정과 유사하기 때문에 사람들은 이러한 유형의 기억을 전면에 내세우고 기억의 모델로 설정하며, 자발적인 기억souvenir spontané에서 오직 초기 상태의 이와 동일한 현상, 즉 암기를 통해 습득한 학습의 출발점만을 보려고 하는 것이다. 하지만 반복을 통해 구성되어야 하는 것과 본질적으로 반복될 수 없는 것 사이에 근본적인 차이가 있다는 것을 어떻게 인정하지 않을 수 있을까? 자발적인 기억은 즉각적으로 완벽하다. 시간은 자발적인 기억의 상에서 이미지를 왜곡하지 않고서는 아무것도 추가할 수 없다. 시간은 기억을 위해 그 장소와 날짜를 보존할 것이다. 반면 반복을 통해 학습된 기억은 이 학습이 더 잘 이루어진다는 한에서 시간으로부터 벗어날 것이다. 이 기억은 점점 더 비개별적이 되고, 점점 더 우리의 과거의 삶과는 이질적인 것이 될 것이다.

따라서 반복은 첫 번째[자발적 기억]를 두 번째[반복을 통한 기억]로 변환하는 효과가 없다. 그 역할은 단순히 암기하였던 첫 동작을 계속 더 많이 사용하며 이[학습된 기억]를 전체적으로 조직하면서 하나의 메커니즘을 설정하고 신체의 습관을 만드는 것이다. 이 습관은 내가 그것을 획득하였음을 기억하기 때문에서만 기억일 뿐이다. 그리고 나는 이것[학습내용]을 획득하였다는 사실을 다만 사건들의 날짜를 기록하고 오직 한 번만 기록하는 자발적인 기억에 호소할 때에만 이것을 획득하였음을 기억하는 것이다. 그러므로 우리가 방금 구별한 두 가지 기억 중에서 첫 번째

인 것과 더불어 '보다 의미가 있다'는 것을 포함하는 표현이라고 해야 할 것이다. 하루 동안 무수한 지각들이 이루어지고 여기서 무엇을 우선적으로 기억하고 있는가 하는 것은 그것이 내 삶에 있어서 보다 실용적으로 도움이 되거나 혹은 보다 의미 있는 무엇이기 때문이라는 것은 상식적인 것이다.

[자발적인] 기억은 탁월한 기억인 것 같다. 반면 심리학자들이 일반적으로 연구하는 두 번째 기억은 기억 자체라기보다는 기억에 의해 '밝혀진 습관l'habitude éclairée'이다. 암기를 통해 습득된 학습 기억의 예가 다분히 인위적인 것은 사실이다. 어쨌든 우리들의 실존은 정도의 차이를 가지고 우리 앞을 다시 지나가는 다소 제한된 대상들 사이에서 흘러가고 있다. 여기서 각각의 대상들은 인식되는 동시에 이 대상들에 적응하기 위한 최소한의 초기 움직임들을 우리에게 유발한다. 이러한 움직임들은 반복되면서 하나의 메커니즘을 만들고, 습관의 상태로 전환되며, 사물들에 대한 우리의 지각을 자동적으로 뒤따르게 되는 태도들attitudes로 규정하게 되는 것이다. 앞서 우리는 우리의 신경계는 [움직임을 전달하는 것 외에] 다른 용도로는 거의 사용되지 않을 것이라고 말한 적이 있다. 구심성 신경은 뇌에 자극을 전달하고, 뇌는 지능적으로 경로를 선택한 후 반복을 통해 생성된 운동 메커니즘으로 전달한다. 이처럼 적절한 반응, 즉 환경과의 균형 혹은 적응이 이루어지며, 한마디로 이것이 생명의 일반적인 목적이다. 그리고 살아가는 것에 만족하는 한 생명체에게는 이러한 것 외에 다른 것이 필요하지 않을 것이다. 그러나 이러한 지각과 적응의 과정이 계속되어 운동 습관의 형태로 과거를 기록하는 동시에, 앞으로 살펴보겠지만, 의식은 차례로 지나온 상황들에 대한 상들을 유지하며, 이들을 발생한 순서대로 정렬한다.

그런데 이러한 '기억 상들images-souvenirs이 무엇에 도움이 되는가? 기억 속에 보존하고 의식 속에서 재산출함으로써 실재에 꿈이 뒤섞여 삶을 실천하는 데 있어 본질을 왜곡하지 않을까? 만일 현재의 의식, 즉 현재 상황에 대한 우리들의 신경계의 정확한 적응을 단순하게 반영하는 의식이 현재의 지각과는 조화될 수 없는 과거 이미지의 모든 것을, 과거의 상들과 함께 '하나의 유용한 전체un ensemble utile'를 형성하는 것을 용인한다면 의심의 여지 없이 그럴 것이다. 어떤 특정한 모호한 기억들은 현재 상황과 관련 없이 유용하게 연관된 이미지로 넘쳐 나고, 이 이미지들 주변으로 막대하고 모호한 지대에서 사라지게 될 보다 덜 분명한 경계선에서 그려진다. 그러나 뇌를 통해 유지되고 있는 외부의 자극과 운동 반응 사이의 균형을 방해하는 사고가 발생하면 중심을 지나 주변부에서 주변부로 이어지는 신경선의 긴장이 잠시 느슨하게 되고, 즉시 모호한 이미지들이 환하게 나타나게 될 것이다. 잠을 자는 동안에 꿈을 꾸게 되는 것은 의심의 여지 없이 바로 이러한 조건하에서이다. 우리가 구별한 두 가지 기억 중에서 활동적이거나 운동적인 두 번째 기억[14]은 따라서 첫 번째 기억을 지속적으로 억제하거나 적어도 현재 상황을 유용하게 조명하고 완성할 수 있는 것만 받아들여야 할 것이다.[15] 이렇게 '관념들의 연합association des idées'에 대한 법칙들이 추론된다.[16] 그러나 현재의 인식과의 연관을 통해 제공할 수 있는 활용과는 별개로, 자발적인 기억을 통해 저장된 이미지는 또 다른 용도로 사용된다. 의심할 바 없이 이것은 꿈의 이미지이다. 꿈속의 이미지들은 의심의 여지 없이 우리의 의지와는 무관하게 일상적으로 나타나고 사라진다. 그리고 이것이 바로 우리가 무언가를 정말로 알고, 그것을 우리의 성향에 따라 유지하고, 그것을 암기해야 하

---

14 역주) 비반복적이고 개별적인 '자발적인 기억'을 말한다.

15 역주) 다시 말해 하루 중 인지한 '수많은 지각들 중 의미가 있는 것만을 기억의 형태로 받아들여야 한다'는 뜻이다.

16 역주) '관념들의 연합(혹은 연결)'이 추론된다는 것은 예를 들어 아침에 집을 나서는데 '얼음이 얼어 있는 것'을 보았고, 뒤이어 '보일러를 빨리 고쳐야 한다'는 생각을 하였다고 하자. 여기서 '얼음이 언 것'과 '보일러가 고장 난 사실'은 무관하지만 '날씨가 추워졌으니' 따라서 '이제 보일러를 틀어야 한다'는 인과관계로 정립되고, 이는 '기온 하강'과 '보일러 사용'의 개념이 서로 연결이 된다는 것을 의미한다.

는 의무, 즉 운동 메커니즘을 통해 [꿈의 이미지를 진정으로 알고 있는 것으로] 자발적인 이미지를 대체할 수 있어야 하는 이유이다. 그러나 우리에게는 한정된 시간 동안 우리 의식의 시선 아래 '이미지 그 자체'를 유지할 수 있게 하는 독특한 노력이 있다. 그리고 이 능력 덕분에 우리는 동일한 상황이 우연히 반복될 때까지 기다릴 필요 없이 수반되는 동작을 습관으로 조직할 수가 있는 것이다. 우리는 금방 사라질 이미지를 사용하여 이를 대체할 안정적인 메커니즘을 구축한다.[17] 또는 마지막으로, 두 개의 독립적인 기억 사이의 구별이 사실들에 근거를 두지 않았거나 혹은 사실들과 일치를 한다면 신경계의 감각운동 균형이 교란되는 대부분의 경우 자발적인 기억의 고양에 주목해 보아야 할 것이다. 그와 반대로, 모든 자발적인 기억이 정상적인 상태에서 현재의 균형을 효과적으로 유지할 수 없는 때에는 결국 우리는 기억습관souvenir-habitude을 억제시키는 작용에서 이미지 기억souvenir-image의 잠재적 개입이 있는지에 대해 주목해 보아야 할 것이다.[18] 사태들이 가설을 확인해 주는가?

우리는 지금으로서는 첫 번째 것도 두 번째 것도 지지하지는 않을 것이다. 우리는 기억에 대한 교란과 관념들의 연합의 법칙에 대해 연구할 때 이러한 문제들을 완전히 밝혀낼 수 있기를 기대해 본다. 여기서는 지금까지 학습한 내용을 통해 이 두 가지 기억이 어떻게 나란히 나아가며, 서로 상호적으로 지지하는지를 밝히는 것으로 [논의를] 제한하고자 한다.

---

17 역주) 아마도 우리는 이와 같은 동작을 경호원들의 단순한 반복 동작에서 쉽게 발견할 수 있을 것이다. 적이 칼로 찌른다 상상을 하고 이를 쉽게 회피하는 동작을 머릿속으로 여러 번 되풀이함으로써 그 동작이 습관처럼 각인되게 하는 것이다.

18 역주) 이 경우 가장 적절한 예로 '트라우마'라는 것을 들 수 있을 것이다. 나의 자발적인 기억의 행위가 정상적임에도 밧줄을 집어 들려다가 깜짝 놀란다는 것은 '과거에 뱀에 물린 기억', 즉 '이미지 기억'이 밧줄을 보고 그냥 집어 들면 되는 습관(기억습관)에 개입하여 운동 신경을 교란한 것이다.

운동 기억mémoire motrice에 주입된 학습들이 자동으로 반복된다는 것은 일상의 경험이 보여 주는 것이다. 그러나 병리학적 사례들에 대한 관찰은 자동화가, 우리가 생각하는 것보다 훨씬 더 광범위하게 이루어진다는 사실을 통해 이를 입증하고 있다. [예컨대] 사람들은 심신박약자들이 자신들이 이해하지 못하는 일련의 질문에 대해 영리한 답변을 한다는 것을 보았다. 즉, 이들에게 언어는 반사réflexe의 방식으로 작용한 것이다.[19] 자발적으로 단어를 발음할 수 없는 실어증 환자는 노래를 부를 때 멜로디의 가사를 오류 없이 기억한다.[20] 나아가 이들은 일반적으로 기도문, 일련의 숫자, 요일의 날, 연중의 달을 암송하기도 할 것이다.[21] 따라서 지능을 모방할 만큼 미묘하고 극도로 복잡한 메커니즘은 일단 형성되면 스스로 기능할 수 있다. 따라서 이는 일반적으로 의지의 초기 충동에만 복종한다. 하지만 우리가 그것들을 형성하는 동안에 무슨 일이 일어날까? 우리가 학습한 어떤 것을 연습할 때, 예를 들어 움직임을 통해 재구성하려는 시각적 또는 청각적 이미지는 이미 우리의 정신 안에 보이지 않지만 현존하고 있었던 것이 아닐까? 첫 번째 암송부터 우리는 마치 모호한 의식의 깊이로부터 일종의 경고를 받은 것처럼 막연한 불안감으로 방금 범한 실수를 인정하는 것이다.[22]

그러니 당신이 경험하는 것에 집중해 보라. 당신은 완전한 이미지

---

19 원주) Robertson, 「반사 연설(Reflex Speech)」(*journal of mental Science*, avril 1888). Cf. l'article de Ch. Féré, 「반사 언어(Le langage réflexe)」(*Revue philosophique*, janvier 1896).

20 원주) Oppenheim, 「무감각증 환자의 음악적 표현 움직임의 거동에 관하여(Ueber das Verhalten der musikalischen Ausdrucksbewegungen bel Aphatischen)」(*Charité Annalen*, XIII, 1888, p. 348 et suiv).

21 원주) *Ibid.*, p. 365.

22 원주) 실수에 대한 이러한 감정에 관한 주제에 대해서는 다음의 논문을 참조하라. Müller et Schumann, 「기억 연구에 대한 실험적 기여(Experimentelle Belträge zur Untersuchung des Gedächtnisses)」(*Zeifschr. t. Psyeh. u. Phys. der Sinnesorgane*, déc. 1893, p. 305).

가 여기[23]에 있음을 느낄 수 있을 것이다. 하지만 이 이미지는 당신의 '운동 활동activité motrice'이 그 윤곽을 분명히 고정하고자 하는 그 순간에 사라지는 진정한 유령이라는 것을 느끼게 될 것이다. 완전히 다른 목적으로[24] 수행된 최근 실험에서 피험자들은 바로 이런 종류의 인상을 받았다고 진술하였다. 연구자는 몇 초 동안 일련의 글자를 그들에게 보여 주고 이를 기억하도록 요청하였다. 그러나 적절하게 특정 음을 강조하는 동작으로 통찰된 문자를 인지하는 것을 방해하기 위해 연구자는 피험자들에게 그들이 문자 이미지를 보고 있는 동안에 특정 음절을 지속적으로 반복하도록 요구하였다. 이로 인해 특수한 심리적 상태가 나타났는데, 피험자들은 시각적 이미지를 완전히 소유하고 있다고 느꼈지만 원하는 순간에 시각적 이미지의 아주 작은 부분도 재현할 수 없었다. 놀랍게도 선이 사라져 버렸다. 그들 중 한 사람에 따르면, "현상의 기초에는 전체적인 표상représentation d'ensemble, 즉 전체를 포괄하는 일종의 복합적인 관념이 있었는데, 여기서 부분들은 표현할 수 없는 통일성처럼 느껴졌다."[25] 의지적으로 습득된 기억 뒤에 숨어 있는 이 자발적인 기억은 갑작스러운 섬광에 의해 나타날 수 있겠지만, 의지적인 기억의 작은 움직임에도 사라져 버린다. 피험자가 자신이 그 상을 간직하고 있다고 생각했던 일련의 글자가 사라지는 것을 본다면, 특히 그가 그 부분을 반복하기 시작하는 동안에이다. "이러한 노력은 이미지의 나머지 부분을 의식에서 밀어내는 것 같다."[26] 이제 특수기억술mnémotechnie[27]의 상상력 과정을 분석해

---

23 역주) 여기란 우리에게 실수를 경고해 주는 '모호한 의식의 깊은 곳'을 말한다.

24 원주) W. G. Smith, 「기억에 대한 주의집중의 관계(The relation of attention to memory)」(Mind, janvier 1894).

25 원주) Smith, article cité, p. 73.

보면, 이 기술은 다음과 같은 목적을 가지고 있음을 발견할 것이다. 이 기술은 우선적으로 활동적 혹은 운동적 기억의 모든 의향을 억제하고, 숨겨져 있는 자발적인 기억을 전면에 내세워 이를 능동적인 기억souvenir actif으로 우리의 자유로운 처분에 배치하는 것이다. 한 저자[28]는 정신적인 묘사photographie mentale의 기능이 의식보다는 잠재의식subconscience에 속한다고 말한다. 이 기능은 의지의 부름에 쉽사리 따라 나오지 않는다. 이를 연습하려면, 예를 들어 각 지점의 여러 그룹을 세어 볼 생각조차 하지 않고 한 번에 기억하는 데 익숙해져야 한다.[29] 어떤 측면에서 이러한 것에 숙달되려면 이러한 기억의 즉각성instantanéité을 모방해야 한다. 이것[정신적인 묘사]은 여전히 그 표현에 있어 변덕스러운 상태로 남아 있고, 그것이 지니고 있는 기억들은 꿈과 유사한 것이기 때문에, 이것이 정신의 삶에 보다 규칙적으로 확립되어 지적 균형을 심각하게 방해하는 경우가 많다.[30]

26 원주) 이러한 상태에서 일어나는 것은 독일 작가들이 난독증(dyslexie)이라고 불렀던 같은 종류의 일이 아닐까? 환자는 문장의 첫 번째 단어를 올바르게 읽은 다음 갑자기 읽기를 중단하고 계속할 수가 없다. 이는 마치 뚜렷한 발음 동작으로 인해 기억이 억제된 것처럼 보이는 것이다. 난독증에 관한 주제는 다음을 참조하라. Berlin, 「특별한 종류의 단어 실명(*Eine besondere Art der Wortblindheit*)」(Dyslexie), Wiesbaden, 1887, et Sommer, 「기능 장애로서의 난독증(Die Dyslexie als funetionnelle Störung)」(*Arch. f. Psychiatrie*, 1893). 우리는 이러한 현상을 환자가 언어 청각장애나 다른 사람의 말을 이해하지만 더 이상 자신의 말을 이해하지 못하는 매우 특이한 사례와 연결시켜 볼 수 있을 것이다. (사례들에 대해서는 다음을 참조하라. Bateman, 「실어증(*On Aphasia*)」 p. 200; par Bernard, 「실어증(*De l'aphasie*)」 Paris, 1889, pp. 143 et 144; et par Broadbent, 「언어에 대한 특별한 애정의 사례(A case of peculiar affection of speech)」 *Brain*, 1878-1879, p. 484 et suiv.)
27 역주) '특수기억술'이란 '특별한 방법으로 기억을 돕는 기술'을 말한다.
28 원주) Mortimer Granville, 「기억의 방법(Ways of remembering)」(*Lancet*, 27 sept. 1879, p. 458).
29 원주) Kay, 『기억력과 그것을 향상시키는 방법(*Memory and how to improve it*)』 New York, 1888.
30 역주) 베르그송이 '특수기억술' 혹은 '정신적 묘사'를 설명하는 것을 보다 쉽게 간략히 설명해 보면, 책장을 넘기면서 글자나 문장을 하나씩 읽는 것이 아니라, 사진기로 사진을 찍듯이 한 페이지를 '이미지' 형태로 통째로 기억하는 방식이다. 하지만 이러한 기억 방식은 책 읽는 시간을 단축할 수는 있

　이 기억이 무엇이며, 어디에서 유래하며, 어떻게 진행되는지는 다음 장에서 보여 줄 것이다. 잠정적으로는 도식적인 개념만으로 충분할 것이다. 그러므로 위의 내용을 요약하자면, 우리가 예상했던 것처럼 과거는 이 두 가지 극단적인 형태, 즉 한편으로는 그것을 사용하는 운동 메커니즘과 다른 한편으로는 모든 사건을 개요, 색상, 시간에 따른 장소와 함께 그려 내는 '개별적인 이미지 기억들images-souvenirs personnelles'로 저장되는 것처럼 나타난다. 이 두 가지 기억 중 첫 번째 기억[의지적 기억]은 진정으로 자연nature을 향한 것이며, 두 번째[자발적 기억]는 그 자체로 남겨져 오히려 반대 방향으로 갈 것이다. 노력에 의해 획득된 첫 번째 기억은 여전히 우리의 의지에 달려 있으며, 완전히 자발적인 두 번째 기억은 그 충실도를 보존하려면 자주 재현하여야 하고 이는 많은 '일시적인 기분caprice'을 필요로 한다. 자발적 기억이 의지적 기억에게 제공할 수 있는 규칙적이고 확실한 유일한 봉사는 의지적 기억의 선택을 분명하게 하기 위해서 현재 상황과 유사한 상황의 선행하는 이미지나, 뒤따르는 이미지를 보여 주는 것이다. 바로 여기서 '관념들의 연합association des idées'이 형성되는 것이다. '다시 되돌아보는 기억mémoire qui revoit'[31]이 반복하는 기억에 규칙적으로 뒤따르는 경우는 이러한 경우 외에는 없다. 다른 모든 곳에서 우리는 필요에 따라 이미지를 다시 그릴 수 있는 메커니즘을 구축하는 것을 선호한다. 왜냐하면 우리는 그 이미지가 다시 나타날 것이라고 생각하지 않기 때문이다. 이러한 것이 각각 순수한 상태에서 고려된 두 가지 극단적인 형태의 기억들이다.

겠지만 정신적인 삶에 적잖이 영향을 미친다고 설명하고 있다.

31　역주) 이 기억은 이미 가지고 있는 '자발적 기억'을 다시 떠올리는 것을 말한다.

직설적으로 말하자면, 우리가 기억의 진정한 본질을 오해하는 것은 중간 형태들, 어떤 면에서는 불순한 형태들을 고수하였기 때문이다. 이미지 기억과 움직임이라는 두 요소를 먼저 분리한 뒤, 그것들이 어떤 일련의 작용들을 거쳐서 본래의 순수함을 포기하면서 서로에게 흘러들어가는지를 모색하는 대신에 이 둘이 융합되는 결과를 낳는 혼합현상만을 고찰하였기 때문이다. 혼합된 이 현상은 한편으로는 운동 습관의 국면을 나타내고 다른 한편으로는 정도의 차이를 가진 의식적으로 국지화된 이미지의 국면을 나타낸다. 하지만 사람들은 이것이 단순한 현상이기를 바란다. 그리하여 운동 습관의 기초 역할을 하는 대뇌, 골수 혹은 연수의 메커니즘이 동시에 의식적인 이미지의 지반이라고 가정할 필요가 있다고 생각하는 것이다.[32] 바로 여기에서 뇌에 저장된 기억이 진정한 하나의 기적을 통해서 의식되고 신비한 과정을 통해 우리를 과거로 데려갈 것이라는 이상한 가설이 탄생한 것이다. 일부 사람들은 작용의 의식적인 측면에 더 집착하고, 여기서 부수현상*épiphénomène*[33]과는 다른 것을 보려고 하는 것이 사실이다.

하지만 그들은 이미지 기억들의 형태 아래 연속적인 반복들을 유지하고 정렬하는 기억을 [자발적 기억과] 분리하는 것으로 시작하지 않고, 그것을 훈련이 완성시키는 습관과 혼동함으로써 반복의 효과가 유일하고

---

32 역주) 다시 말하면 '자발적 기억'과 '의지적 기억'을 구분하지 못할 때, 우리가 삶에서 가지게 되는 '자발적 기억' 역시도 (사실상 확실하지 않음에도) 두뇌와 관련된 신경계가 그 지반을 이루고 있다고 가정할 수밖에 없음을 말하는 것이다.

33 역주) 부수현상이란 어떤 하나의 현상에서 그 현상의 본질적인 국면과 상관없이 발생하는 증상을 말한다. 의학에서는 하나의 중요한 질병은 그 질병과 무관한 다른 증상을 동반할 수 있지만 질병의 경과를 바꾸지 않으며, 일반적으로 특별한 치료가 필요하지 않은 부수적인 증상을 부수현상이라고 한다.

분리할 수 없는 동일한 하나의 현상과 관련이 있다고 믿게 된다. 이 현상은 단순히 반복함으로써 강화되는 현상이다. 그리고 이 현상은 눈에 띄게 단지 운동 습관으로 귀결되고 싫든 좋든 두뇌나 기타 메커니즘에 대응하게 된다고 고려한다. 따라서 이러한 종류의 메커니즘이 시작부터 이미지의 지반이었으며 뇌는 표상하는 기관이라고 가정하게 된 것이다. 우리는 이러한 중간 상태들을 고려하고, 각각의 상태에서 초기 활동의 부분, 즉 뇌의 부분과 독립적인 기억의 부분, 즉 이미지 기억의 부분을 고려할 것이다. 무엇이 이러한 상태들인가? 우리의 가설에 따르면 이들은 어떤 측면에서 원동력이기 때문에 현재의 지각을 확장해야 한다. 하지만 다른 한편으로 이들은 이미지들로서 과거의 인식을 재현한다. 그런데 그것을 통해 현재에서 과거를 다시 인지하는 구체적인 행위는 '재인再認, reconnaissance'[34]이다. 따라서 우리가 연구해야 할 것은 바로 이 재인이다.

II. 일반적인 재인에 관하여: 이미지 기억과 운동

"데자뷰déjà vu"의 느낌을 설명하는 두 가지 일반적인 방식이 있다. 어떤 사람들에게 현재의 인식을 재인하는 것은 생각을 통해 현재의 인식을 과거의 환경에 삽입하는 것으로 이루어질 것이다. 나는 한 사람을 처음 만난다. 나는 단지 그를 인식할 뿐이다. 만일 내가 [나의 기억 속에서] 그를 발견한다면, 나는 그를 알아본다. 이 경우 '시원적인 지각perception primitive'

---

34 역주) 여기서 '재인'이라고 번역된 'reconnaissance'는 직역을 한 것이다. 이는 '다시(re-)'와 '앎 혹은 인식(connaissance)'이 결합된 용어이기 때문이다. 하지만 일반적인 용법에서 이 용어는 '알아봄' '알아차림' '인정함' '다시 인식함' '식별' '분별' 등의 다양한 의미로 사용되고 있다. 따라서 이 책에서는 이러한 다양한 용어들 중에서 문맥에 따라 적절하게 선택하여 번역하고 있다.

과 동시적인 상황들이 나의 정신에 다시 일어나면서 현재 통찰된 프레임이 아닌 한 프레임을 현재의 이미지들 주변에 그린다는 의미에서 그를 알아보는 것이다. 그러므로 재인한다는 것은 과거에 이미 주어진, 현재의 지각에 근접하는 이미지들을 현재의 지각에 연결시킨다는 것을 의미한다.[35] 그런데 적절하게 관찰한 바와 같이,[36] 새롭게 된 지각이 시원적 인식과 동일한 상황들을 불러일으킬 수 있는 것은 먼저 시원적 상태와 유사한 현재의 상태가 시원적 인식을 불러일으킬 경우에만 가능하다. A를 첫 번째 지각으로 설정한다. 수반되는 유사한 상황 B, C, D는 인접 관계로서 A에 연관되어 있다. 만일 내가 새롭게 된 동일한 지각을 A′라고 부른다면, 이는 A가 아니라 B, C, D라는 용어에 연관되어 있는 A로서 부르는 것이다. B, C, D라는 용어들을 유발하기 위해서는 우선적으로 유사성을 통한 연합에 의해 A′가 먼저 유발되어야 한다. 헛되이 사람들은 A가 A′와 동일하다고 주장할 것이다. 두 용어는 아무리 유사하다고 해도 수치적으로는 구별되며, 적어도 A′는 지각인 반면 A는 기억souvenir에 지나지 않는다는 단순한 사실을 통해 구별된다. 우리가 발표한 두 가지 해석 중에서 첫 번째는 이처럼 우리가 검토하게 될 두 번째 해석 안에 용해된다.

이때 우리는 현재의 지각이 항상 기억의 깊은 곳에서 자신과 유사한 이전 인식의 기억을 찾을 것이라고 가정한다. "데자뷰"의 느낌은 이렇게

---

35   원주) 이 주제에 관해서는 Lehmanna, 「재인에 관하여(Ueber Wiedererkennen)」에서 실험들에 근거한 체계적인 다음의 논문을 참조하라. (*Philos.* Studien de WUNDT, t. v, p. 96 et suiv., et t. VII, p. 169 et suiv.)

36   원주) Pillon, 「추상적이고 일반적인 관념들의 형성(La formation des idées abstraites et générales)」(*Crit. Philos.*, 1885, t. I, p. 208 et suiv). Cf. Ward, 「동화와 연합(Assimilation and Association)」(*Mind*, juillet 1893 et octobre 1894).

지각과 기억의 병치 또는 융합에서 비롯될 것이다. 의심할 바 없이, 깊이 관찰한 바와 같이,[37] 유사성이란 정신과, 정신이 접근하고 있는 용어들 사이에 형성된, 따라서 이미 소유하고 있는 용어들 사이에 형성된 관계이다. 그 결과 유사성으로부터의 지각은 그 원인sa cause으로부터의 사태라기보다는 오히려 연합association의 결과이다. 그러나 정신에 의해 통찰되고 방출된 공동체의 한 요소로서 규정된, 이러한 유사성과 함께 모호하지만 일종의 객관적인 유사성이 있는데, 이는 이미지들 그 자체의 표면에 퍼져 있으며 '상호적인 끌림'의 물리적인 원인으로서 활동할 수 있는 유사성이다.[38] 우리는 사람들이 자주 옛 이미지와 동일시하긴 하지만 성공하지 못한 채 어떤 대상을 인식하는 경우가 많다고 주장해야 하지 않을까? 이러한 주장에 대해 어떤 이들[뇌과학자들 혹은 뇌생리학자들]은 [지각 대상과] 일치하는 뇌의 흔적들에 관한 적절한 가설 안으로, 즉 훈련을 통해 촉진되는 뇌 운동[39] 혹은 과거의 기억들이 존재하는 세포들과 소통하는 지각세포에 관한 적절한 가설 안으로 피신할 것이다.[40] 진실을 말하자면 싫든 좋든 이런 종류의 생리학적 가설들 안에서 재인에 관한 모든 이론이 상실된다. 이 이론은 모든 인식을 지각과 기억 사이의 접근을 통해 나타나게 하고자 원한다. 하지만 다른 한편으로 대부분의 경우에는

---

37   원주) Brochard, 「유사성의 법칙(La loi de similarité)」, *Revue philosophique*, 1880, t. IX, p. 258. E. Rabier는 다음의 책에서 이러한 견해에 합류하고 있다. 『철학의 교훈(Leçons de philosophie)』, t. I, *Psychologie*, pp. 187-192.

38   원주) Pillon, article cité, p. 207. Cf. Jarnes Sully, 『인간의 마음(The human Mind)』, London, 1892, t. I, p. 331.

39   원주) Höffding, 「재인에 관하여(Ueber Wiedererkennen)」, 「연합과 및 심리적 활동(Association und psychische Activität)」(*Viertelfahrsschrift f. wissenschaftliche Philosophie*, 1889, p. 433).

40   원주) Munk, 『대뇌피질의 기능에 관하여(Ueber die Functionen der Grosshirnrinde)』, Berlin, 1881, p. 108 et suiv.

지각이 인지된 이후에만 과거의 기억이 일어난다는 것을 우리의 경험이 입증하고 있다. 그러므로 처음에는 표상들 사이의 연합처럼 발표하였던 것을 운동들 사이의 연합 혹은 세포들 사이의 연결의 형태 아래 뇌 속으로 던지고, ―우리에게는 매우 분명한― 재인의 사태를 '관념을 저장하고 있는 뇌cerveau qui emmagasinerait des idées'라는, 우리에게는 매우 모호한 가설을 통해 설명하고자 하는 것이다. 그러나 실제로는 '재인'의 과정을 설명하는 데 있어서 기억에 지각을 연관시키는 것으로는 전혀 충분하지 않다. 왜냐하면 만일 '재인'이 이렇게 진행된다고 한다면, 옛 이미지가 사라지면 재인도 폐지되고, 옛 이미지가 보존되면 항상 재인이 발생해야 할 것이기 때문이다. 따라서 지각된 대상들을 알아보는 데 있어서의 '정신적 실명cécité psychique'[41]이나 무력함은 시각적 기억의 억제 없이는 발생하지 않으며, 특히 시각적 기억의 억제는 정신적인 실명을 지속적으로 초래하게 될 것이다.

그러나 우리의 경험은 이 두 가지 결과 중 어느 것도 확인해 주지 않는다. 빌브란트Wilbrand[42]가 연구한 한 사례에서 환자는 눈을 감은 채 자신이 살았던 도시를 묘사하고 상상 속에서 그곳을 산책할 수 있었다. 하지만 실제로 거리에 나가면 모든 것이 그 환자에게 새로운 것처럼 보였다. 환자는 아무것도 알아보지 못하였고 방향을 잡을 수도 없었다. 뮐러Müller 신부[43]와 리사우어Lissauer 신부[44]도 같은 종류의 사실을 관찰하였

---

41   역주) '정신적 실명'이란 눈으로는 분명하게 지각하지만 그것을 알아보지 못하는 현상을 지칭한다. 보다 넓은 의미로는 우리가 배웠던 행위나 작용을 전혀 알지 못하는 현상을 지칭하는데, 아래서 '실행증'이라 부르는 대표적인 예를 들고 있다.

42   원주) 『초점현상과 시각인지불능(*Die Seelenblindheit ais Herderscheinung*)』, Wiesbaden, 1887, p. 56.

43   원주) 「시각인지불능에 대한 지식의 공헌(Ein Beitrag zur Kenntniss der Seelenblindheit)」(*Arch. f.*

다. 환자들은 자신들에게 이름을 불러 주는 어떤 사물에 대한 내적인 비전vision intérieure을 불러일으키는 방법을 알고 있었다. 그들은 그것을 아주 잘 묘사하였다. 하지만 환자들에게 그 사물들을 제시하였을 때 그들은 그것을 알아보지 못하였다. 따라서 비록 의식적이라고 해도 시각적인 기억을 보존하는 것만으로는 유사한 지각을 재인하는 데 충분하지 않다. 그러나 반대로 시각적 이미지의 완전한 소실에 대해 고전이 된 샤르코Charcot[45]의 연구에서는 지각들에 대한 모든 '알아차림'이 소멸되지 않았다. 우리는 이러한 경우에 대해서는 보다 자세히 읽어 보면 쉽게 확신할 수 있을 것이다. 의심의 여지 없이 피험자는 자신의 고향 마을의 거리를 알아보지 못하였다. 거리들의 이름을 부를 수도 방향을 잡을 수도 없었기 때문이다. 그럼에도 그는 그것이 거리라는 것과 자신이 집들을 보고 있다는 것을 알고 있었다. 그는 더 이상 자기 아내와 아이들을 알아보지 못했으나 그들을 보고서 여자이고 아이들임은 알 수 있었다. 만약 단어의 절대적인 의미에서 정신적 실명이었다면 이 중 어느 것도 가능하지 않았을 것이다. 그러므로 소실된 것은 우리가 앞으로 분석해야 할 특정한 종류의 '재인'으로서, 일반적인 '재인'의 능력은 아니었다. 따라서 모든 재인이 항상 옛 이미지의 개입을 의미하는 것은 아니며, 옛 이미지들을 현재의 지각과 동일시하지 않고서도 이러한 이미지에 호소할 수 있다는 결론을 내릴 수 있다. 그렇다면 재인이란 정확히 무엇이며, 우리는 이를 어떻게 정의할 수 있을까?

Psychiatrie, t. XXIV, 1892).

44 원주) 「시각인지불능에 관한 사례들(*Ein Fall von Seelenblindheit*)」(*Arch. f. Psychiatrie*, 1889).

45 원주) '정신적인 비전에 대한 갑작스럽고 고립된 억제에 대한 사례가 Bernard에 의해 기록됨'
      (*Progrès médical*, 21 juillet 1883).

첫째, 어떤 한도 내에서 즉각적인 인식, 즉 명시적인 기억의 개입 없이 신체만으로 알아볼 수 있는 인식이 있다. 이러한 인식은 표상이 아니라 행동과 관련된다. 예를 들어, 나는 처음으로 한 도시를 걷고 있다. 모퉁이를 돌 때마다 나는 어디로 가야 할지 모르고 머뭇거린다. 나는 불확실함 속에 있다. 이는 말하자면 내 육체에 다양한 선택지들이 제시되고, 내 움직임은 전체적으로 불연속적이며, 하나의 거동 안에 다가올 거동들을 알리고 준비하는 것이 아무것도 없다는 뜻이다. 반면 도시에서 오랜 시간을 거주한 이후에 나는 그 앞을 지나가는 사물들에 대한 뚜렷한 지각 없이도 기계적으로 움직일 것이다. 이제 이 두 가지 극단적인 조건 사이에서, 즉 지각이 지각에 수반되는 구체적인 움직임을 아직 조직화하지 않은 상태의 조건과 이렇게 수반되는 움직임이 내 지각을 쓸모없게 만들 정도로 조직화되어 있는 다른 한 조건 사이에 중간 단계의 다른 한 조건이 있다. 여기서는 대상이 통찰되고, 이 통찰이 서로 연결되어 있고 연속적이며, 하나의 움직임이 다른 움직임을 요청하는 움직임들을 야기한다. 나는 나의 지각만을 볼 수 있는 한 상태에서 시작하였다. 그리고 나는 나의 자동성automatisme 외에는 거의 의식하지 못하는 상태에 이르게 된다. 이 둘 사이에 혼합된 상태가 발생하였고, 이러한 지각은 탄생하고 있는 자동성으로 강조된다. 만일 후속적인 지각이 육체를 적절한 기계적 반응으로 유도한다는 측면에서 첫 번째 지각과 구별된다면, 다른 한편 만일 이렇게 새롭게 된 지각들이 친숙한 지각들 혹은 알려진 지각들을 특징짓는 '고유한' 국면으로 정신에 나타난다면 우리는 잘 조절된 운동 수반에 대한 혹은 조직화된 운동 반응에 대한 의식이 이러한 친숙한 감정의 기초라고 추정해야 하지 않을까? 따라서 재인의 기초에는 실제로 운동 질서의 현상이 있을 것이다. 일상적인 대상을 알아보는 것은 특히 그것을 사용하는 방법을 아는 것과 관련이 있다. 이는 우리가 정신적 실명이라고 부르는 재인에 관련된 병을 최초로 발견한 사람들이 여기에 '실행증apraxie'[46]이라는 이름을 붙일 만큼 사실이다.[47] 그런데 어떤 것을 사용하는 방법을 안다는 것은 이미 그것에 적응하는 운동들을 그려 내고 있다는 것을 의미하며, 그것에 대해 특정한 태도를 취하거나 적어도 독일인들이 "운동 충동Bewegungsantriebe"이라고 부르는 한 효과를 통해 그것에 대한 특정한 경향성을 가지게 된다는 것을 의미한다. 따라서 대상을 사용하는 습관은 결국 움직임과 지각을 함께 조직하는 것이며, 반사적인 방식으로 지각에 뒤따르는 초기 움직임들에 대한 의식은 여전히 '재인'의 기초가 될 것이다. 움직임으로 확장되지 않는 지각은 없다. 리보Ribot[48]와 모즐리Maudsley[49]는 오랫동안 이 점에 주목하여 왔다. 감각 교육은 정확하게 감각 인상과 이것을 사용하는 운동 사이에 확립된 일련의 연결로 구성된다.

인상이 반복될수록 [인상과 운동사이의] 연결은 더욱 강해진다. [이러한] 작용의 메커니즘에는 신비한 것이 전혀 없다. 우리의 신경계는 분명 중

---

46 역주) '실행증'이란 기본적인 운동능력이나 감각능력에 별 이상이 없음에도 동작 패턴 또는 연속적인 동작 순서를 기억해야 하는 과제를 수행할 능력을 상실한 증상을 지칭한다. 예를 들어 편지지를 봉투에 넣고 봉투를 붙여야 하는데 먼저 봉투를 풀로 붙인 후에 편지지를 넣으려고 한다거나, 주전자에 물을 먼저 넣고 불 위에 주전자를 올려야 하는데 먼저 빈 주전자를 불 위에 올려놓고 이후에 물을 붓는다거나 하는 등의 연속적인 동작을 잘 하지 못하는 증상을 말한다.

47 원주) Kussmaul, 「언어 장애들(Les troubles de la parole)」, Paris, 1884, p. 233. Allen STARR, 「실행증과 실의증(Apraxia and Aphasia)」(Medical Record, 27 octobre 1888). Cf. LAQUER, 「감각 실어증의 국소화에 관하여(Zur Localisation der sensorischen Aphasie)」(Neurolog Centralblatt, 15 juin 1888), et DODDS, 「시력의 일부 중심 감응에 관하여(On some central affections of vision)」(Brain, 1885).

48 원주) 「운동들과 그 심리적 중요성(Les mouvements et leur importance psychologique)」(Revue philosophique, 1879, t. VIII, p. 371 et suiv). Cf. 『주의집중에 관한 심리분석(Psychologie de l'attention)』, Paris, 1889, p. 75 (Félix Alcan, éditeur).

49 원주) 『정신에 관한 심리학(Physiologie de l'esprit)』, Paris, 1879, p. 207 et suivantes.

추신경을 매개로 하여 감각적인 자극과 신경 요소의 불연속성 그리고 의심의 여지 없이 다양한 방식으로 함께 모일 수 있는 말초신경의 다양성을 고려하여 하나의 운동 장치를 구성하고자 하는 목적에서 배열되어 있다. 이러한 운동 장치는 인상들과 이에 일치하는 운동들 사이에 가능한 연결을 무제한으로 확장한다. 그러나 형성되고 있는 메커니즘은 형성된 메커니즘과 동일한 형상으로만 의식에 나타날 수 있다. 유기체에 통합된 운동 시스템들을 근본적으로 그리고 명확하고 분명하게 구별해 주는 것이 있는데, 이것은 무엇보다 —이를 믿자— 그 질서를 변형하는 것이 어렵다는 점이다. 이러한 변형의 어려움은 또한 선행하는 운동에 뒤따르는 운동들의 사전 형성préformation에서도 마찬가지이다. 예를 들면 습득된 하나의 멜로디의 각 음표는 연주를 실행하기 위해서 뒤따르는 다음의 음표를 향해 있는 것처럼 사실상 한 부분이 전체를 잠정적으로 포함하고 있음을 의미하는 사전 형성이다.[50] 따라서 만일 모든 일상적인 지각이 조직된 운동을 동반한다면, 일상적인 재인의 감정은 이러한 조직에 대한 의식 안에 뿌리를 두고 있을 것이다. 이는 말하자면 우리가 일반적으로 어떤 것을 생각하기 이전에 그것을 알아차린다는 것을 의미한다. 우리의 일상은 단지 그들의 현존만으로 우리가 하나의 역할[51]을 하도록 요청하

50 원주) A. Fouilée는 자신의 『심리학』의 가장 독창적인 장 중 하나(Paris, 1893, t. I, p. 242)에서 친밀한 감정은 대부분 놀라움을 구성하는 내적 충격의 감소에 의해 이루어진다고 말하였다.

51 역주) 사물들의 현존이 우리들에게 요청하는 역할이란 무엇일까? 앞뒤 문맥에 따르면 '사물들을 지각하는 것' '운동 조직을 형성하는 것', 이를 통해 '친밀감을 형성하는 것' 등이 될 것이다. 하지만 베르그송의 사유에서 인간 정신의 인식이란 '직관'을 통해 사물들의 본질 혹은 실체를 통찰하는 것에서 완성된다는 것을 감안하자면, 사물들에 대해 가지는 인간의 최종적인 역할은 사물들의 본질을 '알아보는 것' 혹은 '본질을 규정해 주는 것'이라고 할 수 있다. 물론 이러한 사물들의 본질이 실제로 사물들에게 존재하는 것들인가 혹은 인간 정신과의 관계성 속에서 정신에 의해 형성(실현)된 것인가 하는 점은 여전히 하나의 논란거리로 남아 있을 수 있다.

는 사물들 사이에서 이루어진다. 바로 여기에 이 사물들의 친근함의 국면이 있다. 따라서 운동의 경향성은 이미 우리에게 '알아차림'의 감정을 주기에 충분할 것이다. 그러나 미리 말하자면 여기에는 자주 다른 것이 추가되는 경우가 있다.

사실상 운동 장치들은 신체에 의해 점점 더 잘 분석되는 지각들의 영향을 받아 상승[전진]하지만, 반면 우리 과거의 심리적 삶은 바로 여기에 있다. 이 과거의 심리적 삶은 시간에 따라 파악된 사건들의 모든 세부 사항을 보존한 채 남아 있다. 우리는 이를 증명하려 노력할 것이다. 현재 순간의 실용적이고 유용한 의식에 의해, 즉 지각과 행동 사이에 뻗어 있는 신경계의 감각적인 운동 균형에 의해 끊임없이 억압받고 있는 이러한 과거의 기억은 여기서 이미지들을 전달하기 위해 단순히 현재의 인상들과 이에 수반되는 움직임 사이에 균열이 나타나기를 기다릴 뿐이다. 일반적으로 우리들의 과거의 경로로 거슬러 올라가서 현재와 관련된 국한되고 개인적이며 알려진 과거의 기억 상image-souvenir을 발견하기 위해서는 하나의 노력이 필요한데, 이 노력을 통해서 우리는 지각이 우리를 미래로 기울게 하는 행동으로부터 벗어나는 것이다. 여기서 우리는 과거로 물러나야 한다. 이런 의미에서 운동은 오히려 이미지를 옆으로 밀어내는 것이다. 어쨌든 어떤 면에서는 과거로 거슬러 올라가는 것을 준비하는 데 도움이 된다. 왜냐하면 우리의 과거 이미지가 모두 현재 우리에게 남아 있다면 현재의 지각과 유사한 표상은 가능한 모든 표상들 중에서 선택되어야 하기 때문이다. 완성되었거나 단순히 나타나고 있는 움직임들은 이러한 선택을 준비하며, 적어도 우리가 수집하게 될 이미지들의 영역을 제한한다. 우리는 신경계의 구조상 현재의 인상들이 적절한 움직임들로 확장되는 존재이다. 만일 옛 이미지들도 이러한 움직임들로 확장된다면 이러한 이미지들은 현재의 지각 안으로 들어오거나 채택될 기회를 더 많이 가지게 될 것이다. 따라서 사실상 과거의 이미지들은 우리의 의식에 나타나지만, 반면 이들은 당연히 현재의 상태에 의해 가려진 채로 남아 있어야 하는 것처럼 보인다. 따라서 우리는 기계적인 인식을 유발하는 움직임이 한편으로는 [과거의 이미지들의 나타남을] 방해하고, 다른 한편으로는 이미지에 의한 재인을 촉진한다고 말할 수 있다.[52]

원칙적으로 현재는 과거를 대체한다. 하지만 다른 한편으로 옛 이미지를 억누르는 것은 바로 현재의 태도에 의한 억제이기 때문에, 이러한 태도로 형태를 구성할 수 있는 사람들은 다른 사람들보다 덜 큰 장애물에 직면하게 될 것이다. 그리고 만일 이때부터 이들 중 하나가 장애물을 극복할 수 있다면, 그것을 극복할 것은 현재의 지각에 적절한 이미지이다.[53] 우리의 분석이 정확하다면 '알아보지 못함'의 병은 근본적으로 다른 두 가지 형태에 영향을 받고 있으며, 우리는 두 가지 유형의 '정신적 실명cécité psychique'[54]을 관찰하게 될 것이다. 사실 어떤 때에는 '알아보지 못

52 역주) 기계적인(즉각적이고 자동적인) 인식을 유발하는 움직임이 한편으로는 과거의 기억이 나타나는 것을 방해하고, 다른 한편으로는 이미지를 통한 '재인'을 촉진한다는 두 가지 상반되는 것 같은 이러한 진술은 인식하는 주체의 내적인 성향에 따라 과거의 기억들의 영향이 달라진다는 것을 의미하는 것이라 보아야 할 것 같다. 예를 들어 보다 '냉철한 이성'을 선호하는 사람이라면 가급적 과거의 이미지 기억에 의존하기보다는 '현재적이고 직접적인 지각'에 의존하기에 과거의 기억이 개입하는 것을 억제하고자 할 것이며, 예술가나 운동선수와 같이 항상 기존의 체험된 경험을 중시 여기는 사람들에게는 현재의 직접적인 지각은 항상 과거의 체험에 의존하여, 즉 이미지 기억의 도움을 통해 '현재의 국면에 대한 알아차림'을 지향할 것이다.

53 역주) 매우 추상적으로 기술된 이러한 진술들은 하나의 예를 들면 분명하게 납득할 수 있을 것이다. 가령 트라우마를 겪고 있는 사람들이 장애를 느끼는 것은 현재의 지각에 항상 '트라우마를 유발하고 있는' 과거의 어떤 기억이 떠오르기 때문이다. 하지만 과거의 기억이 떠오르는 것을 억압하고 현재의 지각에만 집중할 수 있다면, 이러한 장애를 훨씬 덜 느끼게 될 것이다. 그리고 여기서 장애를 극복하였다면 장애를 극복하게 한 결정적 요인은 현재에 지각한 것으로부터 산출한 '이미지'가 되는 것이다.

54 역주) 여기서 '정신적 실명'의 대표적인 예는 자신의 가족이나 지인들을 알아보지 못하는 '단기 기억

함'을 유발하는 것이 더 이상 불러올 수 없는 옛 이미지들 때문일 것이며, 또 어떤 때에는 지각과 습관적으로 수반되는 움직임들 사이에 연결고리가 끊어졌기 때문일 것이다. 이 경우 지각은 마치 전혀 새로운 것을 지각하는 것처럼 산만한 움직임들을 야기할 것이다. 실제 사태들이 이러한 가설을 뒷받침할까?[55]

첫 번째 관점에 대해서는 이의를 제기할 수가 없다. 정신적 실명으로 인한 시각적 기억들의 분명한 소멸은 너무 흔한 일이어서 한동안 이 용어로 이러한 상태를 정의하는 역할을 할 수 있었다. 우리는 기억이 실제로 어느 정도까지 또 어떤 의미에서 사라질 수 있는지 자문해 보아야 할 것이다. 현재로서 우리가 관심을 갖게 되는 것은 시각적 기억이 실질적으로 소멸되지 않은 채 더 이상 인식이 이루어지지 않는 경우가 발생한다는 사실이다. 그렇다면 이것은 우리가 주장하는 것처럼 단순한 운동 습관의 교란인가 혹은 적어도 기억 이미지를 감각적 지각과 결합시키는 연결고리의 단절인가? 어떤 연구자도 이런 종류의 질문을 한 적은 없었으며, 만일 우리가 우리에게 중요해 보이는 특정한 사실을 묘사하면서 여기저기서 언급하지 않았다면, 이러한 질문은 우리가 답하기 매우 어려울 것이다. 이러한 사태들 중에서 첫 번째 경우는 방향 감각의 상실이다. 정신적 실명을 다룬 모든 저자들은 이러한 특수성에 충격을 받았다. 리사우어Lissauer[56]의 한 환자는 자신의 집 안에서 방향을 찾는 능력을 완

<hr>

상실'과 같은 사태를 들 수 있다.
55 역주) 합리적인 추론을 통해 이론(가설)을 세운 뒤 매번 '실제 사실들'에서 이러한 것이 적용되는 것인지를 묻고 있는 베르그송의 정신은 과학철학자로서의 모범적인 모습을 보여 주고 있다고 할 것이다. 합리주의자들은 합리적이고 논리적인 정신의 활동에 거의 모든 의미를 두고 있으며, 반면 경험론자나 과학자들은 현실의 구체적인 사태들(현상들)에 거의 의미를 두고 있다. 하지만 진정한 과학철학은 이 둘 모두를 만족시켜야만 한다는 것이 베르그송의 생각이다.

전히 상실해 버렸다. 밀러Müller 신부[57]는 시각 장애인은 길을 찾는 데 있어서 매우 빨리 배우는 반면, 정신적 실명을 앓고 있는 사람은 몇 달간의 연습 후에도 자신의 방에서조차 길을 찾을 수 없다는 사실을 강조한다. 그런데 방향을 찾는 능력은 신체 움직임을 시각적 인상들에 질서 짓는 능력 그리고 지각들을 기계적으로 유용한 반응으로 확장시키고자 하는 능력 이외의 다른 것일까?

여전히 훨씬 더 특징적인 두 번째 실례가 있다. 우리는 이러한 환자들이 그림을 그리는 방식에 대해 이야기하고자 한다. 우리는 두 가지 그림 그리는 방법에 대해 이해할 수 있다. 첫 번째는 시행착오를 통해 종이에 일정한 수의 점을 고정하고 이를 연결하여 그려진 이미지가 대상과 유사한지 항상 확인하는 식으로 이루어진다. 이것을 "점들을 통해" 그리는 것이라고 한다. 하지만 우리가 일반적으로 사용하는 방식은 이와는 완전히 다르다. 우리는 어떤 모델을 보거나 그것을 생각한 후에 "하나의 연속된 선"을 그린다. 이러한 능력을 어떻게 설명할 수 있을까? 가장 일반적인 윤곽에서 즉시 조직을 분리해 내는 습관, 즉 구조의 전체 윤곽을 한꺼번에 묘사하는 운동 경향이 아니라면 이러한 기능을 어떻게 설명할 수 있을까? 그런데 이러한 것이 분명 습관들이라고 한다면, 어떤 형태의 정신적 실명에서 연결들이 이루어지지 않는다 해도, 아마도 환자는 그가 할 수 있는 한 최선을 다해 그럭저럭 선의 요소들을 그리고 그 사이를 연결하고자 할 것이다. 하지만 그는 더 이상 연속된 선으로 그림을 그

---

56   원주) Article cité, *Arch*. f. 「정신의학(Psychiatrie)」, 1889-90, p. 224. Cf. WILBRAND, *op. cit*., p. 140, et BERNHARDT, 「뇌질환의 특이한 사례(Eigenthumlicher Fall von Hirnerkrankung)」(*Berliner klinische Wochenschrift*, 1877, p. 581).

57   원주) Article cité, *Arch*. f. 「정신의학(*Psychiatrie*)」, t. XXIV, p. 898.

릴 수는 없을 것이다. 왜냐하면 그는 더 이상 자신의 손에 윤곽의 움직임을 가질 수가 없을 것이기 때문이다. 그런데, 이것은 바로 경험이 입증하는 것이다. 이와 관련하여 리사우어Lissauer의 관찰[58]은 매우 유익하다. 그의 환자는 단순한 사물들을 그리는 데에도 매우 큰 어려움을 겪고 있었는데, 그는 분리된 부분들을 여기저기서 그리고는 이들을 서로 연결하지 못하였다. 그러나 완전한 정신적 실명의 사례는 퍽 드물다. 훨씬 더 많은 경우는 언어 실명[실독증]cécité verbale, 즉 알파벳 문자에 국한된 시각적 인식의 상실이다. 이러한 경우는 환자가 문자들을 복사하고자 할 때 '글자들의 움직임'[59]이라고 할 수 있는 그것을 그가 파악할 수 없다는 것이 현재 관찰된 사태이다. 그는 어느 한 지점에서 그것을 그리기 시작하며, 자신이 모델과 일치하는지 항상 확인한다. 그런데 이것이 그가 받아쓰는 것과 자발적으로 글을 쓰는 능력을 그대로 유지한 경우가 많았기 때문에 더욱 놀라운 일이다. 따라서 언어 실명[실독증]에서 상실된 것은 통찰된 대상에 대한 연결들을 풀어내는 습관, 즉 '전체적 윤곽을 그리는 운동적 경향'으로 시각적 지각을 완성하는 습관이다. 이러한 이유로 이미 우리가 예측했듯이 이것이 실제로 '재인의 원초적 조건'이라는 결론을 내릴 수 있다.

58　원주) Article cité, *Arch. f. Psychiatrie*, 1889-90, p. 233.

59　역주) 여기서 '글자들의 움직임'이란 '한 문장이 가진 유기적이고 전체적인 흐름' 혹은 단순히 '문법의 구조'라고 할 수 있다. '언어맹' 혹은 '실독증'을 가진 사람은 하나하나의 단어들은 인지하고 그 의미를 알 수 있지만, 각 언어들이 전체 문장구조에서 어떤 역할을 하는지 그리하여 문장 전체가 가진 전체적인 모습을 알 수가 없으며, 따라서 그 문장이 말하고자 하는 바를 통찰할 수가 없다. 그렇기 때문에 아래서 베르그송은 재인의 원초적인 조건을 전체적인 윤곽을 그려 내는 것으로 완성되는 시각적인 지각이라고 규정하고 있는 것이다. 물론 여기서 전체의 윤곽을 그려 내는 습관이 상실되고 따라서 문장의 의미를 읽어 내지 못하는 이러한 장애가 '시각적인 운동 습관'의 문제인지 혹은 '이해력의 문제'인지 하는 것에는 논란의 여지가 있을 것이다.

그러나 이제 우리는 주로 움직임을 통해 이루어지는 자동 인식recon-naissance automatique, 즉 기억 상들의 규칙적인 개입을 필요로 하는 재인으로 전환해야 한다. 첫 번째는 '주의 없이' 이루어지는 인식이며, 두 번째는 앞으로 보게 되겠지만 '주의 깊은' 인식이다. 이러한 인식 역시 움직임으로 시작한다. 그러나 자동 인식에서 우리의 움직임은 우리의 지각을 확장하여 유용한 효과를 이끌어 내고, 그리하여 우리를 지각된 대상으로부터 **멀어지게** 하지만, 반면 주의 깊은 인식에서는 지각 대상의 윤곽을 강조하기 위해 지각된 대상으로 **되돌아오게** 된다. 따라서 여기서는 이미지 기억들이 수행하는 역할이 더 이상 부수적인 것이 아니라 중요한 것이 된다. 실제로 움직임이 실용적인 목적을 포기하고 운동 활동이 유용한 반응에 의한 인식을 계속하는 대신에, [지각된 대상의] 두드러진 특징을 그리기 위해 지각 대상으로 되돌아간다고 가정해 보자. 그러면 현재의 지각과 유사한 이미지들, 즉 [과거] 운동에 의해 이미 형태를 확립한 이미지들이 규칙적으로 제공될 것이며, [현재 지각된 이미지가] 더 이상 우연적으로 이러한 모형에 유입되지는 않는다. 물론 입력을 용이하게 하기 위해서 많은 세부 사항을 포기한다는 것은 사실이다.

III. 기억에서 운동으로의 점진적인 이동 / 재인과 주의집중

우리는 여기서 논쟁의 핵심을 다루고 있다. 인식이 주의를 기울이는 경우, 즉 기억 상들이 규칙적으로 현재의 인식과 합류하는 경우, 기억을 나타나게 하는 것은 지각이 기계적으로 결정하는 것인가, 아니면 지각에 앞서 기억이 자발적으로 동반되는 것인가?

이러한 질문에 대한 답변은 우리가 뇌와 기억 사이에 구축하는 관계의 성격[60]에 달려 있다. 사실 모든 지각에는 신경들을 통해 지각 중추centres perceptifs로 전달되는 진동이 있다. 만일 다른 피질 중추centres corticaux[61]로 전달된 이 운동이 거기서 실제로 이미지를 나타나게 하는 효과를 가졌다면, 엄밀히 말해 우리는 기억이란 단지 뇌의 기능일 뿐이라고 주장할 수 있을 것이다. 그러나 다른 곳과 마찬가지로 여기서도 만일 우리가 운동은 운동만을 산출할 수 있고, 지각적 진동ébranlement perceptif의 역할이란 단순히 기억이 삽입되는 특정 태도를 몸에 각인시키는 것뿐이라는 사실을 확립한다면, 물리적 진동들은 운동 적응의 작업에서 모두 소진되며, 기억은 다른 곳에서 찾아야만 한다.

첫 번째 가설에서 뇌 손상으로 인한 기억의 장애는 기억들이 손상을 입은 뇌 부위를 차지하고 있으며, 뇌 손상과 함께 파괴된다는 사실에서 비롯한다. 두 번째 가설에서는 이와 반대로 이러한 뇌 손상은 우리의 초기 행동이나 또는 가능한 행동과 관련이 있어서 다만 우리의 행동에만 관련된다. 때로 뇌 손상은 지각 대상 앞에서 신체가 이미지를 회상하는 데 있어서 적절한 태도를 취하는 것을 방해하기도 하며, 때로는 이 기억을 현재의 실재와 관계하는 것을 단절하기도 한다. 즉, 이미지의 마지막 단계를 제거함으로써, 행동의 마지막 단계를 제거하고, 이를 통해 또한 기억이 실현되는 것을 방해하는 것이다. 하지만 둘 중 어느 경우든 뇌 손상이 실제로 기억을 파괴하지는 않는다. 이 두 번째 가설이 우리의 입장이 될 것이다. 그러나 이를 검증하기 이전에 지각과 주의력 그리고 기

---

60 역주) 미리 말하자면 뇌와 기억 사이의 관계의 성격이란 1) 기억이 뇌 안에 일종의 정보로서 저장되어 있다고 규정하거나, 혹은 2) 기억은 다른 곳에 저장되어 있고 뇌란 다만 기억과 지각 운동 사이에서 일종의 연결고리 혹은 전달자의 역할을 한다고 규정하는 것이다.
61 역주) 이 다른 피질이란 '대뇌피질'을 말한다.

억 사이의 일반적인 관계를 어떻게 표현할 것인지 간략하게 말해 보자. 기억이 정도의 차이를 가지면서 어떻게 태도나 운동에 삽입될 수 있는지 보여 주기 위해 우리는 다음 장의 결론에 대해서 어느 정도 예상해 볼 것이다.

주의집중attention[62]이란 무엇인가? 한편으로, 주의집중은 지각을 더욱 강렬하게 만들고 그 세부 사항을 드러내는 본질적인 효과를 가지고 있다. 따라서 관심분야를 고려한다면, 주의집중은 지적인 상태의 어떤 확장으로 이어질 것이다.[63] 그러나 다른 한편으로 우리의 의식은 이러한 강도의 증가와 외부 자극의 더 높은 힘 사이에 환원 불가능한 서로 다른 형태의 차이를 확인한다. 따라서 주의집중은 실제로 내부에서 나오는 것처럼 보이며 지성에 의해 채택된 특정한 태도를 증언하는 것 같다. 하지만 여기서 모호함이 나타나고 있다. 왜냐하면 지적인 태도attitude intellectuelle에 대한 관념은 명확한 관념이 아니기 때문이다. 사람들은 "정신의 집중concentration de l'esprit",[64] 또는 심지어 분명한 지성의 시선 아래 지각을 가져오는 "지각적 노력effort aperceptif"[65]에 대해 말할 것이다. 어떤 이들은 이러한 관념을 물질화하면서 '대뇌 에너지énergie cérébrale'[66]의 특정한

---

62 역주) 불어의 'attention(아탕시옹)'이란 '주의' '주의력' '주의집중' '관심' '배려' '친절' '주목' 등 다양한 의미가 있는 용어이다. 여기서는 습관적이거나 피상적인 것에 대립하는 의미의 '주의를 기울이는 것'을 의미하는 것이므로 문맥에 따라 '주의' '주의집중' '주의력' 등으로 번역하고 있다.

63 원주) Marillier, 「주의집중에 관한 메커니즘에 대한 해명(Remarques sur le mécanisme de l'attention)」(*Revue philosophique*, 1889, t. XXVII). Cf. Ward, 예술(art), 『브리태니카 심리학 백과사전(Psychology de *l'Encyclop. Britannica*)』, et Bradley, 「주의집중의 특수한 활동이 있는가?(Is there a special activity of Attention?)」(*Mind*, 1886, t. XI, p. 305).

64 원주) Hamilton, 『형이상학 강의(*Lectures on Metaphysics*)』, t. I, p. 247.

65 원주) Wundt, 『생리적 심리학(*Psychologie physiologique*)』, t. II, p. 231 et suiv. (F. Alcan, éd.).

66 원주) Maudsley, 『정신에 관한 생리학(*Physiologie de l'esprit*)』, p. 300 et suiv. Cf. Bastian, 「주의집중 안에서 신경의 과정들(Les processus nerveux dans l'attention)」(Revue philosophique, t. XXXIII,

긴장으로, 심지어 수용된 흥분에 추가하게 될 에너지의 핵심 소비를 가정할 것이다.[67] 하지만 [이러한 설명은] 심리학적으로 관찰된 사실을 우리에게 훨씬 덜 명확해 보이는 생리학적 언어로 번역하는 것으로 국한하거나 혹은 이는 항상 사람들이 되돌아오는 은유가 되어 버린다.

정도에 따라 우리는 정신보다는 '신체의 일반적인 적응adaptation générale du corps'으로 주의집중을 정의하게 될 것이며, 이러한 의식의 태도attitude에서 무엇보다도 태도에 대한 의식을 보게 될 것이다. 이것이 토론 중에 리보Ribot 박사가 취한 입장이며,[68] 비록 공격을 받았음에도[69] 불구하고 그의 힘을 완전히 유지한 것으로 보인다. 그러나 우리는 리보 박사가 묘사한 운동들에서는 현상의 소극적인 조건[70]만을 볼 수 있다고 믿는다. 사실 자발적인 주의집중에 수반되는 운동들이 주로 정지 운동이라고 가정한다면, 여기에 상응하는 정신의 작용,[71] 즉 동일한 기관이 동일한 환경

---

p. 360 et suiv).

67 원주) W. James, 『심리학의 원리(*Principles of Psychology*)』, vol. I, p. 441.

68 원주) 『주의집중에 관한 심리학(*Psychologie de l'attention*)』, Paris, 1889 (Félix Alcan, éditeur).

69 원주) Marillier, art. Cité. Cf. J. Sulle, 『주의집중의 과정에 관한 정신물리학(*The psycho-physical process in attention*)』(*Brain*, 1890, p. 154).

70 역주) 여기서 '소극적인 조건'이란 단순히 외부에서 입력되는 것만을 고려하는 조건이라고 할 수 있다. 반면 아래서 설명하겠지만 '적극적인 조건'이라면 정신이 스스로 자신의 내부에서 '과거의 기억'을 불러내어 현재 지각된 것과 연결시키는 행위를 말한다.

71 역주) 자발적인 주의집중에 수반되는 운동들이 '정지 운동'이라는 것은 우리의 지각이 어느 특정한 물체나 대상에 고정된다는 것을 의미한다. 그리고 이렇게 고정된 지각에 정신의 작용이 개입하는 이유를 '지각 대상'이 (이전에 지각한 것과) 동일한 대상임을 알아본다는 것에 있다. 이는 사실이다. 예를 들어 빠르게 걸어가면서 본 길고양이는 한 달 전에 보았던 길고양이와 동일한 길고양이인지 알 수가 없다. 반면 길을 멈추고 우리의 주의를 그 길고양이에게 집중을 하게 되면, 자세히 볼 수 있게 되고, 그 고양이가 한 달 전에 보았던 그 고양이와 동일한 고양이인지 아닌지를 알 수 있게 된다. 이때 '동일한 고양이임을 알아차림'이라는 이 지각현상에는 필연적으로 정신활동이 개입하게 된다. 그 고양이가 '푸른 눈을 가졌고' '털색은 푸른빛이 도는 짙은 회색이며' '우아한 몸체를 가졌고' 등 어떤 특징을 생각하게 되고 그리고 크기도 어느 정도이고, 꼬리 모양은 어떻고… 이렇게 하여 지난달 보았던 그 '러시안 블루'와 동일한 고양이라고 판단하는 것이다. 이렇게 판단하는 과정에서 필연적으로 '푸른

에서 동일한 대상을 인식하면서 점점 더 많은 것을 발견하게 되는 신비한 작용을 발견하게 될 것이다. 그런데 우리는 더 나아가 [움직임을 중지하는] 억제 현상은 단지 자발적인 주의집중의 효과적인 운동을 위한 하나의 준비과정일 뿐이라고 주장할 수 있다. 우리가 이미 예견한 바와 같이, 주의집중이 '현재 지각의 유용한 효과에 대한 추구를 포기한',[72] 정신의 과거로의 복귀 행위를 수반한다고 가정해 보자. 여기엔 먼저 운동의 억제, 즉 행동의 멈춤이 있을 것이다. 그러나 이러한 일반적인 태도에는 곧 더 미묘한 움직임이 추가될 것인데, 그중 일부는 이미 주목되었고 설명되었으며,[73] 통찰된 대상의 윤곽으로 돌아가는 역할을 한다. 이러한 움직임을 통해 더 이상 단순히 소극적인 것이 아닌 적극적인 작업이 시작되는데 그것은 곧 과거 기억, 즉 추억으로 이어진다.

만일 실제로 외부 지각이 주요 윤곽을 그려 내는 움직임을 촉발한다면, 우리의 기억은 수용된 지각과 유사하고 우리 움직임이 이미 윤곽을 그렸던 옛 이미지를 현재의 지각에 적용한다. 따라서 우리의 기억은 현재의 인식을 새롭게 창조하거나, 오히려 이 현재의 인식을 자신의 고유한 이미지로 창출하거나 혹은 같은 종류의 이미지 기억을 창출함으로써 현재의 지각을 두 배로 늘린다. 만일 소유하고 있거나 다시 기억된 이미지가 통찰된 이미지의 모든 세부 사항을 포함하지 못한다면, 다른 알려

눈' '회색 털' '매끈한 체형' 등을 알아보는 '추상작용'이 전제된다. 바로 이 추상작용이 곧 정신의 작용인 것이다. 그래서 중세 철학자 토마스 아퀴나스는 인간의 감각 행위는 지성이 참여하는 감각 행위라고 한 것이며, 또한 인간의 지성 행위는 감각이 참여하는 지성 행위라고 한 것이다.

72 역주) '현재 지각의 유용한 효과에 대한 추구를 포기한다'는 것은 앞에서 말한 '현실 삶에서의 실천적인 유용성을 위해 적용하기를 포기한다는 것'을 말한다. 이렇게 하여 정신이 지각 대상에 보다 집중하면서 과거의 기억과 연결시키게 되는 것이다.

73 원주) N. Lange, Beltr. 「감각주의 이론에 관하여(zut Theorie der sinnlichen Aufmerksamkeit)」(Philos. Studien de Wundt, t. VII, pp. 390-422).

진 세부 사항이 우리가 알지 못하는 그것에 투사될 때까지 기억의 더 깊고 더 먼 영역에 대한 호출이 시작된다. 그리고 이러한 작용은 끝없이 계속될 수 있으며, 기억은 지각을 강화하고 풍부하게 하며, 결과적으로 점점 더 발전하면서, 점점 더 많은 수의 보충적인 기억을 획득해 낸다. 따라서 때로는 빛을 사방으로 퍼뜨리고 때로는 이 빛을 유일한 한 지점에 집중시키는, 나는 어떤 고정된 빛의 특징인지 알지 못하겠지만, 그러한 정신에 대해 더 이상 생각하지 말자. 이미지 대 이미지, 우리는 주의집중의 기초적인 작업에 대해 중요한 전보를 수용하면서 이것의 정확성을 유지하기 위해 한 마디 한 마디를 재발송하는 전신 기사의 작업에 비교하는 것을 선호한다. 그런데 메시지를 다시 보내려면 기계의 작동 방법을 알아야 한다. 이와 마찬가지로 우리가 수용한 이미지를 [현재의] 지각에 반영하려면 그것을 재현할 수 있어야 한다. 다시 말해 종합의 노력을 통해 재구성할 수 있어야 한다. 사람들은 주의력을 분석적인 능력이라고 말하였는데, 그 말은 옳았다. 하지만 사람들은 이 같은 종류의 분석이 어떻게 가능한지, 어떤 과정을 거쳐서 처음에 지각에서 나타나지 않았던 것이 지각에서 발견될 수 있는지를 충분히 설명하지는 않았다.

진실은 이 분석analyse이 일련의 종합synthèse의 시도에 의해,[74] 또는 동일한 의미이기는 하지만 수많은 가설에 의해 수행된다는 것이다. 우리의 기억은 자신이 차례대로 떠올린 다양한 유사 이미지를 선택하여 우리의 새로운 지각의 방향을 정한다. 그러나 이 선택은 무작위로 이루어

---

74 역주) '분석'과 '종합'은 서로 반대되는 개념이다. '분석이 곧 종합'이라는 이 같은 표현은 지각 대상을 인지함에 있어서 과거의 지각에 의해 이미 형성된 다양한 유사 이미지를 떠올려 그중에 적합한 것을 선택한다는 의미에서 '분석'으로 본 것이며, 또한 이를 최종적으로 하나의 새로운 이미지를 형성해 낸다는 의미에서 종합으로 본 것이다.

지지 않는다. 가설을 제시하는 것, 선택을 결정적으로 지배하는 것, 그것은 그것을 통해 지각이 지속되는 모방의 움직임들이며,[75] 이는 지각과 재기억된 이미지에 있어서 공통의 틀이 될 것이다. 그렇기 때문에, 우리는 일반적으로 행하는 것과는 구별되는 [주의집중에 의한] 지각의 메커니즘을 제시하여야 할 것이다. 지각은 다만 수집된 인상들을 통해서 혹은 더 나아가 정신에 의해 확장된 인상들만으로 구성되지 않는다. 이러한 지각은 기껏해야 수용하자마자 흩어져 버리는 지각, 우리가 유용한 행동에 있어서 분산시켜 버리는 지각의 경우이다. 하지만 모든 주의 깊은 지각은 단어의 어원적 의미에 있어서의 하나의 반성réflexion, 즉 대상과 동일하거나 유사한 '적극적으로 창조된activement créée' 이미지를 외부 대상에 투사하는 것이며, 이러한 투사가 대상의 윤곽들을 형성하게 되는 것이다.

만일 대상을 고정한 후 갑자기 시선을 돌린다면 우리는 여기서 후속적인 이미지image consécutive를 얻게 될 것이다. 우리는 이 후속적인 이미지가 그 대상을 보고 있었을 때 이미 발생하였다고 가정해야 하지 않을까? 원심력 지각 섬유에 대한 최근의 발견은 우리로 하여금 이런 일들이 규칙적으로 발생하며 인상을 중앙으로 가져가는 구심적인 과정의 곁에 이와 반대로 이미지를 다시 지엽périphérie으로 가져가는 다른 것이 있다고 생각하는 경향을 가지게 하였다. 여기서 문제가 되는 것은 대상 자체에 대해 복사된 이미지이며, 지각에 뒤따르는 메아리에 불과한 직접적인 기억들이라는 것은 사실이다. 그러나 대상과 동일한 이러한 이미지 뒤에는 기억에 저장되어 있는, 단순하게 대상과 유사한 다른 이미지가 있으며, 또한 다소 먼 관계를 갖는 다른 이미지가 있다. 이 이미지들은 모두 지각

75　역주) 이러한 모방의 움직임은 물론 과거에 유사한 것을 지각했던 것에 대한 모방을 말한다.

과 만나게 되고, 지각의 실체로부터 영양을 받아 그것으로 자신을 외면화할 만큼 충분한 힘과 생명을 얻는다. 뮌스터베르크Münsterberg[76]와 퀼페Külpe[77]의 실험은 이 마지막 관점에 대해 의심의 여지를 남기지 않는다. 우리의 현재 지각을 해석할 수 있는 모든 이미지 기억은 너무 쉽게 [현재의 지각에] 개입하여서 우리는 더 이상 무엇이 지각이고 무엇이 기억인지 식별할 수 없을 정도이다. 그러나 이러한 관점에 있어서는 독서의 메커니즘에 관한 골트샤이더Goldscheider와 밀러Müller의 독창적인 실험[78]보다 더 흥미로운 것은 없다. 우리가 단어를 한 글자씩 읽는다고 주장한 그라셰Grashey의 유명한 연구[79]에 반대하여, 이 실험자들은 일상적인 독서가 실제 예측의 작업이며, 우리의 정신이 여기저기 몇 가지 특징을 포착하고 전체적인 간격은 이미지 기억들로 채우는 것이라는 이론을 세웠다. 종이에 투영된 이 이미지 기억들은 실제로 인쇄된 문자를 대체하고 우리에게 그 문자에 대한 환영illusion을 준다. 이처럼 우리는 [이미지 기억을] 끊임없이 창조하거나 재형성하고 있다. 우리의 뚜렷한 지각은 정신으로 향하는 이미지 지각image-perception과 공간으로 투사된 이미지 기억image-souvenir이 서로 경합하는 친밀한 관계에 비유할 수 있다.

이 마지막 관점을 강조해 보자. 우리는 주의 깊은 지각이 하나의 유일한 노선을 따라가는 일련의 과정, 즉 대상이 감각을 자극하고, 감각

---

76 원주) 『실험 심리학에 대한 기여(*Beitr. zur experimentellen Psychologie*)』, Heft 4, p. 15 et suiv.

77 원주) 『심리학 개요(*Grundriss der Psychologie*)』, Leipzig, 1893, p. 185.

78 원주) 「독서의 생리학과 병리학에 대하여(Zur Physiologie und Pathologie des Lesens)」(*Zeitschr. f. klinische Medicin*, 1893). Cf. MCKEEN CATTELL, 「문자를 인식하는 시간에 관하여(Ueber die Zeit der Erkennung von Schriftzeichen)」(*Philos. studien*, 1885-86).

79 원주) 「실어증과 지각과의 관계(Ueber Aphasie und ihre Beziehungen zur Wahrnehmung)」(*Arch. f. Psychiairie*, 1885, t. XVI).

이 그 앞의 관념들을 떠오르게 하고, 각각의 관념들이 지적인 총체를 점점 더 멀리까지 뒤흔드는 과정으로 자연스럽게 제시한다. 그러므로 여기엔 직선으로 진행하는 것이 있으며, 이를 통해 정신은 대상으로부터 점점 더 멀어지고 결국 그 대상으로 돌아오지 않게 될 것이다. 이와는 반대로 '숙고된 지각'은 통찰된 대상 그 자체를 포함하여 모든 요소들이 마치 전기회로처럼 상호 긴장된 상태로 유지되어 있는 회로와 같다. 그 결과 지각 대상으로부터 오는 어떠한 충격도 정신의 깊이 안에서 도중에 멈출 수가 없다. 이 충격은 항상 지각 대상 그 자체로 돌아가야 한다. 여기서 문제가 되는 것은 단순히 용어의 문제가 아니다. 이것은 지적인 작업에 있어서 근본적으로 다른 두 가지 개념이다. 첫 번째에 따르면, 모든 것은 기계적으로 일어나고, 완전히 우연한 일련의 연속적인 추가에 의해 이루어진다. 예를 들어 주의 깊은 지각의 매 순간마다 정신의 더 깊은 영역에서 발생하는 새로운 요소들이 일반적인 어려움을 일으키지도 않고, 시스템의 변형을 요구하지도 않으면서 옛 요소들과 결합할 수 있다. 이와 반대로 두 번째의 경우 주의집중의 행위는 정신과 그 대상 사이의 연대를 함의하고 있다. 이는 너무 잘 닫혀 있는 회로이므로 이러한 연대를 감싸고 있는 그리고 통찰된 대상만 공통점이 있는 새로운 회로를 수많은 조각들로 다시 만들지 않고서는 더 높은 집중의 상태로 나아갈 수가 없다.[80]

<hr>

80 역주) '주의 깊은 지각'과 '숙고된 지각'의 차이를 구분해 주는 이 문단은 매우 추상적으로 설명해 주고 있다. 만일 이해를 돕기 위해 하나의 구체적인 예를 들자면, '주의 깊은 지각'은 '새로 사귄 벗'에 대한 지각에 해당될 것이며, '숙고된 지각'은 예전에 헤어진 '첫사랑의 추억'에 대한 지각에 해당될 것이다. 새로운 벗에 대한 지각은 거의 직선적이다. 벗과 관련하여 새롭게 나타나는 앎들에 대해 하나씩 알아 가면 될 것이며, 어떤 새로운 일이 발생하여도 그 일이 전체적인 인식을 완전히 변화시키는 일은 없을 것이며, 기존의 앎에 새롭게 추가하여 전체적인 앎을 조금씩 구성해 가면 될 것이다. 반면

나중에 보다 자세하게 연구하게 될 이러한 다양한 기억의 범위들 중에서 가장 좁은 A가 즉각적인 지각에 가장 가까이 있다. 여기에는 잔상이 다시 나타나 이를 덮게 되는 대상 O만을 포함하고 있다. A의 뒤에는 점점 더 넓어지는 B, C, D의 범위들이 지적인 확장을 위한 점점 더 많은 노력에 응답하고 있다. 앞으로 우리가 보게 되겠지만 이러한 각각의 범위에 들어가는 것은 기억 전체이다. 왜냐하면 기억은 항상 현존하기 때문이다. 하지만 그 탄력성이 무한정 확장될 수 있는 이 기억은 점점 더 많은 암시된 것들, 때로는 대상 그 자체의 세부 사항을, 때로는 대상을 명확하게 하는 데 기여할 수 있는 수반되는 세부 사항을 대상에 투영한다. 이처럼 통찰된 대상을 독립된 하나의 전체처럼 재형성한 뒤에 우리는 이 재형성된 대상과 함께 점점 더 멀어지는 조건들을 재구성하고 이들로 하나의 시스템을 형성하는 것이다.

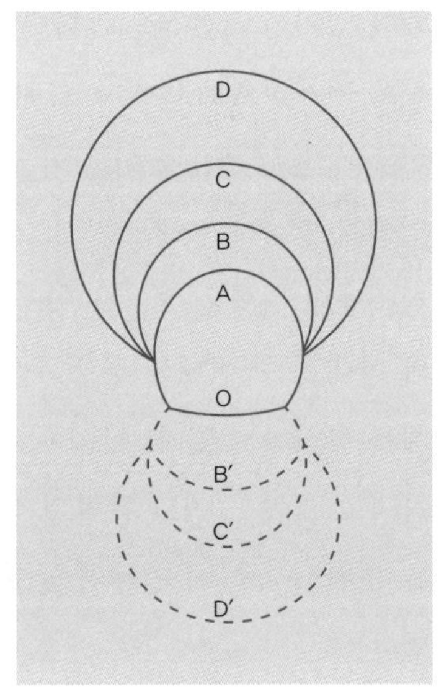

그림 1

대상의 이면에 위치하며 사실상 잠재적으로 대상 그 자체와 함께 주어진 증가하는 깊이의 원인들을 B′, C′, D′라고 부르자. 우리는 주의력의 진보가 통찰된 대상뿐만 아니라 이 대상이 부착될 수 있는 점점 더 광대한 시스

'헤어진 첫사랑'에 대한 인식은 직선적인 것이 아니라 '동시적이고 총체적'일 수밖에 없다. 이미 모든 것이 '추억'의.형태로 주어져 있기 때문에 새로운 앎을 가진다는 것은 전체적인 앎의 조각들을 완전히 다르게 해석할 수 있는 '새로운 시스템'을 가진다는 것을 의미하는 것이다.

템을 새롭게 창조하는 효과를 갖는다는 것을 알고 있다. 따라서 원 B, C, D가 기억의 더 높은 확장을 나타낸다는 한에서 그 반영은 실재보다 더 깊은 층들인 B′, C′, D′에 도달한다.

그러므로 동일한 심리적 삶은 기억의 연속적인 단계에서 무한정 반복될 것이며, 동일한 정신의 행위는 다양한 높이에서 펼쳐질 수 있을 것이다.[81] 주의를 집중하는 노력 속에서 정신은 항상 전체적으로 관여하겠지만, 진보를 성취하기 위해 선택한 수준에 따라 자신을 단순화하거나 복잡하게 만든다. 우리의 정신의 방향을 결정하는 것은 일반적으로 현재의 지각이다. 그러나 정신이 받아들이는 긴장의 정도와 정신이 위치해 있는 높이에 따라, 이 지각은 우리 안에서 더 많거나 적은 수의 이미지 기억을 발전시킨다. 결국 다른 말로 하자면 정확하게 시기가 정해져 있고 그 단계가 우리의 과거 실존의 과정을 그려 주는 개인적인 기억은 이 과거의 실존과 우리의 기억을 가장 폭넓게 연결하고 구성해 주고 있다. 본질적으로 사라져 가는 특성을 가진 이 기억들은 우연에 의해서만 '구체화[물질화]matérialiser'된다. 왜냐하면 [기억이 구체화되는 것은] 이들을 끌어당기는 우리의 신체적 태도에 의한 우연한 규정에 의해서이거나, 혹은 이러한 신체적 태도의 비규정성으로 인해 이들의 나타남이 즉흥성의 자유로운 영역에 남겨져 있기 때문이다.[82] 그런데 이러한 극단적인 감싸기

---

81 역주) 동일한 정신의 행위가 다양한 높이에서 펼쳐질 수 있는 구체적인 예를 하나 들어 보자. 적절한 예가 될 수 있을지 모르겠지만, '꿈에 대한 해석'의 예를 들 수 있을 것이다. 가령 돌아가신 어머니가 나타나는 꿈을 꾸었을 때, 이를 해석하는 일은 다양한 차원에서 주어질 수 있다. 이것을 단순히 자기전 보았던 영화의 잔상이 꿈이라는 형식으로 나타난 것으로 해석(단순한 생리학적 해석)할 수 있을 것이며, 현재 매우 고독한 상태에 있기에 스스로에 대한 보호 본능으로 어머님을 꿈에서 불러낸 것으로 해석(정신 심리학적 해석)할 수 있을 것이며, 아니면 현재 자신이 추진하는 사업 계획이 매우 위험한 것이어서 이를 경고해 주기 위해 어머님이 나타난 것으로 해석(종교적 신비적 해석)할 수 있을 것이다. 이렇게 하나의 사건에 대해 다양한 차원에서 정신적인 행위가 주어질 수 있는 것이다.

는 내적이고 동심원적인 순환에서 더욱 조여지고 반복되며, 그 폭이 더 좁을수록 감소된 동일한 기억을 지지하고, 개인적이고 본래의 형태에서 점점 더 멀어지게 된다. 이 기억은 진부함 속에서 현재의 지각에 더 잘 적용될 수 있고 또한 개인을 포함하는 종[류]의 방식으로 현재의 지각을 규정하는 것이다. 이렇게 축소된 기억이 현재의 지각에 너무도 잘 삽입되어 어디에서 현재의 지각이 끝나고 어디서부터 기억이 시작되는지 말하기 어려운 순간이 온다. 바로 이 순간, 기억은 변덕스럽게 표상을 나타나게 하거나 사라지게 하는 대신에, 신체 움직임의 세부적인 부분에 의해 규제된다.

그러나 이러한 기억이 움직임에 가까워지고 이를 통해 외부 지각에 가까워질수록 기억은 더 큰 실천적이 중요성을 가지게 된다. 모든 세부 사항과 감정적 색채까지 그대로 재현된 과거의 이미지는 몽상rêverie이나 꿈rêve의 이미지들이다. 우리가 '행동한다'라고 말하는 것은 바로 이 기억이 스며든 체험에 결합하거나 혹은 더욱 더 날카롭게 이를 재현하는 것을 의미한다. 사실상 우리가 '기억을 불러일으키는 자동적인 것'을 때로

82 역주) 기억을 'matérialiser(마테리알리제)'한다는 것은 문자 그대로는 '물질화하다'라는 뜻이겠지만, 사실은 '정신 안에 영상(vision)으로 떠오르게 하다'라는 것을 의미한다. 예를 들어 까맣게 잊고 있었던 어린 시절의 단짝의 얼굴이 갑자기 떠올랐을 때, 그동안 이 단짝의 얼굴이 어디에 어떤 방식으로 저장되어 있었을까? 뇌과학자라면 뇌의 특정 부분에 데이터화되어 있었으며, 특정한 조건이 주어지니까 영상처럼 떠올랐다고 할 것이겠지만, 베르그송은 기억이 영상처럼 떠오르기 전에는 순수하게 '정신적인 것', 즉 '비물질처럼' 잠재적으로 존재하고 있다고 보고 있다. 이것이 영상처럼 떠오르는 것을 정신적인 것이 물질화(구체화)된 것처럼 고려하고 있는 것이다. 중세철학자 토마스 아퀴나스는 기억을 '정신적 기억'과 '감각적 기억'으로 구분하고 있는데, 어린 시절 단짝의 얼굴이나 모습이 전혀 생각이 나지 않아도 그 사실에 대해서 기억을 하고 있다면 이것이 곧 정신적인 기억에 해당할 것이며, 어느 날 갑자기 선명하게 색상이나 윤곽 등 세부적인 얼굴이 떠오른다면 이는 곧 '감각적 기억'에 해당할 것이다. 베르그송의 경우 '영상' 혹은 '이미지'의 형태로 기억이 떠오르는 것은 거의 '우연에 의해서'라고 보고 있다. 여기서 우연을 강조하는 것은 기억과 관련된 현상에 기계론적인 결정론보다는 인간의 자유에 더 많은 의미나 인과성을 부여하기 때문이다.

는 오해하고 때로는 과장하는 이유는 '기억의 원동력l'élément moteur de la mémoire'을 해결하지 않았기 때문이다.[83] 우리의 생각으로는 우리의 지각이 자동적으로 모방의 움직임으로 분해되는 바로 그 순간에 우리의 활동에 대한 호출이 시작된다. 그런 다음 하나의 윤곽이 우리에게 제공되고, 우리는 보다 덜 혹은 더 먼 기억들로부터 이에 대한 세부 사항과 색상을 여기에 투사하는 것이다. 그러나 이것은 우리가 일반적으로 사물을 보는 방식이 아니다. 때때로 사람들은 정신에 절대적인 자율성을 부여한다. 사람들은 현재 존재하거나 존재하지 않는 것에 대해서 자신에게 마음에 드는 방식으로 작업할 수 있는 능력을 가지고 있다. 그렇기 때문에 사람들은 감각운동 균형의 사소한 장애로 인해 야기될 수 있는 주의력과 기억력의 '심각한 혼란들troubles profonds'을 더 이상 이해하지 못하게 되는 것이다.

이와 반대로 때로 사람들은 현재의 지각에 대한 기계적인 효과들로부터 너무 많은 상상의 과정을 만들어 낸다. 그리고 필연적이고 획일적인 진행을 통해서 감각 대상들이 나타나게 되는데 이 대상들에 내포되어 있는 관념들에 대해 감각하기를 원한다. 이렇게 되면 처음에는 기계적이었던 현상이 시간이 지나면서, 본성[성질]이 변화될 이유가 없기 때문에, 사람들은 지적인 상태들états intellectuels이 저장되고 잠자고 깨어날 수 있는

---

83 역주) '기억의 원동력을 해결하지 않았다'는 것은 우리가 어떤 것을 지각할 때, 과거에 이미 지각된 유사한 것을 떠올려서 그것을 지각된 것에 투영하게 되는데 이를 제대로 하지 않았다는 것을 의미한다. 이렇게 현재 지각된 것에 대해 오해하거나 과장을 하게 되는데, 아래서 그 이유를 정신이 자율적으로 자신의 마음에 드는 방식으로 인지 혹은 해석을 하기 때문이라고 말하고 있다. 베르그송에게 있어서 현재의 지각에서 중요한 것은 과거에 기억된 (유사하거나 동일한) 내용들을 다시 떠올려 투영하는 것이다. 물론 우리는 과거의 내용을 투사하는 것이 오히려 현실을 왜곡하는 것이 아닌가? 하고 물을 수도 있을 것이다. 하지만 전혀 과거의 내용을 배제한 채 '현재의 있는 그대로'를 과연 지각할 수 있는가 혹은 인간의 인지 조건이 이를 가능하게 하는가? 하는 의문을 여전히 가질 수 있을 것이다.

하나의 뇌에 대한 가설에 도달하는 것이다.

　전자나 후자의 경우 모두에 있어서 사람들은 육체의 진정한 기능을 오해하고 있으며 기계론의 개입이 왜 필요한 것인지 보지 못하기 때문에 일단 이러한 가설에 호소하게 되면 어디에서 이를 멈추어야 하는지를 알지 못하는 것이다. 그런데 이제 이러한 일반성들에서 벗어나야 할 때가 왔다. 우리는 알려진 대뇌의 국지화의 사실들에 의해서 이러한 가설이 검증되었는지 혹은 반박되었는지 조사해 보아야 한다. 대뇌피질의 국지적 손상에 해당하는 이미지 기억의 장애는 항상 재인의 질병에 해당한다. 이는 일반적으로 시각 또는 청각 인식의 질병(심리적 실명 및 청각장애) 또는 단어 인식의 질병(언어맹, 언어 청각장애 등)이다. 따라서 이러한 것이 우리가 검토해 보아야 할 장애들이다.

　그러나 우리의 가설이 정립된다면 이러한 재인에 관한 장애들은 손상된 영역을 차지하고 있는 기억들로부터는 전혀 발생하지 않을 것이다. 이 장애들은 두 가지의 원인에 기인할 것이다. 때로는 외부에서 오는 자극들 앞에서 우리 몸이 우리들의 기억들 사이에서 선택을 하게 되는 정확한 태도를 더 이상 자동적으로 취할 수 없다는 사실에 기인하며, 때로는 육체 안의 적용 지점에서 행동으로 이어질 수단인 기억들이 더 이상 발견되지 않는다는 사실에 기인한다. 첫 번째 경우, 장애는 자동으로 실행된 움직임에 수용된 진동을 지속케 하는 메커니즘에 영향을 미치게 된다. 즉, 더 이상 대상에 주의를 집중할 수 없게 된다. 두 번째의 경우, 장애는 필요한 감각적 선행 요소를 제공하면서 자발적인 움직임을 준비하는 외피의 특정 중추와 관련이 있으며, 옳든 그르든 사람들은 이를 상상 중추centres imaginatifs라고 부른다. 이 경우 더 이상 주체[환재]에 주의를 집중할 수가 없다. 그러나 두 경우 모두 피해를 입는 것은 현재의 움직임이거나 혹은 준비가 중단되는 미래의 움직임이다. 어느 경우든 기억이 파괴된 것은 아니다.

그런데 병리학은 이러한 예측을 확인해 주고 있다. 병리학은 완전히 구별되는 두 종류의 '실명cécité'과 두 종류의 '청각장애surdité'를 보여 주는데, '정신적 실명cécité psychiques'과 정신적 청각장애 그리고 언어맹과 언어청각장애가 그것이다. 첫 번째 경우에는 시각적 또는 청각적 기억들을 떠올리지만 더 이상 해당되는 지각에 적용할 수가 없다. 반면 두 번째 경우에는 기억을 떠올리는 것 자체가 방해받고 있다. 첫 번째의 경우에서는, 우리가 그렇게 말하고 있듯이, 병적 장애가 '자동적 주의력의 감각운동sensori-moteur 메커니즘'에 영향을 미치며, 두 번째의 경우는 병적 장애가 '의지적 주의력의 상상력 메커니즘'에 영향을 주는 것이 아닐까? 이 가설을 검증하기 위해 우리는 구체적인 예로 제한하여야 한다. 확실히 우리는 일반적인 사물, 특히 단어의 시각적 앎이 먼저 반자동적인 운동 과정을 수반하고, 그런 다음 해당되는 태도들 안에 기억들의 '능동적 투사projection active'가 수반된다는 것을 보여 줄 수 있다. 하지만 우리는 풀Poule의 인상들을, 보다 특수하게 표현된 언어에 대한 청력에 집중하는 것을 선호한다. 왜냐하면 이 예가 가장 포괄적이기 때문이다. 사실상 말을 듣는다는 것은 먼저 그 소리를 인식하고, 다음으로 그 의미를 발견하며, 마지막으로 정도의 차이를 가지고 보다 깊이 해석을 하는 것이다. 간단히 말해서, 그것은 주의력의 모든 등급을 거쳐, 기억의 여러 가지 연속적인 힘을 실행하는 것이다. 게다가 단어들에 대한 청각적인 기억에 관한 장애들보다 더 자주 발생하거나 더 잘 연구된 것은 없다. 마지막으로, '청각적인 음성 이미지'의 소실은 특정한 회선의 심각한 손상 없이는 발생하지 않는다. 따라서 국지화에 대한 확실한 예가 우리에게 제공될 것이며, 이에 대해 우리는 뇌가 실제로 이미지들을 저장할 능력이 있는지에 대해 질문해 볼 수 있을 것이다. 따라서 우리는 단어들의 청각적인 인식 안에서 다음과 같은 사실, 즉 1) 감각운동의 자동적인 과정과 2) 이미지 기억들의 능동적인 투사projection active, 말하자면 타원궤도의 투사를 보여 주어야 한다[-역자 강조].

　1) 나는 두 사람이 알 수 없는 언어로 대화하는 것을 듣는다. 내가 그들의 말을 알아듣는 것은 이것만으로 충분한가? 나에게 도달하는 진동은 그들의 귀에 닿는 진동과 동일하다. 하지만 나는 모든 소리가 유사하게 들리는 혼란스러운 소음만을 듣는다. 나는 아무것도 구별할 수가 없으며 어떤 것도 반복할 수 없다. 이와는 반대로, 동일한 음의 덩어리들에서 두 대화자는 서로 전혀 닮지 않은 자음과 모음 그리고 음절들을 구별하고 결국 서로 구별되는 단어들을 식별한다. 그들과 나 사이의 차이점은 무엇인가? 문제는 단지 기억에 불과한 언어에 대한 지식이 어떻게 현재 인식의 물질성을 변형시킬 수 있는지, 그리고 왜 동일한 물리적 조건에서 다른 사람들이 듣지 못하는 것을 어떤 사람들은 들을 수 있는가 하는 것이다. 여기서 사람들이, 기억 속에 축적된 '단어에 대한 청각적 기억들'이 '음성적 인상들의 부름'에 응답하고 그 효과를 강화한다고 가정하는 것은 사실이다. 하지만 내가 듣는 대화가 나에게 있어서 소음일 뿐이라면, 우리는 원하는 만큼 그 소리를 강화할 수 있을 것이라 가정할 수 없다. 소음이 더 커진다고 해서 더 명확해진다고 할 수는 없다. 귀로 들은 단어가 단어에 대한 기억을 불러일으키려면 귀는 적어도 [한번은] 단어를 들어야 한다. 만일 인식된 소리가 분산되고, 최종적으로 음절과 단어로 인식되지 않는다면, 어떻게 청각 이미지 저장소의 기억에 전달될 것이며, 여기서 어떻게 [적절한 청각 기억을] 선택할 것인가?

이러한 어려움은 '감각 실어증l'aphasie sensorielle' 이론가들에게 충분히 충격을 주지 않은 것 같다. 실제로 언어 청각장애가 있는 환자는 자신의 고유한 언어와 관련하여 마치 우리가 이해할 수 없는 외국어로 말하는 것을 우리가 들을 때와 동일한 상황에 처하게 된다. 그는 일반적으로 청각적 감각을 온전하게 유지하지만, 자신이 듣는 말을 전혀 이해하지 못하며 종종 단어들을 구별할 수도 없다. 사람들은 이러한 상황을 단어에 대한 청각적 기억이 두뇌의 피질에서 파괴되었거나, 혹은 때로는 경피질transcorticale의, 때로는 하피질sous-corticale의 어떤 장애로 인해 청각적 기억이 관념을 불러일으키는 데 있어 방해받거나 또는 지각이 기억과 연계되는 데 있어서 방해를 받는다고 말하면서 충분한 설명을 했다고 믿고 있다. 그러나 적어도 마지막의 경우에 심리적 질문은 그대로 남아 있다. 병적인 장애가 파괴한 의식의 과정은 무엇이며, 처음에 귀에 전달된 청각적 연속성으로서의 단어와 음절에 대한 식별은 어떤 매개물을 통해 이루어지는가? 만일 우리가 실제로 한편으로는 청각적 인상만을 다루고, 다른 한편으로는 청각적 기억만을 다룬다고 한다면 어려움은 극복될 수 없을 것이다. 그런데 만일 청각적 인상들이 들은 문장을 한 자씩 발음하고 주요한 발음들을 표시할 수 있는 초기 움직임들을 조직한다면 사정은 이와 다를 것이다. 내적으로 수반되는 이러한 자동적인 움직임들은 처음에는 혼란스럽고 제대로 정리가 되지 않겠지만 반복이 거듭되면서 점점 더 나아질 것이다. 이 움직임들은 결국 단순화된 모습을 그리게 될 것이고, 듣는 사람은 큰 윤곽과 주요 방향 안에서 말하는 사람의 바로 그 움직임을 발견하게 될 것이다. 이리하여 우리가 '청취한 단어의 운동 패턴schème moteur de la parole entendue'이라고 부르는 것이 초기 근육 감각의 형태로 우리의 의식 안에서 일어날 것이다. 새로운 언어의 요소들에 귀를 기울이는 훈련은 원시적인 소리를 수정하는 데서 성립하는 것도, 이 소리에 기억을 추가하는 데서 성립하는 것도 아니다. 그것은 귀가 수용한 청각적 인상들에 따라 목소리 근육의 운동 경향을 맞추어 가는 것이며, 이는 수반되는 운동을 완벽하게 하는 것이 될 것이다.

신체 운동을 배우기 위해서 우리는 운동이 실행되는 것을 보았다고 생각하는 그것을, 우리의 눈이 외부로부터 우리에게 보여 주는 그것의 동작 전체를 모방하는 것에서부터 시작한다. 여기서 우리의 지각은 혼란스러웠고, 이 운동을 반복하고자 하는 것 역시 혼란스러울 것이다. 그런데 우리의 시각적인 지각은 연속적인 전체의 것이지만, 반면 이미지를 재구성하려는 움직임은 근육의 수많은 수축과 긴장으로 구성된다. 그리고 이것에 대한 우리의 의식은 관절들의 다양한 동작에서 기인되는 다양한 감각을 포함한다. 따라서 여기서 이미지를 모방하는 혼란스러운 움직임은 이미 '가상적 분석décomposition virtuelle'이다.[84] 말하자면 이 움직임은 자신을 분석할 수 있는 무엇인가를 자신 안에 가지고 있다. 반복과 훈련을 통해 발생하게 되는 진보는 다만 처음에 감싸여 있던 것을 풀어 주고, 각각의 기본 동작에 정확성을 보장하는 이러한 자율성을 부여하는 동시에 다른 동작들과의 연대성을 유지하는 것이다. 이러한 정확성과 연대성 없이는 운동은 쓸모없게 될 것이다. 사람들이 노력을 반복함으로써 습관

---

84 역주) 이러한 추상적인 설명을 구체적 상황을 통해 쉽게 설명해 보자. 한 스승 발레리나가 섬세하고 우아한 하나의 동작을 보여 줄 때, 어린 학생은 그 동작을 시각적 이미지, 즉 눈으로는 전체적으로 정확히 파악하고 있지만, 이러한 이미지를 자신이 운동으로 재현하고자 할 때는 많은 어려움을 느낀다. 근육과 관절들의 움직임에 대한 힘겨운 조절이 필요하다. 그리고 이러한 복잡한 운동을 정확히 재현하고자 한다는 것은 이미 자신의 움직임들에 대한 분석을 내포하고 있다. 왜냐하면 자신의 동작에서 무엇이 문제인지를 파악하고 이를 교정하고자 하는 의식적인 노력이 없다면 스승의 동작을 정확히 재현하는 것은 불가능한 일이 될 것이기 때문이다. 즉 운동을 시작할 때 이미 다음 단계의 동작에 대한 분석이 시작되는 것이다. 그래서 '가상적 분석'이라고 표현하고 있는 것이다.

을 획득한다고 하는 것은 옳은 말이다. 하지만 반복적인 노력이 항상 동일한 것을 재생산한다면 이것이 무슨 소용이 있겠는가? 반복은 먼저 분석하고, 그런 다음 [운동을] 재구성하며, 마지막으로 육체의 지성l'intelligence du corps[85]이라 말하는 진정한 효과를 갖게 된다. 반복은 새로운 시도를 할 때마다 감싸인 움직임들로부터 발전한다. 매번 행해질 때마다 반복은 이전에는 통찰할 수 없었던 새로운 세부 사항에 대한 신체의 관심을 불러일으킨다. 반복은 이 세부 사항을 나누고 분류하게 한다. 반복은 여기서 핵심적인 것을 강조한다. 반복은 전체적인 움직임 속에서 내부 구조를 표시하는 선을 하나씩 발견한다. 이런 의미에서 하나의 움직임은 신체가 이를 이해하자마자 학습된다.

이처럼 귀로 들은 말의 운동적 수반이 소리 덩어리의 연속성을 깨뜨리는 방식이다.[86] 이 같은 수반이 무엇으로 구성되어 있는지는 아직 알 수 없는 것으로 남아 있다. 이는 내부적으로 재생산된 말 그 자체일까? 하지만 그렇다면 어린아이는 자신의 귀가 구별하는 모든 단어들을 반복할 수 있게 될 것이다. 그리고 우리가 외국어를 올바른 억양으로 발음하기 위해서는 그 언어를 이해하기만 하면 될 것이다. 하지만 일이 그렇게 간단하게 흘러가지는 않는다. [모르는 노래를 들을 때] 나는 멜로디를 파악하고, 그 윤곽을 따라갈 수 있고, 심지어 그것을 기억 속에 고정할 수도

---

85 역주) 여기서 '육체의 지성'이란 표현이 흥미롭다. 이는 흔히 무술과 같은 전문적인 신체 운동 훈련을 받은 사람들이 어느 순간 더 이상 의지적으로 노력하지 않아도, 자신의 몸이 알아서 상황에 맞게 반사행동을 하는 것을 말하는 것이다. 가끔 드라마에서 기억을 완전히 상실한 주인공이 자신도 모르게 신체 반응의 놀라운 행동을 할 때, 정신은 몰라도 '몸이 기억하고 있다'라고 하는 경우가 적절한 예가 될 것이다.

86 역주) '소리 덩어리의 연속성을 깨뜨리는 방식'이라는 표현이 매우 적절하고 또 시적이다. 우리가 외국말을 처음 들을 때는 한 문장이 마치 소리의 덩어리처럼 느껴진다. 하지만 그 외국어에 익숙해지면 비로소 소리들이 하나 하나의 단어들로 구분되어 들리며, 뭉쳐진 덩어리가 깨어지게 되는 것이다.

있지만, 그것을 노래하는 것은 알지 못한다. 나는 독일어로 말하는 영국인의 억양과 어조의 특징들을 어렵지 않게 식별한다. 그래서 나는 그를 내부적으로 교정해 준다. 하지만 만일 내가 독일어로 말하고 있다면 독일어 문장에 적합한 올바른 어조와 억양을 부여하는 것이 이로부터 나오는 것은 아니다. 임상실험의 사실들은 매일 이러한 사실을 관찰하고 확인한다. 우리는 말할 수 없게 되어도 여전히 말을 듣고 이해할 수 있다. '운동성 실어증aphasie motrice'은 '언어 청각장애surdité verbale'[87]를 유발하지 않는다. 이는 우리가 들었던 말을 반복하는 그 방식의 구조가 [들었던 말의] 뚜렷한 윤곽만을 표시하기 때문이다. 완성된 그림에 있어서 스케치의 관계는 이러한 도식이 말 그 자체와 가지는 관계와 같다. 사실, 어려운 동작을 이해한다는 것과 그것을 실행할 수 있다는 것은 별개의 문제이다. 그것을 이해하려면, 다른 가능한 동작들과 구별할 수 있을 정도로만 그 동작의 본질을 이해하면 된다. 그러나 그 동작을 수행할 수 있기 위해서는 그 동작의 본질을 이해하는 것 이외에, '그의 몸이' 이 동작을 이해하도록 하여야 한다.[88] 그러나 몸의 논리는 암시된 뜻les sous-entendus을 인정하지 않는다. 몸의 논리는 요청된 동작의 모든 구성 부분들을 하나씩 표시하기를 요청하고 그런 다음 이 모두를 함께 재구성하기를 요청

---

87 역주) '언어 청각장애'란 '언어맹', '언어난청' 혹은 '언어롱(言語聾)'이라고 부르기도 하는데, 소리는 들을 수 있지만 그 소리의 의미나 뜻을 전혀 알지 못하여, 상대방에게 말을 하지 못하는 장애를 말한다. 본 역서에서는 해당 질병을 존중하는 의미를 지닌 '언어 청각장애'라는 표현을 사용하였다. 일반적으로 '감각성 언어 청각장애'와 '운동성 언어 청각장애'가 있는데, 전자는 소리에 대한 감각적 지각에 문제가 있어 말을 하지 못하는 경우이며, 후자는 소리는 잘 지각하지만, 이 소리에 대한 분석(가령 문장의 주어, 동사 등에 대한 분석)이 잘 이루어지지 않은 경우가 대부분이다.

88 역주) 그의 몸이 이 동작을 이해하도록 하여야 한다는 표현은 습관 혹은 연습을 통해서 그 동작을 몸에 익혀야 한다는 뜻이다. 서예나 발레의 어려운 동작은 결코 머리로 이해한다고 수행할 수 있는 것이 아니다. 무수한 반복훈련을 통해서 그 동작을 몸에 익혀야 한다.

한다. 여기서는 세부 사항이 무시되지 않은 완전한 분석과 아무것도 축약되지 않은 현실적인 종합이 필요하다. 몇 가지 초기의 근육 감각들로 구성된 상상의 도식은 단지 스케치에 불과하였다. 실제적이고 완벽하게 체험된 근육 감각들은 이러한 스케치에 색깔과 생기를 부여한다.

이런 종류의 수반이 어떻게 발생하는 것인지, 그리고 이것이 실제로 항상 발생하는 것인지의 여부는 아직 밝혀지지 않았다. 우리는 단어를 효과적으로 발음하기 위해서는 조음을 위한 혀와 입술의 개입, 발성을 위한 후두의 개입 그리고 마지막으로 호흡의 생성을 위한 흉부 근육의 개입 등의 동시적인 개입이 필요하다는 것을 알고 있다. 따라서 발음되는 각 음절은 모두 수질髓質 및 구근 중심에 장착된 일련의 메커니즘의 작동에 일치한다. 이러한 메커니즘은 '정신운동 영역la zone psycho-motrice' 의 피라미드 세포의 '원통형 축의 확장prolongements cylindroaxiles'에 의해 피질의 상위 중추에 연결된다. 의지의 충동이 이동하는 경로는 바로 이 경로이다. 이처럼 우리는 하나의 소리를 표현하고 싶은지 혹은 다른 소리를 표현하고 싶은지에 따라 이것 또는 저것으로 행동하라는 명령을 이러한 운동 메커니즘에 전달한다. 그러나 조음과 발성의 다양한 가능한 움직임들에 응답하는 기존의 메커니즘들이, 그 원인들이 무엇이든, 자발적인 발화에서 활성화되는 원인들과 연결되어 있다면, 의심의 여지 없이 이러한 동일한 메커니즘이 단어들의 청각적 인지와 소통하게 되는 사태가 존재한다.[89]

임상의에 의해 기술된 수많은 실어증의 유형들 중에서 우리는 먼저

---

89 역주) 저자의 이러한 기술을 아주 쉽게 요약하자면 "입으로 말을 하는 메커니즘과 귀로 소리를 듣게 되는 메커니즘은 서로 소통한다"는 것이 될 것이다.

두 가지(리히트하임의 4번째 및 6번째 형태)를 알고 있는데, 이는 이러한 종류의 관계[90]를 암시하는 것으로 보인다. 이처럼 리히트하임Lichtheim 스스로가 관찰한 사례에서 추락 사고를 당한 피험자는 단어의 발음에 대한 기억을 상실하였는데, 그 결과 자발적으로 말하는 능력도 잃게 되었다. 그러나 그 피험자는 다른 사람이 자신에게 하는 말을 아주 정확하게 반복하였다.[91] 다른 한편, 자발적으로 말하는 능력은 손상되지 않았지만 언어 청각장애가 절대적으로 발생하여[92] 환자가 타인이 자신에게 말하는 것을 전혀 알아듣지 못하는 경우에는 타인의 말을 반복하는 능력은 여전히 완벽하게 보존될 수 있다.[93] 바스티안Bastian의 경우, 이러한 현상이 단순히 단어들에 대한 발음이나 청음의 기억이 느슨해졌다는 것을 말해 줄 뿐이며, 청각적 인상의 무기력함으로 인해 이러한 기억을 일깨우는 데만 제한되어 있다고 말할 수 있을까?[94]

우리가 여지를 남겨 두고 있는 이 가설은 롬베르크Romberg,[95] 보아장Voisin,[96] 윈슬로Winslow[97]에 의해 오랫동안 보고되었으며 쿠스마울

---

90 역주) 이는 '말하는 것과 듣는 것의 소통 관계'를 말한다.

91 원주) Lichtheim, 「실어증에 관하여(On Aphasia)」(*Brain*, janv. 1885, p. 447).

92 역주) 이러한 경우 의학에서는 '감각 실어증'이라고 부른다. 즉 감각 영역에 어떤 손상이 발생하여 '언어 능력'이 동시에 상실된 것을 말한다. 자신의 생각을 말하는 능력에는 아무 문제가 없지만 타인의 말을 감각적으로 수용하는 것이 어렵기 때문에 타인의 말을 이해하지 못하고 묻는 말에 답변을 하지 못하는 것이다. 이와 정반대의 경우, 즉 감각적으로 소리를 수용하는 데는 문제가 없지만 자신의 생각을 언어로 말하는 운동의 기능에 문제가 발생하여 말을 하지 못하는 것을 '운동성 실어증'이라고 한다.

93 원주) *Ibid.*, p. 454.

94 원주) Bastian, 「다양한 종류의 실어증에 대하여(On different kinds of Aphasia)」(*British Medical Journal*, oct. et nov. 1887, p. 935).

95 원주) Romberg, 「신경질환에 관한 교재(*Lehrbuch der Nervenkrankheiten*)」, 1853, t. II.

96 원주) 다음에서 인용. Bateman, 「실어증에 관하여(*On Aphasia*)」, London, 1890, p. 79. Cf. Marcé, 「병리학적 생리학의 일부 관찰에 대한 기억(Mémoire sur quelques observations de physiologie pathologique)」(*Mém. de la Soc. de Biologie*, 2e série, t. III, p. 102).

Kussmaul[98]이 음향 반사로부터 어느 정도 과장하여 인정한 매우 흥미로운 반향언어écholalie 현상을 설명하지는 못하는 것 같다. 피험자는 마치 청각 감각이 저절로 조음 동작으로 전환되는 것처럼 기계적으로, 어쩌면 무의식적으로 들었던 단어를 반복한다. 이러한 사실로부터 일부 사람들은 단어의 청각 중추를 말하기의 조음 중추에 연결하는 특별한 메커니즘을 제안하였다.[99] 진실은 이 두 가지 가설 사이의 중간에 있는 것처럼 보인다. 이러한 다양한 현상에는 절대적으로 기계적인 행동 이상의 것이 있겠지만, 의지적인 기억에 대한 소환보다는 적은 것이 있다.[100] 이러한 사실은 청각 언어적 인상이 조음 동작으로 확장되는 경향성을 입증하는데, 이러한 경향성은 분명 의지의 습관적인 통제에서 벗어나지는 않으며, 어쩌면 초보적인 식별도 포함하고 있을 것이며, 정상적인 상태에서는 들은 말의 두드러지는 특징을 내적으로 반복함으로써 형성된다는 것을 말해 주고 있다. 그런데 우리의 "운동 패턴schème moteur"[101]은 이와 동일한 것이다.

---

97   원주) Winslow, 『뇌의 모호한 질병에 관하여(*On obscure diseases of the Brain*)』, London, 1861, p. 505.

98   원주) Kussmaul, 『언어 장애들(*Les troubles de la parole*)』, Paris, 1884, p. 69 et suiv.

99   원주) Arnaud, 「언어 청각장애 임상 연구에의 기여(Contribution à l'étude clinique de la surdité verbale)」(*Arch. de Neurologie*, 1886, p. 192). / Spamer, 「기호 소개(Ueber Asymbolle)」(*Arch. f. Psychiatrie*, 1. VI, pp. 507 et 524).

100 역주) 다시 말해 말하는 것과 듣는 것 사이에는 '오직 들은 것을 반복하는 기계적인 것'보다는 크지만, '순수하게 의지적으로 말하는 것'보다는 적은 것, 즉 어느 정도 기계적이고 어느 정도 의지적인 그러한 것이 있다는 말이다.

101 역주) 여기서 언어습득과 관련하여 이 운동 패턴에 대해 쉽게 요약해 보자. 우리는 외국어를 처음 배우는 초보자의 예를 들 수 있을 것이다. 말하기를 배운다는 것은 가장 먼저 귀로 들은 말(청각 언어적 이미지)을 기계적으로 입으로 말하게(조음 활동) 되는 경향성을 가지고 있다. 하지만 이는 완전히 기계적인 것은 아니며 어느 정도 화자의 의지가 개입되고 있다. 즉 화자의 의지에 따라 어느 정도 조율되면서 들은 것을 입으로 반복하게 된다. 여기서 기초적인 말의 의미도 파악하고 있을 것이다. 가장 일반적인 경우 외국말의 가장 특징적인 부분들(억양, 음색, 리듬 등)을 반복하면서 외국말을 습득하게 된다.

이 가설을 더 깊이 탐구함으로써 우리는 바로 이전에 요청하였던 특정 형태의 '언어 청각장애'에 대한 심리학적 설명을 찾을 수 있을 것이다. 우리는 청각 기억이 완전히 남아 있는 몇 가지 '언어 청각장애'의 사례를 알고 있다. 환자는 단어에 대한 청각 기억과 청각적 감각을 손상 없이 그대로 유지하였다. 그럼에도 그는 자신이 듣고 있는 단어들 중에서 어떤 단어도 알아듣지 못하였다.[102] 여기서 사람들은 뇌피질 아래의 어떤 병변을 가정하게 되는데, 이 병변으로 인해 청각적 인상들이 청각 음성 이미지가 저장되어 있는 피질의 중심에서 이들을 찾는 것을 방해한다는 것이다. 하지만 우선적으로 문제가 되는 것은 뇌가 이미지들을 저장할 수 있는가의 여부이다. 그다음 문제는 지각의 이동 경로에 병변이 있다는 것을 확인한다고 해서 [언어 청각장애의] 현상에 대한 심리학적 해석을 찾는 것에서 면제되는 것은 아니라는 사실이다.[103]

실제로 청각기억은 의식에서 회상될 수 있고, 마찬가지로 청각적 인상도 의식에 도달한다고 가정한다. 그러므로 의식 자체 안에서의 어떤 결핍이 있어야 하고, 연속성으로부터의 해결책, 즉 결국 지각과 기억의

---

[102] 원주) 특히 다음을 참고하라. P. Sérieux, 「순수한 언어 청각장애의 한 사례에 관하여(Sur un cas de surdité verbale pure)」(*Revue de médecine*, 1893, p. 733 et suiv); Lichtheim, *art*. cité, p. 461, et Arnaud, 「언어 청각장애 연구에의 기여(Contrib. à l'étude de la surdité verbale)」(2e article), *Arch. de Neurologie*, 1886, p. 366.

[103] 역주) 여기서 저자가 주장하는 것은 '듣기는 해도' 그 내용을 전혀 알아듣지 못하는 증상을 오직 뇌의 병적인 문제로 해석하는 것은 문제가 있으며, 심리학적 해석이 함께 이루어져야 한다는 것이다. 이는 일리가 있는 말이다. 가령 외국에 처음 간 사람은 외국인들이 자신에게 하는 말을 듣기는 하지만 거기에 아무런 답변을 하지 못하는 경우가 있다. 이는 외국인이 자신에게 하는 말을 전혀 알아듣지 못해서가 아니라 (즉, 청각적 인상들이 '언어 청각이미지'로 연결되지 못해서가 아니라), 많이 알아듣기는 하지만 그 묻는 말의 전체적인 내용을 정확히 이해하지 못했기 때문에 전혀 답변을 못해서이다. 예를 들어 분명히 상대방이 어떤 '숫자'를 묻고 있지만, 그 숫자가 '나이'를 말하는 것인지, '생일 날짜'를 묻는 것인지 혹은 '입국한 날짜'를 말하는 것인지 알 수가 없을 때, 잘못 말하면 심각한 '오류'를 범할 것 같은 두려움 때문에 전혀 답변을 하지 못하는 경우가 있는 것이다.

연결을 방해하는 무언가가 있어야 하는 것이다. 그런데 만일 갑작스런 청각적 인식이 진정으로 소리의 연속성에 대한 인식이라고 한다면, 그리고 습관을 통해 형성된 감각운동 연결이, 정상 상태에서 소리의 연속성을 분해하는[104] 역할을 한다는 사실을 염두에 둔다면 사태는 보다 분명해질 것이다. 의식적인 메커니즘에서의 어떤 병변이 [소리의 연속성을] 분해하는 것을 방해하면서 해당 지각들에서 발생하는 경향이 있는 기억의 발달을 멈추게 할 것이다.[105] 그러므로 병변이 있을 수 있는 곳은 "운동 패턴"이다. 매우 드문 경우이긴 하지만 청각 기억이 보존된 '언어 청각장애'의 사례를 검토해 보자. 이와 관련하여 임상의들이 특정한 특징적인 세부 사항을 말해 줄 것이라 믿자.

아들러Adler는 '언어 청각장애'에 관하여 환자들이 더 이상 소음에, 심지어 강렬한 소음에도 반응하지 않지만, 그럼에도 그들의 청각은 가장 섬세하게 보존되고 있다는 놀라운 사실을 지적하고 있다.[106] 다시 말해 이러한 환자들에게 있어서 소리는 더 이상 그 '반향 운동écho moteur'을 발견하지 못한다는 것이다.[107] 일시적인 언어 청각장애를 앓고 있었던 샤르

---

104 역주) 여기서 '소리의 연속성을 분해하다'라는 것은 말하는 이의 연속된 한 구절의 말을 '주어' '동사' '관사' '형용사' 등으로 분해한다는 뜻이다. 예를 들어 처음 외국에서 외국어를 듣게 될 때, 가장 어려운 것이 외국인의 말을 구성하고 있는 여러 요소들을 하나씩 구분해서 듣는 것인데, 이렇게 구분해서 들을 수 있을 때, 비로소 우리는 '이제 외국인이 하는 말이 들린다'라고 하게 되는 것이다.

105 역주) 가령 외국인이 하는 말은 잘 들리기는 하지만, 그 말을 분석하지 못하기 때문에 그 말의 의미를 알 수가 없고 또 그 말을 기억하지 못하는 것이다.

106 원주) Adler, 「두뇌적 감각 실어증의 희귀한 형태에 관한 지식에의 기여(Beitrag zur Kenntniss der seltneren Formen von sensorischer Aphasie)」(Neurol. Centralblatt, 1891, pp. 296 et 297).

107 역주) 앞에서 말했듯이 이러한 것을 '운동성 실어증'이라고 한다. 즉, 소리와 말을 지각하는 감각 능력에는 아무 문제가 없지만 그 어떤 이유로 (여기서는 들은 말을 분석하지 못하여) 말로 표현하는 '운동능력'에 문제가 생겨서 '실어증'을 유발하는 것이 '운동성 실어증'이다. 이와 반대인 경우가 앞선 역주에서 언급한 '감각 실어증'이다.

코Charcot의 한 환자는 분명하게 자신의 시계 종소리를 들었지만 소리가 나는 횟수를 셀 수 없었다고 말하였다.[108] 따라서 아마도 환자는 [소리를 듣기는 하지만] 그것을 분리하고 구별할 수 없었을 것이다. 또 다른 환자는 대화 가운데서 그 내용은 인식하지만 혼란스러운 소음처럼 인식한다고 말하였다.[109] 마지막으로, 들었던 말의 내용을 잊어버린 피험자는 그 말을 여러 번 반복해 주면, 특히 말을 리듬에 맞추어 또박또박 발음해 주면 말의 내용을 회복하였다.[110] 청각 기억을 보존하고 있지만 언어 청각장애를 가진 확인된 완전히 명확한 몇 가지 사례 중 이 마지막 사례는 특히 중요하지 않는가?[111]

스트리커Stricker의 오류는 들은 말이 내적으로 완전히 반복된다고 믿은 것이었다. 그의 논문은 사람들이 '언어 청각장애'로 이어지는 '운동성 실어증'을 단 한 사례도 발견하지 못하였다는 단순한 사실[112]로 이미 반

108 원주) Bernard, 『실어증에 관하여(*De l'aphasie*)』, Paris, 1889, p. 143.

109 원주) Ballet, 『내적 언어(*Le langage intérieur*)』, Paris, Félix Alcan, 1888, p. 85.

110 원주) 「신경학 기록 보관소」에서 Arnaud가 인용한 세 가지 사례를 참고. 1886, p. 366 et suiv. 『언어 난청 연구에 관한 임상실험의 기여(*Contrib. clinique à l'étude de la surdité verbale*)』(2e article). Schmidt의 경우 다음을 참조. 『뇌졸중으로 인한 청각 및 언어 장애(*Gehörs und Sprachstörung in Folge von Apoplexie*)』(*Allg. Zeitschr. f. Psychiatrie*, 1871, t. XXVII, p. 304).

111 역주) 여기서 중요하다고 하는 이유는 이 마지막 사례가 '청각장애'나 '언어장애'를 느끼는 사람에게 있어서 그 원인이 뇌피질에 저장된 '청각 기억들'에 손상을 입은 것이 아니라, 다만 청각인상과 청각 기억들 사이의, 즉 지각과 기억 사이의 연결에 문제가 생긴 것이라고 보는 데 중요한 단서를 제공하기 때문이다. 왜냐하면 또박또박 반복해서 말해 주었을 때, 그 내용을 알아듣는다는 것은 뇌피질의 병변 때문에 문제가 발생한 것은 아니라는 사실을 말해 주기 때문이다.

112 역주) 이 부분은 설명이 생략되어 언뜻 이해하기가 어렵다. '운동성 실어증(들은 말을 이해하지만, 표현할 수 없는 경우)'이 '언어 청각장애(듣기는 하지만 말의 뜻을 이해하지 못하는 경우)'로 이어지는 경우가 없다는 것은 사실 논리적인 것이다. 왜냐하면 이해는 하지만 표현을 할 수가 없다고 해서, 결국 이해하는 능력마저 상실하지는 않기 때문이다. 그래서 이러한 사례를 발견할 수가 없는 것이다. 그런데 이러한 사실이 왜 '들은 말이 내적으로 완전히 반복된다'는 주장을 반박하는 것일까? '들은 말이 완전히 내적으로 반복된다'는 것은 '들을 수 있다면 들은 말이 완전히 식별(이해)된다'는 것을 의미하는 것이다. 만일 그렇다면 '표현할 수 없음(운동성 실어증)'은 그 원인이 '듣기는 하지만 이해하지 못함(언어 청각장

박된 셈이다.[113] 그런데 모든 사실들이 소리를 분해하고 패턴을 확립하는 운동의 경향성이 있음을 입증해 주고 있다. 위에서 말했듯이 이러한 자동적인 경향성은 기초적인 지성 활동 없이는 발생하지 않는다. 그렇지 않다면 우리가 어떻게 [목소리를] 전체적으로 식별하고 그 결과 서로 다른 음조와 다른 음색으로 발음되는 유사한 말들을 동일한 패턴으로 따를 수 있겠는가? 이러한 반복과 인식의 내적인 운동들은 자발적인 주의집중의 서곡과도 같다. 이 운동들은 의지와 자동화 사이의 한계를 표시한다. 이를 통해 우리가 예상한 대로 지성적인 인식의 독특한 현상들이 준비되고 결정된다. 그러나 자신에 대한 완전한 의식에 도달한 이 완전한 인식[재인]reconnaissance이란 무엇인가?

2) 우리는 이 연구의 두 번째 부분에 접근하고 있다. 우리는 움직임에서 기억으로 이동한다. 우리는 주의 깊은 인식이란 하나의 진정한 회로circuit라고 말하였다. 이 회로에서 대칭적으로 배치된 우리의 기억이 [이 기억을] 외부 대상에게 투사하기 위해 보다 높은 긴장을 유지하는 한, 대상 그 자체가 자신의 점점 더 심오한 부분들을 우리의 회로에 드러내는 것이다. 우리와 관련된 특별한 경우에 대상이란 청각적 표상으로 우리의 의식 속에서 발생한 관념들이 곧이어 발화된 말로 구체화되는 대담자이다. 따라서 만일 우리가 옳다면 청취자는 단김에 해당되는 관념들 사이에 자신을 위치시키고 이를 '운동 패턴'에 맞춰 지각된 원시적인 소리

<hr>

애)'에 기인한 것이 아니라, '제대로 들을 수 없음(감각 실어증)'에만 기인되어야 한다. 그런데 많은 경우 '듣기는 하지만 이해할 수 없음(언어 청각장애)'이 존재한다. 따라서 스트리커의 주장은 잘못된 것이다. 다시 말해 스트리커의 오류는 '언어 청각장애'의 경우를 고려하지 않고 다만 실어증만 문제 삼은 것에 있다는 것이다.

113 원주) Stricker, 『언어와 음악에 관하여(*Du langage et de la musique*)』, Paris, 1885.

들을 포괄하는 청각적 표상으로 발전시키는 것이 필요할 것이다. 여기서 계산이 끼어든다는 것은 그 자신의 고유한 관심으로 이 과정을 다시 실행하는 것이다. 이와 마찬가지로 다른 사람의 말을 이해한다는 것도 지능적으로 재구성하는 것, 즉 [정신에 저장된] 관념들로부터 출발하여 귀가 인지하는 소리의 연속성을 재구성하는 것이다. 그리고 더 일반적으로 말하면, 주의를 기울이고, 지성적으로 인식하고, 해석하는 것은 정신이 고정된 그 자신의 수준에서 원시적으로 지각된 것에 대해 보다 더 혹은 보다 덜 직접적인 원인이 될, 자신이 지니고 있는 대칭점le point symétrique[114]을 선택하는 것과 동일한 작업으로 고려될 것이며, 여기서 이 원인들을 포괄하게 될 기억들이 원시적인[초기의] 지각으로 흘러가도록 내버려둘 것이다.

미리 말하자면, 이것은 사람들이 일반적으로 사물을 보는 방식은 아니다. '관념연합론자들associationnistes'[115]의 습관이 여기에 있으며, 이러한

---

114 역주) 여기서 말하고 있는 내용은 '관념연합론자'들의 견해이다(관념연합에 대해서는 바로 다음 주석을 참조). 이들이 생각하는 정신이 지니고 있는 '대칭점'이란 우리가 어떤 대상을, 예를 들어 사과를 지각하게 될 때, 우리의 정신 안에는 (혹은 두뇌 안에는) 이미 '다양한 사과들에 대한 기억'이 있을 것이며, 여기서 지각된 대상과 거의 유사한 기억 속의 사과가 곧 정신 속에 있는 대칭점이다. 여기서 인식(혹은 재인)이란 이렇게 정신 속의 기억된 사과와 대상으로 지각된 사과의 유사성 혹은 일치를 발견하는 것을 말한다. 정신 속의 기억과 지각되는 대상이 보다 정확하게 대칭을 이룰 때 보다 분명하고 정확한 인식이 이루어지는 것이다. 이런 의미에서 인간의 인식이란 다분히 주관적인 측면이 있다. 즉, 지각하는 자의 정신 속에 무엇이 기억되어 있는가 하는가에 따라 동일한 대상에 대한 인식이 객관적 사실과 혹은 다른 사람의 인식과 다를 수 있기 때문이다. 하지만 베르그송은 이러한 인식 이론에 동의하지는 않는다. 그에게 있어서 진정한 인식이란 '직관'을 의미하는데, 이는 대상을 지각하는 인간의 의식과 대상 사이에 '지속성'이 주어진 것을 의미한다. 베르그송에게 인식 과정에서 기억이란 인식주체와 인식 대상을 이어 주는 매개체의 역할을 한다.

115 역주) '관념연합'이란, 말 그대로 어떤 관념 뒤로 다른 관념들이 잇따르면서 형성하는 사고 및 지각의 연쇄적 흐름을 말한다. 다시 말해 하나의 관념을 떠올리면 이와 연계된 다른 관념이 연속하여 떠오르는 현상을 말한다. '관념연합론자들'은 이러한 이론을 특히 미적 경험을 설명하는 데 적용하고 있는데, 이들은 다양한 미적인 경험들에 해당하는 독립된 지각 기관들을 개별적으로 따로 추가하지 않고,

습관 덕분에 인접하는 청각기억과 관념에 대한 청각기억을 불러일으키는 소리를 우리 스스로에게 표상하는 것이다. 다음으로 기억 상실로 이어지는 것처럼 보이는 '뇌 손상'이 있다. 특히 우리가 관심을 가지고 있는 경우에는 '피질 언어 청각장애surdité verbale corticale'의 독특한 병변을 언급할 수 있다. 이에 대해서는 심리적 관찰과 임상적 사실이 일치하는 것 같다. 예를 들어, 세포의 물리화학적 변형의 형태로 [두뇌의] 표면에서 휴면 중인 청각 표상들이 있을 수 있다. 외부로부터의 충격이 이 청각 표상을 일깨운다. 대뇌 내부의 과정을 통해, 아마도 보완된 표상을 찾는 '경피질 운동들mouvements transcorticaux'[116]에 의해 이 표상이 보완되어, 청각 표상이 이루어질 것이다. 그리고 이렇게 깨어난 청각 표상이 관념을 불러일으킨다.

그럼에도 이러한 종류의 가설이 초래하는 이상한 결과에 대해 숙고해 보자. 한 단어의 청각적 이미지는 결정적으로 고정된 윤곽을 가진 대상이 아니다. 왜냐하면 동일한 단어가 다른 목소리로 발음되거나 같은 목소리의 다른 높이로 발음될 때는 다른 의미를 주기 때문이다. 따라서 목소리의 높낮이와 음색이 있는 만큼 한 단어에 대한 다양한 청각적 기억이 있을 것이다. 이 모든 이미지들이 뇌 안에 축척되는 것일까, 혹은 만일 뇌가 선택을 한다면 이 중에서 어떤 것이 뇌가 선호하는 이미지인 것일까? 그런데 뇌가 이 중 하나를 선택하는 이유들이 있다고 인정하자. 그렇다면 새로운 사람이 발음한 이 동일한 단어가 어떻게 다른 의미를 지닌 기억에 합류할 것인가? 가설에 따르면 이 기억은 무기력하고 수동

하나의 통합적인 능력으로 이를 설명하고자 한다.

116 역주) '경피질 운동'이란 뇌피질을 경유하는 운동, 혹은 피질 간(皮質間)의 운동을 말하는 것으로 대뇌피질의 두 개의 부위를 연결하거나, 혹은 대뇌피질의 다른 부위를 연결하는 운동을 말한다.

적이므로 결과적으로 외적인 차이점들 아래에 있는 내적인 유사성을 파악할 수가 없다. 사람들은 우리에게 단어의 청각적 이미지가 마치 하나의 실체나 장르인 것처럼 말한다. 이 장르는 의심할 바 없이 복잡한 소리의 유사성을 도식화하는 활동적인 기억을 위해 존재한다. 하지만 인지된 소리의 물질성matérialité을 저장하고 이것만을 저장할 수 있는 뇌의 경우 동일한 단어에 대해 수천 개의 서로 다른 이미지가 있을 것이다. 새로운 목소리로 발음되면, 뇌는 순수하고 단순하게 다른 이미지들에 추가될 새로운 이미지를 구성할 것이다. 그러나 이것은 그다지 당황스럽지 않다. 단어는 우리의 스승들이 우리에게 그것을 추상화하도록 가르친 날부터 개성을 갖게 된다. 우리가 처음 발음하도록 배우는 것은 단어가 아니라 문장이다.[117]

하나의 단어는 항상 그에 수반되는 다른 단어와 연결되며, 자신이 속해 있는 전체 문장의 속도와 움직임에 따라 다른 국면을 취하게 된다. 따라서 선율적인 주제의 각 음표는 주제 전체를 모호하게 반영한다. 그러므로 두뇌의 내적인 특정 기질로 나타나며, 소리의 인상들이 지나가는 동안에 모델이 되는 특정한 청각적 기억이 있다는 것을 인정하자. 물론 이러한 청각적 인상들은 식별되지 않고 지나갈 것이다. 건조하고 무기력하며 고립된 단어의 이미지와 문장으로 잘 정리된 생동하는 실재로서의 단어 사이에서 공통되는 척도나 접점은 과연 어디에 있는가? 위에서 보

---

117 역주) 매우 명쾌한 통찰인 듯하다. 우리가 처음 배우는 것은 단어가 아니라 문장이다. 사실이 그러하다. 어린아이는 '배가 고프다'는 문장을 먼저 배운다. 그리고 나중에는 '배' '허기' 등의 단어를 배운다. 여기서 배나 허기 등은 하나의 사태를 표상하는 문장에서 '분리된', 즉 '추상된' 것이다. 이렇게 문장으로부터 분리된 단어는 개성을 갖게 된다. 즉 문장 속에서는 가지지 못하는 다양한 의미나 뉘앙스 등을 함께 가지게 되는 것이다.

았다시피, 나는 이 문장의 주요한 접점에 밑줄을 긋고 여기서 그 움직임을 채택하는 자동적인 인식의 시작을 잘 이해하고 있다. 하지만 모든 사람이 동일한 목소리로 동일하게 고정된 관념의 문장을 동일한 어조로 발음한다고 가정하지 않는 한, 나는 청취된 단어들이 어떻게 대뇌피질에 있는 그들의 이미지와 결합할 수 있는지 알 수가 없다.

이제, 만일 피질세포에 정말로 기억들이 저장되어 있다면, 예를 들어 감각 실어증의 경우엔 특정 단어는 돌이킬 수 없을 정도로 손상되어 있지만, 다른 단어들은 전체적으로 보존된다는 사실을 사람들이 확인하게 될 것이다. 그런데 사실상 상황은 그렇지가 않다. 때때로 정신적인 청력 기능이 순수하고 단순하게 상실되면서 전체 기억이 사라지며, 때로는 이 기능이 전반적으로 약화되는 것을 목격하게 된다. 그런데 일반적으로 감소되는 것은 [정신적 청력의] 기능이지 기억의 수가 아니다. 환자는 더 이상 자신의 청각적 기억을 되살릴 힘이 없고, 이 청각적 기억에 도달하지 못하면서 언어적 이미지 주위를 맴도는 것 같다. 종종 그에게 한 단어를 찾도록 하는 데 있어서 그를 올바른 길 위에 놓는 것, 즉 첫음절[118]을 표시하거나 혹은 단순히 그를 격려하는 것만으로도 충분하다.[119] 하나의 감정도 동일한 효과를 산출할 수 있을 것이다.[120] 어쨌든 기억에서 지워진 규정된 표상들의 그룹인 것처럼 보이는 경우가 발생한다. 우리는 이러한

---

118 원주) Bernard, *op. cit.*, pp. 172 et 179. Cf. Babuilée, 『알코올 중독에서 기억의 문제들(*Les troubles de la mémoire dans l'alcoolisme*)』, Paris, 1886 (thèse de médecine), p. 44.

119 원주) Rieger, 『뇌 손상으로 인한 지적 장애에 대한 설명(*Beschreibung der Intelligenzstörungen in Folge einer Hirnverletzung*)』, Würzburg, 1889, p. 35.

120 원주) Wernicke, 『복합적 증상의 실어증에 관하여(*Der aphasische Symptomencomplex*)』, Breslau, 1874, p. 39. Cf. Valentin, 『외상성 실어증의 경우에 관하여(*Sur un cas d'aphasie d'origine traumatique*)』(*Rev. médicale de l'Est*, 1880, p. 171).

사실들 중 다수를 검토한 결과, 매우 명확한 두 가지 범주[121]로 나눌 수 있는 것으로 보였다. 전자의 경우 기억 상실은 일반적으로 갑작스럽게 발생하며, 후자의 경우는 점진적으로 나타난다. 전자의 경우, 전체 기억에서 분리된 기억들은 임의적이고, 자의적인 것이며 심지어 변덕스럽게 선택된다. 그것은 특정 단어, 특정 숫자, 심지어 종종 학습된 언어의 모든 단어일 수 있다. 후자의 경우, 리보Ribot의 법칙[122]에 표시된 것처럼, 체계적이고 문법적인 순서에 따라 단어가 차례로 사라진다. 먼저 고유명사가 사라지고 그다음 일반명사가 사라지고 마지막으로 동사가 사라진다.[123]

이것이 외적인 차이점들이다. 그리고 [여기에는] 내적인 차이점이 있는 것으로 보인다. 거의 모든 강렬한 충격에 뒤따르는 첫 번째 종류의 기억 상실증에서 우리는 겉으로 보기엔 없어진 것 같은 기억이 실제로 존재하며, 다만 존재할 뿐만 아니라 활성화되어 있다고 믿는 경향이 있다. 윈슬로Winslow[124]로부터 자주 취해진 예를 들자면, 문자 F를 잊어버린, 오직 F만을 잊어버린 피험자의 경우에, 우리는 특정 문자를 만날 때마다 이를 무시하고, 결과적으로 이 문자가 하나의 몸체를 이루고 있는 말과 글의 단어들로부터 이 문자를 분리한다는 것은, 먼저 그 문자를 암묵적으로 인식하지 않았다면 어떻게 가능할지를 질문해 볼 수 있다. 같은 저자에게서 인용한,[125] 또 다른 사례에서는 피험자는 자신이 배운 언어와 자

---

121 역주) 이 두 범주는 바로 위 문장에서 말한 '전체적으로 기억이 사라지는 경우'와 '정신적 청력 기능이 약화된 경우'이다.

122 역주) '리보의 법칙(Ribot's Law)'이란 사고나 질병 등으로 기억의 상실이 발생할 때, 오래된 과거의 기억보다는 최근의 기억부터 상실되는 현상을 일컫는 심리학 용어이다.

123 원주) Ribot, 『기억에 관한 병(*Les maladies de la mémoire*)』, Paris, 1881, p. 131 et suivantes. (Félix Alcan, éditeur.)

124 원주) Winslow, 『뇌의 모호한 질병에 관하여(*On obscure Diseases of the Brain*)』, London, 1861.

125 원주) *Ibid*., p. 372.

신이 쓴 시도 잊어버렸다. 다시 시를 쓰기 시작한 그는 거의 같은 구절을 썼다. 다른 한편 사람들은 잃어버린 기억을 완전히 회복하는 이와 동일한 경우를 종종 목격한다. 이런 종류의 질문에 대해 너무 단호하게 말하는 것을 피하고자 한다면, 우리는 이러한 현상과 피에르 자네Pierre Janet가 묘사한[126] 자아 분열scissions de la personnalité 사이의 유사점을 찾지 않을 수 없다. 이들 사이에는 놀랍게도 최면술사가 유발하는 "부정적 환각hallucinations négatives"[127] 및 "이정표가 있는 암시suggestions avec point de repère"와 유사한 것이 있다.[128] 진정한 실어증인 두 번째 유형의 실어증[129]은 이와 상당히 다르다. 우리가 곧 보여 주려고 시도하겠지만, 이 두 번째 실어증의 이유는 분명히 국한된 기능, 즉 단어들에 대한 기억을 현실화하는 능력의 점진적인 감소에 있다. 여기서 기억 상실증이 고유명사에서 시작하여 동사로 끝나는 체계적인 과정을 따른다는 것을 어떻게 설명할 수 있을까? 만약 언어적 이미지가 실제로 뇌피질의 세포에 축적되어 있다면 우리는 실어증의 과정을 거의 볼 수 없을 것이다. 실제로 질병이 항상 동일한 순서로 이 세포를 공격한다는 것이 이상하지 않은가?[130]

126 원주) Pierre Janet, 『히스테리의 정신 상태(*État mental des hystériques*)』, Paris, 1894, II, p. 263. Cf. 동일저자, 『심리적 자동성(*L'automatisme psychologique*)』, Paris, 1889.

127 역주) '부정적 환각'이란 일반적인 환각과 반대의 경우를 지칭하는 심리학적 용어이다. '환각'이란 시신경을 전혀 자극하지 않음에도, 즉 보이는 대상이 없음에도 시각이 어떤 형상을 보는 것을 말한다. 반면 '부정적 환각'이란 시각적 대상이 있음에도 동공에서 시각적 대상이 사라져 지각되지 않는 경우를 말한다. 이는 안과에서 말하는 '실명'과는 다른 것으로 어떤 심리적이나 두뇌적인 이유로 순간적으로 혹은 잠정적으로만 발생하는 것이다.

128 원주) Sommer가 다시 연구한 Grashey의 사례를 참조하라. Sommer는 실어증 이론의 현재 상태에서는 이를 설명할 수 없다고 발표하였다. 이 예에서 피험자가 실행하는 움직임은 독립적인 기억에 전달된 신호인 것처럼 보였다. (Sommer, 『언어심리학에 관하여(*Zur Psychologie der Spraehe*)』, Zeitschr. f. Psycholé. u. Physiol. der Sinnesorgane, t. II, 1891, p. 143 et suiv. Cf. Sommer가 독일 정신병 의회에 전달한 내용, *Arch*. de Neurologie, t. XXIV, 1892.)

129 역주) 이 두 번째 유형의 실어증은 물론 '점진적인 기억력의 상실'을 의미한다.

하지만 기억이 실현되기 위해서는 운동이라는 보조수단이 필요하며, 기억을 회상하려면 일종의 정신적 태도가 그 자체 신체적 태도에 삽입되어야 한다는 점을 우리가 인정하기만 한다면 사태는 분명해질 것이다. 그렇다면 모방할 수 있는 행동을 표현하는 것이 그 본질인 동사는 언어의 기능이 우리에게서 떨어져 나가려고 할 때 육체적 노력을 통해 우리가 다시 포착할 수 있게 해 주는 단어임이 분명하다.[131] 이와 반대로 모든 단어들 중에서 우리들의 육체가 윤곽을 잡을 수 있는 이러한 비인격적인 행동에서 가장 멀리 있는 고유명사는 기능의 약화가 우선적으로 영향을 미치는 단어이다. 실어증 환자는 자신이 찾고 있는 명사[132]를 규칙적으로 찾을 수 없게 되면서 완곡한 표현을 가진 적절한 다른 명사로 자신이 찾고 있는 명사를 대체하는데, 가끔은 그 자신의 의도에 반하는 명사를 사용하기도 한다는 이 특이한 사태에 주목해 보자. 그는 정확한 단어를 생각해 낼 수가 없었기에 그에 상응하는 행동을 생각하였고, 이러한 태도가 문장이 나타나게 된 움직임의 일반적인 방향을 결정하였다. 이러한 방식으로 우리는 때때로 잊어버린 이름의 첫 머리글자를 기억하고 나서 그 첫 글자를 발음하여 그 덕분에 다시 이름을 찾는 경우가 있다.[133] 이처럼 두 번째 유형의 사태들[134]에서 전체적으로 손상된 것은 기능이고, 첫 번째 유형의 사태들[135]에서는 망각이 겉보기에 더 명확하지만 실제로는

---

130 원주) Wundt, 『생리 심리학(*Psychologie physiologique*)』, t. I. p. 239.

131 역주) 예를 들어, '달리다'라는 동사가 잘 생각이 나지 않을 때, 달리는 시늉을 하면서 달리다라는 말을 되찾아 주는 것이다.

132 원주) Bernard, 『실어증에 관하여(*De raphasie*)』, Paris, 1889, pp. 171 et 174.

133 원주) Graves는 이름을 모두 잊어버렸지만 이름의 첫 글자를 기억하고 다시 찾아낸 환자의 사례를 인용하고 있다. (Bernard, 『실어증에 관하여(*De l'aphasie*)』, p. 179에서 인용.)

134 역주) 이는 고유명사에서 동사에까지 점진적으로 기억을 상실하는 경우를 말한다.

135 역주) 사고 등을 당하여 잠정적으로 기억 전체가 사라지는 경우를 말한다.

결코 결정적이지 않다. 어느 경우든 다른 경우와 마찬가지로 대뇌 물질의 특정 세포들 안에 위치하고 있는 기억들을 발견할 수는 없으며 이러한 세포가 파괴되면 세포는 소멸하고 말 것이다.[136]

그런데 우리의 의식에 대해 의문을 제기해 보자. 우리가 다른 사람의 말을 이해한다는 생각으로 들을 때 무슨 일이 일어나는지 질문해 보자. 인상들이 자신들의 이미지를 가져올 때까지 우리는 수동적으로 기다리는가? 오히려 우리는 대화 상대에 따라, 그가 말하는 언어에 따라, 그가 표현하는 생각의 종류에 따라, 특히 그의 문장의 일반적인 움직임에 따라 다양하게 변하는 특정한 성향에 우리 자신을 위치시킨다고 생각되지 않는가? 이는 마치 우리가 우리의 지적 작업의 태도를 조절하면서 듣기를 시작하는 것 같지 않은가? 운동 체계는 사고의 곡선을 따라 말을 빙빙 돌리고, 자신의 억양을 강조하면서, 우리에게 사고의 경로를 보여 준다. 이 체계는 그의 모양에 따라 그 안에 침전되는 유동적인 덩어리의 모양을 결정하는 빈 용기이다.

그러나 우리는 모든 경우에 진행 과정보다는 사물에 대해 생각하게 하는 불굴의 경향성 때문에 해석의 메커니즘을 이런 식으로 이해하는 것을 주저할 것이다. 우리는 관념에서 출발하여 이를 '청각 이미지 기억'으

---

136 역주) 여기서 기억과 정신과 뇌의 관계에 대한 베르그송의 입장이 분명히 드러나고 있다. 일반적으로 의사들은 뇌세포의 특정 부분에 과거의 기억들이 저장되어 있으며, 기억이 상실된다는 것은 기억을 저장하고 있는 뇌세포에 손상을 입었기 때문인 것으로 생각하고 있지만, 베르그송은 다양한 사례들을 통해 기억이 저장되어 있는 곳은 정신이며, 뇌나 뇌세포는 다만 정신과 육체를 이어 주는 매개체에 불과한 것이라고 보고 있다. 따라서 기억이 상실된다는 것은 정신과 감각(육체)을 연결하는 연결기능에 문제가 있거나 기능이 약화되었기 때문이라고 보는 것이다. 이러한 관점은 철학적으로 매우 중요한 시사점을 던져 주고 있다. 우리가 정신이라고 하는 것이 다만 뇌의 종합적인 기능에 불과한 것인가? 아니면 뇌란 다만 정신의 도구일 뿐이며, 정신이란 비물질적인 실체인가 하는 물음에 답하고 있기 때문이다. 전자는 콩트의 실증주의와 유물론자들의 입장이며, 후자는 베르그송의 입장이며, 특히 데카르트의 사유하는 주체로서의 비질료적인 정신을 말할 때의 입장이기도 하다.

로 발전시켰고, 이를 귀로 들은 소리에 적용시키기 위해 운동 체계에 삽입할 수 있다고 말하였다. 여기에는 관념의 모호함이 분명한 청각 이미지로 응축되는 지속적인 진보가 있으며, 이 이미지는 여전히 유동적이지만 물리적으로 통찰된 소리와 융합되면서 최종적으로 단단히 굳어지게 된다. 우리는 어떤 경우에도 관념이나 이미지 기억이 끝이 난다거나, 이미지 기억이나 감각이 시작된다고 분명하게 말할 수 없다.[137] 그리고 실제로, 한꺼번에 인식된 소리의 혼란과 여기에 추가되는 회상된 청각 이미지의 명확성 사이의 경계선은 어디일까? 회상된 이미지들 자체의 불연속성과 구분되는 단어들을 통해 분리되고 굴절되는 원래 관념의 연속성[138] 사이의 경계선은 어디일까?

[137] 역주) 이러한 진술은 베르그송의 의식에 대한 근본입장을 이해한다면 보다 쉽게 이해될 수 있을 것이다. 베르그송은 다른 책(『의식에 주어진 직접적인 소요들』)에서 인간의 의식이 형성되는 방식을 마치 작은 눈덩이가 굴러가면서 눈과 다양한 이물질들을 계속 자신에게 포함하면서 점차 큰 눈덩이가 되는 것에 비유한 적이 있다. 즉 인간은 과거의 모든 기억들을 자신의 의식 속에 내포하고 있으며, 과거의 어떤 경험과 유사한 경험을 할 때마다 그 경험이 의식 속에 추가되면서 기존에 경험하였던 것과 연합하여 보다 완전한 이미지나, 관념 등을 형성하고 있다고 믿고 있다. 나아가 이렇게 경험과 기억의 다발들이 하나의 지속성(durée)을 이루는 '의식'을 구성하고 있는 것이다. 따라서 내가 비행기 소리를 들을 때, 비행기 소리에 대한 청각이미지는 새롭게 시작되는 것이 아니라 이미 먼 과거에서 시작되었던 것이며, 또한 의식이 남아 있는 한, 이러한 이미지들은 변형과 변모를 거치며 계속 의식 속에 남아 있는 것이다. 따라서 어떤 의미에서 어떤 청각 이미지도 새롭게 시작하는 것도 없으며 또한 의식이 남아 있는 한 사라져 버리는 경우도 없는 것이다.

[138] 역주) '원래 관념의 연속성'이란 '비행기 소리' '자동차 소리'와 같이 여러 가지 소리가 구분되지 않고 하나의 관념 속에 연속적으로 일체가 되어 있는 것을 말한다. 예를 들어 '자동차 소리'라고 할 때, 여기에는 바퀴가 굴러가는 소리, 엔진이 돌아가는 소리, 휘발유가 연소되는 소리, 경적 소리 등 다양한 소리가 한 덩어리가 되어 그 경계를 구분할 수가 없을 만큼 '연속적'이다. 하지만 '바퀴' '휘발유' '엔진' '경적' 등과 같은 단어들을 통해서 (어떤 의미에서 추상적 활동을 통해) 하나의 소리가 다양하게 구별되는 소리로 분리가 되는 것이다. 이렇게 분리가 되면 '연속적이던 원래 관념'이 '불연속적인 다양한 개별적인 소리의 관념'으로 분해되는 것이다. 베르그송은 모든 것이 존재하는 방식은 일종의 '지속(연속성)'이라고 보고 있으며, 과학이란 이 지속을 분석하는 것에서 성립하고 있다고 보고 있다. 베르그송이 근본적으로 과학적 방식에 비판적인 시각을 견지하는 것은 '지속성'을 부정하고 분석에만 집착하는 과학적 방법론 때문이다.

그런데 이러한 끊임없는 일련의 변화를 분석하고, 상징적 표현에 대한 거부할 수 없는 요구에 양보하는 과학적 사고는 이러한 진화의 주요 단계를 중단하고 완결된 것으로 굳혀 버린다. 과학적 사유는 들리는 원래의 소리를 분리된 완전한 단어로 세운 다음, 회상된 청각 이미지를 그들이 발전시키는 관념과는 별개의 독립된 실체로 간주한다. 원시적 지각, 청각 이미지 그리고 관념의 세 가지 용어는 각각이 그 자체로 충분한 별개의 전체를 형성하게 될 것이다. 청각적 기억이 관념에 덧붙여지고 원시적 소리는 또한 기억을 통해서만 완성되기 때문에 순수한 경험을 고수하려면 필연적으로 관념에서 출발해야 한다는 생각에는 문제가 없다고 생각하는 반면, 원시적인 소리를 자의적으로 완성하고 또한 자의적으로 기억을 엮어 사물의 자연적 질서를 뒤집으면서, 우리는 지각에서 기억으로, 기억에서 관념으로 나아간다는 것을 확인한다. 그러나 어떤 형태로든, 세 용어의 끊어진 연속성을 언젠가는 복원해야 할 필요가 있다. 그러므로 우리는 구근과 뇌피질의 서로 다른 부분에 자리 잡고 있는 이 세 가지 용어가 그들 사이의 의사소통을 유지하고, 지각이 청각적 기억을 일깨우고, 이 기억은 또한 자신의 차례에서 관념을 일깨운다고 가정할 것이다. 우리는 발전의 주요 국면들을 독립적인 용어로 굳혔기 때문에 이제는 발전 그 자체를 의사소통 방식이나 충동적인 움직임을 통해 구체화하고자 한다. 하지만 우리가 이렇게 진정한 순서를 뒤집어서 그 필연적인 결과로 앞서는 것의 뒤에서만 실현되는 계열의 각 요소들을 도입하는 데 문제가 없는 것은 아니다. 마찬가지로 분할되지 않은 발전의 연속성을 뚜렷하고 독립적인 용어들로 고정하는 것도 문제가 되지 않는 것은 아니다. 이러한 표현 방식은 어쩌면 우리가 이러한 사태들에 대한 언어적 표현을 고안하는 데 도움이 된다는 사실에만 엄격하게 제한하는 한 문제가 없을 것이다. 그러나 각각의 새로운 사실은 모습을 복잡하게 만들고, 정지된 새로운 것이 결코 운동의 계열 그 자체를 재구성하지는 않겠지만 운동 계열에 삽입하게 될 것이다.

이와 관련하여 감각 실어증의 "도식"에 관한 이야기보다 더 유익한 것은 없다. 샤르코Charcot,[139] 브로드벤트Broadbent,[140] 쿠스마울Kussmaul,[141] 리히트하임Lichtheim[142]의 작업으로 각인된 첫 번째 기간에 사람들은 뇌피질 경로들을 통해 다양한 언어 중추에 연결된 "관념 중추centre des idées"의 가설을 고수하고 있었다. 그러나 이 '관념 중추'는 분석을 통해 빠르게 해체되었다. 반면 실제로 대뇌 생리학에서는 점점 더 관념이 아니라 감각과 움직임을 측정하게 되었다. 시각표현 중추, 촉각표현 중추, 청각표현 중추 등으로 불리는 다양한 감각 실어증이 나타났고 게다가 가끔은 이들을 둘씩 소통하게 하는 그 길을 하나는 오름차순으로 다른 하나는 내림차순으로 서로 다른 두 경로로 분할하였기 때문에 이러한 것은 임상의들로 하여금 지적 중추centre intellectuel를 상상 중추centres imaginatifs로부터 분리하게 하였다.[143] 이러한 것이 후기의 도식, 즉 비스만Wysman,[144] 모엘리

---

139 원주) Bernard, 『실어증에 관하여(*De l'aphasie*)』, p. 37.

140 원주) Broadbent, 『언어에 대한 남다른 애정의 사례(*A case of pecullar affection of speech*)』(Brain, 1879, p. 494).

141 원주) Kussmaul, 『언어에 장애들(*Les troubles de la parole*)』, Paris, 1884, p. 234.

142 원주) Lichtheim, 『실어증에 관하여(*On Aphasia*)』(Brain, 1885). 그러나 감각 실어증을 체계적으로 최초로 연구한 베르니케는 개념의 중추에 대한 고려 없이 연구를 수행했다는 점에 유의하여야 한다. (『실어증 증상 복합체(*Der aphasische Symptomencomplez*)』, Breslau, 1874.)

143 원주) Bastian, 「실어증의 다른 종류들에 관하여(On different kinds of Aphasla)」(*British Medical Journal*, 1887). Cf. Bernheim의 시각 실어증에 관한 설명 (가능한 경우에만 지칭) 「사물들에 관한 정신적 실명에 관하여(De la cécité psychique des choses)」(*Revue de Médecine*, 1885).

144 원주) Wysman, 「실어증 및 관련 질환(Aphasie und verwandte Zustände)」(『독일 임상의학 기록보관소(*Deutsches Archiv für klinische Medicin*)』, 1890). —Skwortzoff의 도식에 표시되어 있듯이, Magnan은 이미 이러한 비상에 진입하였다. 『언어맹에 관하여(*De la cécité des mots*)』(Th. de méd., 1881, pl. I).

190

Moeli,[145] 프로이트Freud[146] 등의 도식이 지닌 특징이었다. 따라서 이론은 실재의 복잡성을 포용하지 못한 채 점점 더 복잡해졌다. 더욱이 도식들이 더욱 복잡해짐에 따라 그들은, 의심의 여지 없이 병변을 보다 다양화하기 위하여, 그만큼 더 전문적이고 보다 단순한 병변의 가능성을 묘사하고 가정하였다. 여기서 도식의 복잡성은 분명 사람들이 먼저 모호하게 알고 있었던 중추들을 분리하는 데서 성립하는 것이었다. 그런데, 여기서 경험은 이론을 입증하는 것과는 거리가 멀었다. 왜냐하면 경험은 거의 항상 이론이 분리하였던 이러한 단순한 심리적인 병변들이 부분적으로 그리고 다양하게 결합되어 나타났기 때문이다. 이처럼 실어증 이론의 복잡성이 스스로 자신을 파괴하면서, 도식에 대해 점점 더 회의적이게 된 현재의 병리학이 순수하고 단순하게 사태들에 대한 묘사로 회귀하는 것을 보고 우리는 놀라워해야 할까?[147]

그런데 이러한 것들을 어떻게 다르게 다룰 수 있을까? 감각 실어증에 대한 어떤 이론가들의 말을 들으면 그들이 문장의 구조를 자세히 고려한 적이 없다고 생각될 것이다. 그들은 문장이 사물들의 이미지를 불러일으키는 명사로 구성된 것처럼 추론한다. 그렇다면 그 역할이 이미지들 사이의 모든 종류의 관계들과 뉘앙스들을 정확하게 정립하고자 하는 담론의 다양한 부분들은 어떻게 될 것인가? 이 단어들 각각은 그 자체 의심의 여지 없이 더 이상 혼란스럽지 않고 단호하게 물질적인 이미지를 표현하

---

145 원주) Moeli, 「눈을 통해 물체를 인식하는 실어증에 관하여(Ueber Aphasie bel Wahrnehrnung der Gegenstände durch das Gesieh)」, 『베를린 임상 주간(Berliner klinische Wochenschrift)』(28 avril 1890).
146 원주) Freud, 『실어증의 개념에 대하여(Zur Auffassunq der Aphasien)』, Leipzig, 1891.
147 원주) Sommer, 『정신과 의사들의 회의에서의 소통(Communication à un congrès d'aliénistes)』(Arch. de Neurologie, t. XXIV, 1892).

고 불러일으킨다고 말할 수 있을까? 만일 그렇다면 동일한 단어가 그것이 차지하는 위치와 그것이 결합하는 용어에 따라 서로 다른 관계의 다양성을 나타낼 수 있는지 생각해 볼 수 있을 것이다! 여기에 이미 잘 완성된 언어의 세련됨이 있으며, 사물의 이미지를 이끌어 내기 위한 구체적인 이름들을 가진 언어가 있을 수 있다고 주장할 수 있을까? 나는 별어려움 없이 이것에 찬성한다. 그러나 당신이 나에게 말하는 언어가 보다 원시적이고, 관계를 표현하는 용어들이 보다 배제될수록 당신은 나의 정신활동에 더 많은 공간을 확보해야 할 것이다. 왜냐하면 당신은 당신이 표현하지 않는 관계들을 나에게 다시 설정하도록 강요하기 때문이다. 다시 말해 각각의 이미지가 자신의 관념에서 이탈하게 된다는 이 가설을 점점 더 포기하게 될 것이다. 진실을 말하자면, 여기엔 단지 정도의 문제가 있을 뿐이다. 세련되든 조잡하든, 언어는 표현할 수 있는 것보다 훨씬 더 많은 것을 함의하고 있다. 말은 병치된 단어를 통해 진행되기 때문에 본질적으로 불연속적이며, 사고의 움직임의 주요한 단계들 여기저기서 경계선을 세우는 것만을 한다. 그렇기 때문에 만일 내가 당신과 유사한 생각에서 출발하고, 때때로 나에게 길을 보여 주기 위해 의도된 많은 이정표들처럼, 의도된 언어적 이미지의 도움으로 구불구불한 사유의 길을 따라간다면 나는 당신의 말을 이해할 것이다. 그러나 만일 내가 언어적 이미지들 그 자체에서 출발한다면 나는 결코 당신의 말을 이해하지 못할 것이다. 왜냐하면 두 개의 연속적인 언어 이미지 사이에는 어떤 구체적인 표상도 채울 수 없는 간격이 존재하고 있기 때문이다. 실제로 이미지들은 사물들 이상의 것이 될 수 없으며, 생각은 하나의 움직임이다.[148]

148 역주) 아마도 이 문단을 한마디로 요약한다면 '우리가 타인의 말을 이해하고자 할 때, 말하는 이의 사

그러므로 우리가 이미지 기억과 관념을 이미 완결된 사물처럼 취급하고, 뒤이어 여기에 문제의 중심을 할당하는 것은 헛된 일이다. 아무리 우리가 해부학과 생리학에서 차용한 언어로 가설을 위장하더라도 그것은 정신적인 삶에 대한 연합주의[149]적 개념에 지나지 않는다. 이러한 가설은 진행을 여러 단계로 나누고, 그런 다음 각 단계를 사물로 고착시키는 지성의 지속적인 경향성만 가질 뿐이다. 그리고 이러한 가설은 일종의 형이상학적 편견[150]에서 선험적으로 탄생했기 때문에 의식의 움직임을 따르는 이점도 없고, 사태들을 단순하게 설명하는 이점도 없다. 하지만 우리는 이러한 환상을 스스로 명백한 자기모순에 봉착하는 정확한 지점까지 추적하여야 한다. 우리는 기억의 깊은 곳에서 호출된 관념들, 즉 순수 기억들은 점점 더 운동 체계 안으로 삽입될 수 있는 이미지 기억으로 발전한다고 말한 바 있다. 이러한 기억들이 보다 완전하고 보다 구체적이며 보다 의식적인 표현의 형태를 취한다는 한에서 이들은 자신들을 끌어당기는 지각이나 채택한 틀의 지각과 더 많이 합쳐지는 경향이 있다. 그러므로 뇌 안에 기억이 엉기고 축적되는 영역은 존재하지 않으며, 존재할 수도 없다. 뇌 손상으로 인한 기억의 파괴라는 주장은 다만 기억이 현실화되는 지속적인 진행이 중단된 것에 불과하다. 결과적으로, 예

고의 근본적인 의도나 핵심을 이해하고 있다면, 비록 동의를 할 수 없다 하더라도 상대방의 말의 뜻이나 의도를 이해할 수 있겠지만, 그 말 속에 존재하는 하나하나의 단어들에서 출발하게 된다면 결국 이해하기가 불가능하다'일 것이다. 다시 말해 전체 문장의 흐름이나 의도를 이해하지 않고, 각 단어들의 개별적인 이미지(의미)에 집착하게 된다면 소통이 불가능하게 된다는 것이다.

149 역주) '연합주의'에 관련된 설명은 이 책 뒷부분의「주요 개념 정리」'관념연합론'을 참고.

150 역주) 여기서 진보의 과정을 단계로 나누고 이를 고착화하는 것을 '형이상학적 편견'에서 탄생한 것이라고 할 때, 이 형이상학적 편견은 '직선은 여러 점들로 구성되어 있다'는 식의 편견이다. 즉 '사고의 운동'은 그 자체로 분할될 수 없는 하나의 지속임에도 이러한 '사고가 다양한 관념들의 연합에 의해서 이루어져 있다고 생각하고, 뒤이어 각각의 관념들로 분할할 수 있다고 생각하는 것'이 곧 형이상학적 편견이다.

를 들어 단어들의 청각적 기억을 뇌의 특정 지점에서 기어코 찾고자 한다면, 이와 동일한 값을 가진 다른 이유로 우리는 지각 중추로부터 상상 중추를 구분하고자 하거나 이 두 중추를 서로 혼동하게 될 것이다. 그런데 이러한 것이 바로 경험이 입증해 주는 것이다.

실제로 이 이론이 한편으로는 심리적 분석에 의해, 다른 한편으로는 병리학적 사실에 의해 인도된다는 특이한 모순에 주목해 보자. 한편으로, 만일 일단 완성된 지각이 축적된 기억의 상태로 뇌에 남아 있다면, 그것은 지각이 인상을 받은 그 요소들로부터 획득된 성향으로만 있을 수 있는 것이다. 그렇다면 이 성향이 어느 특정한 순간에 어떻게 다른 성향들을 [뇌의 피질에] 찾으러 갈 수 있을까?[151] 그리고 사실상 베인Bain[152]과 리보Ribot[153]는 이러한 자연스러운 해결책에서 멈춘다. 그러나 다른 한편, 지각에 상응하는 기능이 손상 없이 남아 있음에도 어떤 특정 종류의 기억 전체가 우리의 지각에서 벗어날 수 있다고 알려 주는 병리학이 존재한다. 정신적 청각장애[154]가 듣는 것을 방해하지 않는 것처럼, 정신적 시각장애가 보는 것을 방해하지는 않는다. 더 구체적으로, ―우리가 관심을

---

151 역주) 구체적인 예를 드는 것 없이, 뇌의 심리적 현상에 대한 이러한 설명은 매우 추상적이어서 무슨 의미인지 선뜻 와닿지 않는다. 하나의 예를 들자면 가령 산에서 늑대를 만난 적이 있는 사람은 그 늑대를 통해 무서운 야생동물의 느낌을 강하게 받았을 것이다. 그리고 이러한 "무서운 야생성"이라는 성향이 그의 뇌의 피질에 기억으로 축적되어 있을 것이다. 그런데 만일 어느 특정한 순간에 동물원에서 어린 늑대를 보고 사랑스러움을 느꼈을 때, '아주 사랑스러운 늑대'라는 새로운 성향은 어디에서 찾을 수 있는가를 묻고 있는 것이다. 왜냐하면 뇌의 표피에 저장된 늑대에 대한 기억은 "무서운 야생성"밖에 없기 때문이다. 따라서 베르그송은 뇌의 표피에 과거의 기억이 저장되어 있고, 다음의 지각 때에 이 저장된 기억을 떠올린다는 것은 성립하지 않는다고 비판조로 말하고 있는 것이다.
152 원주) Bain, 『감각과 지성(*Les sens et l'intelligence*)』, p. 304. Cf. Spencer, 『심리학의 원리(*Principes de psychologie*)』, t. I, p. 483.
153 원주) Ribot, 『기억에 관한 질병들(*Les maladies de la mémoire*)』, Paris, 1881, p. 10.
154 역주) 정신적 청각장애란 듣기는 하지만 들은 내용을 전혀 이해하지 못하는 상태를 지칭한다.

갖는 유일한 주제인— 단어들에 대한 청각 기억의 상실과 관련하여, 첫 번째 및 두 번째 '왼쪽 측두접형골temporo-sphénoïdales gauches'의 선회에 대한 파괴적인 병변과 연관되어 있음을 규칙적으로 보여 주는 다양한 사태들이 있다.[155] 하지만 이 병변이 고유한 의미에서의 청각장애를 유발한 사례는 단 한 건도 알지 못하였음에도, 사람들은 이를 원숭이에게 실험적으로 유발하기도 하였다. 그러나 원숭이에게 정신적 청각장애 외에는 아무것도 규정하지 않은 채 그렇게 하였다. 다시 말해 원숭이가 지속적으로 들었던 돈에 대해서 그것을 해석하는 데 있어 무능함을 보여 준 것이다.[156] 따라서 지각과 기억에 구분되는 신경 요소들을 할당하는 것이 필요할 것이다. 그런데 이러한 가설은 이 가설에 반대되는 가장 기본적인 심리학적 관찰과 마주하게 될 것이다. 왜냐하면 기억은, 더 명확해지고 강렬해질수록 스스로 지각하려는 경향이 있기 때문이다. 하나의 근본적인 변형이 발생하는 것 없이 그리고 그 결과 상상적인 요소들이 감각적인 요소들로 이동하였다고 말할 수 있는 구체적인 순간이 없이도 지각이 되는 경향이 있다는 것을 알기 때문이다.[157] 따라서 지각의 요소를 기억의 요소와 동일시하는 첫 번째 가설[158]과 이를 구별하는 성격을 띠고 있

---

155 원주) Shaw의 논문에서 가장 명확한 사례의 목록을 참조하라. 「실어증의 감각적 측면(The sensory side of Aphasia)」(Brain, 1893, p. 501). 다른 한편 몇몇 저자들은 청각 언어 이미지 손실에 대한 병변의 특성을 첫 번째 (측두접형골의) 선회에 제한하고 있다. 특히 다음을 보라. Ballet, 『내적인 언어(Le langage intérieur)』, p. 153.

156 원주) Lucani (J. Soury에 의해 인용), 『두뇌의 기능들(Les fonctions du cerveau)』, Paris, 1892, p. 211.

157 역주) 상상적인 요소들이 감각적인 요소들로 이동하는 것이 없이 지각된다는 것은 다시 말해 외부 대상에 대한 구체적인 감각적 지각이 없이도, 기억에 존재하는 요소들만으로, 즉 상상적인 요소들만으로도 지각이 되는 경우를 말한다. 예를 들어 낮에 무서운 멧돼지를 본 사람은 밤에 그 멧돼지를 상상적으로 다시 지각할 수가 있는 것이다.

158 역주) 왜냐하면 병리학적 가설에서는 지각된 것을 인지하지 못하는 이유가 뇌피질에 병변이 발생하여 그곳에 저장된 기억을 불러오지 못한다고 생각하기 때문이다.

는 상반된 이 두 번째 가설[159]은 둘 중 어느 하나를 완전히 인정할 수 없는 상태에서 서로를 참조하는 성격을 갖고 있는 것이다.

그렇지 않다면 달리 어떻게 될 수 있을까? 여기서 여전히 사람들은 분명한 지각과 이미지 기억[기억 상像]을 마치 사물들처럼 고착된 상태로 고려하고 있는데, 이는 첫 번째 것[분명한 지각]이 두 번째 것[이미지 기억]으로 변화되는 역동적인 과정을 고려하는 대신에, 이 둘이 이미 완성된 것으로 고려하는 것이다. 사실 완전한 지각은 우리가 그 앞에 던지는 '이미지 기억'의 융합[합치]에 의해서만 정의되고 분명하게 된다. 주의집중은 바로 이러한 노력을 의미하며, 주의집중이 없다면 [완전한 지각은 없으며] 다만 기계적인 반응을 수반하는 감각들의 수동적인 병치만이 있을 뿐이다. 그러나 다른 한편, 좀 더 후에 보여 주겠지만, 순수 기억의 상태로 환원된 이미지 기억 그 자체는 여전히 비효력적인 것으로 남아 있을 것이다. 가상적인 것인 이 기억은 자신을 끌어당기는 지각을 통해서만 현실적인 것이 될 수 있다. 무기력한 가상적인 것은 자신이 구체화되는 현재의 감각에서 자신의 생명과 힘을 차용할 수 있다. 이것은 상반되는 감각의 두 흐름을 통해 발생하리라고 말하는 것과 같지 않은가? 이 두 감각 중 하나인 구심적인 것은 외부 대상에서 나오며, 다른 하나인 원심적인 것은 우리가 "순수 기억"이라고 부르는 것에서 출발하지 않는가?

첫 번째의 흐름 그것만으로는 자신에게 동반되고 있는 기계적 반응을 통해 수동적인 지각만을 제공할 것이다. 두 번째의 흐름은 그 자체로 남아 있다면 [지각의] 흐름이 강해짐에 따라 점점 더 현실적인 것이 되면

---

159 역주) 왜냐하면 심리적 분석에 의한 가설은 외부 대상에 대한 지각이 없을지라도, 스스로 어떤 것을 지각할 수도 있다고 생각하기 때문이다.

서, 현실적인 기억을 주고자 하는 경향을 가진다. 이 두 가지 흐름이 만나는 지점에서 이 두 흐름은 함께 뚜렷하고 분명한 지각을 형성한다. 바로 이러한 것이 내면의 관찰이 말하는 것이다. 하지만 우리에게는 여기서 중단할 권리가 없다. 확실히, 충분한 조명 없이 대뇌의 국소화에 대한 모호한 질문의 한가운데로 들어가는 것은 큰 위험을 내포하고 있다. 그런데 우리는 완전한 지각과 이미지 기억의 분리가 임상적 관찰과 심리학적 분석의 대립을 가져왔고, 이것이 기억의 국소화 이론에 대한 심각한 모순을 가져왔다고 말한 바 있다. 우리는 뇌를 기억의 저장소로 간주하는 것을 중단할 때, 알려진 사태들에 어떤 일이 발생하는지를 연구해야만 한다.[160]

설명을 단순화하기 위해 잠시 외부에서 오는 흥분이 대뇌피질이나 혹은 다른 중추에 기본적인 감각을 낳는다는 점을 인정하도록 하자. 우리는 여기서 항상 기초적인 감각만을 가지고 있다. 그런데, 사실상 각각의 지각은 상당한 수의 공존하고 있는 감각들을 포함하며, 그리고 정해

---

160 원주) 여기서 개괄적으로 설명하는 이론은 한 가지 측면에서 분트(Wundt)의 이론과도 유사하다. 바로 그 공통점과 본질적인 차이점을 지적해 보자. 분트와 함께 우리는 뚜렷한 지각이 원심력 작용을 의미한다고 믿으며, 이로써 그와 함께 (비록 약간 다른 의미가 있기는 하지만) 소위 상상 중추가 오히려 감각적 인상들을 그룹화하는 중추라고 가정하게 된다. 하지만 분트에 따르면 원심 작용은 그 성격이 일반적인 방식으로만 정의될 수 있고 일반적으로 '주의 고정'이라고 부르는 것과 일치하는 것처럼 보이는 "지각력이 있는 자극(stimulation aperceptive)"으로 구성되어 있는 반면, 우리는 이 원심 작용이 각각의 경우에, 심지어 어느 정도 현실화되는 경향이 있는 "가상적 대상"에 있어서도 구체적인 형태를 취한다고 주장한다. 여기에는 중추의 역할 개념에 대한 중요한 차이를 내포하고 있다. 분트는 다음과 같이 가정한다. 1) 전두엽을 차지하고 있는 일반적인 통각(aperception) 기관이 있으며, 2) 의심의 여지 없이 이미지를 저장할 수야 없겠지만, 그럼에도 이미지를 재생하고자 하는 경향성이나 기질을 유지하는 특수한 중추가 있다. 이와 반대로 우리는 대뇌의 물질에는 어떠한 이미지도 남아 있을 수가 없으며, 통각의 중추도 존재할 수 없고, 대뇌 물질 안에는 다만 기억의 의도에 영향을 받는 가상적인 지각 기관만이 있을 뿐이라고 주장한다. 여기에는 대상의 작용에 영향을 받는 실제적인 지각의 주변 기관들이 있다. 이에 대해서는 다음을 참조하라. 『생리 심리학(la Psychologie physiologique)』, t. I, pp. 242~252.

진 순서로 배열되어 있다. 이 질서는 어디에서 왔으며, 이러한 공존을 보장하는 것은 무엇인가? 실재하는 물리적 대상의 경우 그 대답은 의심할 여지가 없다. 질서와 공존은 외부 대상을 통해 자극을 받게 되는 감각 기관에서 비롯된다. 이 기관은 동시에 여러 자극에 특정한 방식과 특정한 순서로 분산되면서, [뇌피질의] 표면의 선택된 부분에 인상을 남길 수 있도록 정밀하게 구성되었다. 따라서 그것[질서가 파생되고 공존을 보장하는 것]은 외부 대상이 순식간에 실행하는 수천의 화음을 연주하며, 정해진 질서에 따라 단 한순간에 무수한 기초적인 감각이 감각 중추에 관계된 모든 지점에 대응하면서 연주하는 거대한 건반이다. 이제 외부 대상이나 감각 기관, 또는 둘 다를 제거해 보자. 동일한 기초적인 감각들이 자극될 수 있다. 왜냐하면 동일한 현들이 거기에 있고 동일한 방식으로 공명할 준비가 되어 있기 때문이다. 그런데 한 번에 천 개를 동시에 포착하고 동일한 현 안에 그토록 많은 단순한 음을 하나로 모을 수 있는 건반은 어디에 있는가?

우리의 관점에서, 만일 "이미지의 영역"이 존재한다면, 이 영역은 이러한 건반의 방식으로만 존재할 수 있다. 확실히 관련된 모든 현을 직접적으로 활성화하는 순수한 정신으로부터는 상상할 수 없는 일이 없을 것이다. 하지만 ―우리에게 유일하게 관심사인― 정신적 청력의 경우에는 측두엽의 특정 병변이 기능을 없애기 때문에 기능의 국소화[위치화]가 확실해 보인다. 다른 한편, 우리는 용인할 수 없으며 상상할 수도 없는 대뇌 물질의 한 영역에 축적된 이미지 잔여물에 대해 말한 적이 있다. 따라서 오직 하나의 가설만이 그럴듯하게 남아 있다. 그것은 청각 중추 그 자체에 대해서 이러한 영역이 감각 기관에 대해 대칭적인 장소를 차지하는데, 여기서 이 감각 기관은 귀이며, 따라서 이 대칭적인 위치는 정신적인 귀oreille mentale[161]가 된다는 것이다.

이렇게 된다면 지적했던 모순은 사라진다. 한편으로 우리는 회상된 청각 이미지가 첫 번째 지각과 동일한 신경 요소들을 움직이게 하고, 이렇게 하여 기억이 점진적으로 지각으로 전환된다는 것을 이해하게 된다. 다른 한편으로 우리는 말과 같은 복잡한 소리를 기억하는 능력이 이러한 말을 통찰하는 능력인 뇌피질의 여타 부분들과 관련이 있을 수 있음을 또한 이해할 수 있다. 바로 이 때문에 정신적 청각장애의 경우 실제적인 청각은 정신에 존재하는 것이다. 현들은 여전히 정신적인 청각에 있으며, 외부의 소리에 영향을 받아 이 현들은 여전히 진동하고 있다. 없어진 것은 내부의 건반인 것이다.

마지막으로 다른 말로 설명하면, 기초적인 감각들이 탄생하는 중추는 어떤 의미에서 '앞을 통해' 그리고 '뒤를 통해'라는 다른 두 측면에서 활성화될 수 있다. 앞을 통해서는 이 기초감각들이 감각 기관으로부터 인상을 수용하며, 결과적으로 실제 대상으로부터 인상을 수용하며, 뒤를 통해서는 가상의 대상object virtuel을 매개로 하여 영향을 받는다. 만일 이미지 중추가 존재한다면 이는 감각 중추에 관련되는 감각 기관의 대칭되는 기관[162]일 수 밖에 없을 것이다. 감각 기관이 실제 대상들의 저장소가 아닌 것과 마찬가지로, 이미지 중추 역시 순수 기억들의 저장소, 즉 가상의

---

161 역주) 여기서 말하는 '정신적인 귀'란 우리의 귀가 들은 소리의 이미지를 다시 수용하는 정신의 기능을 말하는 것이다. 따라서 여기서 뇌는 귀가 들은 소리를 정신적인 귀로 전달하는 매개체가 된다.

162 역주) 여기서 감각 기관과 대칭되는 기관은 예를 들어 바로 위에서 말한 '정신적인 귀'가 될 수 있다. 도식화하면, 감각 기관 → 감각 중추 / 이미지 기관 → 이미지 중추로 대칭되며, 감각 중추가 실재 감각 대상을 저장하고 있지 않는 것처럼, 이미지 중추도 가상적 대상(즉 이미지)을 저장하고 있지 않다. 따라서 감각 인식이란 매 순간 이 양자가 서로 협조하여 새로운 이미지를 만들어 낸다고 보는 것이다.

대상들의 저장소가 아니다. 이것은 실재에서 일어날 수 있는 것으로부터 무한히 축약된 해석이라는 것을 덧붙이자. 다양한 감각 실어증은 청각적 이미지를 불러내는 것이 단순한 행위가 아님을 충분히 입증해 주고 있다. 우리가 순수 기억이라고 부르는 의도intention와, 고유하게 말해 청각 이미지 기억 사이에는 '중개적 기억souvenirs intermédiaires'이 가장 자주 삽입되는데, 이는 우선적으로 다소 멀리 있는 중추들 안의 이미지 기억들로 실현되어야 한다. 따라서 단계적인 과정을 거치면서 관념이 언어적 이미지인 이 개별적인 이미지 안에서 구체화된다. 이로써 정신적 청력은 다양한 중추와 그 중추로 이어지는 길의 온전한 상태에 종속될 수 있다. 하지만 이러한 복잡성은 근본적으로 아무것도 바꾸지 않는다. 중재된 용어의 개수와 성격이 무엇이든 간에 우리는 지각에서 관념으로 나아가는 것이 아니라, 관념에서 지각으로 나아가며, 인식의 특징적인 과정은 구심적centripète인 것이 아니라 오히려 원심적centrifuge이다.[163]

내부에서 흘러나오는 자극들이 대뇌피질이나 혹은 다른 중추들에 어떤 작용을 해서 감각을 일으킬 수 있는지는 아직 알아보아야 할 문제이다. 그리고 여기엔 자신을 표현하는 하나의 편리한 방법만이 있을 뿐이라는 것은 아주 분명하다. 순수 기억은 실행된다는 한에서 신체에다 그에 상응하는 모든 감각들을 불러일으키는 경향이 있다. 그러나 이러한

163 역주) 인식(앎, 재인)이 지각에서 관념으로 나아가는 구심적인 것이 아니라, 오히려 관념에서 지각으로 나아가는 원심적인 것이라는 말은 '인식 과정'에 대한 베르그송의 핵심 관점을 잘 보여 주고 있다고 할 수 있다. 그 이유는 베르그송에게 있어서 A를 인식한다는 것은 기존에 우리의 자아(정신, 의식) 안에 이미 지니고 있는 'A에 대한 관념(앎, 상)'을 떠올리고 이것과 새롭게 지각된 A에 대한 이미지나 인상 등이 결합하여 보다 완전한 A에 대한 앎(관념)을 추구하게 되는 것을 의미하기 때문이다. 이는 다른 저서에서 하나의 동일한 눈덩이가 언덕 아래로 굴러가면서 (시간이 경과함에 따라) 보다 완전한 눈덩이가 된다는 비유를 통해 잘 보여 주고 있는 것이다.

가상의 감각들 자체가 현실적인 것이 되기 위해서는 신체에, 일반적인 선행 조건인 운동과 태도를 각인하면서 신체를 행동하게 하려는 경향이 있어야 한다. 소위 감각 중추의 진동들, 즉 일반적으로 신체가 수행하거나 계획한 움직임에 앞서 발생하며, 심지어 움직임을 시작함으로써 이를 준비시키는 일반적인 역할을 가진 감각 중추의 진동들은 감각의 실제적인 원인이기보다는 자신의 [즉, 감각 중추의] 능력의 표징이며, 자신의 효력성의 조건이다. 가상적 이미지가 실현되는 과정은 다름 아닌 이 이미지가 신체로부터 유용한 운동을 획득하고자 하는 일련의 단계이다. 소위 감각 중추의 자극은 이 단계의 마지막에 해당한다. 그것은 운동 반응의 전주곡이자 공간 안에서의 행동의 시작이다. 다시 말하면, 가상적 이미지는 가상적 감각을 향해 발전하고, 가상적 감각은 실제적인 움직임을 향해 발전한다.[164] 이러한 움직임은 스스로 실현되면서 자연적인 연장인 감각과 이러한 감각과 하나가 되고자 하는 이미지를 동시에 실현하는 것이다. 우리는 이러한 가상적인 과정을 더 깊이 탐구하고, 정신적 그리고 정신물리학적 활동의 내부 메커니즘을 더 깊이 통찰하면서 과거가 지속

---

[164] 역주) 매우 추상적인 설명이어서 그 의미가 선뜻 와닿지 않을 수 있다. 적절한 예가 될 수 있는지는 알 수 없으나 현실에서의 구체적인 한 예를 들어 보자. 가상적 이미지에서 가상적 감각으로 발전하고 가상적 감각이 다시 실제적인 움직임으로 발전하는 것은 사실상 현실의 지각 과정에서는 눈 깜짝 할 사이에 발생한다. 예를 들어 잃어버린 반려견 '뽀삐'에 대해 그리워하는 주인의 정신 속에는 뽀삐에 대한 기억이 존재한다. 다만 이 기억이 평소에 항상 정신 속에 떠올라 있는 것이 아니라는 차원에서 '잠정적으로만' 정신 안에 존재한다. 그런데 어느 날 뽀삐와 유사하게 생긴 한 마리의 강아지를 멀리서 보았다면, 가장 먼저 머릿속에 '뽀삐의 이미지'가 떠오를 것이다. 이 '이미지'는 아직 멀리 있는 실제 강아지와는 직접 관련이 없다는 차원에서 '가상적 이미지'인 것이다. 그리고 이러한 가상적 이미지를 실제 강아지와 대조해 보기 위해서 우선적으로 마치 실제로 눈으로 보고 소리를 들어 보고 하는 것처럼 '정신 속에서 (정신의 눈과 귀를 통해)' 보고 듣고 할 것이다. 이것이 가상적 감각이다. 그런 다음 우리의 눈과 귀가 내 앞에 있는 실제적인 강아지의 모습을 보고 소리를 듣고자 하는 실제적인 움직임(감각 움직임)으로 실행되는 것이다.

적인 진보를 통해 현재화되면서 상실한 그의 영향력을 다시 회복하고자
하는 경향[165]이 있음을 보여 줄 것이다.

165 역주) 여기서 '과거가 현재화되면서 상실한 영향력을 다시 회복하고자 하는 경향'을 말한다는 것은
'지속(durée)'이라는 베르그송의 핵심 관점을 잘 대변해 주고 있다. 예를 들어 만일 어떤 사람이 '철학'
이라는 학문에 많은 관심을 가지고 있었다고 하자. 과거에 가졌던 철학에 대한 이미지나 앎은 현재의
철학에 대해 가지는 이미지나 앎과는 완전히 다를 수 있다. 만일 우리의 앎이나 기억이 디지털적이
라면 과거에 가졌던 그 앎은 현재의 앎보다는 매우 불완전한 것이라는 차원에서 현재의 앎이 자리를
잡는 순간 나의 기억에서 사라져야만 하고 현재의 앎으로 대체되어야 하는 것이다. 하지만 베르그송
은 모든 것을 지속이라는 관점에서 보기 때문에 과거와 현재는 아날로그적이며, 어떤 것에 대한 현재
의 앎이란 과거에서부터 지속적으로 점진적인 변화를 거쳐 (대체된 것이 아닌) 보다 완전하게 되는 것
으로 보고 있다. 따라서 여기서는 단절이 불가능하며, 비록 현재의 앎이 과거의 앎보다 더욱 완전하
다고 해도, 여전히 현재의 앎 속에는 과거의 앎이 마치 뿌리처럼 자리를 잡고 있는 것이다. 그렇기 때
문에 현재의 새로운 이해를 가지면서 무시되었거나 외면되었던 과거의 이해는 항상 그 영향력을 다
시 가지려고 하는 경향성을 띠게 되는 것이다.

3장

이미지들의 존속에 관하여

— 기억과 정신

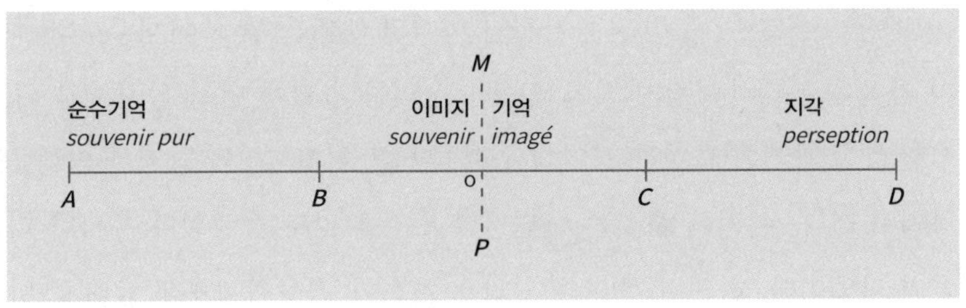

앞 장에서 논의한 내용들을 간략하게 요약해 보자. 우리는 순수 기억, 이미지 기억, 지각이라는 세 가지 용어를 구별했는데, 실제로는 이들 중 어느 것도 독립적으로 발생하지 않는다. 지각은 결코 정신과 현존하는 대상과의 단순한 접촉에서 이루어지지 않는다. 지각은 현존하는 대상을 해석함으로써 대상을 완성하는 이미지 기억들로 가득 차 있다. 이미지 기억의 경우 자신이 물질화하기 시작한 "순수 기억"에 참여하고 또 자신이 육화s'incarne되고자 하는 지각에 참여한다. 이 마지막 관점을 고려하자면 이미지 기억은 탄생하는 [초기] 지각으로 정의된다. 마지막으로, 의심할 바 없이 그 권리에 있어 독립적인 순수 기억은 일반적으로 자신을 드러내는 다채롭고 생생한 이미지로만 나타난다. 이 세 가지 용어를 같은 직선 AD의 연속적인 구획 AB, BC, CD로 상징화하면서 우리는 우리의 사유가 A에서 D로 가는 하나의 연속적인 움직임의 선으로 묘사된다고 말할 수 있다. 그리고 세 가지 용어로 규정된 이 움직임들 중 정확히 어디에서 하나의 움직임이 끝나고 또 어디에서 다른 하나의 움직임이 시작되는지 말한다는 것은 불가능하다.[1]

다른 한편 이것은 기억을 분석하기 위해, 작용하고 있는 기억의 움직임 자체를 따라갈 때마다 의식이 별 어려움 없이 확인하는 것이기도 하다. 이것은 우리들 역사의 한 시기를 불러낼 때마다 기억을 재발견하는데 대한 문제일까? 우리는 독자적인 의식의 행위를 통해 현재로부터 우리 자신을 분리하여 일반적인 [영역의] 우리를 과거에 먼저 위치시킨 뒤, 그런 다음 과거의 특정한 영역에 우리 자신을 위치시키는 그러한 의식을 가지고 있다. 이러한 행위는 사진기의 초점을 맞추는 행위와 유사한 더듬기 작업이다. 하지만 우리의 기억은 여전히 '가상적[잠재적] 상태'로 남아 있다. 우리는 단지 적절한 태도를 취함으로써 이 가상의 상태를 수용할 준비를 할 뿐이다. [이 가상의 상태는] 조금씩 응축되어 구름 덩이처럼 나타나며, 곧이어 가상적인 것에서 현실적인 상태로 이동한다. 그리고 윤곽이 형성되고 표면이 착색됨에 따라 가상에서 현실적인 상태로의 이동은 지각을 모방하는 경향을 가진다. 그러나 그것은 그 깊은 뿌리로 인해 과거에 묶여 있으며 일단 [기억이] 실현된 이후에, 만일 자신의 원래의 가상성을 느끼지 못한다면, 즉 현재의 상태와 동시적이지만 현재와 구분

---

1   역주) 순수 기억, 이미지 기억, 지각의 관계는 앞으로 지속적으로 언급되는 것이기에 이 용어들을 보다 분명하게 규정해 두는 것은 도움이 될 것이다. 순수 기억은 우리들의 정신에 기억으로 존재하고 있지만, 아직은 채 '감각적 형상', 즉 '이미지'의 형태로 나타나지 않은 기억을 말한다. 따라서 순수 기억을 우리는 '현실화되지 않은 혹은 잠재적인 기억'이라고 할 수 있을 것이다. 순수 기억에서 '순수'의 의미는 현재의 지각 대상과 전혀 관계가 없는 '독립된'의 의미를 가지고 있다. 그리고 '이미지 기억'이란 이러한 순수 기억이 '현재의 지각 활동'을 계기로 '감각적인 형상', 즉 '이미지'의 형태로 나타나는 것을 말한다. 즉 '현실화된 기억'이라고 할 수 있다. 지금 막 탄생하고 있는 지각, 즉 초기 지각이라고도 할 수 있는데, 그 이유는 이미지지화되는 과정 자체가 외부 지각 대상을 감각으로 포착하면서 일종의 유사성을 통해 과거의 기억을 떠올리기 때문이다. 그리고 지각이란 현재의 감각적 활동을 '현실화'된 이미지 기억을 통해 정신이 해석해 내는 것을 의미한다.

되는 무엇이라는 것을 느끼지 못한다면 우리는 결코 그것이 하나의 기억이라는 사실을 알지 못할 것이다.

연합주의[연합주의 심리학][2]의 끊임없는 오류는 살아 있는 현실인 됨devenir의 이 연속성을 불활성적이고, 병치된 요소들의 불연속적인 다양성으로 대체하는 것이다. 왜냐하면 이렇게 구성된 각 요소는 그 기원으로 인해 앞선 것과 뒤따르는 것의 일부를 포함하고 있으므로 우리 눈에는 혼합되고 어떤 면에서 순수하지 않은 상태의 형태를 취해야 할 것이기 때문이다. 그런데 다른 한편 연합주의의 원리는 모든 심리적 상태가 일종의 원자, 단순한 요소라고 규정한다. 여기서부터 우리가 구별한 각 단계에서 안정된 것을 위해서 불안정한 것을, 즉 끝[결과, 목적]을 위해 시작[출발점]을 희생해야만 하는 필요성이 발생하는 것이다. 지각의 경우에는 어떤 문제를 가질까? 연합주의자들은 지각에서, 지각을 색칠하는 응결된 감각만을 보게 될 것이다. 그들은 여기서 모호한 핵심을 형성하는 상기된 이미지[불러낸 이미지 기억]를 알지 못할 것이다. 그렇다면 상기된 이미지가 문제인가? 그들은 상기된 이미지를 약한 인식의 상태에서 만들어진 기성품으로 받아들이고, 이 이미지가 점진적으로 발전해 온 순수 기억에는 눈을 감을 것이다. 따라서 연합주의가 안정된 것과 불안정한 것 사이에 확립하는 경합에서 지각은 항상 이미지 기억souvenir-image을 이동시키고, 이미지 기억은 순수 기억souvenir pur을 이동시킬 것이다. 바로 이 때문에 순수 기억이 완전히 사라지게 되는 것이다. 연합주의는 AD 진행의 총체를 MO의 선을 통해 둘로 나누면서 OD의 부분에서 지각을 종료시키고 지각 전체를 구성하는 감각들만을 볼 뿐이다. 다른 한편 연합

---

2   역주) 연합주의(혹은 관념연합론)에 관해서는 이 책의 말미에 있는 '관념연합론'을 참조.

주의는 마찬가지로 AO의 부분도, 순수 기억이 나타나면서 도달하게 되는 실현된 이미지로 환원하고 만다. 이렇게 되면 심리적 삶은 전적으로 감각과 이미지라는 이 두 가지 요소로 귀결된다. 그리고 연합주의자들은 한편으로는 순수 이미지를 '원래의 상태état d'original'로 만들면서 이미지 속에 익사시켰고, 다른 한편으로는 사전에 이미지 그 자체의 어떤 것을 지각 속에 넣어 줌으로써 이미지를 지각에 더욱 접근시켰기 때문에, 그들은 [AO와 OD의] 이 두 상태 사이에서 오직 정도와 강도의 차이만을 발견할 수 있을 것이다. 여기서부터 **강력한 상태**들과 **빈약한 상태**들 사이의 구별이 생기는데, 전자는 현재에 대한 인식으로 그리고 후자는 ―우리는 왜 그런지 알 수 없을 것이다― 과거에 대한 표상으로 규정하게 될 것이다.

그러나 진실은 우리가 단김에 과거에 우리 자신을 위치시키지 않는다면 우리는 결코 과거에 도달할 수 없다는 것이다. 본질적으로 가상적인virtuel 상태에 있는 과거는 이것이 현재의 이미지로 피어나 어둠 속에서 대낮으로 솟아오르는 움직임을 따르고 수용할 경우에만 과거로서 파악될 수 있다.[3] 현실적인 어떤 것 그리고 이미 실현된 어떤 것에서 [과거의

---

3   역주) 이 부분은 베르그송의 지각에 대한 사유에 있어서 매우 중요한 본질을 말해 주고 있다. 연합주의자들은 지각에 관한 이론에 대해 과거의 지각은 희미한 것이며 현재의 것은 뚜렷한 것이라는 이분법적 사유를 견지하고 있다. 그리고 이러한 정도나 강도는 모두 이미지의 약함과 강함으로 간주된다. 반면 베르그송은 이러한 사유의 오류를 지적하고 있다. 어떤 것이 지각된 것인 한에서 이 어떤 것은 과거의 것이든 현재의 것이든 동일한 정도와 강도를 가진다. 왜냐하면 지각된 상태란 내적인 것이든 외적인 것이든 지각 대상이 하나의 이미지의 형태로 '정신' 속에 존재하는 것이기 때문이다. 따라서 과거의 기억이 떠올랐다는 것은 가상의 상태에 있는 과거가 현재 내가 형성해 낸 '이미지'의 형태로, 즉 현재의 이미지 형태로 나의 정신 속에 있다는 것을 의미한다. 10년 전의 사고에 대한 기억이나 오늘 아침에 있었던 사고의 기억이나 현재 내가 이 두 사고를 비교해 볼 때, 이 둘 모두가 현재 나의 정신 속에서 현재의 이미지 형태로 동시에 존재하는 한 동일한 정도나 동일한 강도를 가지고 있다. 만일 차이가 있다고 한다면 이미지의 강도가 아니라 의미의 차이, 원인과 결과의 차이 등일 것이다. 그

것의 흔적을 찾는 것은 빛 아래서 어둠을 찾는 만큼이나 헛된 일이다. 분명 바로 여기에 연합주의의 오류가 있다. 연합주의는 기억과 지각을 구분하기 위해 현재 실현되어 있고 현존하는 상태 속에서 과거 기원의 흔적을 발견하고자 하고, 이 둘 사이에 있는 본성[성질]의 차이를 크기의 차이에 지나지 않는다고 미리 규정해 놓은 것을 확립하고자 헛되이 노력하는 것이다.

상상한다imaginer는 것은 **기억을 떠올리는** 것이 아니다. 의심의 여지 없이 기억이 현실화된다는 한에서 이미지 속에서 '살고자 하는 경향'이 있다. 그러나 그 반대는 사실이 아니며, '순수하고 단순한 이미지'는 내가 그것을 찾으러 간 것이 실제로 나의 과거인 경우에만 나를 과거로 데려갈 것이며, 이와 같이 어둠에서 빛으로 나를 데려가는 지속적인 진보를 따라가는 것이다.[4] 이것은 심리학자들이 되기억된remémorée 감각이 우리

리고 과거의 어떤 사고를 지금 내가 다시 떠올렸다고 한다면 여기서도 과거와 현재를 분명히 구분한다는 것이 불가능하다. 왜냐하면 기억이란 지속하는 것이기 때문이다. 5년 전 사고의 기억이 있었고, 2년 전에 그 사고에 대해 다시 진지하게 생각하였고, 또 오늘 현재 내가 그 기억을 다시 떠올려 생각하고 있다고 한다면, 이 기억들이 모두 다른 것이 아니며, 시간상으로 잘라서 생각할 수 없는 것이다. 기억은 **지속**하고 있으며, 매번 떠올릴 때마다 동일한 정도의 이미지 형태로 존재하며, 동일한 기억이라고 할 수 있다. 만일 다른 점이 있다면 그것은 시간의 흐름과 함께 기억에 대한 의미나 정서나 가치가 다를 수 있을 것이다. 즉 기억이란 과거와 현재로 이분법적으로 구분될 수도 없으며, 또한 이미지의 약함이나 강함으로 구분될 수도 없는 것이다.

4 역주) 이 책에서는 순수 이미지(image pure)라는 표현이 자주 사용되고 있다. 여기서 순수 이미지에 대한 이해가 없다면 이 문장이 무엇을 말하는 것인지 모호할 것이다. 순수 이미지란 내 기억 속에 존재하는 이미지이기는 하지만, 구체적인 과거의 어떤 기억을 말하거나 현재의 지각과 연관된 어떤 기억도 아니며, 막연하게 개념적으로 지니고 있는 이미지라고 할 수 있다. 예를 들어 '어린 시절의 행복' '고통스럽던 청소년 시절' '부모님의 사랑' '그리운 벗의 얼굴' 등 누구나가 구체적인 과거의 경험과 직접 연관시키지 않고도 지니고 있을 수 있다. 이러한 것이 '순수 이미지'이다. 베르그송은 이러한 순수 이미지가 구체적인 나의 과거의 어떤 사건과 연결된다는 한에서 나를 진정으로 과거로 데려갈 것이라고 말하고 있으며, 이러한 이미지나 관념들이 발전 혹은 진보한다는 것은 바로 나를 구체적인 나의 과거의 경험에서부터 점진적으로 현재의 나의 경험에 이르기까지 지속적으로 더 분명하고 더 충만한 의미를 가지게 되는 것이라 보고 있다.

가 그것에 더 깊이 빠져들수록 더욱 실제적이 된다고 결론 내릴 때, 그리고 그 감각에 대한 기억이 초기 감각이었던 것으로 결론을 내릴 때 너무 자주 잊어버리는 사실이다.[5] 그들이 주장하는 사태는 의심할 여지 없이 정확하다. 내가 과거의 고통을 불러내려고 더 노력할수록 나는 실제로 고통을 더 많이 경험하는 경향이 있다. 하지만 이는 우리가 말한 바 있듯이 기억의 진보가 바로 물질화[구체화]되는 데에 있기 때문에 쉽게 이해된다. 문제는 고통에 대한 기억이 애초에 진정한 고통이었는가 하는 점이다. 최면에 걸린 피험자는 최면술사가 자신이 덥다는 말을 반복적으로 말해 주었을 때 결국 덥다고 느끼게 된다. 그렇다고 해서 이러한 사실이, 암시의 말이 이미 그가 [이전에] 더웠다는 것을 말해 주는 건 아니다. 어떤 감각에 대한 기억이 이 동일한 감각에 깊이 잠긴다는 사태로부터 우리는 우선적으로 이 기억이 초기 감각이었다고 결론 내릴 수가 없다. 어쩌면 이 기억은 분명 탄생하게 될 감각에 대해서는 암시를 주고 있는 최면술사의 역할을 할 것이다. 따라서 우리가 비판하고 있는 이러한 형식 아래 제시되는 추론은 이미 입증할 필요가 없다. 기억이 현실화됨에 따라 변형된다는 논란의 여지가 없는 진실로부터 어떤 유익한 점을 얻기 때문에 이러한 추론은 아직 해로운 것은 아니다. 그러나 우리가 반대 경로를 따라 추론할 때 —그럼에도 우리가 이를 가설이라고 생각할 때 타당해야 하는—, 즉 순수 기억의 강도를 높이는 대신 감각의 강도를 줄일 때 부조

---

5   역주) 여기서 심리학자들이 범하는 오류를 쉽게 설명하면, 과거의 기억이 이후 유사한 경험을 통하여 지속적으로 발전 진보하고 있다는 이 사실을 망각하고, 과거의 기억은 다만 초기의 기억, 즉 강도가 다른 기억에 지나지 않는 것으로 고려한다는 사실이다. 그리하여 그들은 과거의 고통스런 기억이 오히려 현재의 고통을 배가하는 것이니 과거의 기억을 잊어버리기를 요청하는 것이다. 하지만 진실은 과거의 기억과 현재의 기억은 이원적으로 분명히 구분할 수가 없으며, 기억이 지속되고 있는 한에서 이는 일종의 종합적인 것, 즉 현재 기억에 포함된 과거 기억이라고 할 수 있다.

리함이 나타나게 된다.[6] 실제로 만일 두 상태가 단지 정도만 다르다면 어떤 순간에 그 감각은 기억으로 변할 것이다. 예를 들어 만일 큰 고통에 대한 과거의 기억이 [현재의] 미약한 고통에 불과하다면, 반대로 내가 경험하는 강렬한 고통은 쇠퇴하면서 큰 고통으로 되기억되게 될 것이다.[7] 그런데 의심할 바 없이 내가 느끼는 것이 내가 경험하는 약한 감각인지, 내가 상상하는 약한 감각인지 말할 수 없는 순간이 온다. (이미지 기억이 이미 감각에 참여하고 있기 때문에 이것은 자연스러운 일이다.) 그러나 이 약한 상태는 결코 나에게 강한 상태의 기억으로 나타나지는 않을 것이다. 그러므로 기억은 [상상과는] 완전히 다른 것이다.

그러나 기억과 지각 사이에서 정도의 차이만을 확립하고자 하는 환상은 단순한 연합주의의 결과 이상이며, 철학사의 우발적인 사건 이상이다. 이 환상은 깊은 뿌리를 가지고 있다. 결국 이 환상은 외부 인식의 본성과 대상에 대한 잘못된 생각에 기초하고 있다. 사람들은 지각 안에서 단지 순수한 정신과 전적으로 사변적인 관심에 대한 가르침을 보고자 할 뿐이다. 그러면 기억 자체가 본질적으로 이런 종류의 지식이다시피 —왜냐하면 기억은 더 이상 실제 대상을 갖고 있지 않기 때문에—, 사람들은

---

6   역주) 순수 기억의 강도를 높이고 감각을 줄일 때 부조리함이 나타난다는 것은 구체적으로 어떤 상황일까? 그리고 이 상태가 왜 부조리함을 낳는 것일까? 이는 바로 위에서 말한 최면의 경우가 하나의 예가 될 것이다. 최면술사가 암시를 걸어 과거의 화상에 대한 고통스러운 기억이 느껴진다고 해서 현재 내가 불에 타거나 고통을 직접 느끼고 있지는 않다. 여기서 과거의 화상에 대한 고통은 구체적인 상황과 연관되지 않는 한, 순수 기억이다. 그리고 현재 내가 느끼는 어떤 고통은 그것을 느낀다는 한에서 감각이다. 따라서 최면의 상태란 순수 기억의 강도를 높이고, 현재의 실제적인 감각을 줄인 상태라고 할 수 있다. 여기서 부조리란 실제로 전혀 불에 타고 있지 않음에서 불에 타고 있는 감각을 느낀다는 그 사태를 말하는 것이다.

7   역주) 과거의 기억과 현재의 기억을 구분해 주는 것이 강도의 차이뿐이라고 생각할 때, 현재의 강렬한 고통이 비록 쇠퇴하고 있다고 하더라도 그것이 현재의 기억이라면 다시 강렬한 고통으로 기억되어야 한다는 모순된 상황을 말하고 있는 것이다.

지각과 기억 사이에서 다만 정도의 차이만을 발견할 뿐이다. 단순히 가장 확실한 법칙만을 바라면서 지각이 기억을 대체하고 이렇게 우리의 현재를 구성하게 되는 것이다. 그러나 과거와 현재 사이에는 정도의 차이 이상으로 다른 것이 있다. 나의 현재란 나의 관심을 끄는 것, 나를 위해 살아가는 것, 한마디로 말해 나의 과거가 본질적으로 무력한 데 비해 나의 현재는 나를 행동하게 만든다.

이 점에 대해 좀 더 깊이 살펴보자. 현재의 지각과 대조함으로써 우리는 "순수 기억"이라고 부르는 것의 본성을 더 잘 이해하게 될 것이다. 사실 우리가 의식에 의해 받아들여진 현재 실재의 구체적인 특징을 정의하는 것부터 시작하지 않는다면 과거 상태에 대한 기억을 특징지으려는 것은 헛된 노력이 될 것이다. 나에게 있어 현재의 순간이란 무엇인가? 시간의 고유함은 흘러간다는 데 있다. 이미 지나간 시간은 과거이고, 지나가고 있는 순간을 우리는 현재라고 부른다. 하지만 여기서 수학적인 순간이 문제일 수는 없다. 의심의 여지 없이 과거와 미래를 분리해 주는, 분할할 수 없는 한계인 순전히 상상된 이상적인 현재가 있다. 그러나 내가 나의 현재의 지각에 대해 말하고 있을 때 내가 말하는 실제적이고, 구체적이며, 체험된 현재는 필연적으로 하나의 지속durée[8]을 차지하고 있다. 그렇다면 이 지속은 어디에 위치하고 있는가? 내가 현재의 순간을 생각할 때, 내가 이상적으로 규정하는 수학적 지점의 이편에 혹은 저편에 있는 것인가? 지속이 동시에 [수학적 지점의] 이편과 저편에 있다는 것은 너무나 분명하며, 내가 "나의 현재"라고 부르는 것은 나의 과거와 미래를 모두 잠식하고 있다는 것은 너무도 명백하다. 먼저 나의 과거에 대해 생

8   역주) '지속(durée)' 개념에 관하여서는 이 책의 말미의 「주요 개념 정리」 '지속' 부분을 참조.

각해 보자. 왜냐하면 "내가 말하는 순간은 이미 나와는 거리가 멀기 때문이다." 다음은 나의 미래에 대해 생각해 보자. 왜냐하면 지금 이 순간이 향하고 있는 것은 미래이기 때문에 내가 목표로 하고 있는 것은 미래이다. 만약 내가 이 분할할 수 없는 현재, 시간 곡선의 이 극미한 요소를 고정시킬 수 있다면, 이를 보여 줄 수 있는 것은 미래의 방향성이다. 따라서 내가 "나의 현재"라고 부르는 심리적 상태는 동시에 즉각적인 과거에 대한 인식이자 즉각적인 미래에 대한 결정이어야 한다. 그런데 지각된 즉각적인 과거는 우리가 보게 될 것처럼 감각이다. 왜냐하면 모든 감각은 오랫동안의 연속적인 기초적인 진동들에 대한 해석이기 때문이다. 그리고 결정하게 되는 것으로서의 즉각적인 미래는 행동 혹은 움직임이다. 그러므로 나의 현재란 감각이면서 동시에 운동이다. 그리고 나의 현재는 분할되지 않은 하나의 전체를 형성하기 때문에 이 움직임은 이러한 감각에 기초하여 행동으로 연장되어야 한다. 이로부터 나는 나의 현재가 감각과 운동의 결합된 시스템에서 이루어진다고 결론을 내린다. 나의 현재는 본질적으로 감각운동sensori-moteur이다.

다시 말해 나의 현재는 내가 내 몸에 대해 가지고 있는 의식으로 구성되어 있다. 공간으로 확장된 나의 몸은 감각을 경험함과 동시에 운동을 실행한다. 감각과 운동은 이 연장étendue의 특정 지점에 국한되어 있으며, 주어진 어떤 순간에는 감각과 운동의 유일한 하나의 체계만을 가질 수 있다. 바로 이 때문에 나의 현재가 절대적으로 규정된 것처럼 보이고 나의 과거를 절단하는 것처럼 보이는 것이다. 나의 현재[현존]에 영향을 미치는 물질과 나의 현재가 영향을 주는 물질 사이에 위치한 내 몸은 행동의 중심이며, 지성적으로 수용된 이미지들이 수행된 움직임으로 전환될 경로를 선택하는 곳이다. 따라서 내 몸은 나의 생성의 현재 상태를, 나의 지속에서 형성의 과정 속에 있는 것을 잘 나타내고 있다. 보다 일반적으로, 실재[현실] 자체인 생성의 연속성 속에서 현재의 순간은 우리의 지각이 흐르고 있는 덩어리에서 실행하는 거의 순간적인 절단면으로 구성되며, 이 절단은 우리가 물질세계라고 부르는 바로 그것이다. 여기서 우리의 신체가 중심을 차지하고 있다. 이 물질세계로부터 우리의 신체란 우리가 직접적으로 흐르는 느낌을 받는 그것이다. 이 신체의 현재 상태에서 우리들의 현재의 현실성actualité이 구성된다. 우리의 관점에 따르면 공간 안의 연장으로서의 물질은 중단 없이 다시 시작되는 현재로 규정되며,[9] 반면 우리의 현재는 실존의 물질성 자체, 다시 말해 감각들과 운동들의 총체이며 다른 어떤 것도 아니다. 그리고 이 총체는 매 지속의 순간마다 유일한 것으로 규정된다. 왜냐하면 감각과 운동은 공간의 장소를 차지하고 있으며, 동일한 장소에 동시에 여러 가지가 있을 수 없기 때문이다. 결국 상식에 불과한, 이렇게 단순하고 명백한 진실에 대한 오해는 어디에서 오는 것일까?

그 이유는 바로 우리가 현재의 감각과 순수 기억 사이에서 본성의 차이가 아니라 정도의 차이만을 찾으려고 고집하기 때문이다. 우리의 견해로 그 차이는 근본적인 것이다. 나의 현재의 감각들은 내 신체 표면의 특정 부분을 차지하지만, 반면 순수 기억은 내 신체의 어느 부분과도 연관이 없다. 물론 의심의 여지 없이 순수 기억은 물질화[실현화]되면서 [즉 이미지 기억이 되면서] 감각들을 유발할 것이다. 그러나 바로 이 순간에 기억은 현실적으로 체험되고 있는 현재의 사물의 상태로 나아가기 위해 기

억이기를 멈출 것이다. 그리고 나는 과거의 깊은 곳에서 내가 그것을 불러일으킨 작용을 참조하면서만 기억으로서의 그 성격을 복원할 것이다. 내가 이 기억을 활성화시켰기 때문에 기억이 현실적인 것이, 즉 움직임을 일으킬 수 있는 감각이 된 것이다. 이와는 반대로, 대부분의 심리학자들은 순수 기억 속에서 단지 더 약한 지각, 즉 초기 감각의 총체만을 볼 뿐이다.[10] 이처럼 심리학자들은 감각과 기억 사이의 본성적 차이를 미리 제거한 후, 자신들의 가설의 논리에 이끌려 기억을 물질화matérialiser[11] 하고 감각을 이상화idéaliser[12]하는 것이다. 기억의 경우는 어떤가? 이들은 기억을 오직 이미지의 형상 아래서만, 즉 이미 초기 감각들 안에 육화된incarné 것으로서만 통찰할 뿐이다. 이처럼 감각의 본질적인 것을 기억으로 옮겨 버리고, '이 기억의 이상성idéalité de ce souvenir'에서 감각 자체와 대조적으로 구별되는 무언가를 보려 하지 않기 때문에, 이들이 순수 감각[13]으로 되돌아올 때는 이들이 초기 감각에 암묵적으로 부여했던 이상성을 이 순수 감각에 부여해야만 하는 것이다.[14] 만일 가설에 따라 더 이

---

10 역주) '순수 기억'에 대한 베르그송의 생각과 심리학자들의 생각의 차이를 보다 직접적으로 말하자면 베르그송은 순수 기억을 '비감각적인 것(정신적인 것)'이라고 생각하는 반면 심리학자들은 '초기 감각적인 것' 혹은 '강도가 약한 감각적인 것'이라고 생각하는 것이다. 베르그송에 의하면 순수 기억은 내가 활성화하기 이전에는 '비감각적인 것', 즉 '정신적인 혹은 영적인 것'이기에 활성화된 기억, 즉 감각적인 현상으로 환원된 것과는 '비물질적' '물질적'이라는 본성적인 차이가 있다.

11 역주) 기억을 물질화한다는 것은 비감각적인 순수 기억을 '이미지화된 감각'으로, 즉 '강도가 약한 감각 이미지'로 고려한다는 것을 의미한다.

12 역주) 감각을 이상화한다는 것은 지각이란 '이미지화된 기억'을 통해 지각 대상을 해석하는 것임에도, 마치 감각이 대상 안에 있는 이상적인 것(즉 감각적 실체)을 포착하는 것처럼 고려하는 것을 의미한다.

13 역주) '순수 감각(sensation pure)'이란 구체적인 감각 대상을 지각하는 감각이 아닌. 순수한 감각 즉 시각, 청각, 촉각 등을 말하는 것이다. 구체적인 감각에서는 오감이 복합적이지만, 순수 감각에서는 오감이 각자 독립되어 있다고 할 수 있다. 따라서 아직 구체적인 감각 행위로 활성화되지 않은 잠정적 감각 혹은 단순히 감각 능력을 순수 감각이라고 할 수 있다.

14 역주) 감각 대상에 존재하는 '감각 실체들(이상성)'은 원래 기억에 있었던 것이다. 왜냐하면 지각이란

상 활동하지 않는 과거가 약한 감각 상태로 실제로 지속할 수 있다면 그 것은 무력한 감각이 있기 때문이다. 만일 가설에 따라 신체의 특정 부분과 관련되지 않은 순수 기억이 초기 감각이라면, 따라서 이는 감각이 본질적으로 신체의 한 지점에 국지화되지 않았다는 것을 말한다. 바로 여기에서 우연에 의해서만 확장되고 신체에 통합될, 떠다니는 비연장적인 상태를 감각 속에서 보게 되는 환상이 발생한다. 이러한 환상은 우리가 이미 본 것처럼 외부 지각에 대한 이론을 심각히 손상시키고 물질에 대한 다양한 형이상학들 사이에 계류 중인 적지 않은 질문들을 야기한다. 우리는 이 점을 고려해야 한다. 감각은 본질적으로 광범위하고 또 국지적이다. 감각은 운동의 원천이다. 순수 기억은 확장성[연장성]이 없고 무력하기에 어떤 방식으로도 감각에 참여하지 않는다.

내가 나의 현재라고 부르는 것은 즉각적인 미래에 대한 나의 태도이며, 이는 나의 임박한 행동이다. 그러므로 나의 현재는 실제로 감각운동력sensori-moteur이다. 나의 과거로부터 이것만이 하나의 이미지가 되고, 결과적으로 이 행동에 협력할 수 있는 최소한 초기 감각은 이 태도에 삽입되고 한마디로 유용하게 된다. 그러나 그것이 이미지가 되자마자 과거는 순수 기억의 상태를 떠나 나의 현재의 어떤 부분과 합쳐진다. 그러므로 이미지로 구현된 기억은 이 순수 기억과는 근본적으로 다르다. 이미지는 현재의 상태이며 자신이 출현한 기억을 통해서만 과거에 참여할 수 있다. 반대로 순수 기억은 유용하지 않은 한 무기력하며, 감각과의 혼합

곧 이미지 기억을 통해 대상을 해석하는 것이기 때문이다. 이렇게 '감각 실체들'을 잠정적으로 지니고 있는 것이 곧 '기억의 이상성'이라고 부르는 것이다. 반면 심리학자들은 이러한 기억의 이상성을 부정하기에 이러한 이상성을 암묵적으로 초기 감각에 부여하였고, 결국 순수 감각(시각능력, 후각능력 등)으로 되돌아올 때는 이 이상성을 순수 감각에 부여할 수밖에 없다는 것이다.

없이 순수하게 남아 있고, 현재와 엮이는 것도 없으며, 결과적으로 비확장적이다.

순수 기억의 이러한 근본적인 무력함은 분명히 어떻게 순수 기억이 잠재 상태로 보존되는지를 우리가 이해하는 데 도움을 줄 것이다. 아직 질문의 핵심으로 들어가지 않았지만, 우리가 무의식적인 심리적 상태état psychologique inconscient에 대해 생각하기를 꺼리는 것은 우리가 의식을 심리적 상태의 본질적인 속성으로 간주한다는 사실과, 그 결과 한 심리적 상태는 존재하기를 멈추지 않고서는 의식적이기를 멈추지 않는 것 같다는 데에서 비롯된다는 것만은 언급하자. 그러나 만일 의식이 현재présent의, 현재 경험하는 것의, 즉 최종적으로 활동l'agissant하는 것의 특징적인 표시일 뿐이라면, 반면 활동하지 않는 것은 반드시 존재하지 않고서도 [즉, 존재하면서도] 의식에 속하기를 멈출 수 있을 것이다.[15] 다른 말로 하면, 심리적 영역에서 의식은 존재existence와 동의어가 아니라 실제 행동이나 즉각적인 효용성과 동의어일 뿐이며, 이 용어의 확장은 제한적이므로 큰 어려움 없이 무의식적인 심리적 상태, 한마디로 무력한 심리적 상태를 나타낼 수가 있을 것이다.

그러한 의식 그 자체에 대해 우리가 가지고 있는 생각이 무엇이든, [의식이] 방해받지 않고 실행된다면 나타나게 될 신체 기능을 수행하는 한 존재에게 있어서, 의식은 무엇보다 행동을 주관하고 선택을 분명히 하는 역할을 한다는 사실을 부인할 수는 없을 것이다. 그러므로 의식은 결정

---

15 역주) 이 문장은 매우 중요한 부분이다. 좀 더 분명히 기술해 보자. 순수 기억은 본질적으로 현재의 활동적인 것에 속하지 않는다. 그렇기 때문에 의식적이지는 않다. 즉 의식에 속하지는 않는다. 그럼에도 어느 순간 이미지화되면서 의식에 속하게 될 수가 있다. 즉 순수 기억은 존재하지만 의식에는 속하지 않을 수 있다. 다시 말해 '무의식적인 상태' 혹은 '잠재적인 상태로' 존재할 수가 있는 것이다.

하기 바로 직전의 것들과 이들과 함께 유용하게 정리될 수 있는 모든 과거 기억에 빛을 비춘다. 나머지는 어둠 속에 남아 있다. 그러나 여기서 우리는 이 작업의 시작부터 우리가 추적해 왔던 끊임없이 다시 나타나는 환상을 새로운 형태로 발견한다. 사람들은 의식이 신체 기능과 결합될 때조차도 의식을 우연적으로는 실용적인 능력으로, 본질적으로는 사변을 지향하는 것으로 이해하려 한다. 이렇게 되면 사람들은 의식이란 자신이 가진 앎들에 대해 무관심하고,[16] 의식이 순수한 앎에 헌신하는 데에서 벗어나 있다는 것의 이점[17]을 보지 못하기 때문에, 의식이 자신에게서 완전히 상실되지 않은 그것을 밝히기를 포기하는 것[18]을 이해하지 못하게 되는 것이다. 이러한 사실로부터 의식이 실제로 소유하고 있는 것이 정당하게 인간에게 속한 유일한 것이며, 의식의 영역에서는 실제적인réel 모든 것이 현실적인actuel 것이라는 결론이 나온다. 그런데 의식에 진정한 역할을 돌려주어 보자. 지각을 멈추면 물질적 대상이 더 이상 존재하지 않는다고 가정할 이유가 없는 것처럼, 과거가 일단 통찰되고 나면 사라진다고 말할 이유가 없을 것이다.[19]

16   역주) 현실의 행위와 무관한 기억들, 즉 순수 기억들에 대해서 의식은 무관심할 수 있다.

17   역주) 의식이 현재의 행위와 직접적으로 연관되어 있기에 단순히 순수한 사변적인 앎을 넘어서 구체적인 현실의 행위에 유용한 도움을 준다는 것, 즉 선택과 행동을 하는 데 결정적인 역할을 하는 이점을 말한다.

18   역주) 의식이 자신에게 상실되지 않고 남아 있는 것, 즉 순수 기억을 밝히기를 포기하는 것은 그것이 현재의 행위나 선택과는 무관하기 때문이다. 즉 무의식적인 것은 현실적인 의식에서 밝힐 수는 없음을 말해 주고 있다. 이 부분은 일반적으로 심리학자들이 무의식적인 것을 현실적인 의식에서 찾고자 하는 것을 비판하고 있다고 볼 수 있다.

19   역주) '의식의 진정한 역할'에 대해 말하고 있는 이 부분은 기억과 의식에 관한 베르그송의 매우 중요한 관점을 대변해 주고 있다. 과거의 기억이 의식에 이미지화되면(현실화되면) 이는 의식에 있어서는 더 이상 과거의 것이 아니라 현재의 것이 된다. 하지만 과거의 것이 의식 속에서 현재화된다고 해서 '과거(과거의 기억, 순수 기억)'가 사라지는 것은 아니다. 다시 말해 과거의 기억은 '순수 기억'의 형태로 끊임없이 지속하면서(durer) 유사한 새로운 현실의 경험이 있을 때마다, 이미지 형태로 떠올라 현재

이 마지막 관점을 강조하자. 왜냐하면 이것이 무의식의 문제를 둘러싼 어려움의 중심이자 모호함의 근원이기 때문이다. 널리 퍼진 편견에도 불구하고 무의식적 표현이라는 개념은 분명하다. 우리는 이 표현을 지속적으로 사용하고 있으며, 상식에 있어서 이보다 더 친숙한 개념은 없다고 말할 수도 있다. 사실, 우리의 지각에 현실적으로 나타나는 이미지가 물질의 전부가 아니라는 것은 누구나 인정한다. 하지만 다른 한편, 인지되지 않는 물질적 대상, 상상되지 않는 이미지는 무의식적인 정신 상태의 한 종류가 아니라면 무엇이 될 수 있겠는가? 지금 이 순간 당신이 인지하고 있는 당신 방의 벽 너머에는 이웃하는 방들이 있고, 그 너머에는 집의 나머지 부분들이 있고, 마지막으로 당신이 살고 있는 거리와 도시가 있다. 당신이 고수하고 있는 물질에 대한 이론이 어떤 것이든, 실재론적이든 관념론적이든 그것은 중요한 것이 아니다. 당신이 도시나 거리, 집의 다른 방들에 대해 말할 때 당신의 의식 속에는 지각이 없겠지만, 그럼에도 의식의 너머에 주어진 너무나 많은 지각에 대해 분명하게 생각한다. 그 지각들은 당신의 의식이 받아들이는 대로 창조되지 않는다. 그러므로 그 지각들은 어떤 식으로든 이미 존재했었고, 그리고 당신의 의식이 그 지각들을 파악하지 못했기 때문에, 가설에 따라 '무의식의 상태état inconscient'에서가 아니라면 어떻게 그 지각들이 스스로 존재할 수 있겠는가?[20]

의식의 상태와 결합하고 그 일부가 되면서 선택과 행동에 영향을 미치게 된다는 것이다. 이것은 본질적으로 의식이란 먼 과거의 것이 지속하면서 점점 더 확장되고 성숙하게 되며 그 과정 속에서 모든 기억들이 고스란히 지속되고 있음을 말해 주고 있다. 이것이 눈덩이가 굴러가는 것에 비유되는 '의식의 지속(durée)'이 의미하는 것이다.

20 역주) 여기서 '무의식'에 대한 베르그송의 포괄적인 관점을 알 수 있다. 일반적으로 무의식은 내가 의식하지 못하지만, 나의 행동들에 영향을 주고 있는 내 과거의 어떤 기억을 의미한다. 하지만 베르그

　그렇다면 의식 밖의 존재가 대상object일 때에는 분명해 보이지만 주제 sujet에 관해 이야기할 때는 모호한 것은 어디서 기인하는 것일까? 현실적이고 가상적인 우리의 지각은 두 개의 선을 따라 확장된다. 하나는 공간 안에서 동시적인 모든 대상을 포함하는 수평선 AB이고, 다른 하나는 시간에 따라 우리의 기억들이 일정한 간격을 두고 연속적으로 배열되는 수직선 CI이다. 두 선의 교차점인 I 지점은 우리 의식에 현실적으로 주어진 유일한 지점이다. 선 전체가 눈에 띄지 않음에도 불구하고 우리가 주저하지 않고 선 AB 전체의 실재를 가정하며, 이와 반대로 선 CI로부터 현실적으로 인식한 현재인 I가 실제로 존재하는 것으로서 우리에게 나타나는 것은 왜 그런 것일까? 시간적인 그리고 공간적인 두 계열 사이의 이러한 근본적인 구별의 밑바닥에는 모호하거나 잘못 파악된 사유들이 너무 많고, 사변적인 가치가 빈약한 가설들이 너무 많아서 우리는 이들을 한꺼번에 분석할 수가 없다. 환상의 가면을 완전히 벗기려면, 우리는 그것의 기원을 찾아야 하고, 의식과 관계없는 객관적인 실재와 객관적 실재와는 무관한 의식의 상태를 확보할 수 있는 이중의 운동을 통하여 모든 굴곡을 따라가야 할 것이다. 이 이중의 운동에서 공간은 무한정으로 병치된 사물들을 보존하는 것으로 보이며, 반면 시간은 그 안에서 서로 이어지는 상태들을 차례로 파괴하는 것으로 나타날 것이다. 이 작업 중 한 부분은 우리가 객관성 일반에 대해 다루었던 제1장에서 수행되었다. 다

송은 우리가 어떤 것을 생각하거나 지각할 때 현실적으로 지각하고 있지는 않지만 당연하게 함께 고려되고 있는 어떤 것을 역시 '무의식의 상태'라고 고려하고 있다. 예를 들어 어떤 사람이 "구름이 하늘을 가득 덮어서 햇빛이 전혀 비치지 못하고 꼭 밤과 같다"라고 말했을 때, 햇빛은 현재 전혀 지각되고 있지 않지만, 즉 의식되고 있지 않지만, 당연하게 햇빛이 구름 위에서 비치고 있을 것이라 전제하게 되는데, 이것이 곧 '의식되지 않은 상태에서의 지각', 즉 '무의식 상태에서의 지각'이라고 보는 것이다.

른 한 부분은 책의 마지막 부분에서 우리가 물질에 대한 관념에 대해 말할 때 다룰 것이다. 여기서는 몇 가지 필수 사항을 지적하는 것에 제한하도록 하자.

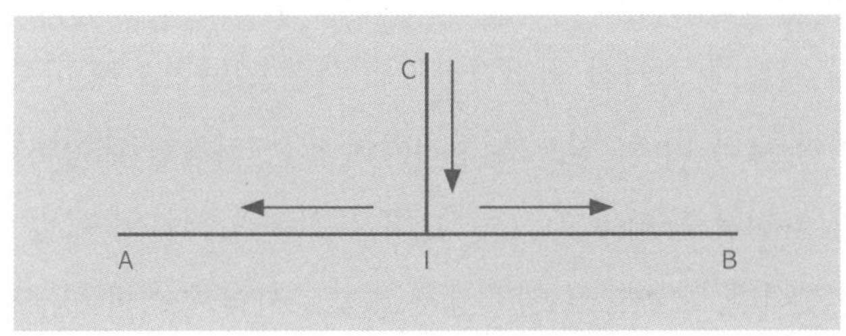

첫째, 우리의 시선에 선 AB를 따라 배열된 물체들은 우리가 인식하게 될 것으로 나타나는 반면, 선 CI는 이미 인식된 것만을 포함하고 있다. 그런데 과거는 더 이상 우리에게 관심이 없다. 과거란 가능한 모든 행동을 소진해 버렸거나 혹은 오직 현재 지각의 활력을 빌려서만 영향력을 다시 얻을 것이다. 이와 반대로, 즉각적인 미래는 임박한 행동, 아직 소비되지 않은 에너지에서 성립한다. 그러므로 약속과 위협으로 가득 찬 물질적 우주의 통찰되지 않은 부분은 우리의 과거 실존에 대하여 현실적으로 통찰되지 않는 부분이 될 수도 없고 되어서도 안 되는 하나의 실재이다. 그런데 삶의 유용성과 물질적 필요에 상대적으로 연관된 이러한 구별은 우리의 정신 안에서 점점 더 형이상학적인 구별의 명확한 형태를 취하게 된다.

사실상 우리는 우리 주변에 존재하는 사물들이 정도를 달리하여 우리가 사물들에 대해 수행할 수 있는 행위 또는 우리가 사물로부터 겪어야 하는 행위를 나타낸다는 것을 보여 주었다. 이 가능한 행동의 기한은 해당 대상과의 거리가 더 멀거나 가까운 것으로 분명하게 표시되며, 그 결과 공간 안에서의 거리는 시간 안에서의 위협이나 약속의 근접성을 나타내게 된다. 따라서 우주는 갑자기 우리에게 가까운 미래에 대한 청사진을 제공한다. 그리고 이 미래는 무한히 흘러야 하므로 그것을 상징하는 공간은 부동성 속에서 무한히 열려 있는 속성을 가지게 된다. 이로부터 우리의 지각에 주어진 직접적인 지평선은 필연적으로 비록 눈에 띄지 않겠지만 보다 더 큰 원으로 둘러싸여 있는 것처럼 보이며, 이 원 자체는 또한 자신을 둘러싸고 있는 또 다른 원을 암시하며 이렇게 무한히 계속되는 것이다. 그러므로 연장성étendue으로서의 우리의 현실적인 인식의 본질은 항상 보다 더 광대한 경험과 관련된 내용, 심지어 이를 포함하는 무한한 것과 관련된 내용일 뿐이다. 통찰된 지평선 너머로 확장되기 때문에 우리 의식에는 존재하지 않는 이 경험은 그럼에도 현실에 주어진 것으로 나타나게 된다.[21] 하지만 우리는 우리가 현재의 실재로서 세우려고 하는 물질적 대상들에 매달려 있다고 느낀다. 반면 과거로서의 우리의 기억은 우리가 끌고 다니기에는 너무나 많은 무거운 짐이어서 우리는 이것을 제거한 것처럼 생각하기를 더 좋아한다.

우리 앞에 무한히 공간을 열어 주는 동일한 본능이, 시간이 흐르는 한에서 우리 뒤에 남아 있는 시간을 닫히게 만든다. 그리고 연장성étendue으로서의 [물질적] 실재는 우리들의 지각을 무한히 넘어서는 것처럼 보이지만, 반대로 우리의 내적 삶에서는 현재 순간에서 시작되는 것만이 우리에게 [시간적] 실재réel인 것처럼 보인다. 나머지는 사실상 폐지되었다. 그래서 기억이 의식 속에 다시 나타날 때, 그것은 망령과 같은 효과를 가지며, 우리는 특별한 원인에 의한 신비한 출현을 설명해야만 하는 것처럼

---

21 역주) 이것이 앞 역주에서 설명하고 있는 '무의식 상태에서의 지각'에 해당하는 것이다.

느끼게 된다. 사실상 이 기억이 우리의 현재 상태에 부착되는 것은 눈에 띄지 않는 대상들이 우리가 지각하고 있는 물체에 부착되는 것과 완전히 비슷하며, 무의식은 두 경우 모두 같은 종류의 역할을 한다. 그러나 우리는 이러한 방식으로 사물을 재현하는 것에 있어서 매우 큰 어려움을 경험한다. 왜냐하면 우리는 공간 안에 동시적으로 배치된 일련의 사물들과 시간 안에서 연속적으로 발전한 상태들 사이에서 차이점을 강조하고 유사점을 제하는 습관에 길들어 있기 때문이다. 공간의 경우, 종착점들은 완전히 결정적인 방식으로 조건 지어져 있다. 그 결과 각각의 새로운 종착지의 출현은 예측될 수가 있다. 이렇게 하여 내가 나의 방을 떠날 때 어떤 방들을 지나게 될지 알게 되는 것이다. 반면 나의 기억들은 확실히 자유분방한 질서 안에서 나타난다.

따라서 재현의 질서는 어떤 경우엔 필연적이고 어떤 경우엔 우연적이다. 그리고 내가 완전히 의식의 바깥에 있는 대상들의 실존에 대해 말할 때, [그것들을] 일종의 실체화hypostasie하는 것은 이 필연성 때문이다. 내가 인식하지 못하는 대상들의 총체성을 '주어진 것donnée'으로 가정할 때 아무런 불편함이 없다고 생각한다면, 그 이유는 엄격하게 규정된 이 대상들의 질서가 사슬의 모습으로 나타나고 그에 대한 나의 현재 인식이란 하나의 고리 이상이 되지 않을 것이기 때문이다. 따라서 이 고리는 그의 현실성을 사슬의 나머지 부분과 소통하는 것이다. 그런데 이를 자세히 살펴보면 우리의 기억이 같은 종류의 사슬을 형성하고 있으며, 우리의 모든 결정에 항상 존재하는 우리의 성격caractère이 실제로 우리의 모든 과거 상태에 대한 현실적인 종합synthèse actuelle이라는 것을 알 수 있다. 이 압축된 형태 아래서 우리의 이전 심리적 삶은 외부 세계보다는 우리 자신을 위해서 더 많이 존재한다. 우리는 외부 세계의 아주 작은 부분만을 인식할 뿐이지만, 반면 우리는 우리들의 체험된 경험 전체를 활용한다. 우리가 다만 [이 경험을] 요약된 형태로 지니고 있으며, 구분되는 개별성으로 고려된 우리의 옛 인식은 완전히 사라지거나 다만 변덕에 따라 다시 나타나는 효과를 가지는 것은 사실이다. 그러나 이러한 완전한 파괴 또는 변덕스러운 부활의 모습은 단순히 현재의 의식이 매 순간 유용한 것은 받아들이고 불필요한 것은 일시적으로 거부한다는 사실 때문이다. 항상 행동을 지향하는 현재의 의식은 최종 결정에 기여하기 위해서 현재의 지각에 함께 조직되는 것만을 오래된 지각으로부터 물질화[이미지화]할 수 있다.

만일 공간의 특정 지점에서 내 의지가 나타나기 위해, 내 의식이 전체적으로 '공간 안에서의 거리'라고 부르는 이러한 매개자나 장애물을 하나씩 건너는 것이 필요하다고 한다면, 반대로 이 행동을 조명하기 위해서 현재 상황을 유사한 이전 상황과 분리하는 시간의 간격을 뛰어넘는 것이 유용하다. 그리고 의지가 단번에 그곳으로 이동함에 따라 과거의 중간 부분 전체가 의지의 손아귀에서 벗어나게 된다. 우리의 지각이 공간에서는 엄격하게 연속적으로 배열되도록 하는 그 동일한 이유로 인해 우리의 기억은 시간 안에서 불연속적인 방식으로 조명된다.[22] 공간 안에서 통찰되지 않은 대상들과 시간 안에서의 무의식적인 기억에 관해서는 근본적으로 다른 두 가지 존재 형태를 다루고 있는 것이 아니다.[23] 그러나 행동

---

22 역주) 지각이 공간 안에서는 연속적으로 배열되지만 기억은 시간 안에서 불연속적인 방식으로 조명되는 그 이유는 동일하다. 그 동일한 이유는 무엇인가? 그것은 '실재'란 '지속성'을 의미하기 때문이다. 사물들은 서로 연결되고 맞닿아 있어서 우리는 이들을 지각하면서 이 사물들 중에서 어떤 것을 임의적으로 삭제하거나 순서를 바꾸거나 할 수가 없다. 반면 시간의 흐름에 따라 우리의 기억 속에 있는 어떤 사건에 대해 생각하기 위해서는 그 사건과 무관한 기억들을 건너 뛰어 오직 그 사건과 관련된 것만을 나열할 때, 즉 불연속적으로 조명할 때 그 사건의 '실재'에 대해 사유할 수가 있는 것이다.

의 요구들에 있어서는 어떤 경우에는 다른 경우와 정반대이다.

그런데 여기서 우리는 실존existence에 대한 핵심 문제, 우리가 스쳐 지나갈 수밖에 없는 문제를 건드리고 있다. 그렇지 않다면 우리는 질문에서 질문으로, 형이상학의 핵심으로 이끌리게 될 것이다. 여기서 우리들의 관심을 끄는 유일한 것인 체험과 관련된 것들에 대해서는 '실존은 두 가지 조건이 결합되어 나타나고 있음을 암시하는 것 같다'라고 간단히 말해 두자. 그것은 1) 의식에 현존présentation하기와 2) 앞에 제시된 내용과 뒤따르는 내용의 논리적 또는 인과적 연결이다. 우리에게 있어서 심리적 상태나 물질적 대상의 실재란 우리의 의식이 그들을 인식하고 그들의 경계[끝자락]가 서로를 규정하는 시간적 또는 공간적 일련의 한 부분이라는 이중의 사실로 구성된다. 그러나 이 두 가지 조건은 정도의 차이를 인정하며, 우리는 둘 다 필요하지만 이 둘이 불평등하게 충족된다는 점을 이해한다. 따라서 현실적인 내적 상태의 경우 이 둘의 연결이 덜 밀접하고, 과거에 의한 현재의 결정은 우연성에 대한 충분한 여지를 남기면서 수학적 유도처럼 [엄격한] 성격을 갖지는 않는다. 반면에 의식에 나타남은 완벽하다. 현재의 심리적 상태는 우리가 그것을 인식하는 바로 그 행위를 통해서 그 내용의 전체가 우리에게 전달된다. 반대로 만일 외부 대상이 문제라면 연결이 완벽하다는 것이다. 왜냐하면 이 대상들은 필연적인 법칙을 따르기 때문이다. 그런데 또 다른 조건인 [외부 대상의] 의식에서의 현존은 오직 부분적으로만 충족된다는 것이다. 왜냐하면 물질적 대상의 경우 하나의 대상을 다른 모든 대상과 연결해 주는, 우리에게는

---

23   역주) 시간 안에서건, 공간 안에서건 통찰되지 않았거나, 무의식적인 것은 모두 '잠정적인 실재' 혹은 '가상적인 실재'로서 동일한 존재 형태를 가지고 있다.

통찰되지 않은 요소들의 복합성으로 인해, 우리에게는 이 요소들이 대상들 안에 포함되어 있고, 우리에게 보이는 것보다 대상들 뒤에 숨어 있는 것이 무한히 더 많은 것처럼 보이기 때문이다. 그러므로 우리는 경험적 의미에서 실존이란 비록 정도는 다르겠지만 항상 의식적 이해와 규칙적인 연결을 동시에 포함한다고 말해야 할 것이다.

그러나 명확히 구분하는 기능을 가진 우리의 이해력은 사물을 이런 식으로 이해하지는 않는다. 우리의 이해력은 모든 경우에 다양한 비율로 혼합된 두 요소의 존재를 인정하기보다는 이 두 요소를 분리하여, 한편으로는 외부 대상에, 다른 한편으로는 내부 상태에 두 가지 근본적으로 다른 실존의 양식을 부여하는 것을 선호한다. 그리고 각각의 실존은 단순히 지배적이라 말해지는 조건으로부터의 배타적인 현존을 통해 특징되어진다. 따라서 심리적 상태의 실존은 전적으로 의식에 의한 이해로 이루어질 것이며, 외부 현상들의 실존 역시 전적으로 그것들의 병존과 연속의 엄격한 순서로 구성될 것이다. 이로부터 존재하지만 인식되지 않는 물질적 대상에 최소한의 의식으로의 참여를 허용하는 것이 불가능하며, 의식되지 않은 내적인 상태에 최소한의 실존에 대한 참여를 허용하는 것이 불가능하다는 사실이 도출된다.

우리는 이 책의 시작 부분에서 첫 번째 환상의 결과를 보여 주었다. 이 환상은 결국 물질에 대한 우리의 표현을 왜곡되게 한다. 첫 번째에 대한 보완물인 두 번째 결과는 무의식의 개념에 대해 인위적인 어둠을 퍼뜨림으로써 정신에 대한 우리의 개념을 오염시킨다. 우리의 과거 심리적 삶은 필연적인 방식은 아닐지라도 전체적으로 현재의 상태를 조건 짓는다. 과거 상태 중 어느 것도 우리의 성격caractère에 명시적으로 나타나지는 않지만, 그것은 또한 우리의 성격에 전체적으로 나타난다. 이 두 가지 조건이 결합하면서 과거의 심리 상태들 각각에 비록 무의식적이라 하더라도 하나의 실제적인 실존을 보증하는 것이다.[24]

그런데 우리는 더 큰 실용적인 이익을 위해 사물의 실제 질서를 뒤집는 데 너무 익숙하고, 공간으로부터 획득한 이미지에 대한 집착이 너무 강하여, 기억이 어디에 보존되어 있는지를 묻지 않을 수 없는 것이다. 우리는 물리화학적 현상이 뇌 안에서 일어난다는 것, 뇌가 몸 안에 있다는 것, 몸은 자신을 둘러싸고 있는 공기 속에 있다는 것 등을 이해한다. 그런데 일단 성취된 과거가 보존된다면 그것은 어디에 있는가? 이를 분자 변형 상태의 대뇌 물질에 두는 것은 간단하고 명확해 보인다. 왜냐하면 우리에게는 현실적으로 주어진 저장소가 있고, 숨어 있는 이미지들을 의식 안으로 흐르도록 하는 데는 이 저장소를 여는 것만으로 충분할 것이기 때문이다. 그러나 만일 뇌가 그러한 목적을 수행할 수 없다면 우리는 축적된 이미지를 어떤 저장소에 보관하는 것일까? 우리는 포함하는 것과 포함된 내용물 사이의 관계에 있어서 그 분명함과 보편성을 필연성에서 가져온다는 사실을, 그리고 이 필연성에서 우리는 항상 우리 앞에 공간을 열어 두고, 우리 뒤의 [시간의] 지속durée을 닫아 버린다는 사실을 잊어버린다. 우리는 한 사물이 다른 사물 속에 있다는 것을 밝혀 주었기 때문에, 이를 통해서 우리는 전혀 보존 현상을 밝히지는 못한다.

더 나아가 과거는 뇌에 저장된 기억의 상태에서 살아남는다는 사실

---

24 역주) 이 부분은 심리학자들이 과거의 심리적 삶이 현재의 심리적 상태를 전적으로 지배하고 있다고 잘못 이해하고 있다는 사실을 베르그송이 지적하는 대목이다. 물론 그 이유는 바로 위에서 말한 그 이유, 즉 의식되지 않는 과거의 심리적 삶에 '실존'을 부여할 수가 없기 때문이며, 따라서 현재의 심리적 삶의 실제적 구성 요소가 될 수 없기 때문이다. 하물며 핵심적인 구성 요소는 더욱 될 수 없기 때문이다.

을 잠시 인정해 보자. 그러면 뇌는 기억을 보존하기 위해서 적어도 자기 자신을 보존하는 것이 필요할 것이다. 그런데 공간 속에 확장된 이미지로서의 뇌는 오직 현재의 순간만을 점유한다. 뇌는 물질 우주의 나머지 모든 부분과 함께 끊임없이 새로워지는 우주적 생성의 한 부분을 구성한다. 그렇다면 당신은 이 우주가 지속되는 모든 순간에 진정한 기적에 의해 멸망하고 다시 태어난다고 가정해야 할 것이다. 아니면 당신의 의식에서 거부하는 실존의 연속성을 우주에 전달하고 우주의 과거를 우주의 현재 안에 생존하고 심화하게 하는 하나의 실재로 만들어야 할 것이다. 그렇게 되면 당신은 기억을 물질에 저장함으로써 아무것도 얻지 못할 것이며, 반대로 당신은 당신이 심리적 상태에서 거부했던 과거의 독립적이고 총체적인 생존을 물질세계의 여러 상태들의 총체성으로 확장해야만 한다는 것을 알게 될 것이다. 따라서 과거의 이러한 생존 자체는 어떤 형태로든 강요되며, 우리가 그것을 이해하는 데서 체험하는 어려움은 단순히 우리가 시간 안에서의 일련의 기억을 포함하고 있고 또 포함되어야 할 필연성이 있다고 생각한다는 사실에서 비롯된다. 하지만 이러한 것은 오직 공간 안에서 즉각적으로 지각된 총체적인 육체에만 사실일 뿐이다. 근본적인 환상은 흐름의 과정에서 우리가 실행하는 순간적인 절단들의 형태를 지속 자체durée même로 옮기는 것에서 형성된다.

그러나, 가설에 따라, 더 이상 존재하지 않는 과거가 어떻게 저절로 보존될 수 있는가? 여기에 진짜 모순이 있지 않은가? 우리는 여기서, 문제는 과거가 더 이상 존재하지 않게 되었는지, 아니면 단순히 유용하지 않게 되었는지에 대한 질문이라고 대답한다. 당신은 현재를 '있는 그것ce qui est'이라고 임의로 정의하지만, 사실상 현재는 단순히 '행해지고 있는 것ce qui se fait'이다. 만일 당신이 '현재의 순간'을 미래로부터 과거를 분리하는 나누어질 수 없는 한계라고 이해한다면, 현재의 순간보다 더 작은 것은 없다.[25] 우리가 이 현재를 '존재의 앞devant être'이라고 생각할 때, 현재는 아직 오지 않은 것이다. 그리고 우리가 이 현재를 '존재하는 것existant'이라고 생각할 때 이것은 이미 지나간 것이다. 반대로, 의식이 진정으로 경험하는 구체적인 현재를 고려한다면, 이 현재는 대부분 직전의 과거로 구성되어 있다고 말할 수 있다.

빛에 대한 가능한 가장 짧은 지각이 이루어지는 찰나의 순간에 수조 개의 진동이 발생했으며 그중 첫 번째 진동은 엄청나게 나누어진 간격을 통해 마지막 진동과 분리되었다. 그러므로 당신의 지각은 아무리 순간적이라 할지라도 헤아릴 수 없을 정도로 많은 되기억된remémoré 요소들로 구성되며, 사실상 모든 인식은 이미 기억이다. 우리는 실질적으로 과거만을 지각하며, 순수한 현재란 미래를 향해 나아가는, 거의 파악하기 어려운 과거의 진보이다. 그러므로 의식은 모든 순간에 그 자신의 빛으로 미래를 향해 기울여 미래를 실현하고자 노력하고, 미래에 합류하고자 하는 과거의 즉각적인 이 부분에 빛을 비추고 있다. 의식은 비규정적인 미래를 결정하는 데만 우선적으로 관심을 기울이면서 현재 상태와, 즉 우리들의 즉각적인 과거와 유용하게 조직될, 과거 안에서 좀 더 멀리 물러나 있는 우리들의 상태에 약간의 빛을 비출 것이다. 나머지는 모호한 채로 남아 있다. 행동의 법칙인 삶의 심오한 이 법칙 덕분에 우리가 거주하는 곳은 우리들의 역사의 이 밝혀진 부분 안에서이다. 우리가 어둠 속에 보존될 기억들을 이해하는 데 있어서 어려움을 겪는 것은 바로 이 때문

25 　역주) 이러한 베르그송의 현재 개념은 시간의 최소 단위를 말하는 불교 용어 '찰나(刹那)'와 거의 유사한 개념이라고 할 수 있을 것이다.

이다. 따라서 우리가 '과거의 총체적인 존속'을 인정하기를 꺼리는 것은 우리의 심리적 삶의 방향, 즉 완전히 펼쳐진 것이 아니라, 펼쳐지는 것을 보려고 하는 우리들의 관심사[26]가 지배하는 진정한 전개의 상태에 기인한다.

이처럼 우리는 긴 우회를 거쳐 출발점으로 되돌아온다. 우리는 근본적으로 구별되는 두 가지 기억이 있다고 말하였다. 하나는 유기체에 고정되어 있는데, 이는 가능한 다양한 질문에 대한 이해할 만한 응답을 보장하는, 지능적으로 설정된 메커니즘의 총체와 다른 것이 아니다. 이 기억은 우리를 현재 상황에 적응하게 만들고, 우리가 겪는 행동이 때로는 성취된 반응에서, 때로는 초기의 반응에서 스스로 깊어지지만 항상 어느 정도 적절한 반응으로 깊어진다. 기억이라기보다 오히려 습성habitude[27]인 이 기억은 우리의 과거 경험을 재생하지만, 이미지를 불러일으키지는 않는다. 다른 하나는 진정한 기억이다. 의식과 동시간적인coextensive 이 기억은 우리에게서 어떤 상태가 발생할 때마다 동시적으로 [사태를] 유지하고 정렬하며, 첫 번째 기억에서처럼 끊임없이 다시 시작하는 현재 안에서가 아니라 결정적인 과거 안에서 진정으로 움직이면서 각각의 사태를 각자의 자리에 두며, 결과적으로 날짜를 표시하는 것이다.

---

26 역주) 우리의 관심사가 '완전히 펼쳐진 것'에 있지 않고 '펼쳐지는 것'에 있다는 이러한 베르그송의 통찰이 흥미롭다. 이는 말하자면 사람들은 자신의 의식 속에 이미 과거부터 현재에 이르기까지 모든 일들이 기억의 형태로 펼쳐져 있지만, 이를 되돌아보려는 생각은 하지 않고, 다만 현재에 그리고 가까운 미래에 '발생하거나 발생하게 될 일'에만 더 관심이 있다는 것을 말한다.

27 역주) 습성이라고 번역된 'habitude'는 '습관' '기질' '버릇' 등으로 번역되기도 한다. 반복된 습관을 통해서 우리의 몸에 기억된 어떤 특정한 행동의 경향성을 지칭하는 용어이다. 자신이 누구인지 완전히 잊어버린 단기 기억상실자라고 할지라도 생전에 그가 체득한 그림을 그리는 능력이나 악당을 제압하는 경호의 기술 등은 몸에 기억되어 있어서 현재의 상황에 적절하게 반응하며 나타난다. 마치 제2의 천성처럼 우리 몸에 내재되어 있는 성질을 지칭하기 '습성'이라고 번역하였다.

그런데 이 두 가지 형태의 기억을 근본적으로 구별했으면서도 우리는 이 둘 사이의 연관성을 보여 주지는 못하였다. 과거 행동의 축적된 노력을 상징하는 메커니즘을 지닌 육체 위에 상상하고 반복하는 기억이 허공 안에서 떠돌고 있었다. 그러나 만일 우리가 직전 과거 이외의 어떤 것도 인식하지 못한다면, 그리고 만일 현재에 대한 우리의 의식이 이미 기억이라면, 처음에 분리했던 두 용어는 밀접하게 결합될 것이다. 이 새로운 관점에서 생각해 보면 사실 우리 몸은 우리의 표상에서 변함없이 되살아나는 부분, 항상 현재적인 부분, 혹은 오히려 모든 지나가는 순간에 나타나는 부분 외에 다른 것이 아니다. 이미지 자체인 이 육체는 이미지의 일부를 이루고 있기에 이미지들을 저장할 수가 없다. 그리고 이것이 바로 과거의, 심지어 현재의 지각을 뇌에서 찾으려는 시도가 공상적인 이유이다. 이미지들은 뇌 안에 있지 않다. 뇌가 [이미지의 일부로서] 이미지들에 있는 것이다. 그런데 다른 이미지들 사이에서 지속되는 내가 '내 몸'이라고 부르는 이 특별한 이미지는 우리가 이미 말했듯이 매 순간 보편적 생성universel devenir의 한 단면을 형성한다. 그러므로 수용하고 다시 보내는 운동의 전달 장소lieu de passage가 되고, 나에게 작용하는 것들과 내가 작용하는 것들 사이의 연결고리가 되는 것은, 한마디로 감각운동 현상들의 자리이다. 만일 내가 내 기억mémoire 속에 축적된 기억들souvenirs의 총체를 원뿔 SAB로 표현한다면, 과거에 자리 잡은 바닥 AB는 움직이지 않는 반면, 모든 순간에 나의 현재를 나타내는 꼭지점 S는 끊임없이 전진하며 우주에 대한 나의 현실적인 표상인 움직이는 평면 P와 접촉한다. 꼭지점 S에는 신체의 이미지가 집중되어 있다. 그리고 이 신체의 이미지는 평면 P의 일부이기 때문에 평면이 형성하고 있는 모든 이미지들에서 발생하는 동작들을 수용하고 되돌려주는 것에 한정된다.

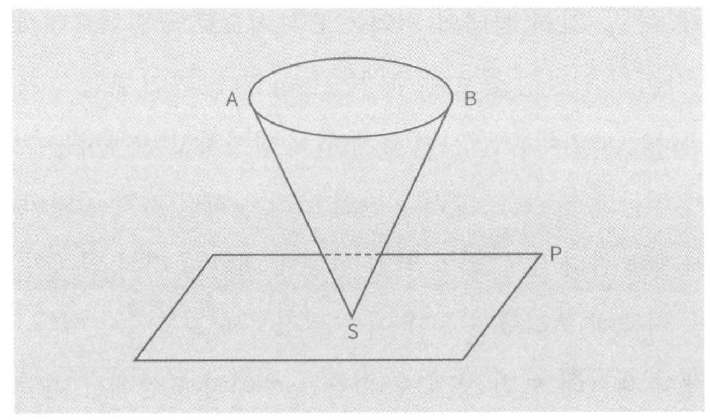

따라서 습관이 조직한 감각 운동 시스템의 총체로 구성된 신체의 기억은, 과거의 진정한 기억이 기초가 되는 '거의 순간적인quasi instantanée' 기억이다. 이 신체의 두 기억은 두 개의 별개의 사물을 구성하지 않기 때문에, 즉 우리가 말했듯이, 경험의 움직이는 평면 안에서 두 번째 사물을 통해 삽입된 이동점일 뿐이므로, 이 두 기능이 상호적으로 지원하는 것은 자연스러운 일이다.[28] 한편으로, 사실상 과거의 기억은 감각운동 메커니즘에 그들의 일들을 안내하고 경험으로부터 배운 교훈을 통해 제안된 방향으로 운동 반응을 이끌어 갈 수 있는 모든 기억을 제시한다. 바로 여기에서 인접성과 유사성을 통한 연합이 이루어지는 것이다. 그러나 다른 한편, 감각운동 장치들은 무기력한 기억들, 즉 무의식적인 기억들에 몸체를 취할 수 있는, 즉 물질화하는 방법을 제공하고, 결국 현실적인 것이 되도록 한다. 사실, 하나의 기억이 의식 속에 다시 나타나려면, 이 기억

28 역주) 여기서 두 기능은 앞서 말한 '습성의 형태'로 육체에 기억된 '육체적 기억'과 의식 안에 축적된 '과거에 대한 기억'의 기능을 말한다. 위에서 저자는 이 두 기억의 차이점에 대해서 논한 뒤, 여기서는 이 두 기억이 어떻게 서로 밀접하게 연관성을 가지는가를 논하고 있다. 그 단서는 이 두 기억이 사실상 동일한 현상, 동일한 행동에 대해서 작동하고 있다는 사실이다.

은 순수 기억의 정점에서 행동이 이루어지는 정확한 지점에까지 내려와
야 한다. 다시 말해서, 기억이 응답하는 부름은 현재로부터 시작되고, 기
억이 생명을 부여하는 온기를 빌려 오는 곳은 현재 행위의 감각운동 요
소들에서이다. 우리가 "균형 잡힌" 정신, 즉 기본적으로 삶에 완벽하게
적응한 사람들을 이해한다는 것은 이 두 가지 상호 보완적인 기억이 서
로가 서로에게 정확하게 스며들면서 이루는 이러한 일치의 견고함이 아
니겠는가?

행동하는 사람의 특징은 주어진 상황에 대해 그와 관련된 모든 기억
을 신속하게 불러낸다는 것이다. 그러나 그것은 또한 쓸모없거나 무관한
기억들이 그의 의식의 문턱에 나타날 때 직면하게 되는 극복할 수 없는
장벽이기도 하다. 완전히 순수한 현재에 살고, 즉각적으로 자극에 반응
하며 그것을 연장시키고자 하는 것은 하등동물의 특징이다. 이런 식으로
삶을 영위하는 사람은 충동적인 사람이다. 그런데 이러한 사람은 과거
에서의 즐거움을 이어 가기 위해 과거에서 살아가는 사람보다 그리고 현
재 상황에 도움이 되는 것 없이 의식의 빛에 기억을 떠올리는 사람들보
다 더 잘 행동에 적응하는 사람들이 아니다. 전자의 사람은 더 이상 충동
적인 사람이 아니며, 후자의 사람은 몽상가이다. 이 두 극단 사이에 현재
상황의 윤곽을 정확히 따를 만큼 온유하면서도 다른 모든 요청에도 저항
할 만큼 활력이 넘치는 기억의 행복한 성향이 놓여 있다. 상식이나 실천
적 감각은 아마도 이와 다른 것이 아닐 것이다.[29]

---

29 역주) 여기서 네 가지의 유형을 분별하는 베르그송의 생각을 간략히 정리해 보자. 첫째는 즉각적인
   반응으로 살아가는 충동적인 사람이다. 둘째는 과거의 추억 속에 잠겨 사는 사람이다. 셋째는 현실에
   실질적으로 도움이 되지 않지만, 의식의 빛에 기억을 떠올리는 사람인 몽상가이다. 넷째는 둘째와 셋
   째 사이에 있는 현실의 상황에 잘 대처하는 현실적인 혹은 상식적인 사람이다. 물론 이러한 분석은

대부분의 어린이에게 있어서 자발적인 기억의 놀라운 발달은 정확히 그들이 아직 자신의 기억을 행동과 연결하지 못한다는 사실에서 기인한다. 그들은 습관적으로 순간의 인상을 따르며 행동은 기억의 지시를 따르지 않으므로, 역으로 그들의 기억은 행동의 필요성에 한정되지 않는다. 그들은 덜 분별력 있게 기억하기 때문에 더 쉽게 기억하는 것 같다. 따라서 지성이 발달함에 따라 기억력이 눈에 띄게 감소하는 것은 행위와 더불어 기억에 대한 조직화가 증가하기 때문이다. 이처럼 의식적인 기억은 통찰력을 통해 얻는 만큼 연장성에 있어서는 손실을 입는다. 의식적인 기억은 처음에는 수월하게 꿈에 대한 기억을 가지게 되는데, 그것은 실제로 꿈을 꾸고 있었기 때문이다. 다른 한편 우리는 지적인 발달이 어린 시절의 수준을 거의 벗어나지 못하는 사람들에게서도 이와 동일한 자발적인 기억의 과장된 몸짓을 관찰한다. 한 선교사는 아프리카 원주민들에게 긴 설교를 한 후, 그들 중 한 명이 같은 몸짓으로 처음부터 끝까지 그대로 반복하는 것을 보았다.[30]

그런데 만일 우리의 과거가 현재 행동의 필요성에 의해 억제되어 거의 전적으로 우리에게 숨겨져 있다고 하더라도, 이 과거는 우리를 본래의 자리로 되돌리기 위한 효과적인 행동에 대한 관심을 잃는 모든 경우에, 일종의 꿈속의 삶에서, 의식의 문턱을 넘을 수 있는 힘을 되찾을 것이다. 자연적이든 인공적이든 수면은 바로 이런 종류의 분리를 유발한다. 최근 연구자들은 수면 중에는 감각적 그리고 운동적 두뇌 요소들 사

이해를 돕기 위한 것이며, 구체적인 개인들은 정도의 차이를 가지고 이러한 요소들을 모두 함께 가지고 있다고 할 수 있다.

30 원주) Kay, 『기억력과 그것을 향상시키는 방법(*Memory and how to improve it*)』, New York, 1888, p. 18.

이에서 접촉이 중단된다는 것을 보여 주었다.[31] 비록 우리가 이러한 정교한 가설에서 멈추지 않더라도, 잠에서 깨어 있는 동안에 적절한 반응을 통해 받는 흥분을 수면 중에 연장하기 위해, 적어도 기능적으로는, 항상 준비되어 있는 신경계의 이완을 보지 않는다는 것은 불가능하다. 그런데 특정한 꿈에서 그리고 특정한 몽유병의 상태에서 기억이 "고양"된다는 것은 진부한 관찰의 결과이다. 소멸된 줄 알았던 기억이 놀랄 만큼 정확하게 다시 나타난다. 우리는 완전히 잊어버린 어린 시절의 장면들을 세부적으로 모두 재현하게 된다. 우리는 배운 기억조차 나지 않는 언어를 사용한다. 그러나 이와 관련하여서는 익사자나 목매달린 사람들한테서와 같이 갑자기 질식하는 경우에서 발생하는 것보다 더 효과적으로 [일어나는] 것은 없다. 다시 살아나게 된 피험자는 자신의 역사에서 잊힌 모든 사건이, 아주 사소한 상황까지도 발생한 순서대로 짧은 시간 안에 자신의 앞을 지나가는 것을 보았다고 말하였다.[32]

[자신의 삶을] 살아가는 대신 자신의 실존을 꿈꾸는 인간은 의심의 여지 없이 자신의 과거 역사에 대한 무한한 세부 사항을 항상 그의 시선 앞에 붙잡고 있을 것이다. 그리고 이와 반대로, 이 기억이 생성하는 모든 것을 부정하는 사람은 자신의 실존을 진정으로 표현하는 대신에 끊임없이 이를 미룰 것이다. 의식적인 자동인형처럼 그는 흥분을 적절한 반

---

31 원주) Mathias Duval, 「수면의 조직학적 이론(Théorie histologique du sommeil)」(*C. R. de la Soc. de Biologie*, 1895, p. 74). Cf. Lépine, *Ibid.*, p. 85, et Revue de Médecine, août 1894, 그리고 특히 Pupin, 『뉴런과 조직학적 가설(*Le neurone et les hypothèses histologiques*)』, Paris, 1896.

32 원주) Winslow, 『뇌의 모호한 질병(*Obscure Diseases of the Brain*)』, p. 250 et suiv. Ribot, 『기억에 관한 질병들(*Maladies de la mémoire*)』, p. 139 et suiv. Maury, 『수면과 꿈들(*Le sommeil et les rêves*)』, Paris, 1878, p. 439. Egger, 「임종자들의 자아(Le moi des mourants)」(*Revue Philosophique*, janvier et octobre 1896). Cf. Ball의 진술. "기억은 아무것도 잃지 않고 모든 것을 기록하는 능력이다." (인용. Rouillard, 『기억상실자들(*Les amnésies*)』, Thèse de méd., Paris, 1885, p. 25.)

응으로 연장시키는 유용한 습관의 경향성을 따를 것이다. 첫 번째 사람은 결코 특정한 것, 심지어 개인적인 것을 벗어나지 못할 것이다. 각 이미지에 시간적 날짜와 공간적 위치를 남겨 두고 그는 이 이미지가 다른 이미지들과 어떻게 유사한지를 보지 않고 어떻게 다른 것인지만을 보게 될 것이다. 이와 반대로 항상 습관에 의해 움직이는 두 번째 사람은 이전의 상황과 실질적으로 유사한 측면만을 풀어낼 것이다. 일반 관념은 적어도 다수의 상기된 이미지의 가상적 재현을 전제로 하기 때문에 의심할 바 없이 이들은 보편성에 대해 생각할 수 없지만, 그럼에도 이들이 진보하는 것은 보편성 안에서일 것이며, 일반성이 사유에서 기인하는 것처럼 습관은 행동에서 주어진다. 그러나 이 두 가지 극단적인 상태, 즉 그의 비전에서 개별적인 것만 파악하는 완전히 관조적인 기억[33]과 그의 행동에 일반성의 흔적을 남기는 완전한 운동 기억의 상태는 서로 분리되지 않고 예외적인 경우에만 [각자가] 충만하게 나타난다. 정상적인 삶에서 이 둘은 서로 내밀하게 침투하여 둘 다 원래의 순수함을 어느 정도 버리게 된다.[34] 첫 번째 것은 차이점들에 대한 기억으로 해석되고, 두 번째 것은

---

33   역주) 이는 기억이 현재의 상황과는 전혀 무관한 과거에 대한 것이므로 일종의 순수 기억이다.

34   역주) 정상적인 삶에서는 '관조적인 기억'과 '운동 기억'이 어느 정도 이들의 순수함을 버리게 된다는 표현은 매우 명쾌한 설명이나, 또한 너무 추상적인 표현이라서 선뜻 의미가 와닿지 않는다. 이 역시 구체적인 예를 들어 쉽게 이해해 보자. 길동이가 고교 시절 학교폭력과 관련된 자신의 기억을 관조적으로 본다는 것은 이를 현재의 상황과는 무관하게 자신의 개별적인 과거 역사를 마치 드라마 속의 일처럼 고찰한다는 뜻이다. 이는 매우 주관적이고 개별적인 것이며, 또한 현재의 세상과는 단절된 그의 내면의 일이다. 반면 태권도 선수로서의 길동이는 자신의 과거의 기억들과는 무관하게 '일반성의 지평'에서 거의 반사적으로 행동하게 된다. 최소한 시합에서만큼 그의 운동 기억은 전혀 자신의 개별적인 과거 기억들과 연계되지 않고 오직 현실의 상황에만 몰입하고 있다. 이 두 가지 기억은 '현실과 무관함'이라는 그리고 '현실에 완전히 몰입'이라는 두 가지 차원에서 순수성을 지니고 있다. 하지만 길동이가 일상의 삶으로 복귀하였을 때, 그의 행동에는 어느 정도 개별적인 기억과 어느 정도 현실에 대한 몰입이라는 두 가지의 것이 공존하고 있다. 따라서 관조적 기억(순수 기억)과 운동 기억은 현실의 삶에서는 어느 정도 자신들의 순수성을 상실하고 있는 것이다.

유사점에 대한 지각으로 해석되며, 이 두 흐름이 합류하는 지점에서 일반[적인] 관념idée générale이 나타나게 된다.

여기서 문제는 일반 관념에 대해 일괄적으로 해결하는 것이 아니라는 점이다. 이러한 관념 중에는 지각에서 유일한 기원을 갖지 않는 것도 있고 또 물질적 대상과는 아주 먼 관계를 맺고 있는 것도 있다. 우리는 이러한 것은 제쳐 두고 우리가 유사성에 대한 인식이라고 부르는 것에 기초한 일반적인 관념만을 고려할 것이다. 우리는 순수 기억, 통합적 기억을 운동 습관에 도입하기 위한 지속적인 노력으로 추적하고자 한다. 이를 통해 우리는 이 기억의 역할과 성격을 더 잘 알게 될 것이다. 그런데 우리는 또한 이러한 방식으로 둘 모두 모호한 개념인 유사성과 일반성을 매우 특수한 국면하에 다루면서 [이들의 의미를] 명확히 밝힐 수 있을 것이다. 일반[적인] 관념의 문제와 관련하여 제기된 심리적 차원의 어려움에 가능한 한 가깝게 접근하면서 우리가 이 문제를 하나의 순환 안에 가두어 버리게 된다는 것을 알 수 있다. 일반화하려면 먼저 추상화해야 하지만, 유용하게 추상화하려면 먼저 일반화하는 것을 알아야 한다. 의식적이든 무의식적이든 유명론nominalisme과 개념론conceptualisme[35]이 추구

---

35 역주) 여기서 '유명론'과 '개념론'에 대해서 간략히 알아보자. 이 용어들은 중세 철학에서 '보편 논쟁'이라는 주제에서 등장하는 용어들이다. 보편 논쟁이란 하나의 일반명사에 해당하는 보편적인 대상이 실제로 존재하는가? 아니면 이름만 존재하는가? 혹은 관념의 형태로 인간의 정신 속에만 존재하는가? 하는 물음이다. 예를 들어 '인간성'이라는 개념은 모든 인간에게 해당하는 '보편적인 개념'이며, 이를 보편자라고 할 수 있다. 그런데 이러한 보편자가 실제로 존재하는가? 혹은 존재하는 것은 이름뿐이며 실제로 존재하는 것은 아니지 않은가? 하는 물음인 것이다. 만일 이 '인간성'이 실제로 인간의 내부에서 (혹은 플라톤의 이데아처럼 어딘가에서) 실재처럼 존재하는 것이라 주장하게 되면 이는 '실재론'이 될 것이다. 반면 '인간성'이란 다만 이름뿐이며 실제로 존재하는 것은 아니라고 주장하게 되면 '유명론(혹은 명목론)', 즉 오직 이름만이 존재하는 것이 된다. 반면 '개념론'은 '실념론'이라고 부르기도 하는데, 이는 존재하기는 하지만 실제로 사물처럼 독립적인 존재로 존재하는 것이 아니라 인간의 정신(혹은 영혼) 속에 '개념' 혹은 '관념'의 형태로만 존재한다고 주장하는 것이다. 중세 철학에서는 처음

하는 것은 이 순환을 중심으로 전개되며, 두 사상은 각각 다른 사상에서 부족한 것을 가지고 있다.

사실 유명론자들은 일반 관념으로부터 그 확장만을 유지하면서 그 안에서 단순히 개별적인 대상들의 개방적이고 규정되지 않은 계열만을 본다. 따라서 이들에게 있어서 관념의 통일성은 그것을 통해 우리가 모든 별개의 대상들을 무관심하게 지칭하는 상징의 동일성 안에서만 이루어질 수 있다.[36] 만일 우리가 이들을 믿는다고 한다면, 우리는 한 가지를 인식하는 것에서 시작하고, 그런 다음 거기에 하나의 단어를 추가한다. 이 단어는, 무한한 수의 다른 것들로 확장되는 능력이나 습관에 의해 강화된 것으로, 이렇게 일반 관념이 형성된다. 그러나 단어가 확장되면서도, 단어가 지칭하는 대상으로 제한되기 위해서는 단어가 적용되는 대상들을 서로 근접시키고, 단어가 적용되지 않는 모든 대상들과는 구분시키는 유사성ressemblances이 우리에게 제시되어야만 한다. 따라서 일반화는 공통된 특성들에 대한 추상적인 고려 없이는 진행되지 않는 것으로 보이며, 유명론은 점점 더 처음에 원했던 확장에 의해서가 아니라, 이해compréhension를 통해 일반 관념을 규정하게 될 것이다. 개념론은 바로 이 이해로부터 출발한다.

개념론에 따르면 지성은 개인의 표면적 통일성을 다양한 특성으로

에는 실재론과 유명론이 팽팽하게 대립하다가 나중에 아벨라르두스의 '개념론'이 등장하면서 논쟁이 종식하게 되었다.

36 역주) 매우 추상적인 이러한 설명을 쉽게 이해하기 위해서 구체적인 예를 들어 보자. 장미의 붉은색과 일몰의 붉은색은 다 같이 붉은색을 가지고 있지만, 그럼에도 이 두 가지 붉은색은 개별적 특성을 가지고 있으며 동일한 붉은색이라 할 수가 없을 것이다. 그럼에도 유명론자는, 이들의 개별적 특성에는 무관심한 채, 붉은색이라는 상징적인 동일성을 통해 이 둘을 함께 묶게 된다. 이를 베르그송은 '확장을 통해'라고 이해하는 것이다. 즉 유명론자는 이러한 확장성을 통해서 '붉음'이라는 '일반 관념'을 가지게 되는 것이다.

분해하며, 각 특성은 자신을 제한하는 개별자로부터 분리되어 장르[종류][37]를 대표하게 된다.[38] 각 장르가 **현실적으로**en acte 다양한 대상을 구성하는 것으로 간주하는 것이 아니라, 이와 반대로 이들은 [개념이 지칭하는] 각 대상이 **잠재적으로**en puissance 대상을 내포하고, [개념을 통해] 포획할 수 있는 만큼의 다양한 장르를 포함하기를 원한다. 그러나 문제는 추상화의 노력을 통해 분리된 개별 특성이 처음에 남아 있었던 개별 특성으로 계속 유지가 되는 것인지, 그리고 이 특성들을 종류로 세우기 위해서는 정신의 새로운 접근 방식, 즉 정신이 우선 각 특성에 이름을 부여하고, 그런 다음 이 이름 아래에 다양한 개별 대상들을 모으는 새로운 시도가 필요하지 않는가 하는 것이다. 백합의 흰색은 눈의 흰색과 동일하지 않다. 그것들은 눈과 백합으로부터 분리되어 있어도 백합의 흰색과 눈neige의 흰색으로 남아 있다. 이 색들은 이들의 유사성을 고려하면서 이들에게 공통적인 이름을 부여할 수 있을 때만 자신들의 개별성을 포기한다. 그런 다음 이 공통적인 이름은, 일종의 연쇄반응을 통해, 무한한 수의 유사한 대상에 적용되면서 이 단어가 적용되는 사물들의 특성이 일반성으로 정립되는 것이다. 하지만 이런 식으로 추론함으로써 우리는 처음에 포기했던 확장의 관점으로 되돌아가는 것이 아닐까? 즉 우리는 실제로 하나의 순환 속에서 돌고 있다. 유명론은 우리를 개념론으로 데려가고, 개념

---

37 역주) '장르'로 번역한 불어 용어는 'genre'이다. '종류' '유형' 등으로 번역될 수 있겠지만 장르는 다양한 종류를 포함하는 하나의 범주라고 할 수 있으며, 종류는 하나의 장르 속 보다 구체적인 계열을 의미한다고 말할 수 있다. 예를 들면 '시각예술의 장르' 안에 '회화' '조각' '건축' 등의 종류가 있다. 따라서 보다 큰 범주를 의미할 때는 '장르'로, 보다 구체적인 계열을 의미할 때는 '종류'로 번역했다.

38 역주) 구체적인 하나의 예를 들어 보자. 민수라는 개별자는 다양한 장르가 통일되어 있다. 지성은 장르에 대한 이해를 통해 민수를 개인, 인간, 남자, 생명체, 존재 등의 다양한 종류로 구분할 수 있다. 이렇게 구분된 남자, 생명체 등의 개념은 더 이상 민수라는 개체에 구속되지 않고, 이와 분리되어 어떤 특정한 종류를 지칭하게 되는 것이다.

론은 우리를 유명론으로 데려가고 있다. 일반화는 공통된 특성의 추출을 통해서만 이루어질 수 있다. 하지만 어떤 특성들이 공통적인 것으로 나타나기 위해서는 이미 일반화 작업을 거쳐야만 했다. 이 두 가지 반대 이론을 더 깊이 탐구함으로써 이제 우리는 공통된 하나의 가정을 발견할 수 있다. 둘 다 우리가 개별 대상에 대한 인식에서 시작한다고 가정한다. 첫 번째[유명론]는 열거형으로 장르를 구성한다. 두 번째[개념론]는 분석을 통해 장르를 이끌어 낸다. 하지만 분석과 열거가 대상으로 삼고 있는 것은 즉각적인 직관에 주어진, 수많은 실재처럼 간주된 개별자들이다. 이것이 전제이다. 이러한 표면상의 분명함에도 불구하고, 사실들과는 유사한 것 같지도 않고 일치하지도 않는다.

사실, 선험적으로, 일반 관념에 대한 명확한 표현이 지성의 세련됨 raffinement인 것과 같이 개별적인 대상들에 대한 명확한 구별은 지각의 사치luxe인 것처럼 보인다. 종류들에 대한 완벽한 개념은 의심의 여지 없이 인간 사고의 고유함이다. 이 개념은 반성의 노력을 요구하는데, 이 노력을 통해 우리는 표현에서 시간과 장소의 특수성을 제거하는 것이다. 그러나 이러한 특수성에 관한 성찰, 이것 없이는 대상들의 개별성을 우리가 파악할 수 없는 이 성찰은 차이를 인지하는 능력과 마찬가지로 이에 따른 이미지에 대한 기억을 전제로 하는데, 이는 분명 인간과 고등동물들의 특권이다. 따라서 [인식의 출발점에서] 우리는 개인에 대한 지각이나 종류의 개념에서 시작하는 것이 아니라, 중간적인 앎, 눈에 띄는 특질이나 유사성에 대한 혼란스러운 느낌으로 시작하는 것 같다. 충분히 이해된 일반성과 분명하게 지각된 개별성 둘 모두와 거리가 먼 이 느낌은 분석의 방식을 통해 이 둘을 생성한다. 성찰된 분석은 이들을 일반 관념으로 구체화하고, 식별력 있는 기억은 이를 개별적인 것에 대한 지각으로 굳힌다.

그런데 이러한 것은 우리가 사물에 대한 지각의 매우 실용적인 기원을 되돌아보면 분명해질 것이다. 주어진 상황에서 우리가 관심을 갖는 것, 우리가 여기서 우선적으로 파악해야 하는 것은 이러한 [실용적 목적의] 지각이 하나의 경향이나 필요성에 응답할 수 있다는 측면이다. 그런데 필요성은 곧바로 유사성이나 특질로 나아가며, 오직 개인적인 차이들만 고려한다. 필요성에 대한 이러한 식별은 일반적으로 동물들의 인식으로 제한되어야 한다. 초식 동물을 유인하는 것은 일반적으로 풀이다. 풀의 색과 냄새, 마치 힘처럼 느껴지고 뒤따르는 것(우리는 생각을 특성이나 종류로 말하는 데까지는 나아가지 않을 것이다)은 초식 동물의 외부 인식으로 유일하게 즉각적으로 주어진 것이다. 이러한 일반성이나 유사성을 기초로 하여 초식 동물의 기억은 차별화가 발생하는 대조를 돋보이게 할 수 있을 것이다. 그런 다음 그 동물은 한 풍경과 다른 풍경을, 한 들판과 다른 들판을 구별할 것이다. 하지만 이것은 지각에서의 여분이지 꼭 필요한 것은 아니라고 우리는 반복하여 말한다. 우리는 이를 단지 문제를 뒤로 미루고 있을 뿐이며, 유사성이 출현하고 장르가 형성되는 무의식 속의 작용을 단순히 거부하고 있을 뿐이라고 말할 수 있을까?

그런데 우리는 무의식 속에 있는 어떤 것도 거부하지 않는다. 왜냐하면 우리의 관점에서 유사성을 이끌어 내는 것은 심리적 성격의 노력이 아니기 때문이다. 이 유사성은 객관적으로 하나의 힘으로 작용하며, 동일한 효과가 동일한 근본적인 원인을 따르도록 요구하는 완전히 물리적인 법칙 덕분에 동일한 반응을 불러일으킨다. 염산은 대리석이든 분필이든 석회의 탄산염에 항상 같은 방식으로 작용하기 때문에 산酸이 다양한 종들espèces 사이에서 한 장르의 특징들을 분리한다고 말할 수 있을까? 그런데, 산이 소금에서 자신의 토대를 이끌어 내는 작용과 다양한 토양에서 양식으로 사용되어야만 할 동일한 요소들을 변함없이 추출하는 식물의 작용 사이에는 본질적인 차이가 없다. 이제 한 단계 더 나아가 보자. 한 방울의 물속에서 움직이고 있는 아메바와 같이 초보적인 의식을 상상해 보자. 이 미생물은 자신이 동화할 수 있는 다양한 유기 물질로부터 차이점이 아닌 유사점을 감지할 것이다. 요컨대, 우리는 광물에서 식물에까지, 식물에서 가장 단순한 의식을 가진 존재에까지, 동물에서 인간에까지, 사물과 존재가 주변 환경에서 자신들을 끌어당기고 자신들이 실제적으로 관심을 가지는 것을 파악하는 작용의 진보를 추적하고 있다. 주변 환경의 나머지 부분은 자신들에게 포착되고 있지 않다는 단순한 이유 때문에 추상화할 필요가 없는 것이다. 표면적으로 다른 행동들에 대한 반응의 이러한 동일성은 인간의 의식이 일반 관념으로 발전하게 되는 씨앗이 된다.

실제로 우리 신경계의 목적지가 그 구조에 따라 결정되는 것처럼 나타나는 것에 대해 숙고해 보자. 우리는 중추신경을 매개로 모두 동일한 운동 장치에 연결되어 있는 매우 다양한 지각 장치를 보게 된다. 감각은 불안정하다. 감각은 가장 다양한 뉘앙스를 가질 수 있다. 반대로 운동 메커니즘은 한 번 갖추어지고 나면 한결같은 방식으로 작동한다. 따라서 우리는 표면적인 세부 사항에서 가능한 만큼의 다양한 지각을 가정할 수 있다. 만일 이 지각들이 동일한 운동 반응을 통해 계속된다면, 만일 유기체가 여기서 동일한 유용한 효과를 추출할 수 있다면, 만일 지각들이 육체에 동일한 태도를 나타낸다면, 어떤 공통점이 여기서 이끌려 나올 것이며, 그렇게 된다면 일반 관념이 표현되기 이전에 [먼저] 느껴지고 경험되었을 것이다. 우리는 이제 처음에 갇혀 있었던 것처럼 보였던 순환에서 마침내 해방되었다. 일반화하려면 유사점을 추상화해야 하지만, 유사점을 유용하게 추출하려면 또한 먼저 일반화하는 방법을 알고 있어야 한다고 우리는 말하였다. 진실은 여기에 순환이 없다는 것이다. 왜냐하면 정신이 처음 추상화할 때 출발하는 유사성은 정신이 의식적으로 일반화할 때 도달하게 되는 유사성이 아니기 때문이다. [정신이] 시작할 때의 유사성은 느껴지고, 경험되었거나 혹은 원한다면 자동으로 실행된 것이라 말할 수 있다. 되돌아온 유사성은 지성적으로 통찰된 것이거나 생각된 유사성이다. 그리고 기억은 자발적으로 추상된 유사성들에 대한 구분을 접목시키고, 이해력은 유사성들에 대한 습관에서 벗어나면서 일반성에 대한 분명한 관념을 가지게 된다. 이렇게 기억과 이해력의 이중적 노력을 통하여 개별자들에 대한 인식과 장르에 대한 개념이 형성되는 것은 바로 이러한 진보의 과정을 통해서이다.

일반성에 대한 이러한 생각은 원래 상황의 다양성 속에서의 태도의 동일성에 대한 우리의 의식이었다. 그것은 운동의 영역에서 사고의 영역으로 되돌아가는 습관 그 자체였다. 하지만 이처럼 습관에 의해 기계적으로 그려진 장르로부터 바로 이 작용에 대해 수행된 성찰의 노력을 통해 우리는 장르에 대한 일반 관념에 이르게 되었다. 그리고 일단 이 관념이 형성되자 이제 우리는 의도적으로 무한한 수의 일반 관념을 구성하게 된 것이다. 이러한 형성 과정에서 세부 사항에 대한 정보를 이 책에서 추적할 필요는 없다. 다만 자연의 작용을 모방하면서 이해력 역시 이번에는 인공적인 운동 장치를 마련하여 개별 대상에 대해 무한한 다양성에 있어서 한정된 수로 반응하게 하였다고 말하는 것으로 제한하자. 이러한 메커니즘의 총체가 뚜렷한 언어 능력이다.

다른 한편, [정신은] 그것을 통해 개인을 식별하는 작용과 그것을 통해 장르를 형성하는 작용인 대립하는 두 가지 작용을 필요로 하는데, 이 작용들은 동일한 노력을 요청하며 동일한 속도로 발전하는 것이 필요하다. 첫 번째[개인을 식별하는] 작용에는 기억의 개입만이 필요한데, 이는 우리의 경험이 시작되는 순간부터 이루어진다. 두 번째[장르를 형성하는] 작용은 결코 완성되지 않고 무한히 계속된다. 첫 번째 작용은 기억 안에 축적되는 안정적인 이미지를 생성하고, 두 번째 작용은 불안정하고 희미해지는 표상을 형성한다. 이 마지막 관점에 집중해 보자. 여기서 우리는 정신적 삶의 본질적인 현상을 건드리고 있다. 사실 일반 관념의 본질은 행동의 영역과 순수 기억의 영역 사이를 끊임없이 이동하는 것이다.[39]

우리가 이미 사용하였던 다이어그램을 참조해 보자. S에는 내 몸에 대한 현재의 지각, 즉 특정 감각운동 균형에 대한 지각이 있다. AB의 밑변 표면에는, 이렇게 말하길 원한다면, 나의 추억 전체가 담길 것이다.

[39] 역주) 이해를 돕기 위해 여기서 '일반 관념'에 대해 부수적인 설명을 추가해 보자. 우선 일반 관념이 왜 정신적 삶의 본질을 형성하는가? 비록 육체적 삶과 정신적 삶을 정확하게 이분화할 수는 없겠지만 우리는 통상 이 둘을 어렵지 않게 구분해 볼 수 있다. 먹고 마시고 아름다운 풍경을 감상하며 즐거움을 추구하는 것은 모두 육체적 삶이라고 할 수가 있을 것이다. 반면 '정의' '평등' '사랑' '자비' '모성애' '진리' 등의 추상명사에 해당하는 것을 추구할 때 우리는 이를 '정신적인 삶'이라고 할 수 있을 것이다. 그런데 이러한 추상명사나 일반명사는 이들이 지칭하는 '사물'과 같은 구체적인 대상이 없다는 측면에서, 나아가 모두에게 일치하는 보편적인 의미를 가진 것은 아니라는 차원에서 개별적인 것도 보편적인 것도 아니다. 이러한 것들을 베르그송은 일반 관념이라고 말하고 있다. 그런데 이러한 일반 관념이 왜 본질적으로 행동의 영역과 순수 기억의 영역을 왔다 갔다 하며 이동하는 것일까? 하나의 예를 들어 보자. A를 사랑하는 사람이 이 사랑을 오직 행동의 영역에서만 고려한다면 그는 사랑이란 '손을 잡아 보거나' '선물을 하거나' '함께 대화나 여행을 하거나' 하는 등의 구체적인 행동만을 문제 삼을 것이다. 반면 이 사랑을 오직 '순수 기억'의 영역에서 —순수 기억은 과거의 사건에 대한 기억이라기보다는 현재 나의 의식 안에 있는 이미지화된 기억의 총체임을 염두에 두자— 고려하는 사람은 A에 대한 나의 '염려' '그리움' '바람' 등의 내적인 정서나 정신적인 지향성만을 문제 삼을 것이다. 하지만 보통 사람이라면 누구라도 A를 사랑하면서 이 둘 중 어느 하나에만 집착하지는 않을 것이다. 어떤 때에는 현실적 행동에 또 어떤 때에는 순수 기억에 의미를 두면서 왔다 갔다 할 수밖에 없을 것이다. 이렇게 정신적인 삶이란 본질적으로 현실적인 행동과 순수 기억 사이를 오가며 형성될 수밖에 없는 것이다.

이렇게 규정된 원뿔에서 일반 관념은 꼭지점 S와 밑변 AB 사이를 지속적으로 왔다 갔다 할 것이다. S에서 일반 관념은 육체적인 태도나 발설된 단어의 명확한 형태를 취할 것이다. AB에서 이 일반 관념은 그 연약한 통일성이 깨어져 그다지 명확하지 않은 수천 개의 개별적인 이미지의 모습을 가지게 될 것이다. 그리고 바로 이러한 이유로 기성품tout fait[40]에만 집착하고 사물들만 이해하며 그 진보에 무지한 심리학은 양극단만을 이해하고 이 사이를 오가는 것에 대해서는 통찰하지 못하는 것이다. 일반 관념을, 때로는 이를 실행하는 행동이나 이를 표현하는 단어와 일치시키고, 때로는 기억 속에서 등가인 무한한 수의 다양한 이미지들과 일치시키는 것 말이다.

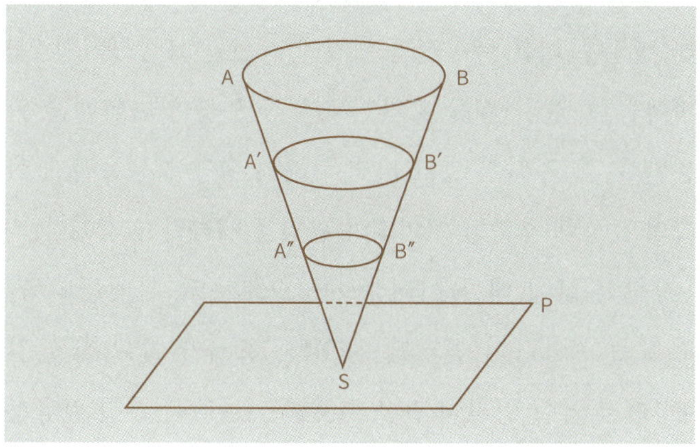

---

40 역주) 불어에서 'tout fait'란 '모두 만들어진 것' 혹은 '이미 작성된 것' 등을 의미하며, 기성품을 의미하기도 한다. 여기서 베르그송이 말하고자 하는 것은 현재의 지각을 통해 새로운 관념이나 이미지 혹은 일반 관념을 형성할 때 중요한 것은 정신 혹은 의식 안에 있는 전체 기억(AB)에서 현재의 지각(S)으로 진동하며 운동하는 혹은 진보하는 과정이지만, 관념연합주의 심리학은 이 과정을 무시하고 이미 완성된 A나 B에 있는 결과들을 조합하여 새로운 이미지나 관념을 만들어 낸다. 베르그송은 이를 비판하고 있다. 아마도 우리는 AI가 주어진 정보들을 조합하여 새로운 관념이나 이미지를 만들어 내는 것도 원리상 관념연합주의의 방식과 다르지 않다고 비판해 볼 수 있을 것이다.

그러나 진실은 우리가 이 두 극단 중 어느 하나에 고정하려고 시도하자마자 일반 관념은 우리를 피해 간다는 사실이다. 일반 관념은 하나에서 다른 것으로 나아가는 이중의 흐름으로 구성되는데, 발설된 단어로 결정화되거나 혹은 기억으로 증발할 준비가 항상 되어 있다. 이는 점 S로 표현되는 감각운동 메커니즘과 AB에 배열된 전체 기억 사이에는 우리가 이전 장에서 예상했던 것처럼 우리의 심리적 삶이 동일한 원뿔의 구간 안에서 A′B′, AB′ 등으로 수천 번 반복될 수 있는 여지가 있다는 것을 의미한다.[41] 우리는 꿈의 삶la vie du rêve을 살기 위해 우리들의 감각 및 운동 상태에서 더 멀어질수록 [우리 자신이] AB를 향해 흩어지는 경향이 있으며, 감각적인 자극에 대한 운동 반응을 통하여 현재의 실재에 더 확고하게 우리 자신을 붙잡아 맬수록 S에 집중하는 경향이 있다. 사실, 정상적인 자아는 결코 이러한 극단적인 위치에 자신을 고정시키지 않는다. 정상적인 자아는 이 둘 사이를 오가면서 중간 부분이 나타내는 위치를 차례로 수용한다. 혹은 다른 말로 하면 현재의 행동에 유용하게 협력할 수 있도록 그의 표상에 충분한 이미지와 관념을 제공하는 것이다.

하위 정신적 삶에 대한 이러한 개념으로부터 '관념들의 연합 법칙 lois de l'association des idées'이 연역될 수 있다. 하지만 이 관점을 깊이 파고들기 전에, 먼저 연합 법칙에 관한 현재의 이론들이 가진 불충분함을 제

41　역주) '우리의 심리적 삶이 동일한 원뿔의 구간 안에서 A′B′, AB′ 등으로 수천 번 반복될 여지가 있다'는 도식화를 통한 설명은 구체적인 현실의 예가 없기에 매우 모호하게 다가온다. 하나의 구체적인 예를 들어 보자. 아주 친하였던 동료가 갑자기 태도를 바꾸었을 때, 처음에는 그 이유나 의미가 분명한 듯하였으나, 현재 발생하고 있는 사실들에 비추어 보면 다른 이유나 다른 의미가 있는 것처럼 보인다. 이때부터 우리의 의식은 처음 일이 발생한 과거 시점(AB)에서 지금 일어나고 있는 일(S) 사이를 오가면서 그 이유나 원인에 대해 유사하지만 조금씩 모습을 달리하는 여러 가지 상황들(A′B′, AB′ 등)을 하루에도 여러 번 생각(상상)하게 되는 것이다.

시해 보자. 정신 안에 발생하는 모든 관념이 이전의 정신적 상태와 유사성ressemblance 또는 인접성contiguïté의 관계를 갖는다는 것은 이론의 여지가 없다. 하지만 이런 종류의 주장은 연합의 메커니즘에 관해 우리에게 아무것도 알려 주지 않으며, 사실대로 말하면 전혀 아무것도 말해 주는 것이 없다. 사실 사람들이 둘 사이에서 유사함의 흔적이 전혀 없거나 어떤 방식으로든 서로 접촉하지 않는 두 관념을 찾는다는 것은 헛된 일이다. 유사성의 경우에는 어떨까? 두 이미지를 분리하는 차이점들이 아무리 크다 할지라도 우리는 충분히 거슬러 올라가게 되면 항상 이들이 속하는 공통의 장르를 발견할 수 있으며, 결과적으로 두 이미지 사이를 연결하는 유사점을 발견하게 된다.[42]

인접성의 경우는 어떨까? 위에서 말했듯이 '지각 A'[43]는 자신과 유사한 이미지 A′를 먼저 상기시키는 경우에만 "인접성"을 통해 오래된 이미지 B를 불러일으킨다. 왜냐하면 기억 속에서 실제로 B에 영향을 미치는 것은 기억 A′이며, 지각 A가 아니기 때문이다.[44] 따라서 두 항 A와 B가

42　역주) 유사성과 인접성을 전혀 갖지 않는 두 관념(일반 관념)은 존재할 수 없다는 이러한 베르그송의 생각과 아무리 서로 큰 차이를 가진 '이미지'라 할지라도 기원을 거슬러 올라가면 '공통의 장르'를 발견할 수 있다는 이러한 생각에 선뜻 동의하기란 쉽지 않다. 그럼에도 조금만 깊이 생각해 보면 이 말에 충분히 동의할 수 있을 것이다. 이에 대한 구체적인 예시를 들어 보자, 예를 들어 '사랑'과 '미움'이란 관념은 서로 완전히 구분되는 관념이지만 왜 사랑이 발생하게 되었는지 그리고 또 왜 미움이 발생하게 되었는지를 그 근원을 추적해 보면 '그 사람에 대해 갈망하는 무엇'이 공통의 요소로 자리하고 있음을 알 수 있다. 마찬가지로 '화산'에 대한 이미지와 '폭우'에 대한 이미지는 서로 분명 구분되는 '이미지들'이지만 이들 역시도 '자연현상'이라는 공통의 장르를 가지고 있다. 이렇게 모든 '관념'과 '이미지'는 충분히 거슬러 올라가면 '공통의 장르'를 발견하게 되는 것이다.

43　역주) 여기서 '지각 A(perception A)'라는 것은 일종의 상기, 즉 '기억을 떠올림'이라고 할 수 있다. AB가 기억의 총체(순수 기억)이며, 이는 현재 나의 기억 속에 지니고 있는 모든 것을 말하며, 이것 중 어느 하나를 분명히 떠올린다는 것은 현재 내가 과거의 어떤 사건을 (현재의 정신 혹은 의식 속에서) 다시 지각하는 것과 같은 것이다.

44　역주) A가 오래된 이미지 B를 불러일으키는 것은 먼저 자신과 유사한 A′를 상기하는 경우이며, 기억 속에서 실제로 B에 영향을 미치는 것은 기억 A′이지 지각 A가 아니라는 진술은 매우 추상적인 진술

서로 아무리 멀리 떨어져 있다고 가정하더라도, 만일 중간 항 A′가 A와 충분히 먼 유사성을 유지한다면 A와 B 사이에는 항상 인접관계가 확립될 수 있다. 이는 말하자면 무작위로 선택된 두 관념 사이에는 항상 유사성이 있고, 원한다면 항상 인접성이 있으므로, 그 결과 서로 이어지는 두 표현[표상] 사이의 인접성 또는 유사성의 관계를 발견하면서도 우리가 왜 하나가 다른 하나를 불러일으키는지 전혀 설명하지 않는 것이다. 진정한 질문은 현재의 지각과 어떤 면에서든 모두 유사함을 가지고 있는 무수한 기억들 사이에서 선택이 어떻게 일어나는지, 그리고 왜 이 기억들 사이에서 오직 하나만이 [왜 이것이 아니고 저것인지] 의식의 빛에 나타나는지를 아는 것이다. 그러나 연합주의[45]는 이 질문에 대답할 수가 없다. 왜냐하면 연합주의는 관념들과 이미지들을 에피쿠로스의 원자들처럼 한 내적

이어서 구체적인 예를 들기 이전에는 무슨 의미인지 그리고 왜 그러한 것인지 감이 잘 오지 않는다. 따라서 이해를 돕기 위해 부가 설명과 함께 하나의 구체적인 현실의 예를 들어 보자. 물론 여기서 역자가 제시하는 예가 저자의 위 진술을 잘 반영해 줄 수 있는 것인지는 역자 역시 완전한 확신이 없다. 하지만 이해하는 데 분명 도움을 줄 것이다. 우선 A, A′, A″ 그리고 S 사이의 차이점에 대해 설명해 보자. A는 순수 기억이다. 즉, 현실의 구체적인 상황과 무관한 내 기억 안에 있는 과거에 대한 기억이다. 가령 '어린 시절 고향 마을의 평화로움'을 들 수 있다. 반면 S는 현재 나의 현실에서 실행되는 구체적인 인식이다. 따라서 A′와 A″는 이 둘 사이에 있는 것이며 정도의 차이를 가지며 어느 정도 순수 기억에 가까운 것이며 어느 정도 행동에 가까운 것이다. 따라서 A′와 A″의 차이는 정도의 차이를 가지며 순수 기억에 가까이 있는가 혹은 행동에 가까이 있는가의 차이일 것이다. 예를 들어 A′는 '어린 시절 고향 마을의 아름다운 석양 이미지'라고 할 수 있고, A″는 '오늘 본 고향 마을의 평화롭지 않은 이미지'라고 할 수 있을 것이다. 그리고 S는 '개발로 파괴된 고향마을에 대한 현재의 분노'라고 할 수 있을 것이다. 그런데 B는 이미지, 즉 '상'이다. 따라서 만일 B가 '평화' 혹은 '고향마을의 평화'라는 옛 이미지(상)라면, 이 이미지에 실제로 영향을 미치는 것은 보다 구체적인 내용을 담고 있는 A′나 A″이지 순수 기억인 A에 대한 지각이 아닌 것이다.

45 역주) 여기서 연합주의라고 번역한 불어 용어는 'associationnisme'이다. 철학에서는 '관념연합주의'라 번역되며, 심리학에서는 '연상 심리학'이라 번역하기도 한다. 국내의 번역서에서는 '연상주의'로 번역되기도 한다. 여기서는 '관념들' 사이의 연합을 통해 새로운 관념이나 이미지를 산출하는 것을 지칭하고 있기에 '연합주의'로 번역하고 있다. 연합주의에 관해서는 「주요 개념 정리」의 '관념연합론'을 참조.

인 공간 안에 떠다니면서 서로 접근하고, 우연히 서로의 매력에 이끌릴 때 서로 달라붙는 독립적인 실체로 세웠기 때문이다.

그리고 이러한 관점의 이론을 더 깊이 탐구하면서 우리는 그들의 오류가, 관념을 지나치게 지성화하였고, 관념에 완전히 사변적인 역할을 부여하였으며, 이 관념들이 우리를 위해 존재하는 것이 아니라 그들 자체를 위해 존재한다고 믿었으며, 나아가 이 관념들이 의지의 활동과 가진 관계성에 대해 알지 못했다는 사실에 있다는 것을 알게 될 것이다. 만일 기억들이 무기력하고 무정형의 의식 속에서 무관심하게 방황한다면, 현재의 지각이 이들 중 어느 하나를 우선적으로 끌어당길 이유가 전혀 없다. 따라서 나는 이 기억을 만나게 되고, 일단 산출된 기억은 유사성과 인접성에 대해 말하게 된다는 것만을 확인할 수 있을 뿐이다. 이는 기본적으로 의식의 상태들이 서로 유사성을 갖는다는 것을 막연하게 인식하는 것과 같다. 하지만 인접성과 유사성의 이중 형태를 취하는 바로 이 친근성affinité 자체에 대해서 연합주의는 어떤 설명도 제공할 수 없다. 이 이론에서 연합의 일반적인 경향은 연합의 특정한 형태만큼 모호한 상태로 남아 있다. 개인적인 이미지 기억을 기성품처럼, 우리의 정신적 삶의 과정에서 주어진 요소들처럼 확립하면서, 연상론은 이러한 대상들 사이에서 신비로운 인력들이 있는 것처럼 가정하는 것으로 환원된다. 하지만 이러한 신비로운 인력들에 대해서 우리는 [이들이 나타나기 전에는] 미리 물리적인 끌림이라고 말할 수도 없고, 어떠한 현상을 통해서 이들이 나타날 것인지도 알 수가 없다. 가설에 따라 그 자체로 충분한 이미지가, 실제로는 다른 이미지, 유사한 이미지 혹은 자신과 친근한 요소들과 통합하는 이유는 무엇인가? 하지만 진실은 이 독립적인 이미지가 정신으로부터 산출된 인위적인 것, 뒤늦게 나타난 것이라는 사실이다. 사실상 우리는 서로 닮은 개인들에서 먼저 유사성을 인지하고, 인접한 부분들의 집합에서는 부분들에 앞서 전체를 인지한다. 우리는 유사성에서 유사한 대상들로 나아가며, 이 공통된 캔버스 위에 유사함과 아울러 다양한 개인차를 수놓는다. 그리고 우리는 또한 분해 작업을 통해 전체에서 부분으로 이동한다. 분해 작업에 대한 법칙에 대해서는 나중에 살펴보겠지만 실제 생활의 더 큰 편리함을 위해 실재의 연속성을 해체하는 것에서 이루어진다. 따라서 연합은 시원적인primitif 사태가 아니다. 그들이 시작하는 것은 분해이며, 다른 기억과 연합하고자 하는 모든 기억의 경향성은 지각의 분할되지 않은 통일성에 자연스럽게 복귀하고자 하는 정신에 의해서 설명된다.

그런데 여기서 우리는 연합주의의 근본적인 악습을 발견하게 된다. 다양한 기억과 여러 연속적인 연합을 차례로 형성하는 현재의 지각을 고려할 때, 우리는 이러한 연합의 메커니즘을 이해하는 두 가지 방법이 있다고 말할 수 있다. 우선 지각을 그 자체로 남아 있으며, 다른 원자들이 그 옆을 지나갈 때 다른 것들과 응집하는 진정한 심리적인 원자라고 가정할 수 있다. 이것이 연합주의의 관점이다. 그러나 두 번째의 관점이 있는데, 우리가 우리들의 인식 이론[재인 이론]에서 지적한 것이 바로 그것이다. 우리는 우리 기억의 총체와 함께 분할되지 않은 우리의 인격personnalité이 현재의 지각에 들어간다고 가정하였다. 따라서 이러한 지각이 차례로 다른 기억을 불러일으킨다면, 그것은 지각의 주변에서 움직이지 않게 끌어당기는 점점 더 많은 요소들의 기계적인 추가를 통해서가 아니라 더 넓은 표면으로 퍼져 나가며, 그 풍부함에 대한 세부적인 목록을 더욱 멀리 펼칠 수 있는 우리 의식의 전체적인 확장을 통해서이다. 예를 들어, 강력한 망원경일수록 볼 수 있는 성운이 점점 더 많은 수의 별들로 분해되는 것과 같다. 첫 번째 가설(외견상의 단순성과 잘 이해되지 않은 원자론과의 유사함 외에 거의 도움이 되지 않는)에서 각 기억은 동등한 권리를 갖는 수천 개의 기억 중에서 연속성이나 유사성 덕분에 그것들을 연합하기 위해서 독립적이고 고정된 존재를 구성하지만, 우리는 이 기억이 왜 다른 기억들과 응집되고자 하는 경향성이 있는지 알지 못하며, 또한 어떻게 이 기억이 다른 특정한 기억을 선택하는 것인지 알지 못한다. 이 경우 관념들이 무작위로 서로 충돌하거나, 즉 신비한 힘이 그 사이에서 작용한다고 가정해야 하며, 이러한 가정에 대해서도 여전히 이와 반대되는 의식의 증언, 즉 심리적 사태가 결코 독립적인 상태에서 떠다니는 것을 보여 주지는 않는다는 증언을 가질 수밖에 없다.

두 번째 가설에서는 성찰만이 별개의 조각으로 나뉠 수 있으며, 항상 분할되지 않은 전체로서의 즉각적인 의식에 주어진 심리적 사태들의 연대성solidarité을 확인하는 것으로 그친다. 그렇다면 설명해야 할 것은 더 이상 내부 상태의 응집력이 아니라 의식이 자신의 내용을 발전시키기 위해 수축하거나 넓히는 집중과 확장의 이중 운동이다. 그러나 앞으로 살펴보겠지만 이 운동은 삶의 근본적인 필요성으로부터 추론된다. 그리고 이 운동을 따라 형성되는 것처럼 보이는 "연합"이 왜 인접성과 유사성의 모든 연속적인 단계들을 소진시키는지 쉽게 알 수 있을 것이다. 잠시 우리의 심리적 삶이 감각운동의 기능들로만 축소되었다고 가정해 보자. 다시 말해 우리가 그린 도식적 그림(앞의 그림)에서 우리들의 정신적 삶을 최대한 단순화하는 지점 S에 우리 자신을 위치시키자. 이 상태에서 모든 지각은 적절한 반응으로 스스로 확장된다. 왜냐하면 지각이 작용하기 위해 이전의 지각과 유사한 지각들은 정도의 차이를 가진 다소 복잡한 운동 장치를 가정하고 동일한 부름이 반복되기를 기다릴 뿐이기 때문이다.

그런데 이 메커니즘 안에는 유사성을 통한 연합이 있다. 왜냐하면 현재의 지각은 과거의 지각과의 유사성 덕분에 작용하기 때문이다. 여기에는 또한 인접성을 통한 연합도 있다. 왜냐하면 [현재의 지각은] 이러한 옛 지각들에 뒤따르는 운동을 산출하고 심지어 옛 지각을 따라가면서 첫 번째 행동에 연계된 무수한 행동을 산출하기 때문이다. 따라서 우리는 여기서 그들의 원천을 그리고 거의 함께 뒤섞여 있는 것, — 의심의 여지없이 사유가 아니라, 실행되고 체험되었던 것 — 즉 유사성을 통한 연합과 인접성을 통한 연합을 파악한다. 우리의 심리적 삶의 우연적인 형태들은 여기에 있지 않다. 이 형태들은 하나의 유일한 것에서 서로를 보완해 주는 두 국면[46]을 나타내고 또 하나의 근본적인 경향성을 제시해 주고 있다. 이 근본적인 경향성이란 주어진 상황에서 유용한 것을 추출하고 가능한 반응을 운동 습관의 형태로 축적하여 유사한 상황에서 활용하려는 모든 유기체의 경향성인 것이다.

이제 훌쩍 뛰어넘어 정신적 삶의 반대편으로 우리 자신을 이동시켜 보자. 우리의 방법에 따라 단순히 "행위된jouée" 심리적 실존에서 전적으로 "꿈꾸는rêvée" 실존으로 이동해 보자. 다시 말해, 우리가 살아온 생의 모든 사건이 가장 작은 세부 사항까지 그려져 있는 기억의 이 AB의 지반(앞의 그림) 위에 우리 자신을 위치시키자. [현재의] 행동으로부터 분리되어 과거 전체를 자신의 시선 아래 두는 의식은 과거의 어느 한 부분보다는 다른 부분에 더 초점을 맞춰야 할 어떤 이유도 없을 것이다. 어떤 의미에서 이 모든 과거의 기억들은 자신의 현재의 지각과는 다를 것이다.

---

46 역주) '하나의 유일한 것에서 서로를 보완해 주는 두 국면'이란 앞의 그림에서 본 것처럼 '순수 기억(AB)의 형태와 현재의 운동지각(S)의 두 대립하는 형태를 말한다.

왜냐하면 우리가 이 기억을 그 세부 사항들의 다양성을 고려하여 취한다
면, 어떤 두 기억도 정확하게 같은 것일 수는 없기 때문이다. 그러나 다
른 의미에서 어떠한 기억도 현재의 상황에 밀착될 수 있을 것이다. 이를
위해서는 이 지각과 기억에서 유사함만이 나타날 만큼 세부 사항을 충분
히 제거하는 것만으로 충분할 것이다. 다른 한편, 일단 기억이 지각과 연
결되면, 기억에 인접한 무수한 사건들이 동시에 지각에 연결될 것이다.
이는 무한히 많은 수이며, 우리가 선택하기를 그만두는 지점에서만 제한
될 것이다. 유사성의 효과에 맞추고 결과적으로 인접성의 효과에 맞추는
것에서 주어지던 삶의 필연성은 더 이상 여기에 존재할 수가 없다. 그리
고 근본적으로 모든 것이 유사하기 때문에, 모든 것이 연합될 수 있다는
결론이 나온다. 조금 전에는 현재의 지각이 규정된 운동으로 확장되었으
나, 이제 이 지각은 똑같이 가능한 무한한 기억에 용해된다. 따라서 S에
서 필연적인 방식이 유발되는 것처럼,[47] AB의 [기억들의] 연합에서는 자의
적인arbitraire[48] 선택이 유발될 것이다.

그런데 이러한 상태는 심리학자가 연구의 편의를 위해 자신을 차례
로 배치해야 하는 두 가지 극단적인 한계일 뿐이며, 실제로는 결코 도달
하지 못하는 상태이다. 최소한 인간에게는 모호한 활동의 지반substratum

---

47 역주) S는 현재의 운동지각이 수행되는 곳이므로, 여기서는 필연적인 방식으로 이루어질 수밖에 없
    다. 예를 들어 붉은색은 붉게 보일 수밖에 없고, 불에 손을 데이면 뜨거움을 느낄 수밖에 없다.

48 역주) 'arbitraire(아르비트레르)'는 '자의적인' '임의로' '일방적으로' '자유의지에 의한' 등의 의미를 가
    진 용어이다. 여기서는 '어떤 조건에도 구애받지 않고 스스로의 선택에 의해서'라는 긍정적인 의미를
    가지고 있다. 따라서 '자유의지에 의한'이란 의미이지만. 가독성을 위해 '자의적인'이라고 번역하였다.
    예를 들어 나의 기억 속에 있는 어린 시절의 두려움에 대한 기억은 '기대에 부응하지 못함' '소중한
    것의 상실' '체육 선생님의 성격' '학교 성적에 대한 걱정' 등 다양한 다른 기억들과 연결될 수 있을
    것이며, 어느 것과 연결시킬 것인가는 오직 나의 자유의지에 달린 문제이다. 따라서 꿈꾸는 실존에서
    는 필연성이 있을 수 없는 것이다.

이 없는, 상상적인 삶이 있을 수 없는 것과 마찬가지로 순전히 감각운동적인 상태도 있을 수 없다. 우리들의 정상적인 심리적 삶은 이 두 극단 사이에서 균형을 이루고 있다고 말하지 않았는가. 한편으로, 감각운동 상태인 S는 그 자신이 아닌 기억을 향해 방향을 정하는데, 이 기억은 사실상 현실적이고 활성적인 극단일 뿐이다. 다른 한편으로 이 기억 자체는 우리의 과거 전체와 함께 현재의 행동에 가능한 한 자신의 많은 부분을 삽입하기 위해 추진력을 발휘한다. 이러한 이중의 노력으로 인해 모든 순간에, 앞서 제시하였던 도식에서 A′B′, A″B″ 등으로 표시되는 상태인 무한한 수의 **가능한** 기억 상태가 생성되는 것이다. 이것이 우리가 '과거의 우리들의 삶 전체에 그토록 많은 반복이 있다'고 말하는 바로 그것이다. 그런데 이러한 각 단계는 지반이나 혹은 상단 중 어느 것에 더 접근하는가에 따라 더 혹은 덜 광대하게 된다.[49] 나아가 과거에 대한 우리의 이러한 완전한 표현들 각각은 [현재의] 감각운동 상태 안으로 수용될 수 있는 것만이 의식의 빛 속으로 들어오게 되며, 결과적으로 수행하는 행동의 관점에서는 현재의 지각에 유사한 것만이 의식의 빛 안으로 들어오게 되는 것이다. 다시 말해, 통합적 기억은 두 가지 동시적인 움직임을 통해 현재 상태의 요청에 응답한다. 하나는 해석을 통해 전체적으로 경험 앞에 나서며, 따라서 스스로 분산되지 않고 어느 정도 수축하는 contracte 움직임이다.[50] 다른 하나는 가장 유용한 측면을 제시하기 위해 순

---

49 역주) 물론 '지반(AB)'에 접근할수록 보다 광대하게 되고, 상단(꼭지점 S)에 접근할수록 보다 협소하게 된다. 왜냐하면 지반은 '과거 기억의 총체'를 의미하고, 상단은 현재의 '명확한 감각운동 상태'를 의미하기 때문이다.

50 역주) 하나의 현상에 주의를 집중하기 위해서는 의식이 모아져야 한다. 이러한 주의집중을 여기서는 기억의 '수축(contraction)'이라고 표현하고 있다.

간의 상황을 향해 방향을 조정하는 자기 자신에 대한 순환rotation이다.[51] 이러한 다양한 정도의 수축은 유사성을 통해 연합하는 다양한 형태에 해당한다.

따라서 모든 것이, 마치 우리들의 과거의 삶이 수천 개의 가능한 축소들 속에서 무한히 반복되는 것처럼 일어난다. 이 기억들은 기억이 압축될 때[52] 더 진부한 형태를 취하고, 기억이 확장될 때[53]는 더 개인적인 형태를 취하며, 그리하여 무한한 수의 다양한 "체계화" 속으로 들어가는 것이다. 내 귀에 들리는 외국어 단어는 그 언어의 일반적인 것을 생각하게 하거나 한때 특정 방식으로 발음했던 목소리에 대해 생각하게 할 수 있다. 유사성을 통한 이 두 가지 연합은 우연히 현재 인식의 이끌림의 영역으로 차례로 두 가지 다른 표현이 우발적으로 도달했기 때문에 일어나는 것이 아니다. 이들은 두 가지 다른 정신적 **성향**, 기억의 두 가지 뚜렷한 긴장의 정도에 반응한다. 여기서는[54] 순수한 이미지에 더 가깝고, 저기에서는[55] 즉각적인 반응, 즉 행동에 더 가깝다. 이러한 시스템을 분류하고, 이를 우리 정신생활의 다양한 "스타일tons"과 연결하는 법칙을 연구하고, 이러한 각 스타일이 어떻게 순간의 필요성과 우리들의 개인적 노력의 다양한 정도에 의해 결정되는지를 연구한다는 것은 쉬운 일이 아닐 것이다. 이 모든 심리학은 아직 완료되지 않았으며, 현재로서는 이를 시도하

---

51   역주) 현재의 지각에 대응할 만한 가장 적절한 과거의 기억을 찾아내기 위해 자신의 총체적인 기억을 둘러보는 것이라고 할 수 있다. 이를 저자는 '자기 자신에 대한 순환(rotation sur elle-même)'이라고 표현하고 있다.

52   역주) 기억이 압축된다는 것은 기억이 '현재의 감각 지각'에 집중한다는 것을 의미한다.

53   역주) 기억이 확장된다는 것은 기억이 '현재의 감각 지각'에서 벗어나 보다 'AB'의 순수 기억으로, 즉 보다 근원으로 내려간다는 것을 의미한다.

54   역주) '여기'란 기억이 확장되는 곳을 말한다.

55   역주) '저기'란 기억이 압축되는 것을 말한다.

고 싶지도 않다.

그러나 우리 각자는 이러한 법칙들이 존재하며 이러한 종류의 안정적인 관계들이 존재한다고 느낀다. 예를 들어, 우리가 분석적인 소설 roman analytique[56]을 읽을 때 우리는 묘사에서의 특정한 관념들의 연관성이 사실적이고 경험될 수 있는 것임을 알고 있다. 다른 소설들은 우리에게 충격을 받게 하거나 실재라는 인상을 주지 않는다. 왜냐하면 우리는 마치 작가가 자신이 선택한 정신적 삶의 계획에 대해 [자신의 실존을] 유지하지 않았던 것처럼, 정신의 다른 수준들 사이에서 기계적으로 접근한 노력만을 느끼기 때문이다.[57] 그러므로 기억에는, 물론 규정하기는 어렵겠지만, 연속적이고 뚜렷한 긴장감이나 활력이 있다. 그런데 영혼을 가진 화가는 손상 없이 이 둘 사이를 모호하게 만들 수가 없다. 다른 한편 병리학은 이에 대해 ―조잡한 예를 들고 있는 것은 사실이지만―, 이것이 우리 모두가 본능적으로 알고 있는 진실임을 확인해 주고 있다. 예를 들어, 히스테리 환자들의 "체계화된 기억상실증" 안에는 사라진 것처럼 보이는 기억들이 실제로 존재한다. 하지만 의심할 바 없이 이 기억들은 모두 특정한 어떤 지적 활력의 단호한 스타일에 집착하고 있으며, 환자는 더 이상 [정상적인 삶 속에] 자리 잡을 수가 없다.

이처럼 만일 유사성을 통한 연합에 대해 무수한 **다른 계획들**이 있다면, 인접성을 통한 연합에 대해서도 마찬가지일 것이다. 기억mémoire의

---

56 역주) '분석적인 소설'이 정확히 어떤 소설을 지칭하는지 잘 알 수 없지만, 아마도 소설가가 실제의 삶의 현상들을 면밀히 분석한 이후에 이를 바탕으로 쓴 '리얼리티 소설'을 말하는 듯하다.

57 역주) 이는 한마디로 말해 실제로 그리고 삶으로 체험하지 않고, 생각만으로 추론을 통해 기계적으로 정신적인 삶에 대해 묘사하기에 공감이 가지 않는다는 뜻이다. 공상 소설 혹은 판타지를 의미하는 것 같다.

지반을 제시해 주는 극단적인 지평[58]에서는 인접성을 통해 [그것에] 선행하는 사건 전체와 뒤따르는 사건 전체가 연결되지 않는 기억souvenir[59]이란 있을 수 없다. 반면 우리의 행동이 공간에 집중되는 지점[60]에서 인접성은 이전의 유사한 인식에 즉각적으로 뒤따르는 반응만을 운동의 형태로 불러온다. 사실, 인접성을 통한 모든 연합은 이 두 가지 극단적 한계 사이의 중간에 매개적인 정신이 위치함을 의미한다. 만일 여기서 다시 우리의 기억 전체가 반복 가능하다고 가정한다면, 지나온 우리의 삶의 사례들 각각이 각자의 방식대로 특정 부분으로 나누어질 것이며, 만일 우리가 하나의 사례에서 다른 사례로 이동해 본다면, 그 분할 방식은 동일하지 않음을 알게 될 것이다. 왜냐하면 다른 기억들이 자신의 지지점으로 삼아 기대고 있는 지배적인 기억의 성격에 의해 각각의 사례가 특징지어지기 때문이다.[61] 예를 들어, 보다 더 행동에 가까울수록 더 많은 인접성이 유사성에 참여하는 경향이 있으며, 이는 단순한 연대순의 연속 관계와 구별된다. 바로 이것이 우리가 외국어 단어들에 대해 생각할 때, 이 단어들이 기억 안에서 서로를 불러일으킨다고 해도 이들이 유사성을 통해 연합되는지 인접성을 통해 연합되는지 [딱 잘라] 말할 수 없는 이유이다. 반대로, 우리가 실제 행동이나 가능한 행동에서 더 많이 멀어질수록, 인접성을 통한 연합이 더 많이 우리 과거 삶의 연속적인 이미지를 순

58　역주) 이 지평은 앞의 도식 그림에서 과거의 총체적인 기억이 있는 'AB'의 순수 기억에 해당한다.

59　역주) 기억(메무아르, mémoire)'과 추억(수브니르, souvenir)'에 관해서는 이 책의 말미에 있는 「주요 개념 정리」 '기억과 추억'을 참고.

60　역주) 이 지점은 앞 도식의 'S' 지점에 해당한다.

61　역주) 예를 들어 과거에 '신의 부르심'을 느낀 어떤 사람은 이후 자신의 삶에서 중요한 사건들의 의미를 이해할 때, 필연적으로 신의 부르심이란 기억과 연결시킬 것이며, 각각의 기억들이 '신의 부르심'이란 지배적인 기억에 의존하여 자신들의 의미를 획득하게 되는 것이다.

수하고 단순하게 재생산하는 경향이 있다. 여기서는 이러한 다양한 시스템에 관한 심층적인 연구를 시작하는 것이 불가능하다. 다만 이러한 시스템이 그렇게 많은 원자들처럼 병렬된 기억들로 형성되지는 않는다는 점을 지적하는 것으로 충분할 것이다. 여기에는 항상 몇 가지 지배적인 기억, 즉 이를 중심으로 다른 기억들이 모호한 성운을 형성하게 되는 빛나는 실제적인 지점이 있다. 우리의 기억이 확장될수록 이 빛나는 지점도 증가하게 된다.

예를 들어, 과거의 기억을 찾는 과정은 이미 말했듯이 마치 가방 안에서처럼 우리의 기억 덩어리 속으로 뛰어들어 점점 더 가까워지는 기억들 사이에서 특정한 장소에 자리 잡은 기억을 추출하는 것으로 이루어지지 않는다. 우리는 어떤 행복한 기회를 통해서 점점 늘어나는 삽입된 기억을 손에 넣을 수 있을까? 국지화localisation 작업은 사실상 확장하려는 노력의 증가로 이루어진다. 이 노력을 통해 '그 자체로 항상 전체적으로 현존하는toujours présente tout entière à elle-mêm' 기억이 점점 더 넓어지는 표면으로 퍼지게 되고 결국 지금까지 자기 자리를 찾지 못한 채 혼란스러운 덩어리 안에 있었던 한 기억을 구별할 수 있게 되는 것이다.[62] 다른 한편 여기서도 여전히 기억에 관한 병리학은 우리에게 유익한 정보를 제공해 줄 것이다. 역행성 기억상실증amnésie rétrograde[63]의 경우, 의식에서 사라지는

---

62 역주) 이러한 설명은 저자가 앞서 예를 든 '천체 망원경으로 성운을 관찰하는 것'을 떠올려 보면 쉽게 이해될 것이다. 처음에는 별들이 모호하게 뭉쳐 있는 가스 덩어리 같았던 성운이 그 표면을 더욱 확장하게 되면 하나하나의 별들이 분명하게 그 위치가 구분된다. 이처럼 전체적으로 한 덩어리 같이 존재하는 기억도 그 표면을 확장하게 되면, 뭉쳐 있었던 기억들이 분명하게 그 위치가 구분된다는 것이다. 그런데 만일 '기억을 확장하여 표면을 넓히는 것이 어떻게 가능한가?'라고 묻는다면 이는 나의 사유나 의식이 현재의 감각행동(앞 그림에서 S지점)에서 잠시 벗어나 나의 내면을 향해(앞 그림에서 AB의 지점으로) 집중하는 노력에서 가능하다고 말할 수 있을 것이다.

63 역주) 역행성 기억상실증(Retrograde amnesia)이란 기억상실증이 발병한 시점(예를 들어, 형제의 갑작스

기억이 아마도 기억의 극단적인 차원에서 보존되어 있을 것이며, 피험자는 최면 상태에서 성취하는 것과 같이 특별한 노력을 통해 그곳에서 상실했던 기억을 찾을 수 있을 것이다.

그러나 낮은 차원에서 이러한 기억들은 그들이 의지할 수 있는 일종의 지배적인 이미지를 기다리고 있었다. 그러한 갑작스러운 충격, 그러한 격렬한 감정은 우리가 집착하게 될 결정적인 사건이 될 것이다. 그리고 이 사건이 그 갑작스러운 특성으로 인해 우리 역사의 나머지 부분에서 두드러지게 나타난다면 이를 따라 기억들이 망각될 것이다.[64] 따라서 우리는 물리적 또는 도덕적 충격에 뒤따르는 망각에는 [바로] 직전의 사건들이 포함된다는 점을 알 수 있다. 이 현상은 기억에 대한 다른 모든 개념으로는 설명하기 매우 어렵다. 덧붙여 언급하자면, 만일 우리가 최근의 기억에서, 심지어 상대적으로 먼 기억에서도 이런 종류의 기다림의 특성을 부여하기를 거부한다면, 기억에 대한 정상적인 작업은 이해할 수 없게 될 것이다. 왜냐하면 전체적인 기억에 각인된 다양한 사건들에 대한 기억은 우리가 아무리 단순하다고 가정하더라도 일정량의 시간을 차지하는 것이기 때문이다. 따라서 이 간격의 첫 번째 기간을 채우고 있었으며, 지금은 연속되는 지각과 함께 분할되지 않는 기억을 형성하는 이 지각들은 사건의 결정적인 부분이 아직 발생하지 않는 한 실제로 "공중"에 떠 있는 것이다.[65] 따라서 다양한 예비적 세부 사항을 포함한 어떤 기

런 죽음)을 기준으로 그 이전의 경험을 상당 부분 기억하지 못하게 되는 것을 말한다.

64 역주) 예를 들어, 절친의 자살과 같은 하나의 충격적인 사건은 그 절친의 기억을 중심기억으로 하여 배치되어 있는 다른 기억들, 즉 절친의 기억에 연계된 다른 사소한 기억들도 절친의 죽음과 함께 망각될 수 있다는 것이다.

65 역주) 기억들에 대한 '기다림의 특성'을 부여하는 것과 결정적 사건이 발생하기 이전에는 이러한 예비적 기억들이 '공중에 떠 있다'는 표현은 매우 추상적이어서 선뜻 의미가 와닿지 않는다. 이해를 돕

억의 상실과 특정 사건 이후에 주어지는 다소 많은 이전의 기억들이 상
실되는 역행성 기억상실 사이에는 단순한 정도의 차이가 있을 뿐이며,
본질적인 차이는 없다. 하위 정신생활에 대한 이러한 다양한 고려 사항
으로부터 지적 균형에 대한 특정 개념이 발생할 것이다. 이 균형은 그 재
료로 사용되는 요소들의 혼란에 의해서만 왜곡될 수 있을 것이다. 여기
서 정신 병리학의 문제로 들어가는 것은 질문의 바깥이지만, 그럼에도
우리는 육체와 정신의 정확한 관계를 규정하려고 하기 때문에 이 문제를
완전히 피해 갈 수는 없을 것이다.

우리는 정신이 두 가지 극단적인 한계, 즉 행동의 지평과 꿈의 지평
사이에 있는 간격을 끊임없이 오간다고 가정하였다. 여기서 우리가 취해
야 할 결정이 문제일까? 정신은 우리가 성격caractère이라고 부르는 것 안
에서 경험 전체를 수집하고 조직함으로써, 이 경험 전체를 행동으로 수
렴하게 할 것이며, 이 행동에서 당신은 그 재료로 활용되었던 과거와 함
께 그의 인격[개성]personnalité이 흔적을 남기는 예상치 못한 형식을 발견하
게 될 것이다. 그러나 행동은 현재의 상황 안에, 즉 시간과 공간 안에서
의 육체의 규정된 특정한 위치로부터 탄생하는 전체적인 상황 안에 꼭
맞춰지게 될 때 비로소 실현 가능할 것이다. 하나의 지적인 작업, 하나의

기 위해 하나의 구체적인 예를 들어 보자. 대학입시를 준비하는 학생은 원하는 대학에 합격하기 위해
많은 것을 준비할 것이다. 영어 문장을 독해하고, 미분 적분을 과외받고, 논술을 연습하는 등 많은 준
비를 할 것이다. 그리고 마침내 원하던 대학에 합격하였다고 하자. 이 경우 결정적인 사건은 '대학 합
격'이며, 이 사건이 발생하지 않는 한, 다양한 준비 과정의 세부 사항들은 진정한 기억으로 각인되기
보다는 마치 '공중에 떠 있는 기억'처럼 남아 있을 것이며, 대학에 합격하지 못한다면 사라져 버릴 수
도 있을 것이다. 이처럼 하나의 결정적인 사건에는 이전의 예비적인 사건들이 마치 기억이 완성되기
를 기다리는 것과 같은 '기다림의 특성'이 있는 것이다. 대입 이전의 세부 준비 사항들이 어떤 이유로
망각되는 것처럼. 역행성 기억상실도 하나의 사건 이전의 일들이 망각될 수도 있다. 따라서 이 둘 사
이의 망각에 본질적인 차이는 없으며 다만 정도의 차이가 있다는 것이 베르그송의 관점이다.

개념의 형성, 다양한 기억으로부터 추출해 내는 다소 일반적인 관념이 문제인가? [이러한 작업에 있어서는] 한편으로는 공상fantaisie에, 다른 한편으로는 논리적 분별력에 큰 여백이 남아 있을 것이다. 그러나 관념이 실행 가능하려면 어떤 측면에서든 현재의 실재와 접해 있어야만 한다. 다시 말해 관념 그 자체로부터의 점진적인 축소나 수축을 통해 정신에 의해 재현되는 것과 동시에 육체에 의해서도 정도를 더해 가며 조금씩 작용될 수 있어야 한다. 그러므로 한편으로는 자신이 수용하는 감각을 지니고 있고, 다른 한편으로는 자신이 실행할 수 있는 운동을 가지고 있는 우리의 신체는 우리의 정신을 고정시키고 정신에게 안정감과 균형을 주는 것이다. 기억의 더미 그 자체가 현재의 감각과 운동을 무한히 넘어서듯이, 정신의 활동은 축적된 기억의 더미를 무한히 넘어선다. 이러한 감각과 움직임은 우리가 '삶에 대한 주의집중'이라 부르는 것의 조건을 결정하며, 바로 이 때문에 꼭대기를 향해 똑바로 서 있는 피라미드처럼 모든 것이 정신의 정상적인 활동 안에서 자신들의 응집력을 가지게 되는 것이다.

한편 최근 발견을 통해 밝혀진 신경계의 미세한 구조에 대해서도 눈길을 한번 돌려 보자. [이 발견에 의하면] 도체는 어디서나 볼 수 있고, 중심은 어디에도 없다고 생각하게 될 것이다. 끝에서 끝까지 배치된 전선과, 전류가 흐를 때는 의심 없이 극단들이 서로 근접하게 되는 것이 우리가 보는 전부이다. 그리고 우리가 우리들의 연구과정 전반에 걸쳐 가정했던 것처럼 만일 육체가 수용된 자극과 수행된 운동 사이의 만남의 장소일 뿐이라는 것이 사실이라면, 아마도 이것이 전부일 것이다. 그런데 외부 환경으로부터 충격이나 자극을 받아 이를 적절한 반응의 형태로 다시 외부 환경으로 보내는 이 전선들, 주변에서 주변으로 아주 능숙하게 뻗어 있는 이 전선들은 연결의 견고성과 서로 간의 교차와 감각운동의 정확한 조화를 통해, 즉 현재 상황에 대한 적응을 통해 보장된다. 이 긴장을 풀거나 이 균형을 깨뜨리게 되면, 모든 것이 마치 삶에서 주의가 분리된 것처럼 흘러갈 것이다. 꿈과 정신 착란aliénation[66]은 다른 것이 아닌 것처럼 나타날 것이다.

우리는 조금 전에 수면을 뉴런 간의 결속의 중단이라 고려하는 최근 가설에 대해 말하였다. 비록 우리가 이 가설을 받아들이지 않더라도 (그러나 호기심 많은 실험을 통해 확인되었다) 깊은 수면 중에는 신경계 안에 확립된 흥분과 운동 반응 사이의 관계가 최소한 기능적으로 중단된다고 가정해야 할 것이다. 그 결과 꿈은 항상 육체의 감각운동 균형을 통해 주의가 고정되지 못한 정신의 상태가 될 것이다. 그리고 이러한 신경계의 이완은 깨어 있는 상태의 정상적인 활동에서 산출된 물질들의 제거되지 않는 부분에 의한 중독으로 인한 것일 가능성이 점점 더 커지고 있다. 이제 꿈은 모든 면에서 정신 착란을 모방한다. 광기의 모든 심리적 증상이 꿈에서 발견될 뿐만 아니라 —이 두 상태를 비교하는 것이 진부해질 정도로—, 정신 착란은 또한 일반적인 피로와 마찬가지로 신경계 요소에 특정 독소가 축적되어 발생하는 뇌의 피로감에서 비롯되는 것 같다.[67] 우리는 정신 착란이 전염병의 결과인 경우가 많다는 것을 알고 있으며, 한편 사람들은 독성 물질을 사용하여 광기folie의 모든 현상들을 실험적으로

---

66 역주) aliénation(알리에나시옹)은 양도, 포기, 정신 착란, 이성 상실, 소원함, 멀어짐, 반감 등의 의미를 가진 용어이다. 여기서는 현실에 적응하지 못하는 비정상적인 정신 상태를 의미한다는 차원에서 '정신 착란'이라 번역하였다.

67 원주) 이러한 사유는 최근 다양한 저자에 의해 발전되었다. 이에 관한 매우 체계적인 설명은 Cowles의 작업에서 찾아볼 수 있다. 「광기의 메커니즘(The mechanism of insanity)」(*American Journal of Insanity*, 1890-91).

산출할 수가 있다는 것을 알고 있다.[68] 그렇다면 이때부터 정신 착란으로 인한 정신적 균형의 붕괴는 단순히 유기체에 확립된 감각운동 관계의 붕괴로 인한 것처럼 보이지 않는가? 이러한 교란은 일종의 정신적 현기증을 일으키기에 충분하며, 마찬가지로 기억과 주의력이 실재와 접촉하는 것을 불가능하게 만든다.

만일 우리가 어떤 정신 이상자가 자신의 새로운 질병에 대해 기술한 내용을 읽어 본다면, 우리는 이들이 종종 이상한 느낌, 즉 이들이 말하고 있는 것처럼 "비현실"이라는 느낌을 경험하곤 한다는 것을 보게 될 것이다. 이는 마치 인지된 것들이 그들에게는 뚜렷함과 견고함을 상실한 것처럼 보일 것이다.[69] 만일 우리의 분석이 정확하다면, 현재의 실재에 대해 우리가 갖는 구체적인 느낌은 우리의 유기체가 자극들에 자연스럽게 반응하는 실제적인 움직임을 의식하는 데서 주어질 것이다. 그 결과 느낌들과 움직임들 사이의 관계가 이완되거나 나빠지게 되면 실재에 대한 감각도 약화되거나 사라지게 되는 것이다.

한편 여기에는 정신 착란의 다양한 형태들 사이의 구별뿐만이 아니라, 엄격한 의미의 정신 착란과 최근의 심리학이 그토록 호기심을 가지고 접근했던 인격분열[자아분열] 사이의 구별이 있을 것이다.[70] 이러한 인격personnalité에 관한 병에서는 기억의 군집이 중앙 기억에서 분리되고 다른 기억들과의 연대성을 포기하는 것처럼 보인다. 그런데 감수성과 운동

---

68 원주) 특히 다음을 참조하라. Moreau de Tours, 『마리화나에 관하여(*Du hachisch*)』, Paris, 1845.

69 원주) Ball, 『정신 질환에 대한 교훈(*Leçons sur les maladies mentales*)』, Paris, 1890, p. 608 et suiv. Cf. 「매우 흥미로운 분석: 비전, 개인적인 이야기(une bien curieuse analyse: Visions, a personal narrative)」(*Journal of mental science*, 1896, p. 284).

70 원주) Pierre Janet, 『정신적인 사고들(*Les accidents mentaux*)』, Paris, 1894, p. 292 et suiv.

성의 동시적인 분리가 관찰되지 않는 경우는 거의 없다.[71] 우리는 이 마지막 현상들에서 첫 번째 현상에서의 진정한 물질적 지반을 보지 않을 수 없다. 우리의 지성적 생활이 전적으로 그 끝, 즉 그것을 통해 현재의 실재에 삽입되는 감각운동 기능에 달려 있는 것이 사실이라면, 지성적 균형은 이러한 감각운동 기능이 어떤 방식으로든 손상을 얼마나 입느냐에 따라 다양한 [방식으로] 방해받을 것이다. 그런데 우리가 현실감각이라고 부르는 것을 약화시키거나 없애면서 감각운동 기능의 일반적인 활력에 영향을 주는 손상의 곁에, 마치 특정한 감각운동의 연결을 순수하고 단순하게 다른 것과 분리시키면서 감각운동 기능들이 더 이상 역동적이지 않게 되는 '기계적인 감소diminution mécanique'라고 부르는 어떤 것이 있다.[72]

만일 우리의 가설이 확립된다면, 두 경우에서 기억은 매우 다양하게 영향을 받게 될 것이다. 첫 번째 경우에는 어떤 기억도 산만해지지 않을 것이겠지만, 그러나 모든 기억들이 무거워질 것이며 실재를 향한 지향성이 확고하지 못하게 될 것이다. 바로 여기서 정신적 균형의 진정한 추락이 발생하는 것이다. 두 번째 경우에는 균형은 깨어지지 않겠지만, 하지만 그 복잡성을 상실하게 될 것이다. 기억들은 정상적인 모습을 유지하지만, 그러나 일정 부분 연대성을 포기하게 될 것이다. 왜냐하면 감각운동의 지반이 화학적으로 손상되지는 않겠지만,[73] 기계적으로는 약화될 것이기 때문이다. 다른 한편, 어느 경우에서든 마찬가지로 기억들이 직

---

71 원주) Pierre Janet, 『심리적 자동주의(L'automatisme psychologique)』, Paris, 1889, p. 95 et suiv.
72 역주) 이 부분을 좀 더 쉽고 단순하게 설명하자면, 전자는 마치 술에 취한 것처럼 몽롱하게 되거나 무기력하게 되어 기억들이 정교하게 질서 지어지지 않고 산만하게 떠다닌다면, 후자는 정신은 멀쩡하지만 운동 신경이 심각하게 둔화되어 반응이 매우 느리거나 제대로 반응하지 못하는 경우를 말한다.
73 역주) 기억의 지반이 화학적으로 변질되는 경우는 앞의 역주에서 전자의 경우이다.

접적으로 영향을 받거나 해를 입지는 않을 것이다.[74]

　따라서 신체가 대뇌 장치의 형태로 기억을 보존한다는 생각과 기억의 상실 및 감소가 이러한 메커니즘의 보다 완전하거나 완전하지 않은 파괴에 기인한다는 생각, 그리고 이와 반대로 기억의 고양이나 환각이 대뇌 활동의 과장에 있다는 생각은 추론을 통해서도 사실들을 통해서도 확인되지 않는다. 진실을 말하자면 우선 관찰이 이러한 견해를 암시해 주고 있는 것처럼 유일한 하나의 사례가 있는데, 실어증, 또는 보다 일반적으로는 청각 및 시각 인식장애의 경우이다. 이는 뇌의 특정 회선에 발병함으로써 일정한 위치를 지정해 줄 수 있는 유일한 경우이다. 하지만 이 경우에도 이러저러한 구체적인 기억에서 기계적이고 즉각적이며 결정적인 상실이 아니라, 다만 관련된 기억의 전체에서의 점진적이고 기능적인 약화를 보여 주고 있을 뿐이다. 그리고 우리는 어떤 방식으로든 뇌에 기억이 축적되어 있다고 가정할 필요 없이, 어떻게 뇌 손상이 이러한 약화를 초래할 수 있는지를 설명하였다. 실제로 영향을 받는 것은 이러한 종류의 지각에 해당하는 감각 및 운동 영역들이며, 특히 내적으로 활성화되도록 허용하는 부속기관이기에 그 결과 더 이상 기억을 붙잡을 수 없는 상태가 되어 사실상 무기력하게 되는 것이다.[75]

74　역주) 술에 취한다고 해서 기억이 사라지거나 하지 않으며, 운동 신경이 심각히 둔화된다고 해서 기억 자체에 영향을 미치지는 않는다는 것이다. 두 경우 모두 기억들 사이의 연결에 문제가 있거나, 신경을 통한 전달에 문제가 있는 것이지, 기억 자체가 감소하거나 소멸되지는 않는다는 것을 말하고자 하는 것이다.

75　역주) 이 문장을 쉽게 설명하자면 다음과 같을 것이다. 뇌에 어떤 손상이 오면 기억이 사라지거나 희미해지는 것이 아니라, 기억은 그대로이나 —왜냐하면 기억이 존재하는 곳은 뇌 표면이 아니므로— 기억을 불러오는 내적인 회로(전달경로)가 타격을 받아서 더 이상 기억을 불러내거나 전달해 주지 못한다는 것이다. 따라서 베르그송에게는 기억을 총체적으로 지니고 있는 비물질적인 정신이나 의식을 가정해야만 한다.

그런데 심리학에서 무기력함은 무의식을 의미한다. 다른 모든 경우에 관찰되거나 추정되는 손상은 결코 명확하게 국한되지 않고 이 손상이 관계되고 있는 전체적인 감각운동의 연결에 혼란을 가져오면서 작용하게 된다. 이러한 혼란은 감각운동 전체를 변질시키거나, 혹은 이 전체를 분열시키면서 발생한다. 바로 여기에서 지적 균형이 파열되거나 단순화되고, 간접적으로 기억의 무질서와 분리가 발생하는 것이다. 따라서 기억을 뇌의 즉각적인 기능으로 고려하는 학설, 해결할 수 없는 이론적 어려움을 야기하는 학설, 모든 상상을 초월하는 복잡성을 가지고 있으며 그 결과는 내부 관찰의 데이터와 양립할 수 없는 학설은 뇌 병리학의 근거로 고려할 수조차 없다. 모든 사태와 모든 유비는 다음과 같은 하나의 이론을 지지할 것이다. 이 이론은 뇌에서 감각과 운동 사이의 중개자만을 보고, 이러한 감각과 운동 전체로부터 사건들의 조직 속으로 끊임없이 삽입되는 정신적 삶의 정점을 만들며, 육체를 기억으로 하여금 실재를 향해 나아가게 하고, 기억을 현실과 연결해 주는 유일한 기능으로 고려하는 이론이다. 따라서 이 이론은 기억 자체를 '물질과는 절대적으로 독립된absolument indépendante de la matière' 것으로 고려할 것이다. 이런 의미에서 뇌는 유용한 기억을 회상하는 데 기여하지만, 다른 모든 기억을 잠정적으로 떼어 놓는 데 훨씬 더 많은 역할을 한다. 우리는 기억이 어떻게 물질 안에 수용되는지 알 수가 없다. 하지만 우리 시대의 한 철학자의 심오한 말에 따라 "물질성은 우리 안에 망각을 가져온다 — la matérialité mette en nous l'oubli"는 사실을 잘 이해하고 있다.[76]

76 원주) Ravaison, 『19세기 프랑스 철학(La philosophie en France au XIXe siècle)』, 3e éd., p. 176.

이미지의 경계와 고정에 관하여

― 지각과 물질 / 영혼과 육체

　이 책의 앞 세 장에서의 일반적인 결론은 다음과 같다. 즉, 항상 행동을 지향하는 육체는 행동을 원하면서 정신의 삶을 제한하는 본질적인 기능을 가지고 있다. 표상과 관련하여 육체는 선택의 도구이며, 선택에만 관여할 뿐이다. 육체는 지적 상태를 생성하거나 유발할 수가 없다. 지각에 관해서는 어떤가? 우주 안에서의 모든 순간에 우리의 육체는 자신이 차지하고 있는 위치에 따라 우리가 취할 수 있는 물질의 부분과 국면을 표시한다. 이처럼 사물에 대한 우리의 잠재적 행동을 정확하게 측정하는 우리의 지각은 현실적으로 우리의 육체적 기관에 영향을 미치는 대상으로 제한되고 우리의 움직임을 준비한다. 그렇다면 기억에 관해서는 어떻게 고려하는가? 육체의 역할은 기억을 저장하는 것이 아니라 단순히 유용한 기억을 선택하는 것이며, 이를 통해 최종적인 행동을 위해 현재 상황을 완성하고 밝혀 주는 실제적인 효과를 의식에게 제공함으로써 분명한 의식을 가지게 하는 것이다.

　이 두 번째 선별[1]은 첫 번째 선별[2]보다 훨씬 덜 엄밀하다는 것이 사실이다. 왜냐하면 우리의 과거 경험은 개인적인 경험이고 더 이상 공통적이지 않기 때문이다. 그리고 우리는 항상 동일한 현재 상황에 일치시킬

1　　역주) 정신과 육체의 관계성을 밝히는 주제를 선택한 것을 말한다.
2　　역주) 앞에서 다른 지각과 기억에 관한 주제를 의미한다.

수 있는 다른 많은 기억을 가지고 있기 때문이며, 지각의 경우에서처럼 여기서는 우리의 표상을 제한하는 흔들리지 않는 규칙règle inflexible을 가질 수가 없기 때문이다. 따라서 이번에는 필연적으로 환상에à la fantaisie 어느 정도의 여백을 남겨 두게 된다. 그리고 만일 물질적 필요에 사로잡혀 있는 동물들이 이것[환상]으로부터 전혀 이익을 얻지 못한다면, 이와 반대로 인간의 정신은 육체가 자신에게 반쯤 열어 줄 문을 상대로 기억 전체와 함께 끊임없이 압박하는 것 같다. 여기서부터 환상의 게임과 상상의 작업, 즉 정신이 자연[본성]과 더불어 취하는 그토록 많은 자유가 산출되는 것이다. 행동을 향한 우리 의식의 방향이 우리들의 정신적 삶의 근본 법칙처럼 나타나는 것도 마찬가지로 사실이다. 엄밀히 말하면 여기서 멈출 수 있다. 왜냐하면 우리가 이 연구를 시도한 목적은 정신의 삶에서 육체의 역할을 정의하는 것이었기 때문이다. 하지만 한편으로 우리는 해결되지 않은 채로 남겨 둘 수 없는 형이상학적인 문제를 제기했으며, 다른 한편으로 (주로 심리적인 것이긴 하였더라도) 우리의 연구를 통해 문제를 해결하는 수단은 아니더라도 다른 한 측면, 즉 최소한 문제해결에 접근할 수 있는 다양한 경우를 엿볼 수 있었다.

이 문제는 영혼과 육체의 일치에 관한 문제 외에 다른 것이 아니다. 이 문제는 우리가 물질과 정신을 근본적으로 구별하기 때문에 우리에게 예리한 형태로 주어진다. 그리고 우리는 소극적인 특성이 아닌 적극적인 특성으로 정신과 물질을 정의하기 때문에 이를 해결 불가능한 문제로 생각할 수는 없다. 순수 지각이 우리를 진정으로 물질에 위치시키고 있고, 기억과 더불어 우리가 통찰하는 것은 이미 '정신 그 자체 안에' 있다. 한편, 물질과 정신에 대한 구별을 우리에게 드러낸 동일한 심리학적 관찰은 우리로 하여금 이 둘의 결합을 목격하게 한다. 따라서 우리의 분석이 원래의 결함으로 오염되었거나, 혹은 이러한 문제가 유발하는 어려움을 해결하는 데 도움이 되어야 한다.

모든 사상에서 문제가 모호한 이유는 한편으로는 연장성[3]과 비연장성, 다른 한편으로는 질과 양 사이에 확립된 우리들의 이해가 가지는 이중의 대조 때문이다. 정신은 우선 본질적으로 분할 가능한 다양체로서의 물질에 대립하는 순수한 단일체이며, 더욱이 우리의 지각은 이질적인 특성들로 구성되어 있지만, 반면 통찰된 우주는 동질적이고 계산할 수 있는 변화에서 해결되어야 하는 것처럼 보인다는 점에서는 논쟁의 여지가 없다. 그러므로 한쪽에는 비연장성과 질이 있을 것이고, 다른 한쪽에는 연장성과 양이 있을 것이다. 우리는 두 번째 극단terme[연장성과 양]에서 첫 번째 극단[비연장성과 질]이 파생된다고 주장하는 유물론을 거부하였다. 하지만 우리는 또한 두 번째가 첫 번째의 단순한 구성이기를 원하는 관념론도 받아들이지 않았다. 우리는 유물론에 반대하여 지각이 뇌의 상태를 무한히 넘어선다는 것을 지지한다. 하지만 우리는 관념론에 맞서 물질이, 모든 면에서 우리가 물질에 대해 가지고 있는 표상, 말하자면 정신이 지적인 선택을 통해 포착한 표상을 넘어서는 것임을 확증하려고 노력하였다.

이 두 가지 상반된 사상 중 하나는 신체에, 다른 하나는 정신에 진정한 창조의 선물을 부여한다. 전자는 우리의 두뇌가 표상을 생성한다고 주장하고, 후자는 우리의 이해력이 자연의 계획을 그려 낸다고 주장한

---

3   역주) 앞서 언급한 것처럼 불어의 'étendue(에땅듀)'는 '물체가 펼쳐져 있는 상태 혹은 그러한 성질'을 의미하는 것으로 통상 '연장'으로 번역되고 있다. 하지만 앞의 장들에서와 마찬가지로 여기서도 '성질'의 의미가 강하고 또 노동자의 연장과 혼동되는 것을 피하기 위해 '연장성'으로 번역하고 있다. '연장'에 관해서는 이 책 1장 역주 63)를 참조.

다. 그리고 이 두 사상에 반대하여 우리는 동일한 증언, 즉 의식의 증언을 요청하는데, 여기서 우리는 우리의 육체에서 다른 이미지들과 동일한 이미지로 간주되고, 우리의 이해력 안에서는 분리하고, 구별하고, 논리적으로 대립시키는 특정 능력을 보여 주었다. 하지만 이 능력은 창조하거나 구성하는 능력은 아니다. 따라서 심리학적 분석과 그에 따른 상식의 자발적 포로인 우리는 소박한 이원론이 야기하는 갈등을 격화시킨 후에 형이상학이 우리에게 열어 줄 수 있는 모든 해결책을 마련한 것 같다. 그러나 바로 우리가 이원론을 극단적으로 밀어붙였기 때문에 우리의 분석은 아마도 이원론의 모순된 요소들을 분리해 냈을 것이다. 한편으로는 순수 지각에 대한 이론이, 다른 한편으로는 순수 기억에 대한 이론이 비연장성과 연장성,[4] 질적인 것과 양적인 것[5] 사이의 상호접근을 위한 길을 준비할 것이다.

우리는 순수 지각에 대해서는 어떻게 고려하는가? 대뇌의 상태를 지각을 위한 조건이 아니라, 행동의 시작으로 간주함으로써 우리는 사물들에게서 지각된 이미지를 우리의 육체의 이미지 바깥으로 밀어낸다. 따라서 우리는 우리의 지각을 [우리가 지각한 그것을] 사물들 안에 다시 두게 된다. 그런데 이렇게 되면, 우리의 지각은 사물들의 일부가 되고, 사물들은 우리 지각의 본성에 참여하게 된다.[6] 물질적인 연장성은 더 이상 기하학

---

4   역주) 앞서 언급한 것처럼 지각 대상인 사물은 '물질'을 가지고 있기 때문에 연장성(étendue)의 속성을 가지는 반면, 우리의 정신 속에 있는 지각의 결과인 이미지는 비물질적인 것이기에 '비연장성'의 속성을 가진다. 유물론은 전자에 관념론은 후자에 지각의 본질을 두고 있기에 서로 대립하고 있다. 베르그송은 이 둘의 '상호접근'을 통해서 진정한 지각의 본질을 이해할 수 있다고 보고 있다.

5   역주) 질과 양의 대립은 우리 정신 속에 있는 이미지로서의 '기억'과 구체적인 물질을 가지고 있는 지각 대상 사이의 대립을 의미한다. 이미지로서의 '기억'은 물질이 없으니 양이 없고 '질적인 것'만 가지고 있으며, 지각 대상으로서의 '사물'은 본질적으로 '양적인 것'이다. 베르그송은 이 대립하는 두 가지의 것이 서로 일치하거나 연관될 때 진정한 지각이라고 할 수가 있다고 보는 것이다.

에서 말하는 '다중적인 연장성étendue multiple'이 아니며, 그렇게 될 수도 없다.[7] 그것은 오히려 우리들이 표상하는 것의 분할되지 않은 확장성과 유사하다. 이는 말하자면 순수 지각에 대한 분석을 통해 확장의 개념에서 연장성과 비연장성 사이의 가능한 상호접근을 엿볼 수 있게 되었음을 의미한다. 그러나 순수 기억에 대한 우리의 개념은 두 번째 대립인 질과 양의 대립을 약화시키는 평행하는 경로로 이어져야 한다. 사실 우리는 순수 기억을, 이를 유지하고 효과적으로 만드는 대뇌 상태로부터 근본적으로 분리하였다. 그러므로 기억은 어떤 수준에서도 물질의 발현이 아니다. 반대로, 항상 일정한 기간을 차지하는 구체적인 지각에서 파악하는 물질은 주로 기억에서 유래한다. 그렇다면 우리의 구체적인 지각에 뒤따르는 이질적인 특성과 과학이 공간 안에서 이러한 지각의 뒤편에 두는 동질적인 변화 사이의 차이점은 정확히 무엇인가?

전자는 불연속적이며 하나로부터 다른 것이 연역될 수가 없다. 반대로 후자는 계산에 적합하다. 하지만 [계산에] 적합하기 위해서 이를 순수한 양으로 만들 필요가 전혀 없다. [그럴 바에야] 차라리 이들을 무au néant

---

6   역주) '우리의 지각은 사물들의 일부가 된다'는 것은, 우리의 지각이 사물들 속에 있는 어떤 (본질적인) 것을 포착하였음을 의미한다. 그리고 사물들이 우리 지각의 본성에 참여한다는 것은 사물들 속에 있는 잠재적 상태에 있던 것(가령, 나무의 본질)이 지각 행위를 통해서 현실화되었음을 의미하며, 이는 지각하는 주체와 지각되는 대상 사이에서 교감이 형성되었음을 의미한다. 즉, 상호적으로 참여하는 것이다. 이러한 관점은 유물론적 관점과 관념론적 관념 모두를 벗어나면서, 인식주체와 사물들 사이에 일종의 형이상학적인 일치를 형성하였음을 의미한다. 참고로 베르그송은 사물들의 본질을 통찰하게 하는 '교감의 행위'를 '형이상학적 행위'로 간주하며, 교감 그 자체를 '형이상학'이라고 부르기도 한다.

7   역주) 기하학에서 말하는 다중적인 연장성이란 2차원, 3차원 혹은 함수, 벡터 등으로 표현되는 연장성의 특징들을 의미한다. 따라서 교감을 통해 통찰된 '물질성'은 분할되거나 분석될 수 없는 '하나의 지속되는 질료'일 뿐이므로 이러한 기하학적 다중성을 가질 수가 없다. 베르그송의 관점에서 기하학적 다중성은 다만 유용성을 위해 인간 정신의 추상적 능력이 만들어 낸 추상적인 개념이다. 이러한 추상적 개념을 실제로 존재하는 실체처럼 고려할 때, 진정한 환상이 발생하는 것이다.

로 환원하는 것이 좋을 것이다. 이들의 이질성이 충분히 희석되어 우리들의 관점에서 볼 때 어떤 방식으로든 이질성이 실질적으로 무시될 수 있는 수준으로 만들어지는 것만으로 충분하다. 그런데 아무리 짧은 순간의 지각일지라도 모든 구체적인 지각이, 이미 기억을 통해 서로 뒤따르는 무한한 수의 "순수 지각"의 종합이라고 한다면, 우리는 감각적 특성들의 이질성이 기억 안에서의 이들의 한정[수축]contraction에, 즉 이들의 자연적인 이완을 통한 객관적인 변화들에서 주어지는 상대적인 동일성에 있다고 생각해야 하지 않을까? 그리고 연장성에서 비연장성까지의 거리가 확장의 긴장에 있는 것과 마찬가지로 양과 질 사이의 간격도 긴장을 고려함으로써 줄어들 수는 없는 것일까?

이러한 질문들에 진입하기 이전에 우리가 적용하고자 하는 방법의 일반적인 원리를 공식화해 보자. 우리는 이미 이전 작업에서 이를 사용하였고, 마찬가지로 현재의 작업에서도 은연중에 사용하였다. 우리가 일반적으로 '사태'라고 부르는 것은 즉각적인 직관intuition immédiate에 나타나는 실재가 아니라 실천적인 관심과 사회적 삶의 요구에 '실재'를 적용한 것이다. 외부적이든 내부적이든 순수한pure 직관은 분할되지 않은 연속성continuité의 직관이다. 우리는 이것을 분할하여 병렬된 요소들로 나열하고, 여기에서는 구분되는 단어들에, 저기서는 독립적인 대상에 대응시킨다. 그러나 우리가 원초적인 직관의 통일성을 깨뜨렸기 때문에, 우리는 오직 외부적이고 덧붙여질 수밖에 없는 분리된 용어들 사이에 연결을 확립해야 한다고 느끼는 것이다. 우리는 내면의 연속성에서 탄생한 생동하는 통일체를 마치 통일성을 유지하는 문자들처럼 무기력한 빈 틀 속의 인위적인 통일성으로 대체하는 것이다.

경험주의와 교조주의dogmatisme[8]는 사실상 이렇게 재구성된 현상에 기초하며, 교조주의는 형식에, 경험주의는 물질에 우선적으로 집착한다는 것에서만 차이가 있다. 사실 경험주의는 용어들 사이를 연결해 주는 관계들 안에서 인위적인 것을 막연히 감지하면서 용어들에만 집착하고 관계들을 무시한다. 경험주의의 실수는 경험을 너무 높이 평가하는 것에 있는 것이 아니라, 오히려 대상에 대한 정신의 즉각적인 접촉에서 발생하는 진정한 경험을 분해된 경험, 그 결과 의심의 여지 없이 변질된 경험으로 대체하였다는 것에 있으며, 이러한 변질은 어떤 경우에도 언어와 행동의 가장 손쉬운 방식을 위해 배열하는 것에서 주어진다. 실재에 대한 이러한 분할은 실천과 같은 삶의 요구 사항을 고려하여 발생한 것이기 때문에 경험주의는 사물 구조의 내적인 윤곽을 따르지 않는다. 바로 이 때문에 경험주의는 어떤 주요한 문제에 대해서도 정신을 만족시킬 수가 없는 것이다. 경험주의는 자기 원리에 대한 완전한 의식에 도달할 때 조차도 이 문제들에 대해 묻기를 자제한다.

교조주의는 경험주의가 눈감고 있는 어려움을 발견하고 이를 제거한다. 그러나 사실을 말하자면 교조주의는 경험주의가 마련한 그 길에서 해결책을 찾고 있다. 교조주의 역시 경험주의가 스스로 만족하는 이러

8 　역주) 'dogmatisme(도그마티즘)'은 한국어로는 독단주의 혹은 교조주의로 번역된다. 하지만 둘 모두 불어의 원의미와는 적합하지 않은 뉘앙스를 풍기고 있다. '도그마'란 어떤 사상이나 철학에 있어서 사유의 내용 전체를 체계적으로 혹은 도식적으로 구성해 놓은 것을 말한다. 따라서 '도그마티즘'이란 무엇을 생각하든지 이미 만들어 놓은 하나의 도식적 사유의 틀 안에 넣어서 그 구조에 적합하게 해명하고 설명하고자 하는 것을 말한다. 일반적으로 어떤 종교이든지 이러한 하나의 '도그마'를 가지고 있으며, 종교인들은 일종의 도그마티즘을 가지고 있다고 볼 수 있다. 철학자들도 가끔은 자신의 사상체계를 유일한 진리처럼 간주할 때 도그마티즘에 빠진다. 따라서 도그마티즘 자체가 나쁜 것이 아니라, 도그마티즘의 특징이 자신의 사유체계가 아닌 다른 사유체계를 배척하고자 하는 기질을 가지고 있기에 이를 강하게 주장할 때 독단주의가 되기 때문에 나쁜 것이다. 따라서 도그마가 독단주의에 빠지지 않기 위해서는 끊임없이 자신의 사상체계를 수정하고 새롭게 갱신하는 노력이 요청되는 것이다.

한 분리되고 불연속적인 현상들을 받아들이고, 다만 직관에서 주어지지 않았던 하나의 종합을 여기서 형성해 내고자 노력할 뿐이며, 필연적으로 항상 자의적인 형식을 가지게 될 것이다. 다시 말해, 만일 형이상학이 단지 구성된 것일 뿐이라면, 결과적으로 서로를 반박하는 동등하게 개연성 있는 다양한 형이상학이 있을 것이며, 최후의 결정권은 모든 앎을 상대적인 것으로 간주하고 사물의 실체는 인간의 정신이 접근할 수 없는 것으로 고려하는 비판 철학[9]에 있을 것이다. 실로 이러한 것이 철학적 사고의 규칙적인 과정이다. 우리는 우리가 경험이라고 믿는 것에서 출발하며, 그것을 구성하는 것처럼 보이는 조각들 사이에서 가능한 다양한 배열을 시도하고, 그런 다음 우리들의 모든 구성이 취약하다는 인식에 직면하여 결국 구성하기를 포기한다.

그런데 마지막 시도가 하나 남아 있을 것이다. 그것은 경험을 그 근원에서 찾아보는 것, 혹은 차라리 우리들의 유용성의 감각으로부터 방향을 구부려 고유한 의미에서 **인간의** 경험이 되는 이 결정적인 **전환점**을 넘어서는 곳에서 경험을 추구하는 것일 것이다. 칸트가 입증한 사변적 이성의 무력함[10]은 어쩌면 사실상에 있어 육체적 삶의 어떤 필요성에 예속된 지성의 무력함 그리고 우리들의 필요성을 충족시키기 위해 물질을 해체하는 데 행사하여야 했던 지성의 무력함에 지나지 않을 것이다. 그렇다면 사물에 대한 우리의 지식은 더 이상 우리 정신의 근본적인 구조

9   역주) 이러한 비판 철학의 대표적인 예는 칸트의 철학이다. 칸트는 '물자체(Ding an sich)는 알 수 없다'고 말하면서 정신의 앎이란 목적에 적합하게 (합목적성) 범주들을 통해 이성이 형성한 것이라 보고 있다.

10   역주) '칸트가 입증한 사변적 이성의 무력함'이란 인간 이성은 '물자체'를 알 수 없다는 칸트의 입장을 통해 경험을 넘어서는 실체들은 알 수 없다고 하는 입장이다. 구체적으로는 신, 영혼, 세계는 이성의 힘으로 알수 없는 것이기에 '특수 형이상학'은 불가능하다고 주장하는 관점을 말한다.

와 관계하는 것이 아니라, 단지 피상적이고 후천적인 습관, 우리들의 신체적인 기능과 하위적인 욕구에서 취해지는 우연적인 형태에만 관련될 뿐이다. 따라서 앎의 상대성은 더 이상 결정적이지는 않을 것이다. 이러한 필요성에 따라 수행된 것을 취소하면서 우리는 직관을 원래의 순수성 안에 다시 회복하고, 실재와의 접촉을 다시 취하게 될 것이다.[11]

이 방법은 각각의 새로운 문제를 해결하기 위해 완전히 새로운 노력을 요구하기 때문에 적용함에 있어 끊임없이 다시 반복되는 심각한 어려움을 나타낸다. 특정한 생각의 습관이나 심지어 지각의 습관을 포기한다는 것은 이미 쉬운 일이 아니다. 하지만 이는 우리가 수행해야 할 작업의 소극적인 부분일 뿐이다.[12] 그리고 우리가 이를 해냈을 때, 즉 우리가 경험의 전환점이라고 부르는 곳에 우리 자신을 두었을 때, 다시 말해 우리의 인간적 체험의 여명이 시작되는 빛, 즉 즉각적인 것에서 유용한 것으로의 과정을 밝혀 주는 초기의 희미한 빛을 활용하였을 때, 남아 있는 것은 우리가 실제적인 곡선에서 통찰하는 무한히 작은 요소들과 함께 그 뒤의 모호함 속에 펼쳐진 '곡선 자체의 형상'을 재구성하는 일뿐이다. 이런 의미에서 우리가 이해하는 철학자의 임무는 미분에서 시작하여 함수를 결정하는 수학자의 임무와 매우 유사하다. 철학적 연구의 극단적인 접근 방식은 진정한 적분[통합]intégration 작업이다.

---

11 역주) 이러한 관점은 베르그송의 인식론의 핵심적인 내용이다. 칸트에게 있어서 '물자체'란 사실 베르그송에게 있어서 '실재(réalité)'와 같다. 칸트에게서 실재 그 자체는 인간의 이성을 초월하고 있기에 직접적인 접촉은 불가능하다. 이것이 '물자체는 알 수 없다'는 것의 의미이다. 반면 베르그송은 실재에 대해 완전한 앎을 가질 수는 없다고 해도, 인간의 지성은 직관을 통해 실재와 직접 접촉할 수 있다고 보고 있다. 그리고 그는 이러한 노력을 '형이상학적 노력' 혹은 '형이상학 자체'라고 보았다.

12 역주) 여기서 습관적인 지각을 포기하는 것을 소극적이라고 말하는 것은, 보다 적극적인 것, 즉 '직관'을 성립하기 위한 전초 작업이기 때문이다.

우리는 이전에 의식의 문제에 이 방법을 적용하려고 시도했으며, 우리 내면의 삶에 대한 인식과 관련하여 정신의 실용적인 작업은 공간을 통해서 순수 지속에 대해 일종의 굴절로 구성되는 것처럼 보였다. 이러한 굴절은 우리의 심리적 상태들을 분리하고, 이를 점점 더 비개별적인 형태로 만들고, 여기에 이름을 부여하고, 마침내 사회적 삶의 흐름 속으로 들어갈 수 있게 해 주었다. 경험주의와 교조주의는 이러한 불연속적인 형태 아래서 내적인 상태들을 취하는데, 전자는 상태 자체에 집착하여 내 안에서 병치된 일련의 사태들만을 보려고 하고, 후자는 연결의 필요성은 이해하지만 이 연결을 다만 형식 안에서 혹은 힘 안에서만 찾고자 한다. 이 형식은 집합체가 삽입되는 외적인 형식이며, 이 힘은 또한 비규정된 힘, 말하자면 요소들 사이의 응집력을 보장하는 물리적 힘이다. 여기에서 자유의 문제에 대한 두 가지 상반된 관점이 나타난다. 결정론의 경우 행위는 요소들의 기계적 구성의 결과이다. 이를 반대하는 이들의 관점에서는, 만일 이들이 자신들의 원칙에 엄격하게 동의한다면, 자유로운 결정이란 하나의 자의적인 결단*fiat* arbitraire, 즉 무로부터의*ex nihilo* 진정한 창조가 되어야 하는 것이다.

우리는 취할 수 있는 세 번째 관점이 있을 것이라 생각하였다. 그것은 우리가 감지할 수 없는 단계를 통해 한 상태에서 다른 상태로 나아가는 '순수 지속' 안에 우리 자신을 다시 위치시키는 것이다. 이는 실제로 체험된 연속성이지만, 그러나 통상적 앎의 가장 큰 편의를 위해 인위적으로 분해된 것이다. 그리하여 우리는 고유한 진보*évolution sui generis*에 의해 선행 사건들로부터 벗어나는 행동이 나타나는 것을 볼 수 있다고 생각하였다. 그 결과 이 행동에서 자신을 설명해 주는 이전의 행동들을 발견할 수 있는데, 그럼에도 이 행동은 이전의 행동들에 완전히 새로운 무엇을 추가하는데, 그것은 마치 꽃에 대한 과일의 관계처럼[꽃에서 과일이 나듯이] 이전의 행동들에 대해 진보의 과정 중에 있는 것이다. 이미 말했듯이 여기서 자유는 감각적인 자발성으로 축소되지 않는다. 기껏해야 심리적 삶이 무엇보다 감정적인 동물에 해당될 것이다. 그러나 생각하는 존재인 인간의 자유로운 행위는 감정과 생각의 종합이며, 그리고 여기서 합리적인 진보로 이끌어 가는 진화[13]라고 할 수 있다.

간단히 말해서 이러한 방법의 기술은 일상적인 앎이나 유용한 앎의 관점과 진정한 앎의 관점을 구별하는 것으로 형성된다. 우리가 우리 자신이 행동하는 것을 지켜보는 지속[기간] 그리고 우리 자신을 지켜보는 것이 유용한 지속은 여기서 요소들이 분리되고 병치되는 지속이다. 그러나 우리가 행동하는 지속은 우리의 상태들이 서로 합쳐지는 지속이다. 우리가 사유를 통해 '행동의 내밀한 본성'에 대해, 즉 '자유에 관한 이론'에 대해 사색하는 예외적이고 유일한 경우에 우리 자신을 위치시키려고 노력을 기울여야 할 곳은 바로 여기 '행동하는 지속'이다.

이런 종류의 방법이 물질의 문제에 적용될 수 있을까? 이 질문은 칸트가 말한 이 "현상의 다양성"에서 만일 확장성의 경향을 지닌 혼란스러운 덩어리가 그것을 통해 적용하고 그것을 통해 세분화되는 동질적인 공간espace homogène의 저편에서 파악될 수 있는가 하는 것이다. 이는 우리의 내적인 삶이 순수 지속으로 되돌아오기 위해서 비규정적이고 공허한

<hr>

13   역주) 이러한 이유로 베르그송은 '진화 현상'을 긍정하기는 하지만, 진화란 본질적으로 '창조적 진화'라고 보고 있다. 즉 환경에 적응하는 결정론적인 방식이 아닌, 사유와 선택을 통해 가장 이상적인 미래의 형식을 스스로 고안해 가는 '창조적인 방식'으로, 강하게 말해 '자유의 행사'로 진행되는 것이다. 곤충들에게도 최소한의 판단 능력이 있고 이 판단을 통해 가장 유리한 미래의 방향을 선택해 간다는 것이 베르그송의 진화 현상에 대한 관점이다.

시간으로부터 분리될 수 있는 것과 마찬가지로 외적인 지각에 있어서도 그럴 수 있는가 하는 물음이다. 확실히 이러한 시도는 외부 지각의 근본적인 조건들을 넘어서기를 원하는 공상적인 것이 될 것이다. 그러나 문제는 우리가 일반적으로 근본적이라고 생각하는 특정한 조건들이 우리가 사물들에 대해서 획득할 수 있는 순수한 앎보다는 사물들을 사용하고, 거기서 얻을 수 있는 실질적인 이익과 더 관련되고 있지 않는가 하는 것이다. 특히, 구체적이고 연속적이며 다양하고 이와 동시에 조직된 지속[14]과 관련하여, 우리는 그것이 그 밑에 있는 무정형의 불활성 공간, 즉 우리가 무한히 분할하는 공간과 결합되어 있다는 점에 대해 이의를 제기할 수 있다. 우리가 다른 곳에서 말했듯이 이 공간에서 우리는 인위적으로 모양들을 재단하고, 어떤 것도 여기서 과거와 현재의 응집력을 보장할 수 없기 때문에 움직임 그 자체는 순간적인 위치의 다양성[15]으로만 나타날 수 있다.

그러므로 우리는 어떤 특정한 척도 아래서는 연장성을 떠나지 않고서도 공간으로부터 자유로워질 수 있으며, 우리가 실제로는 모든 것에서 연장성을 통찰하면서도 공간에 대한 인식은 '도식schème'의 방식으로만 이해하기 때문에, 여기에는 '즉각적인 것으로의 복귀retour à l'immédiat'가 실제로 있을 수 있을 것이다. 이러한 방법이 즉각적인 앎에 특권적인 가

---

14 역주) 이러한 지속은 물론 경험주의자들에 의해 요소들이 병렬되고 관념론에 의해 하나의 구조로 체계화된 '지속'이다.

15 역주) 움직임이 순간적인 위치의 다양성으로만 나타날 수 있다는 것은 "움직이는 화살은 날지 않는다"는 유명한 제논의 역설에서 잘 말해 주고 있는 것이다. 제논에 따르면 공간이란 무한히 분할할 수 있는 것으로, 화살이 날아간 궤적은 사실상 연속이 아니라, 무수한 점 사이를 이동한 것에 지나지 않은 것이며 따라서 화살의 움직임이란 '순간에서 다양한 위치를 바꾼 것'으로 설명될 수 있는 것이다. 베르그송은 이러한 제논의 궤변은 직선을 무수한 점들로 구성되어 있는 것으로 간주하면서, '지속'을 무시하는 근본적인 관점에서 비롯한 오류로 간주하고 있다.

치를 임의로 부여한다며 비판할 수 있을까? 그런데 우리는 어떤 이유로 지식을 의심할 수 있을까, 성찰이 지적하는 어려움과 모순 없이, 철학이 제기하는 문제들 없이 이를 의심한다는 생각 자체가 우리에게 나타날 수 없는 것일까? 그리고 만약 우리가 이러한 어려움, 이러한 모순, 이러한 문제가 무엇보다도 실재를 덮고 있는 상징적 모습, 우리에게 있어서 실재 자체로 변해 버린 모습으로부터 발생한다는 것을 입증할 수 있다면, 직접적 인식은 그 자체에서 자신의 정당성과 자신의 증거를 발견하지 않을까? 여기서 강렬하고 예외적인 노력[16]만이 [실재를 덮고 있는] 그 두께를 뚫는 데 성공할 수 있을 것이다. 이 방법을 적용하면서 얻을 수 있는 결과들 중에서 우리 연구에 관심이 있는 결과를 즉시 선택헤 보자. 다른 한 편 우리는 징후에만 국한할 것이다. 여기서는 물질에 대한 이론을 형성하는 것은 질문 밖이다.

I. 정지에서 정지로 이동하는 모든 운동은 절대적으로 불가분적이다

여기서 다루는 것은 가설이 아니라, 가설이 일반적으로 수용하고 있는 사실이다.

예를 들어 여기 A 지점에 나의 손이 있다. 나는 이 손을 한 번에 가로질러 B 지점으로 가져다 놓는다. 이 움직임에는 나의 시선을 사로잡는 이미지와 나의 근육에 관계된 의식이 파악하는 행위가 동시에 있다. 나의 의식은 나에게 한 단순한 사태에 대한 내적인 감각을 준다. 왜냐하면

---

16 역주) 이러한 노력이 곧 '직관'의 노력이다.

A에서는 정지가 있었고, B에서도 여전히 정지가 있으며, A와 B 사이에는 분할할 수 없거나, 적어도 분할되지 않은 행위가 있기 때문이며, 정지에서 정지로의 이동이 곧 운동 자체이기 때문이다. 하지만 나의 시각은 가로지르는 선 AB의 형태로 움직임을 감지하며, 이 선은 모든 공간과 마찬가지로 무한히 분해 가능하다. 그러므로 처음에는 이 움직임을 공간에서 보느냐 시간에서 보느냐에 따라, 즉 내 외부에서 나타나는 이미지로 보거나 혹은 나 자신이 수행하는 행위로 보느냐에 따라 내가 원하는 대로 이 움직임을 복수적인 것으로 혹은 분할 불가능한 것으로 생각할 수 있는 것 같다.

어쨌든 모든 선입견을 제쳐 두고 나는 다음과 같은 사실들을 즉시 통찰하게 된다. 즉 나는 선택의 여지가 없으며, 나의 시각 자체가 A에서 B로의 움직임을 분할할 수 없는 한 개의 전체로 파악하고 있다는 것, 그리고 만일 나의 시각이 무엇을 분할한다면, 그것은 [A에서 B로] 지나간 가정된 선분이지 이 선분을 따라 이동한 움직임이 아니라는 사실이다. 내 손이 중간 지점들을 통과하지 않고서는 A에서 B로 이동할 수 없다는 것과 이러한 중간 지점들이 경로 전체에 배치된 가능한 한 많은 수의 단계와 유사하다는 것은 사실이다. 그러나 이렇게 표시된 분할들과 고유한 의미의 단계들 사이에는 하나의 근본적인 차이가 있는데, 한 단계에서는 사람들이 멈추지만, 여기서 움직이는 것은 멈추지 않고 지나간다는 사실이다. 그런데 횡단은 움직임이고 정지는 부동이다. 정지는 움직임을 방해한다. 횡단은 움직임 자체와 하나가 된다. 나는 움직이는 물체가 한 지점을 통과하는 것을 볼 때 의심할 바 없이 그 지점에서 멈출 수 있다고 생각한다. 그리고 그것이 거기에서 멈추지 않더라도 나는 그 통과를 마치 무한히 짧은 휴식처럼 생각하는 경향이 있다. 왜냐하면 나에게는 적어도 그것에 대해 생각할 시간이 필요하기 때문이다. 하지만 그곳에서 머무는 것은 나의 상상일 뿐이며, 움직이는 것의 역할은 반대로 스스로 움직이는 것이다. 공간의 모든 점은 필연적으로 고정된 것으로 나에게 나타난다. 나는 공간에 고정된 부동의 점들과 일치하는 부동성을, 움직이는 것 자체에 귀속시키지 않고자 하는 데에 어려움을 지니고 있다. 그렇기 때문에 내가 전체 움직임을 재구성할 때 움직이는 것은 그 궤적의 모든 지점에서 무한히 짧은 시간 동안 정지해 있었던 것같이 보인다. 하지만 우리는 움직임을 통찰하는 감각의 소여들données과 그것을 재구성하는 정신의 고안을 혼동해서는 안 된다. [정신에 의해 다뤄지기 이전의] 있는 그대로의 감각은 두 개의 실제 정지점 사이에서의 실제 움직임을 견고하고 분할되지 않은 하나의 전체로서 우리에게 제시한다. 분할은, 마치 밤에 폭풍우가 치는 장면을 비추는 순간적인 번개처럼, 우리의 일상 경험에서 움직이는 이미지를 고정시켜 주는 기능을 가진 상상력의 산물이다.

여기서 우리는 실제 움직임에 대한 지각에 수반되고 이 지각을 뒤덮는 환상illusion을 그 원리 자체에서 파악하고 있다. 움직임이란 분명히 한 지점에서 다른 지점으로 이동하고, 결과적으로 공간을 횡단하는 것으로 구성된다. 그런데 횡단한 공간은 무한히 분할 가능하며, 말하자면 움직임이 자신이 거쳐 간 이동선에 따라 적용되듯이, 움직임이 이동선에 통합되어 이동선처럼 분할 가능한 것처럼 보인다. 이동선을 그린 것이 [바로] 움직임이 아닌가? 이 움직임은 연속적이고 병렬된 지점들을 차례로 거치지 않았는가? 의심의 여지 없이 그렇다. 하지만 이러한 점들은 그려진 선 안에서만, 다시 말해 움직이지 않는 선에서만 현실성을 갖는다. 그리고 당신이 오직 이러한 부동의 선분 안에서만 다양한 점들을 차례로 이동하면서 움직임을 표현하면, 당신은 필연적으로 이 점들에서 멈추게 된다. 사실상 당신의 연속적인 위치는 단지 상상적인 정지일 뿐이다. 경로trajectoire가 궤적trajet[17]의 기초가 되기 때문에, 당신은 경로를 궤적으로 대체하고 경로가 궤적과 일치한다고 믿는다. 하지만 어떻게 진보가 하나의 사물과 일치할 수 있고, 움직임이 부동성과 일치될 수 있는가?

여기서 쉽게 환상을 가지게 하는 것, 그것은 우리가 움직이는 것의 궤적에 있는 점들을 구분하듯이 지속의 과정 안에서 순간들을 구분한다는 것이다. 한 지점에서 다른 지점으로의 움직임이 분할되지 않은 하나의 전체를 형성한다고 가정한다면, 그럼에도 이 움직임은 정해진 시간을 채우고 있으며, 그리고 이동체가 다른 모든 위치로부터 분리되어 특정한 순간에 특정한 지점을 점유하기 위해서는 분할할 수 없는 한 순간을 이 지속으로부터 떼어 놓는 것으로 충분하다. 따라서 운동의 불가분성indivisibilité은 순간의 불가능성impossibilité을 의미하며, 지속durée의 개념에 관한 매우 요약적인 분석이 실제로 우리가 왜 순간들을 지속에 귀속시키는지, 그리고 왜 지속이 순간들을 [마치 속성들처럼] 가질 수밖에 없는 것인지를 동시에 보여 줄 것이다. 마치 A에서 B로 이동할 때 나의 손의 경로가 그러하듯이, 하나의 움직임은 단순하다. 이 경로는 나누어지지 않은 하나처럼 나의 의식에 주어졌다. 의심의 여지 없이 이 경로는 지속된다. 하지만 다른 한편 내 의식에 주어진 내적인 국면에 일치하는 그 지속은

---

17   역주) 불어에서 'trajectoire(트라젝투아르)'와 'trajet(트라제)'는 다 같이 경로, 궤도, 궤적, 진로, 이동 거리 등을 의미하지만, 엄밀하게는 구분되는 용어들이다. '트라젝투아르'는 실제로 이동한 거리나 경로 혹은 실제로 나아간 상황을 의미한다면, '트라제'는 이동한 것의 흔적 혹은 나아간 상황에 대해 감지된 경로를 지칭한다. 예를 들자면 비행기가 실제로 나아간 경로나 거리를 '트라젝투아르'라고 한다면, 이를 레이더로 포착하여 그 흔적을 그려 낸 선을 '트라제'라고 할 수 있다. 전자는 '실제 움직임과 과정'이 강조된다면, 후자는 '고정된 경로와 결과'가 강조된다고 할 수 있다. 따라서 이 두 용어를 구분하기 위해 전자를 '경로'로 후자를 '궤적'으로 번역하였다.

마치 나의 손처럼 밀집되어 있고 나누어지지 않았다. 그런데 운동으로서의 나의 손의 움직임은 마치 하나의 단순한 사태처럼 나타나지만, 공간 안에서는 내가 사물을 단순화하기 위해 고려할 수 있는 하나의 기하학적 선처럼 그 경로를 묘사하고 있다. 추상적인 한계들로서의 이 선의 양 끝은 더 이상 선이 아니라 분할될 수 없는 점들이다.

그런데 만일 움직이는 것이 묘사한 선분이 나에게는 그 운동의 지속을 측정하게 하는 것이라면, 선분이 끝나는 지점이 어떻게 이 지속의 극단을 상징하지 않을 수 있겠는가? 그리고 이 지점이 '분할 불가능한 길이indivisible de longueur'라고 한다면, 어떻게 궤적의 지속이 하나의 분할 불가능한 지속으로 끝나지 않을 수 있겠는가? 지속의 전체를 나타내는 선분 전체, 이 선분의 부분들은 지속의 부분들과 일치해야 하며 선분의 지점들은 시간의 순간들과 일치해야 하는 것처럼 보인다. 따라서 지속의 분할 불가능한 것이나 혹은 [분할 불가능한] 시간의 순간들은 대칭symétrie의 필요성에서 발생한다. 우리가 지속의 통합적인 표상을 공간에서 요청하자마자 자연스럽게 여기에 도달한다. 그러나 정확히 이것이 오류이다. 만일 선분 AB가 A에서 B까지 수행된 운동으로부터 흘러나온 지속을 상징한다면, 움직이지 않는 이 선분은 어떤 식으로든 수행되고 있는 운동이나 흘러나오는 지속을 표상할 수가 없다. 그리고 이 선분이 여러 부분으로 나누어질 수 있고 또 점들로 끝난다는 사실로부터 우리는 이에 상응하는 지속이 분리된 부분들로 구성되었다거나, 이 지속이 순간들을 통해 제한되었다는 결론을 내려서는 안 된다.

엘레아의 제논Zénon이 논증한 것들은 이러한 환상에 기원을 두고 있다. 모든 것은 다음과 같은 사실에서 기인한다. 시간과 움직임을 이를 기초 짓는 선분과 일치시키고, 결국 시간과 운동을 마치 선분처럼 다루기 위해 이들에게 동일한 하위 구분을 할당한 것에서 비롯한다. 제논의 이러한 혼동은 일반적으로 운동에 그 경로의 속성들을 부여하는 상식과 항상 운동과 지속을 공간으로 변환하는 언어에 의해 고무되었다. 그러나 상식과 언어는 여기서 자신들의 권리 안에 있으며, 어떤 면에서는 그들의 의무를 다한다. 왜냐하면 항상 '됨[변화]*devenir*'을 '유용한 사물처럼 comme une *chose* utilisable' 생각하기 때문에, 이들은 운동의 내부 조직에 대해서는 자기 연장의 미세한 구조를 걱정하지 않는 노동자처럼 전혀 걱정하지 않는다. 운동을 그 궤적처럼 나눌 수 있는 것으로 간주함으로써, 상식은 실제 생활에서 유일하게 중요한 사실을 단순히 두 가지로 표현한다. 1) 모든 움직임은 공간을 묘사한다는 것과 2) 이 공간의 각 지점에서 운동자는 멈출 수 있다는 것이다. 그러나 운동의 내밀한 본성을 사유하는 철학자는 운동의 본질인 운동성mobilité을 운동에 회복시켜야 하는데, 이것이 제논이 하지 않은 일이다. 그의 이분법의 첫 번째 주장[18]에 따르면, 운동 경로에서 무한한 수의 단계를 고려하기 위해 이동해야 하는 선분 위에 운동체가 정지해 있다고 가정한다. 그는 운동체가 [단계들 사이의 반의] 그 간격을 어떻게 넘어설 수 있는지를 당신이 헛되이 찾고 있다고 말하지 않는가.

하지만 사람들은 이처럼 부동성으로서 운동을 선험적으로a priori 구성하는 것이 불가능하다는 것을 증명할 뿐이며, 이것은 누구도 의심하지 않았던 일이다. 유일한 질문은 만일 운동이 하나의 사태처럼 고려되었다면, 여기엔 무한한 수의 점들을 이동하였다는 점에서 일종의 '회고적인

18　역주) 제논이 첫 번째 주장한 '이분법'이란 한 선분은 무한히 반으로 분할될 수 있다는 가정이다. 따라서 목표지점을 향해 달려가는 운동선수는 무한히 반을 지나가야 하므로 결코 목표지점에 도달할 수 없다는 주장이다.

부조리absurdité rétrospective[19]가 있는 것이 아닌가 하는 것이다. 그러나 움직임은 분할되지 않은 사태이거나 혹은 분할되지 않은 일련의 사태이지만, 반면에 궤적은 무한정 분할될 수 있기 때문에, 사람들은 여기서 매우 자연스러운 것만을 보게 된다. 두 번째 논증(아킬레우스)[20]에서 사람들은 운동을 받아들이는 데 동의하고, 심지어 이 운동에 두 가지 동기를 [속성처럼] 부여한다. 하지만 항상 동일한 오류를 통해 이러한 운동이 궤적과 일치하기를 원하고, 이 궤적처럼 임의로 분해 가능한 것이기를 바라는 것이다. 따라서 거북이가 거북이의 걸음을 걷고 아킬레우스가 아킬레우스의 걸음을 걷는다는 것을 인정하고, 그 결과 분할할 수 없는 일정한 행위나 도약을 한 이후에는 아킬레우스가 거북이를 추월할 것이라는 사실을 인정하는 대신, 사람들은 자신들이 원하는 대로 아킬레우스의 운동과 거북이의 운동을 해체할 권리가 있다고 믿게 된다. 이처럼 사람들은 운동

19　역주) '회고적인 부조리'란 목표점까지의 거리를 무한히 반으로 분할할 때, 결코 목표점에 도달할 수 없는 이유를 운동선수에 비유하지 않고 운동을 배제한 단순한 '사태'로 고려할 때, 이는 가능한 말이 된다. 즉 무한히 반으로 분할 된다면 어떻게 이 반을 넘어설 수 있는가 하는 사태의 문제에 답을 하기 어렵기 때문이다. 하지만 그럼에도 회고적으로 생각해 보면 "끝(목표점)에 도달할 수 없다"라는 진술 자체가 이미 점에서 점으로의 이동을 문제 삼고 있기 때문에, 처음에는 운동을 배제한 사태를 문제 삼았지만, 마지막 질문은 운동을 문제 삼고 있기 때문에 부조리한 것이다.

20　역주) 철학사에 익숙하지 않은 독자들을 위해 간략하게 그 내용을 소개하는 것이 도움이 될 것이다. 제논의 이 두 번째 논증은 '한 번 앞지른 거북이를 토끼는 결코 앞지를 수 없다'는 말로 요약된다. 왜냐하면 지점 A(거북이)에서 지점 B(토끼) 사이에는 하나의 간격이 존재하며, 이 간격은 무한히 분할될 수가 있다. 그런데 B 지점에서 A 지점까지 따라잡기 위해서는 선분 AB 사이의 중간지점 ab 지점을 반드시 거쳐야 한다. 그런데 A와 ab 사이에도 역시 중간지점이 있으며, A로 가기 위해서는 A와 ab 사이의 중간지점을 반드시 거쳐야 한다. 이렇게 선분이 무한히 분할될 수가 있으니, A 지점까지 나아가기 위해서는 반의반, 반의반의 반, 반의반의 반의반 등으로 무한히 중간지점을 거쳐야 한다. 따라서 B 지점의 토끼는 결코 A 지점의 거북이를 앞지를 수가 없는 것이다. 이것이 제논이 논증한 일종의 '궤변'이다. 아래에서 베르그송은 이러한 제논의 논증에서 무엇이 문제인지를 지적하고 있다. 그 핵심은 '운동성'의 본질을 무시하고 운동을 고정된 '궤적'과 동일시한 것에 있다는 것이다. 물론 현대물리학의 관점에서 보자면 거리란 시간×속도인데 여기서 속도를 무시한 것이 제논의 오류라고 할 것이다.

성의 근본적인 조건과 양립할 수 없는 '자의적인 형성 법칙loi de formation arbitraire'에 따라 두 움직임을 재구성하는 즐거움을 가지는 것이다.

동일한 궤변은 세 번째 논증(화살)[21]에서 훨씬 명확하게 나타나는데, 사람들이 발사체의 궤적에 지점들을 고정할 수 있다는 사실을 믿는 것, 다시 말해 궤적의 지속 안에서 분할할 수 없는 순간들을 구별할 수 있는 권리가 있다고 결론을 내리는 것에서 나타난다. 그러나 제논의 논증 중 가장 훈육적인 것은 아마도 네 번째(경기장)일 것이다.[22] 사람들은 이것이 매우 부당하게 경멸받아 왔다고 믿고 있는데, 그 이유는 다른 세 논증에서 숨겨져 있었던 가정[23]이 여기서는 솔직하게 표현되어 있어서, 그 부조리가 더욱 분명하게 나타나고 있기 때문이다.[24] 여기서 부적절한 논의로

---

21   역주) 이 세 번째 논증의 궤변은 '나는 화살은 날지 않는다'는 주장을 말한다.

22   역주) 제논의 네 번째 논증은 '하나의 지속은 그 두 배의 지속과 같다'는 궤변이다. 즉 1분은 2분과 같다는 주장이다. 그 내용은 아래 24번 주석을 참조하라.

23   역주) 세 번째 논증에서 숨겨져 있었던 가정이란 '움직이는 두 운동체는 속도가 다르다'는 가정이다.

24   원주) 이 논증을 간략하게 떠올려 보자. 특정 속도로 이동하고 있고 동시에 두 물체 앞을 지나가는 이동체를 생각해 보자. 두 물체들 중 하나는 정지되어 있고 다른 하나는 운동체와 동일한 속도로 [반대 방향으로] 이동하고 있다. 첫 번째 물체와의 일정 거리를 이동하는 동시에 두 번째 물체의 두 배의 거리를 자연스럽게 지나간다. 여기서 제논은 "하나의 지속(durée)은 그 자체의 두 배이다"라고 결론 내린다. 제논이 한 경우에는 다른 한 경우보다 속도가 두 배라는 것을 고려하지 않았기 때문에 사람들은 이를 유치한 추론이라고 말한다. 이 점에는 동의하지만, 그런데 이를 어떻게 통찰할 수 있는가? 운동체 중 하나는 정지해 있고 다른 하나는 운동하고 있는 두 물체의 서로 다른 거리를 동시에 이동한다. 이는 지속을 절대적인 공간으로 만들고, 이를 의식 안에 혹은 의식에 참여하는 어떤 것 안에 두는 사람에게는 분명한 사실이다. 사실 의식적이거나 절대적인 이 지속의 **특정한** 부분이 흐르는 동안, 동일한 운동체가 두 물체의 길이를 따라 하나가 다른 하나의 두 배인 두 공간을 이동할 것이다. 여기서는 "지속은 그 자체의 두 배이다"라는 결론을 내릴 수가 없다. 왜냐하면 지속은 두 공간 모두에 독립적인 것으로 남아 있기 때문이다. 그러나 그의 모든 논증에서 제논이 범한 오류는 단지 공간에서의 객관적인 흔적만을 고려하기 위해 진정한 지속을 제쳐 두었다는 것에 있다. 동일한 운동체가 남긴 두 개의 흔적이 어떻게 지속의 척도로서 동등하게 고려받을 가치가 없는 것일까? 그리고 이들 중 하나가 다른 하나의 두 배라고 하더라도 어떻게 동일한 지속을 표상할 수 없는 것일까? 이것으로부터 지속은 "그 자체의 두 배이다"라고 결론을 내리면서 제논은 그의 가설의 논리 안에 남아 있었고, 그의 네 번째 논증은 정확히 다른 세 논증만큼은 가치를 가지고 있다.

더 깊이 들어가기보다는, 즉각적으로 통찰된 운동은 매우 분명한 사실이며 엘레아학파에 의해 야기된 어려움이나 모순은 운동 자체보다는 정신에 의한 운동, 즉 눈에 보이지 않는 인위적인 재구성에 훨씬 더 관련된다는 점을 언급하는 것으로 제한하도록 하자. 그리고 이제 위에서 논의된 모든 주제의 결론을 도출해 보자.

II. 실제적인 운동들이 있다

수학자는 상식적인 생각을 보다 정확하게 표현하면서 좌표상의 지점들의 거리나 혹은 축까지의 거리를 통해 위치를 규정하고, 거리의 변화를 통해 움직임을 규정한다. 따라서 그는 오직 움직임에 대해 길이의 변화만을 알고 있다. 예를 들어 점과 축 사이의 가변 거리의 절댓값은 또한 축에 대한 점의 변위와 마찬가지로 점에 대한 축의 변위를 나타내고 있기 때문에, 동일한 지점에 차별 없이 정지나 운동성의 속성을 부여한다. 따라서 만일 움직임이 거리의 변화로 환원된다면, 동일한 대상이 수학자가 관련시키는 좌표점에 따라 움직이거나 움직이지 않게 되며, 여기엔 '절대적인 움직임mouvement absolu'이 있을 수 없다. 그러나 사람들이 수학에서 물리학으로, 그리고 운동에 대한 추상적인 연구에서 우주에서 발생하는 구체적인 변화에 대한 고려로 옮겨 갈 때, 사물의 국면은 변하게 된다. 만일 우리가 정지나 운동을 고립된 어떤 물질적 지점에 자유롭게 부여할 수 있다고 한다면, 물질적 우주의 국면이 변하고, 모든 실제적인 시스템의 내적인 구성이 다양화되며, 여기서 더 이상 운동성과 정지 사이에 선택의 여지가 없어진다는 것 역시도 사실이다. 즉 운동은 그 내밀한 본성이 무엇이든 논쟁의 여지가 없는 실재가 된다.

전체에서 어느 부분이 움직이는지 말할 수 없다는 점을 인정한다고 해도, 전체 안에는 그만큼의 운동이 있다. 따라서 모든 개별적인 운동을 상대적인 것으로 간주하는 동일한 사상가가 전체 운동을 절대적인 것으로 간주한다고 해서 놀랄 필요는 없다. 데카르트는 모든 운동이 "상호적"[25]이라고 주장함으로써 상대성 이론의 가장 근본적인 형태를 제시한 후, 마치 운동이 절대적인 것처럼 운동에 관한 법칙들을 고안하면서 모순을 드러냈다.[26] 라이프니츠와 그 이후의 다른 사람들은 이러한 모순을 지적하였다.[27] 이 모순은 단순히 데카르트가 운동을 먼저 기하학으로 정의한 후 물리학자로서 운동을 다루었다는 데서 기인한다. 모든 움직임은 기하학에 있어서는 상대적이다. 이것은 우리의 상식에 있어서는 관련되고 있는 축이나 좌표가 아니라, 움직이는 것이 운동체라는 것을 표현할 수 있는 수학적 기호가 없다는 단순한 사실을 의미할 뿐이다.[28] 항상 측정용으로 사용되는 이러한 기호는 거리만 표현할 수 있기 때문에 이는 매우 자연스러운 일이다. 그러나 실제 운동mouvement réel[29]이 있다는 사실

---

25 원주) Descarts, 『공리들(*Principes*)』, II, 29.

26 원주) *Principes*, IIe partie, § 37 et suiv.

27 원주) Leibniz, 「운동의 사례들(Specimen dynamicum)」(*Mathem. Schriften*, Gerhardt, 2e section, 2e vol., p. 246).

28 역주) 기하학에서는 모든 운동이 상대적이라는 사실이 왜 실제로 움직이는 운동체를 표현할 수 있는 수학적인 기호가 없다는 것에서 기인하는 것일까? 하나의 예를 들어 보자. 그래프상의 좌표로 표현된 운동체가 1시간에 100km를 갔다면, 빨리 간 것일까? 느리게 간 것일까? 이는 좌표상의 점이 무엇을 지칭하는가에 따라 빨리 간 것일 수도 있고, 느리게 간 것일 수도 있다. 자전거라면 아주 빠른 운동을 하였고, 비행기라면 아주 느린 운동을 하였을 것이다. 그래서 운동체가 무엇인지 표시되지 않는 그래프 상에서 절대적인 운동이, 기하학상의 운동(실제 물리적 운동)에서는 상대적일 수 밖에 없는 것이다.

29 역주) 여기서 '실제 운동'이란 현실 속의 구체적인 운동을 말한다. 따라서 좌표상의 추상적 운동에 대비되는 개념이다. 그 차이라면 실제 운동은 구체적인 운동의 주체가 있으며, 또한 변화를 동반하는 운동임에 반해, 좌표상의 추상적인 운동은 오직 거리만이 표시되어 있을 뿐이다.

에 대해 누구도 진지하게 이의를 제기할 수가 없다. 그렇지 않다면 우주 안에서 무엇도 변화하지 않을 것이며, 특히 우리는 우리 자신의 움직임에 대해 가지는 우리의 의식이 무엇을 의미하는지 알 수가 없을 것이다. 데카르트와의 논쟁에서 모루스Morus는 이 마지막 관점에 대해 재미있게 암시하였다. "내가 가만히 앉아 있고 다른 사람은 천 걸음 떨어진 곳으로 멀어지면서 피로로 얼굴이 붉어질 때, 움직이는 사람은 바로 그 사람이고 쉬고 있는 사람은 바로 나이다."[30]

그런데 만약 절대적인 운동이 있다면, 우리는 이 운동 안에서 오직 장소의 변화만을 볼 뿐이라고 계속 주장할 수 있을까? 그렇게 하려면 장소의 다양성을 절대적인 차이로 확립하고, 하나의 절대적인 공간 속에서 절대적인 위치들을 구별하는 것이 필요할 것이다. 뉴턴은 여기까지 갔으며,[31] 다른 한편 오일러와 다른 이들도 이를 뒤따랐다. 그런데 이것이 상상될 수 있거나 심지어 생각될 수 있는가? 하나의 장소는 오직 그 질qualité이나 혹은 전체 공간과의 관계에 의해서만 다른 하나의 장소와 절대적으로 구별될 것이다. 따라서 이 가설에서 공간은 이질적인 부분으로 구성되거나 유한하게 된다. 그러나 유한한 공간이란 우리에게 또 다른 공간을 장벽으로 제공하고, 우리는 공간의 이질적인 부분들 아래에 있는 동질적인 공간을 마치 그 지주支柱처럼 상상하게 될 것이다.[32] 두 경

---

30   원주) H. Morus, 『철학적 저술(*Scripta philosophica*)』, 1679, t. II, p. 248.

31   원주) Newton, 『원리들(*Principia*)』(éd. THOMSON, 1871, p. 6 et suiv).

32   역주) 여기서 '유한한 공간'을 가정한다는 것은 우주 전체의 공간이 유한하다는 의미가 아니라, 우리가 거주하고 있는 이 공간 자체가 마치 시뮬레이션에서처럼 바둑판 모양으로 유한한 공간들의 집합체로 되어 있다고 가정하는 것을 말한다. 그리고 이 공간들이 모두 이질적인 것이라고 한다면, 필연적으로 이 공간들을 하나로 묶어 주는 일종의 공통분모로서 동질적인 공간을 가정하여야 한다는 것이다. 그리고 이 동질적인 공간은 유한하지 않은 무한한 공간이어야 한다는 것이다.

우 모두 우리는 필연적으로 동질적이고 무한한 공간으로 다시 돌아올 것이다. 따라서 우리는 모든 장소를 상대적인 것으로 여기는 것도, 절대적인 움직임을 믿는 것도 막을 수가 없다.

그렇다면 실제 운동은 실제적인 원인이 있다는 점, 즉 하나의 힘으로부터 나온다는 점에서 상대적 운동과 구별된다고 말할 수 있을까? 하지만 우리는 이 마지막 단어[힘]의 의미를 이해해야만 한다. 자연과학에서 힘이란 질량과 속도의 함수일 뿐이다. 이 함수는 가속도로 측정된다. 우리는 이 힘이 공간 안에 산출되었다고 추정되는 운동을 통해서만 이를 알며, 이를 평가한다. 이러한 운동과 밀접하게 관계되어 힘은 운동과 그 상대성을 공유한다. 또한 이렇게 정의된 힘 안에서 절대 운동의 원리를 추구하는 물리학자들은 그들의 체계의 논리에 의해 처음에 그들이 회피하고 싶었던 절대 공간의 가설로 되돌아가게 된다. 그러므로 우리는 단어의 형이상학적인 의미에 의존해야 하며, 공간에서 통찰된 운동의 기초를 근본적인 원인에 두어야 한다. 이 근본적인 원인은 우리들의 의식이 '노력의 감정sentiment de l'effort' 안에서 파악한다고 믿는 것과 유사한 것이다. 그런데 노력의 감정이 정말 근본적인 원인에 대한 느낌일까? 그리고 결정적인 분석을 통해 이러한 느낌에는 육체의 주변에서 이미 실행되었거나 시작된 움직임에 대한 의식 외에 다른 것은 없다는 것이 밝혀지지 않았는가? 그러므로 우리가 운동의 실재를 운동과는 다른 원인에 기초를 두고자 하는 것은 헛된 일이다. 분석은 항상 우리를 운동 그 자체로 데려가고 있다. 그런데 왜 다른 곳에서 찾고자 하는가? 당신이 운동체가 선을 따라 이동하는 그 움직임을 주시하는 한, 정지 상태에서든 이동 중이든 관계하는 원점에 따라 동일한 점이 차례로 당신에게 나타날 것이다. 만일 당신이 움직임에서 운동의 본질을 이루고 있는 운동성mobilité을 추출해 낸다면 이 점들은 더 이상 동일하지 않게 된다.

내 눈이 나에게 하나의 움직임에 대한 감각을 줄 때, 이 감각은 실재이며, 물체가 내 눈앞에서 움직이거나, 내 눈이 물체 앞에서 움직이거나 간에 실제로 어떤 일이 일어나고 있다. 더욱이 내가 운동의 실재를 산출하고자 원한 뒤 그것을 산출하였을 때 그리고 근육의 감각이 나에게 그것을 인식하게 할 때 나는 운동의 실재를 확신하지 않는가. 이는 말하자면 움직임이 나에게 내부적으로 마치 상태나 품질의 변화처럼 나타날 때, 나는 움직임의 실재를 건드리고 있다는 것을 의미하는 것이다. 그런데 사물들 안에서 어떤 질적인 변화를 감지할 때 어떻게 [그것이] 동일하지 않을 수 있겠는가? 하나의 소리가 다른 한 소리와 다르듯이 소리는 침묵과 완전히 다르다. 빛과 어둠, 색과 명암 사이의 차이는 절대적인 것이다. 하나에서 다른 하나로의 전환도 절대적으로 실제적인 현상이다. 그러므로 나는 하나는 내 안의 근육 감각의 사슬의, 다른 하나는 내 바깥에 있는 물질의 감각적인 특질인 사슬의 두 끝을 붙잡고 있으며, 어떤 경우에도 다른 경우와 마찬가지로 움직임이 있다면, 나는 이 움직임을 '하나의 단순한 관계'로 파악한다. 이것은 '하나의 절대적인 것un absolu'이다.

이 두 극단 사이에서 고유하게 말해 외부 물체들의 움직임이 있는 것이다. 그런데 여기서 겉으로 보이는 움직임과 실제 움직임을 어떻게 구별할 수 있을까? 외부에서 볼 때, 움직인다고 말할 수 있는 대상이 무엇이고, 움직이지 않는다고 말할 수 있는 다른 대상은 무엇인가? 이러한 질문을 하는 것은 서로 독립적인 각각의 사물들 사이에서, 마치 사람들이 저마다 개성을 가지고 있듯이 이 개체들도 그들의 개별성을 가지고 있다는, 상식을 통해 확립한 불연속성을 인정하는 것이다. 사실상 이와 반대되는 가설에서는 물질의 규정된 특정 부분에서 위치 변화가 어떻게 발생하는지를 아는 것은 전혀 문제가 되지 않으며, 다만 전체 안에서 국면의 변화가 어떻게 발생하는가를 아는 것만이 문제가 된다. 다른 한편 이 변화는 우리가 그 본성을 규정해 주어야 하는 것으로 남아 있다. 그러므로 즉시 세 번째 명제를 형성해 보자.

III. 물질을 절대적으로 규정된 윤곽을 가진 독립적인 물체로 분할하는 것은 모두 인위적인 분할이다

하나의 육체, 즉 독립적인 물질적 대상은 먼저 우리에게 질적인 체계로 나타나며, 여기서 시각과 촉각에 의해 주어지는 색상과 저항은 중심을 차지하고 어떤 면에서는 다른 모든 것을 정지시킨다. 반면에 시각과 촉각의 소여들donnees은 공간에서 가장 명백하게 펼쳐지는 것들이며, 공간의 본질적인 성격은 연속성이다. 청각이 항상 활성화되어 있지는 않기 때문에 소리들 사이에는 침묵이라는 간격이 있다. 냄새와 맛 사이에서 우리는 마치 냄새와 맛이 우연적으로만 작용하는 것처럼 보이는 공허를 발견한다. 이와 반대로 우리는 눈을 뜨자마자 우리의 시야 전체가 색으로 덮여 있는 것을 발견하고, 고체들은 필연적으로 서로 인접해 있기 때문에 우리의 촉감은 진정한 중단을 만나지 않고 물체의 표면이나 가장자리를 따라갈 수 있다. 각자가 자신의 실체와 개별성을 가진 수많은 몸체들에서 그 물질적 연장성으로부터 원초적으로 통찰된primitivement aperçue 연속성을 어떻게 분할할 수 있는가? 의심할 바 없이 이 연속성은 순간에서 다음 순간으로 국면을 변화시킨다. 그런데 왜 우리는 마치 만화경을 돌리는 것처럼 전체가 변했다는 것을 순수하고 단순하게 인정하지 못하는 것일까?

마지막으로 왜 우리는 전체의 운동성 속에서 움직이고 있는 몸체에 뒤따르는 혼적을 찾는가? 모든 것이 변화하고 동시에 유지되는 움직이는 연속성이 우리에게 주어졌다. 몸체를 통해 영속성permanence을 그리고 공간 안에서의 균질적인 움직임을 통해 변화를 표상하기 위해서 영속성과 변화라는 두 용어를 분리하는 근거는 무엇일까? 그것은 즉각적인 직관으로부터 주어진 것이 아니다. 그런데 이것은 또한 과학의 필요성에 의한 것도 아니다. 왜냐하면 과학은 우리가 인위적으로 나누어 놓은 우주의 자연적인 연결을 찾는 것을 목표로 하기 때문이다. 더욱이, 모든 물질적 지점이 서로에 대해 가지는 상호 작용을 점점 더 잘 보여 주면서, 앞으로 우리가 보게 될 것처럼, 과학은 겉으로 나타나는 것과는 달리 '보편적인 연속성의 관념l'idée de la continuité universelle'으로 되돌아온다. 우리가 의식을 '의식에 가장 직접적으로 주어진 소여들 안에서dans ses données les plus immédiates' 고려하고 과학을 '과학의 가장 먼 열망 안에서dans ses aspirations les plus lointaines' 고려하기만 한다면, 과학과 의식은 근본적으로 일치한다.[33] 그렇다면 모서리가 잘 절단되어[34] 위치가 바뀌는 몸체들, 즉

---

33 역주) 이 책의 주된 주제와는 약간 거리가 있겠지만, 이러한 베르그송의 진술을 통해 '과학'에 대한 베르그송의 근본적인 입장을 잘 엿볼 수 있다. 그것이 무엇이든 '의식에 직접 주어진 것'은 [도구적] 이성에 의해 분해되거나 해석되거나 왜곡되기 이전의 것이다. 우리는 이를 '있는 그대로의 것' '존재하는 그것' 등으로 표현할 수 있을 것이다. (순수한 학문으로서의) 과학이 탐구하는 것도 바로 이것이다. '실재의 진정한 국면'을 알고자 하는 것이다. 이것이 순수한 학문으로서의 과학이다. 과학이 분석을 하는 것으로 시작한다면, 이는 '종합'을 통해 마침내 '존재하는 그것', 즉 '실재'에 도달하기 위해서일 것이다. 하지만 현대로 올수록 과학은 마치 기술을 개발하는 실용적인 학문처럼 자리 잡고 있다. 그래서 더 이상 사물의 진정한 실재를 탐구하기보다는 사물을 분해하고 변형하고 재구성하는 일에 보다 더 몰두하고 있다. 과학의 가장 먼 열망, 즉 과학의 마지막 목적이 의식에 직접 주어진 소여와 일치한다는 이러한 진술은 결국 응용과학에 대립하는 순수과학의 목적은 우리의 의식에 직접적으로 주어진 것(변질되기 이전의 원초적인 것들 혹은 있는 그대로의 사태)을 알고자 하는 것이라는 의미이다.

34 역주) '모서리가 잘 절단되어'라는 뜻은 세포나 원자 등으로 어떤 물질을 표현할 때, 이 세포나 원자들의 모서리가 둥글거나 완곡하게 표현하는 것을 의미한다.

그들 사이의 관계들과 함께 불연속적인 물질적 우주를 구성하려는 저항할 수 없는 경향은 어디에서 오는 것일까?

의식과 과학의 곁에는 삶이 있다. 철학자들이 그토록 세심하게 분석한 사변의 원리 아래에는 사람들이 연구하기를 무시했던, 그리고 우리가 살아야 한다는 필연성을 통해 단순하게 설명해 왔던 경향성들, 다시 말해 행동하고자 하는 경향성들이 있다. 행동을 통해 자신을 드러내기 위해 개인적인 의식에 부여된 힘은 이미 살아 있는 신체에 상응하는 각각의 구분되는 물질적 영역의 형성을 요구한다. 이러한 의미에서 나의 고유한 육체, 그리고 나의 육체와 유사한 다른 살아 있는 육체란 내가 우주의 연속성을 보다 잘 구별할 수 있도록 기초 지어져 있다는 것을 의미한다. 그러나 일단 이 육체가 구성되고 구별되고 나면, 이 육체가 경험하는 필요에 따라 다른 몸들도 구별하고 구성하게 한다. 가장 미소한 생명체의 경우, 영양을 섭취하기 위해 탐색하여야 하고, 그런 다음 접촉을 해야 하고, 마지막으로 중심을 향해 수렴하여야 하는 일련의 노력이 필요하다. 이 중심이 바로 영양분으로 사용되는 역할을 할 독립적인 대상이 될 것이다. 물질의 성격이 무엇이든, 우리는 욕구하는 것과 이 욕구를 충족시키기 위해 사용하는 것이라는 이원성을 표현하면서 생명체는 이미 이 물질에서 첫 번째 불연속성을 확립하고 있다고 말할 수 있다. 그러나 먹어야 한다는 필요만이 전부는 아니다. 다른 필요들이 이를 중심으로 조직되며, 이 필요는 모두 개인이나 종의 보존을 목표로 삼고 있다. 그런데 이들 각각은 우리 자신의 고유한 육체의 곁에서 우리가 찾아야 하거나 피해야 하는 자신과는 독립된 육체를 구별하도록 이끈다. 그러므로 우리의 필요란 감각적 특성의 연속성에 초점을 맞춰 여기서 구분되는 몸체들을 그려 내는 수많은 빛나는 다발이다. 이 필요는 이러한 연속성 속에서 하나의 신체를 조각하고, 그런 다음 마치 사람 사이의 관계처럼 다른 신체와의 관계를 가지기 위해 다른 신체들을 한정한다는 조건 아래서만 만족할 수 있다. 감각적 실재에서 단절된 부분들 사이에 이렇게 매우 특별한 관계를 확립하는 것이 바로 우리가 '산다vivre'라고 부르는 것이다.

그런데 실재의 첫 번째 분할이 삶의 기본적인 필요들보다는 즉각적인 직관에 훨씬 덜 반응한다면, 이러한 분할을 더욱 심화시키면서 어떻게 사물에 대한 보다 가까운 앎을 얻을 수 있을까? 분할을 통해 사람들은 생명 운동을 연장시키지만, 사람들은 진정한 앎에서 등을 돌린다. 바로 이 때문에 육체를 그 자체와 동일한 성격을 가진 여러 부분으로 분해하는 조악한 작업이 우리를 난관에 빠뜨린다. 우리는 머지않아 이 분할이 어떻게 멈출 수 있는지, 혹은 어떻게 무한히 계속될 것인지 알 수 없게 된다. 사실 이러한 분할은 순수 지식의 영역 안에 부적절하게 전달된 실용적 행동의 일반적인 형태를 나타낸다. 그러므로 물질의 기본 속성이 무엇이든 입자particule로서는 결코 물질의 단순한 특성을 설명하지 못할 것이다. 기껏해야 신체 자체인 것처럼 보이는 인공적인 미립자와 다른 모든 신체에 대한 이 신체의 작용 및 반작용을 추적할 수 있을 것이다. 이것이 바로 화학의 목적이다. 화학은 육체corps보다는 물질matière을 덜 연구한다.[35] 따라서 사람들은 화학이 물질의 일반적인 속성을 타고난 원자에서 멈춘다는 것을 이해한다. 그러나 원자의 물질성은 물리학자의 시선 아래서 점점 더 분해된다. 예를 들어 우리는 원자를 액체나 기체가 아

---

[35] 역주) 얼핏 보기엔 반대로 진술하고 있는 것처럼 보이지만, 이어지는 설명을 보면 납득할 만한 진술이다. 즉, 화학이 탐구하는 단단한 원자나, 원자들 사이의 충격은 사실상 우리가 일반적으로 인지하는 육체들의 속성이기 때문이다. 다시 말해 화학은 진정한 물질성을 탐구하는 것이 아니라, 육체로 환원된 분자나 원자를 탐구한다는 것이다.

닌 고체로 표상할 이유를 가지고 있지 않으며, 원자들의 상호작용을 다른 방식이 아닌 충격chocs을 통해 묘사해야 할 이유가 전혀 없다. 왜 우리가 단단한 원자를 생각하고, 왜 충격을 생각해야 하는가? 왜냐하면 우리가 가장 명백하게 취할 수 있는 물체인 고체는 우리와 외부 세계와의 관계에서 가장 우리의 관심을 끄는 것이기 때문이며, 접촉은 우리 육체가 다른 육체들에 대해 행위하는 데 있어 유일한 방법처럼 나타나기 때문이다. 그러나 매우 간단한 실험에 따르면 서로 밀어내는 두 물체 사이에는 실제적인 접촉이 전혀 없다는 사실이 밝혀졌다.[36] 다른 한편 단단함은 절대적으로 명료한 물질의 상태와는 거리가 멀다.[37] 따라서 단단함과 충격은 현실의 생활 습관과 필요성에서 명백해 보이는 것을 빌려 온 것이다. 이러한 종류의 이미지들은 사물들의 본질을 밝히는 데 어떠한 빛도 제공해 주지 않는다.

다른 한편 만일 과학이 모든 주장보다 우선시하는 진리를 가지고 있다면, 그것은 물질의 모든 부분이 서로 상호작용을 하고 있다는 진리일 것이다. 가정된 육체의 미립자들 사이에는 인력과 반발력이 있다. 중력의 영향은 공간을 통하여 행성 간에 확장된다. 따라서 원자들 사이에 무언가가 존재한다. 사람들은 그것이 더 이상 물질이 아니라 힘이라고 말할 것이다. [이 힘을 표현하기 위해] 사람들은 원자들 사이에 뻗어 있는 실들을 묘사하고 이를 보이지 않게 될 때까지 점점 더 가늘게 만들며, 심지어 비물질적인 것이라 상상하게 될 것이다. 하지만 이러한 조잡한 이미지가

---

36 원주) 이 주제에 관해서는 다음을 참조하라. Maxwell, 「원거리에서의 행동(Action at a distance)」 (Scientific papers, Cambridge, 1890, t. II, pp. 313-314).

37 원주) Maxwell, 「육체의 분자구조(Molecular constitution of bodies)」(Scientific papers, t. II, p. 618). 반면에 Van der Waals는 액체와 기체 상태의 연속성을 보여 주었다.

무엇에 도움이 될까? 생명을 보존하려면 의심의 여지 없이 우리가 일상의 경험에서 비활성의 물질들과 공간에서 이 물질들을 통해 실행되는 작용들을 구별해야 한다. 우리가 사물을 만질 수 있는 정확한 지점에 사물들의 자리를 정하는 것이 유용하기 때문에, 사물의 뚜렷한 윤곽이 사람들에게는 사물의 실제적인 한계가 되고, 그러면 우리는 사물의 작용 안에서 [이 사물로부터] 분리되고 사물과는 다른 ―나는 이것이 무엇인지 모르겠다― 무엇을 보게 된다.

하지만 물질에 대한 이론이 우리들의 필요성과 관련된 이러한 유용성의 이미지들 아래에 있는 실재를 다시 발견하는 것을 목적으로 하기 때문에, 이 이론이 자신을 떼어 놓아야 하는 것은 먼저 이러한 이미지들로부터이다. 그리고 이러한 사실로부터 우리는 물리학자가 그 효과들을 더 깊이 탐구한다는 한에서 힘과 물질이 더 가까워지고 함께 결합되는 것을 보게 된다. 우리는 힘이 물질화되고, 원자가 관념화되고, 이 두 용어가 공통의 한계를 향해 수렴되고, 그리하여 우주가 그 연속성을 회복하는 것을 보게 된다. 사람들은 여전히 원자에 관해 이야기할 것이다. 원자는 자신을 분리시키는 우리들의 정신에 있어서는 그의 개별성을 보존하기까지 할 것이다. 하지만 원자의 단단함과 비활성은 운동에서 혹은 역선力線에서 용해될 것이며, 그 상호적 연대는 보편적인 연속성을 다시 회복할 것이다.

물질의 구성에 대해 가장 깊이 파고들었던 19세기의 두 물리학자 톰슨Thomson과 패러데이Faraday는, 비록 매우 다른 관점에서 출발했지만, 필연적으로 이러한 결론에 도달했음이 분명하다. 패러데이에게 원자는 "힘의 중심centre de forces"이다. 이 개념을 통해 그는 원자의 개별성이 공간을 통해 발산되는 무한한 역선들이 교차하는 그리고 실제로 원자를 형성하는 수학적 지점 안에 있다는 것을 의미하였다. 이처럼 그의 표현을 빌리면 각 원자는 "중력이 미치는 총체적인 공간을 차지하며, 모든 원자가 서로에게 스며든다."[38] 톰슨은 완전히 다른 개념적 지평의 관점에서 공간을 가득 채우고 있는 연속적이고 균질하고 압축할 수 없는 완전한 유체를 가정한다. 우리가 원자라고 부르는 것은 이러한 연속성 안에서 소용돌이치는 다양하지 않은 모양의 고리일 것이며, 그의 속성들은 곧 그 형태와 실존일 것이며, 따라서 그의 개별성은 곧 그의 운동에 있을 것이다.[39] 그런데 두 가설 모두에서 우리는 우리가 물질의 마지막 요소에 접근함에 따라 우리의 인식이 표면적으로 확립했던 불연속성이 사라지는 것을 보게 된다. 심리학적 분석은 이러한 불연속성이 우리의 필요와 관련이 있다는 것을 이미 우리에게 보여 주었다. 자연에 관한 모든 철학은 결국 이러한 불연속성이 물질의 일반적인 속성과 양립할 수 없다는 것을 알게 된다.

진실을 말하자면, 소용돌이와 역선力線의 개념은 물리학자에게 있어서는 다만 수치를 도식화하기 위해 고안된 편리한 모습에 지나지 않는다. 그러나 철학은 왜 이러한 상징이 다른 상징보다 더 편리한지를 질문하여야 하고, 또 더 멀리 나아갈 수 있도록 노력해야 한다. 이러한 상징들에 상응하는 개념들이 실재에 대한 표상을 추구하는 우리에게 최소한의 방향을 지시하지 않는다면, 우리는 이들을 조작하면서 우리의 경험과

---

38 원주) Faraday, 「전기 전도에 관한 고찰(A speculation concerning electric conduction)」(*Philos. magazine*, 3e série, vol. XXIV).

39 원주) Thomson, 「소용돌이 원자에 관하여(On vortex atom)」(*Proc. of the Roy. Soc. of Edimb.*, 1867). 이와 동일한 종류의 가설이 Graham에 의해 제시되었다. 「가스의 분자운동에 관하여(On the molecular mobility of gases)」(*Proc. of the Roy. Soc.*, 1863, p. 621 et suiv).

다시 만나게 할 수 있을까? 그런데 이들이 가리키는 방향은 의심의 여지가 없다. 이들은 구체적인 확장을 따르면서 우리에게 **변형**, **교란**, **장력**이나 **에너지**의 변화 등을 보여 주지만, 그 외에 어떤 것도 보여 주지 않는다. 우리가 움직임에 대해 처음 가졌던 소여들, 대상들 사이에서 마치 우연적으로 추가될 관계의 단순한 변화로 제시한 것이 아니라 진정한 실재이자 어떤 의미에서 독립된 실재로 제시한 것에 대한 순수한 심리적 분석에 합류하고자 하는 경향이 바로 여기에 있다. 그러므로 과학도 의식도 다음과 같은 이 마지막 명제에 반대하지는 않을 것이다.

IV. 실제적인 운동이란
사물의 이동이라기보다는 상태의 이동이다

이 네 가지 명제를 공식화함으로써 사실상 우리는 사람들이 서로 대립시켰던 두 용어, 즉 질적 특성[또는 감각]과 운동 사이의 간격을 점진적으로 좁혔을 뿐이다. 언뜻 보기에 거리는 극복할 수 없을 것같이 보인다. 질적 특성은 서로 이질적이며 움직임[운동]은 동질적이다. 본질적으로 분리될 수 없는 감각은 측정에서 벗어나 있고, 항상 나눌 수 있는 움직임은 계산이 가능한 방향과 속도의 차이로 구별된다. 사람들은 질적 특성을 감각의 형식 아래에 있는 의식 안에 두고자 하고, 반면 움직임은 공간 안에서 우리 자신과 독립적으로 수행되는 것으로 고려한다. 이 움직임들은 서로 합성되면서 오직 움직임만을 제공하게 된다. 이 움직임들을 만질 수 없는 우리의 의식은 신비한 과정을 통해 이들을 감각으로 변환하고, 그 감각은 공간으로 투사되며, 이 감각은 어떻게 변환되는지는 알 수 없는 움직임을 덮게 될 것이다.[40] 이로부터 기적을 통하지 않고서는 소통할 수 없는 두 개의 서로 다른 세계, 즉 한쪽에는 공간 속에 있는 운동의 세계와 다른 한쪽에는 감각들과 함께 의식의 세계가 발생한다. 그리고 우리 자신이 이미 다른 곳에서 보여 주었듯이 한편으로는 질적 특성과 다른 한편으로는 순수한 양 사이의 차이는 환원될 수 없는 것으로 남아 있다. 그런데 문제는 실제적인 운동들이 이들 사이에서 다만 양적인 차이로만 나타나는 것인지, 혹은 말하자면 이들이 내적으로 진동하며, 자주 감지할 수 없는 순간에 자신의 존재를 표시하는 질적 특성 자체가 아닌지 하는 것이다.

역학mécanique이 연구하는 움직임은 단지 추상 또는 상징, 하나의 공통적인 척도, 모든 실제적인 움직임을 서로 비교할 수 있게 해 주는 공통분모일 뿐이다. 그러나 그 자체로 고려된 이러한 움직임은 지속을 점유하고, 이전과 이후를 가정하고, 우리 자신의 의식의 연속성에 대한 유비analogie를 통해서만 있을 수 있는 '가변적 질의 끈fil de qualité variabl'을 통해 시간의 연속적인 순간들을 연결하는 불가분의 요소이다. 예를 들어, 통찰된 두 가지 색상의 환원 불가능성은 무엇보다도 어느 한순간에 실행되는 수조 번의 진동이 수축하는 아주 짧은 우리들의 지속에서 기인한다고 생각할 수 없을까? 만약 우리가 이 기간을 연장할 수 있다면, 즉 더 느린 리듬으로 경험할 수 있다면, 이 리듬이 느려질수록 색상이 희미해지고 연속적인 인상으로 길어지며, 의심의 여지 없이 여전히 착색되어 있겠지만, 점점 더 순수한 진동과 [흡사하리만치] 혼동되는 것을 볼 수 없을까? 예를 들어 음계의 저음에서 발생하는 것처럼, 운동의 리듬이 우리 의식의

---

40   역주) '어떻게 변환되는지는 알 수 없는 움직임을 덮게 될 것이다'라는 표현은 '미래의 방향을 예측할 수 없는 운동을 일종의 기계적인 계산을 통해 모두 예측한다는 의미인 듯하다.

습관에 맞을 만큼 충분히 느린 경우, 우리는 지각된 특성이 내적인 연속성과 연관되어 있는 반복적이고 연속적인 떨림으로 분해되는 것을 느끼지 않을까?

일반적으로 [운동을 느리게 하는 것에] 접근을 방해하는 것은 운동을 원자나 다른 요소로 붙잡아 매는 습관이다. 이러한 습관은 운동 그 자체와 운동을 수축하게 하는 질적 특성 사이에 이들의 견고성을 개입하게 한다. 우리의 일상적인 경험이 우리 몸이 움직이는 것을 보여 주듯이, 그 질적 특성이 다시 귀착되는 기본적인 움직임을 지지하려면 최소한 미립자corpuscule가 필요한 것 같다. 우리의 상상에 있어서 운동이란 단지 우연, 일련의 위치, 관계의 변화에 지나지 않는 것이다. 안정된 것이 불안정한 것을 대체하는 것이 우리들의 표상의 법칙이듯이, 중요하고 중심적인 요소는 우리에게 원자가 되며, 움직임이란 연속적인 위치만을 연결하는 것이 된다. 하지만 이러한 개념은 물질이 야기하는 모든 문제를 원자에서 되살리고자 하는 단점을 가지고 있을 뿐만 아니라, 무엇보다도 삶의 필요에 부응하는 것처럼 보이는 물질의 분할에 절대적인 가치를 부여하는 오류를 범하게 된다. 나아가 이러한 개념은 또한 우리가 우리의 지각에 있어서 우리의 의식 상태와 우리와 독립된 실재를 동시에 파악하는 과정을 이해할 수 없게 만든다. 우리의 즉각적인 인식의 이러한 혼합된 특성, 즉 실현된 모순적인 외관[41]은 우리의 인식과는 절대적으로 일치하지 않는 외부 세계를 믿게 되는 주요 이론적인 이유가 된다. 그리고 감각을 단지 의식의 번역일 뿐인 운동과는 완전히 이질적인 것으로 고려하는

---

41 역주) 이 '모순적인 외관'이란 '감각에 포착되는 질적 특성의 다양성'과 '원자로 환원된 운동의 동질적인 특성'이라는 서로 대립하는 외관을 뜻한다.

학설에서[42] 이러한 이유를 오해하고 있기 때문에, 이 학설은 유일한 소여를 제공하는 감각에만 집착해야 하는 것처럼 보이며, 감각과 접촉이 가능하지 않은 무용한 복제물인 운동을 이 감각에 추가하는 것을 거부하는 것처럼 보인다.

따라서 이렇게 이해된 실재론은 스스로 자신을 파괴한다. 결론적으로 우리에게는 선택의 여지가 없다. 만일 감각적 특성들에 대하여 어느 정도 동질적인 기체substrat에 대한 우리의 믿음을 가지고자 한다면, 이는 아마도 질적 특성 자체에서 우리의 감각을 뛰어넘는 무엇인가[43]를 파악하거나 추측하게 만드는 행위를 통해서만 가능할 것이다. 여기서 이 감각은 마치 의심스럽고 눈에 띄지 않는 세부 사항으로 가득 차 있었던 것처럼 간주되는 것이다. 이 감각의 객관성, 즉 감각이 주는 것보다 더 많은 것을 가지고 있는 그것은, 우리가 예감할 수 있는 것처럼, 일종의 번데기의 내부에 있는 감각이 실행하는 운동의 막대한 복합성이다. 이 복합성은 고정된 채, 표면 위에 펼쳐져 있지만, 그것은 살아 있고 깊이 진동하고 있다. 진실을 말하자면, 양과 질의 관계에 대해 다른 생각을 제시하는 사람은 아무도 없다. 지각된 실재와 구별되는 실재를 믿는다는 것은 무엇보다도 우리들의 인식의 질서가 실재에 의존하는 것이지 우리 자신에게 의존하는 것이 아님을 인정하는 것을 의미한다. 그러므로 어떤 주어진 순간을 차지하는 일련의 지각에는 다음 순간에 일어날 일에 대한 이유가 있어야 한다. 그리고 기계론은 물질의 상태들이 서로 추론될 수 있다는 이러한 믿음을 보다 분명하게 공식화할 뿐이다. 이러한 추론

---

42   역주) 이러한 학설은 오직 감각에 포착되는 것만을 실재로 고려하는 '소박한 실재론'을 지칭한다.
43   역주) '우리의 감각을 뛰어넘는 무엇'이란 모든 다양성의 지반에 있는 동질적인 '원자'를 의미한다.

이 감각적 특성의 외적인 이질성 아래, 동질적이고 계산 가능한 요소들을 발견하는 경우에만 가능하다는 것은 사실이다. 하지만 다른 한편 만일 이러한 요소들이 규칙적인 질서를 설명해야만 하는 질적 특성의 바깥에 존재하는 경우에는[44] 더 이상 사람들이 요구하는 것[45]에 응답하지 못할 것이다. 왜냐하면 질적인 특성들은 단지 일종의 기적을 통해서만 여기에 추가될 것이며, 그리고 미리 확립된 조화에 의해서만 여기에 일치할 수 있을 뿐이기 때문이다.

그러므로 힘이란 이러한 운동이 내부 진동의 형태로 질적 특성들 안에 배치되는 것이며, 이러한 진동이 표면적으로 나타나는 것보다 덜 균질한 것으로 간주되고, 이러한 질적 특성은 덜 이질적인 것으로 간주되며,[46] 일종의 무한한 다양성을 가진 이 두 용어의 국면의 차이가, 순간을 표현하기엔 너무나 좁은 지속 안에서 수축될 필요가 있는 것이다. 우리가 이미 다른 곳에서 조금 다루었던 이 마지막 관점을 지지하자. 그런데 이를 본질적인 것으로 다루자. 우리 의식이 경험한 지속은, 규정된 리듬을 지닌 지속으로 물리학자가 말하는 시간과는 매우 다르며, 주어진 한 간격에 우리가 원하는 만큼의 많은 현상을 저장할 수 있는 지속이다. 파장이 가장 길고, 따라서 진동 빈도가 가장 낮은 적색광은 단 1초 동안의 공간 안에 400조 번의 연속적인 진동을 일으킨다. 이 숫자에 대한 관념을 가지기를 원하는가? 우리의 의식이 진동수를 셀 수 있기 위해서 혹은

<hr>

44 역주) 다시 말해 "계산 가능한 요소들이 '질적 특성'에는 해당되지 않는 것이라면"이란 의미이다.
45 역주) '사람들이 요구하는 것'이란 위에서 말하고 있는 한순간에서 다음 순간에 일어날 일을 '기계적으로 추론하는 것'을 의미한다.
46 역주) 질적 특성의 '다양성'과 운동의 '균일성'이라는 모순된 상황을 원자보다 더 아래에 있는 기저의 '미립자' 혹은 '파동' 등을 가정하면, 질적 특성은 보다 '균일한 것'으로 그리고 운동은 보다 '다양한 것'으로 간주할 수도 있다는 의미이다.

최소한 그 연속을 명시적으로 기록할 수 있기 위해서는 진동들을 서로 충분히 분리해야 할 것이며, 이 연속이 며칠, 몇 달 또는 몇 년이 걸리든지 측정해야 할 것이다. 그런데 엑스너Exner에 따르면 우리가 의식할 수 있는 가장 작은 공백 시간의 간격은 2000분의 1초와 같다. 그럼에도 우리가 그러한 짧은 간격을 연속적으로 여러 번 인식할 수 있는지는 여전히 의심스럽다. 그럼에도 우리가 그것을 무한히 할 수 있다는 것을 인정해 보자. 한마디로, 400조 번의 진동이 동시에 발생하고 이를 구별하는 데 필요한 2000분의 1초만큼만 서로 분리되는 행렬에 참여하는 의식을 상상해 보자. 매우 간단한 계산에 따르면 이러한 작업이 완료되는 데는 25,000년 이상이 소요된다는 것을 알게 된다. 따라서 우리가 1초 동안 경험한 이 붉은 빛에 대한 감각은 우리의 지속 기간에 걸쳐 연속된 현상들로서 계산하자면 가능한 한 가장 경제적인 시간을 통해서도 우리 역사의 250세기 이상[만큼]을 차지할 것이다.

이것을 상상할 수 있는가? 여기서 우리는 우리 자신의 지속과 일반적인 시간을 구별하여야 한다. 우리의 의식이 인지하는 우리의 지속 안에서는 주어진 한 간격에 의식적인 현상으로부터 제한된 수의 현상만을 포함할 수 있다. 이 내용이 증가한다고 이해하는가? 그리고 우리가 무한히 분할할 수 있는 시간에 대해 말할 때 이는 진정 우리가 생각하는 이 지속인가? 그것이 공간이 문제인 한, 우리는 우리가 원하는 만큼 분할을 할 수가 있다. 우리는 우리가 나누는 것의 본성에서 아무것도 바꾸지 않는다. 이 공간은 정의상 우리의 외부에 있다. 우리가 공간을 점유하는 것을 멈출 때에도 공간의 일부가 [우리에게] 남아 있는 것 같다. 마찬가지로 우리가 공간을 분할하지 않고 내버려두어도, 우리는 공간이 우리를 기다릴 수 있으며, 새로운 상상력의 노력이 [다시] 그것을 차례로 분해할 것임을 알고 있다. 다른 한편 공간은 결코 공간이기를 멈추지 않으며, 공간은 항상 병치를 함의하며, 따라서 가능한 분할을 함의하고 있다. 더욱이 공간은 근본적으로 무한한 분할의 체계일 뿐이다. 그러나 지속durée은 이것과는 완전히 다르다. 우리의 지속의 일부는 이를 나누는 행위의 연속적인 순간들과 일치한다. 우리가 여기에 어떤 순간을 고정하는 한, 지속은 부분을 가지고 있다. 그리고 만일 우리의 의식이 한 구간 안에서 규정된 수의 기본 행위만을 분리할 수 있다면, 즉 만일 의식이 어딘가에서 분할을 멈추면, 여기서는 분할성divisibilité 역시 중지된다.[47] 우리의 상상력은 헛되이 분할을 계속하고, 차례로 마지막 부분을 나누고, 그리고 일종의 우리의 내적인 현상들의 순환을 활성화하기 위해 노력한다. 우리의 지속notre durée에 대한 분할을 보다 멀리 밀고 나가고자 하는 동일한 노력은, 그만큼 이 지속을 확장하고자 할 것이다. 그럼에도 우리는 수백만의 현상이, 우리가 이들 중 겨우 몇 가지만 고려하는 동안에도, 서로를 뒤따른다는 것을 알고 있다. 이를 말해 주는 것은 다만 물리학만이 아니다. 감각에 대한 대략의 경험이 이미 우리가 이를 추측할 수 있게 한다. 우리는 우리의 내부에서의 연속보다는 자연에서의 연속이 훨씬 많다는 것을 예감한다. 이를 어떻게 알며, 모든 상상력을 넘어서는 능력을 가진 이 지속이란 무엇인가?

---

47 역주) 베르그송에게 있어서 시간과 공간, 나아가 사물들의 근본적인 속성은 '지속(durée)'이다. 물론 이 역시 세계에 대한 인간 의식의 관계성의 결과물이라 할 수 있다. 즉 시간이나 공간, 나아가 사물들은 원초적으로 인간의 의식에는 '지속'으로 나타나는 것이다. 따라서 모든 분할은 일종의 인간 정신의 2차적이고 인위적인 노력의 결과물이다. 따라서 의식이 공간이나 시간을 분할하는 한, 지속도 분할되겠지만, 이 분할의 노력을 멈추는 순간 지속은 말 그대로 지속의 성질만을 가지고 있다. 비유를 들자면 한 그릇의 물은 우리의 의지에 따라 무한히 나눌 수가 있겠지만, 나누는 행위를 멈추는 순간 물은 지속하는 하나의 덩어리로 남아 있을 뿐이다.

이것은 확실히 우리의 것은 아니다. 하지만 이것은 또한 지속되는 것의 바깥에서 무관심하고 공허하게 흘러가는 모든 것, 모든 이에게 동일한 비인격적이고 균질한 지속도 아니다. 우리가 다른 곳에서 보여 주려고 시도했던 소위 동질적인 시간은 언어의 우상이자 그 기원을 쉽게 발견할 수 있는 허구이다. 사실상 지속에는 유일한 리듬이 존재하지 않는다. 우리는 느리든 빠르든 의식의 긴장이나 이완의 정도를 측정하여 일련의 존재들에서 각각의 위치를 고정시키는 다양한 리듬을 상상할 수 있다. 불균질한 탄력성을 갖는 지속들에 대한 이러한 표상은 아마도 우리들의 정신에는 고통스러울 것이다. 왜냐하면 이는 의식이 경험하는 동질적이고 독립적인 시간을 의미하는 진정한 지속durée vraie을 유용한 습관habitude utile으로 대체하기 위해 수축시키는 일을 요하기 때문이다. 하지만 우리가 보여 주었듯이 그러한 표상을 고통스럽게 만드는 환상의 가면을 벗기는 일은 어렵지 않으며, 그런 다음 이러한 사유가 근본적으로 자신을 위해 의식의 암묵적인 동의를 얻고 있음을 보여 주는 것도 어렵지 않다.

우리는 잠을 자고 있는 동안 우리 내면에서 동시대적이면서 구별되는 두 인물을 인지하는 경우가 가끔 있는데, 그중 한 사람은 몇 분 동안 잠을 자고 있는 반면, 다른 사람은 꿈속에서 며칠이나 몇 주 동안 지속[되는 것처럼 느끼게]될 것이다. 그리고 우리보다 더 긴장된 의식, 즉 인류의 발전을 압축하여 인류의 발전에 참여하고 있는, 말하자면 인류 발전의 주요 국면들을 목격하고 있는 의식은 매우 짧은 시간에 역사 전체를 보존할 수 있지 않은가? 따라서 통찰한다percevoir는 것은 요컨대 무한히 희석된 존재의 막대한 기간을 보다 강렬한 삶의 몇 가지 차별화된 순간으로 압축하여 매우 긴 이야기를 요약하는 것에서 이루어진다. 통찰한다는 것은 움직이지 않게 한다는 것을 의미한다. 이는 말하자면 지각 행위에서 우리가 지각 자체를 넘어서는 어떤 것을 파악한다는 것을 의미하며, 그럼에도 여기서 물질적 우주는 우리가 이에 대해 지니고 있는 표상과 본질적으로 다르거나 구별되지는 않는다. 어떤 의미에서 나의 지각은 나에게 매우 내적인 것이다. 왜냐하면 나의 지각은 헤아릴 수 없이 많은 순간에 걸쳐 그 자체로 분열될 것을 나의 지속의 유일한 한순간에 압축시키기 때문이다.

그런데 만일 당신이 나의 의식을 제거한다면 그럼에도 물질적 우주는 그대로 존속할 것이다. 단지 사물들에 대한 나의 행동의 조건이었던 지속의 이 개별적인 리듬rythme particulier을 당신이 추상화한 것처럼, 이 사물들은 과학이 구분하였던 그토록 많은 순간에 자신을 드러내기 위해 스스로에게로 돌아갈 것이다. 그리고 감각적 특질들은 소멸되지는 않겠지만, 비교할 수 없을 정도로 더 분할된 하나의 지속 안에서 확장되고 용해될 것이다. 따라서 물질은 무수한 진동으로 분해되며, 모든 진동은 중단 없는 연속성으로 연결되고 서로 통합되며 수많은 떨림처럼 모든 방향으로 흘러간다. 한마디로 일상 경험의 불연속적인 대상들을 서로 연관시켜 보라. 그런 다음 그들의 질적 특성의 움직이지 않는 연속성을 그 자리에서 진동으로 바꾸어 보라. 여기서 운동성만을, 즉 당신 스스로가 실행하는 운동 안에 당신의 의식이 인지하는 이 행위만을 고려하기 위해 그 밑에 있는 분할 가능한 공간으로부터 당신을 분리하면서 이 운동에 당신을 연결해 보라. 당신은 당신의 상상력을 통해 어쩌면 피곤할 수도 있겠지만 삶의 요구로 인해 외부 인식에 추가되는 것을 제거한 물질에 대한 순수한 비전vision pure을 얻게 될 것이다. 이제 내 의식을 회복하고, 이와 함께 삶의 요구들도 회복해 보라. 아주 먼 곳에서 아주 먼 곳으로, 그리고 사물들의 내적인 역사의 엄청난 기간을 지나갈 때마다, 거의 순간적인 경치가 포착될 것이며, 이번에는 이 경치가 그림처럼 보일 것이며, 더욱 뚜렷한 색상들은 무한한 반복과 기본적인 변화를 압축하고 있다. 이것이 바로 달리는 사람의 수천 개의 연속적인 자세가 하나의 상징적인 태도로 축소되는 방식이며, 우리의 눈이 그것을 지각하고, 예술이 이를 재현하며, 모든 사람에게 달리는 사람의 이미지가 되는 것이다.

그러므로 우리가 순간순간 우리 주위에 던지는 시선은 무수한 반복과 내적인 진보의 효과, 그에 따른 불연속적인 효과만을 포착한다. 그리고 우리가 공간 속에서 "대상들"에 부여하는 상대적인 움직임을 통해 그 연속성을 다시 확립하는 것이다. 변화는 어디에나 있지만 [그것에는] 깊이가 있다. 우리는 그것을 여기 혹은 저기에 위치를 정하지만, 표면에 위치시킨다. 이렇게 하여 우리는 육체를 그 질적 특성에 있어서는 안정적인 것으로, 동시에 그 위치의 측면에서 있어서는 움직이는 것으로 구성하게 된다. 우리들의 시선에는 보편적 변형이 이루어지는 단순한 장소의 변화가 되는 것이다.

어떤 의미에서 한 사람이 다른 사람과 구별되고 나무와 나무, 돌과 돌이 구별되는 무수한 대상이 있다는 사실에는 논쟁의 여지가 없다. 왜냐하면 각각의 존재들과 각각의 사물들이 특유의 속성들을 가지고 있으며, 진보의 특정한 법칙을 따르기 때문이다. 그러나 사물과 주변 환경 사이의 분리는 완전히 있을 수 없다. 우리는 감지할 수 없는 단계를 따라 하나에서 다른 것으로 나아간다. 물질적 우주의 모든 대상을 연결하는 긴밀한 연대성, 그들의 상호적인 작용과 반작용의 영속성은 우리가 이들에게 부여할 수 있는 정확한 한계를 가지고 있지 않다는 것을 충분히 증명해 준다. 우리의 지각은 어떤 의미에서 이 대상들의 잔여물의 형태를 그려 낸다. 우리의 지각은 이들에 대한 우리의 가능한 행동이 멈추고, 그 결과 우리의 필요에서 관심이 사라지는 지점에서 이를 끝낸다. 이것이 지각하는 정신의 첫 번째이자 가장 명백한 작업이다. 정신은 연장의 연속성 안에 분할을 그려 내며, 단순히 필요로 인한 제안과 실제 생활의 필요성에 [사물의 지속성과 연장성을] 양보한다. 그러나 실재를 이런 식으로 나누려면 우리는 먼저 실재란 임의로 나눌 수 있는 것임을 스스로 확신해야 한다. 따라서 우리는 구체적인 연장성이며, 무한히 변형 가능하고 무한정 감소하는 편물을 가진 그물인 감각적 특성의 연속성 아래로 나아가야 한다. 이렇게 간단하게 이해된 기체substrat, 임의적이고 무한한 분할성의 '완전히 이상적인 도식은 동질적인 공간이다.

이제 현재의 지각, 말하자면 독립적인 대상의 물질에 순간적으로 실행된 분할과 동시에 우리의 기억은 사물의 지속적인 흐름을 감각적 특성으로 굳건히 한다. 기억은 과거를 현재로 확장한다. 왜냐하면 우리의 행동은 기억에 의해 확대된 우리의 인식이 과거를 압축하는 [데 따라서 그와] 정확한 비율로 미래를 처분할 것이기 때문이다. 리듬을 따르고 동일한 지속 안에서 계속되는 즉각적인 반응으로 수용된 행동에 응답하는 것, '현재에dans le présent' 존재하기 그리고 무한히 다시 시작되는 '하나의 현재에dans un présent' 존재하기, 바로 이것이 물질의 근본적인 법칙이다. 바로 여기에 필연성이 이루어진다. 자유롭거나 최소한 부분적으로 비규정적인 행동들이 있다면, 이들은 때때로 그들의 고유한 되어짐devenir이 적용되는 변화를 고정하고, 분명한 순간에 이를 굳건히 하고, 이렇게 질료를 압축할 수 있는 존재에만 속할 수 있다. 여기에 자신을 동화시키고, 자연적 필연성의 그물망을 통과하는 반동 운동으로 물질을 이해하는 것이다. 기본적으로 자기 삶의 강렬함의 정도를 표현하는 '그의 지속의 긴장'이

크거나 적음에 따라 지각의 집중력과 자유의 등급이 결정된다.

주변 물질에 대한 그의 행동의 독립성은 이 물질이 흐르는 리듬에서 더 많이 자유로워질수록 점점 더 긍정된다. 그러므로 기억과 결합된 우리의 지각에 나타나는 감각적 특성은 진정으로 실재의 응고를 통해 획득된 연속적인 순간들이다. 그러나 이러한 순간들을 구별하고, 또한 우리 자신의 실존과 사물의 실존에 공통되는 끈으로 이들을 함께 연결하기 위해서는 일반적인 연속에 대한 추상적인 도식, 즉 동질적이고 불편부당한 환경을 상상하지 않을 수 없다. 이 환경은 물질의 흐름, 길이의 감각, 넓이의 감각 안에서의 공간 등이며, 바로 여기서 동질적인 시간이 구성된다. 그러므로 동질적인 공간과 동질적인 시간은 사물의 속성도 아니고 사물을 아는 능력의 본질적인 조건도 아니다. 이들은 우리가 실재의 움직이는 연속성에 가하는 응고와 분할의 이중 작업을 추상적인 형태로 표현한 것이다. 우리는 여기서 지지점을 확보하고 작용의 중심을 고정하며, 최종적으로 진정한 변화를 맞이하는 것이다. 이것이 바로 물질에 대한 우리 행동의 구조이다.

사물의 속성들에 대해 이러한 동질적인 시간 및 동질적인 공간을 부여하는 데서 발생하는 오류는 —기계론mécanisme에서든 역동주의dynamisme에서든— 형이상학적 독단주의의 극복할 수 없는 어려움을 낳는다. 역동주의는 흘러가는 우주를 따라 우리가 실행하는 연속적인 단면을 그만큼의 절댓값으로 세우고 일종의 질적인 추론을 통해 그것들을 서로 연결하려고 헛되이 노력하며, 기계론은 오히려 절단된 것 중 어느 하나를 선택하여, 이를 중심으로 넓이의 의미에서 실행된 분할, 즉 크기와 위치의 순간적인 차이에 초점을 맞추고, 이러한 차이의 다양함과 함께 감각적인 특성들의 연속을 산출하기 위해 노력하지만, 이 역시 마찬가지로 헛된 노력이다. 이와는 반대되는 다른 가설에 동의하는가? 칸트처럼 공간과 시간이 우리 감성의 형식forme이라고 말하길 원하는가? [그렇다면] 물질과 정신을 똑같이 알 수 없는 것이라 선언하게 될 것이다.[48]

이제 상반되는 두 가설을 비교해 보면 공통된 배경을 발견할 수 있다. 즉, 동질적인 시간과 동질적인 공간을 형성하면서 혹은 숙고된 contemplé 실재들이나 숙고의 형식들을 만들어 내면서, 이 가설들은 모두 공간과 시간에 생명력보다는 사변적인 관심을 부여한다는 것이다. 따라서 이제 한쪽에는 형이상학적 독단론이 다른 한쪽에는 비판철학이 있는 그 사이에, 앎의 관점이 아닌 행동의 관점에서 동질적인 공간과 동질적인 시간 안에서 분할과 응고의 원리들을 실재 안으로 도입하는 다른 하나의 이론의 여지가 있을 것이다. 이 이론은 사물들에 실제적인 지속durée réel과 실제적인 연장성étendue réelle을 부여하고, 결국 모든 어려움의 근원이 더 이상 실제로 사물에 속하고 우리의 정신에 즉각적으로 나타나는 이 지속과 이 연장성에 있는 것이 아니라, 연속체를 분할하고, 되어짐을 고정하고, 우리의 행동에 적용 지점을 제공하기 위해 형성한 동질적인 시간과 동질적인 공간에 있음을 알게 될 것이다.

하지만 감각적 특성과 공간에 대한 잘못된 개념은 정신 안에 너무 깊이 박혀 있어서, 한꺼번에 너무 많은 관점에서 동시에 비판할 수는 없다. 따라서 새로운 국면을 발견하기 위해 이들[형이상학적 독단론과 비판철학]은

48　역주) 왜 그런 것일까? 칸트의 기본 입장은 '물자체(실재 그 자체)는 알 수가 없다는 것'이며, 인간의 이성은 이 실재를 시간과 공간이라는 두 가지 감각적인 조건을 통해 이를 파악한다. 즉 인간이 실재에 대해 아는 것은 시간과 공간이라는 두 형식을 통해서 나타나는 실재의 현상들이다. 이러한 현상들을 이성의 합목적적인 질서에 의해 이해하는(재구성하는) 것이 앎이라는 것이다. 따라서 엄밀히 말해 인간의 정신은 실재 그 자체가 무엇인지는 알 수 없는 것이며, 마찬가지로 실재의 현상만을 파악하는 정신 역시 ―세상을 보는 눈이 눈 자신은 볼 수 없듯이― 자신이 무엇인지는 알 수 없는 것이다.

실재론과 관념론에 의해 동등하게 수용된 이중의 가정을 내포하고 있다고 말하자. 1) 다양한 종류의 질적 특성들 사이에는 공통점이 없다. 2) 연장성과 순수한 질적 특성 사이에도 공통점이 없다. 이와는 반대로, 우리는 서로 다른 질서의 특성들 사이에 공통점이 있고, 이들은 모두 다양한 정도로 연장성에 참여하며, 그리고 우리는 이 두 가지 진리를 물질의 형이상학, 지각의 심리학, 보다 일반적으로 의식과 물질 사이의 관계에 대한 질문들로부터 발생하는 수천 가지의 난제로부터 방해받지 않고서는 무시할 수가 없다. 이러한 결과들을 주장하는 것보다는, 현재로서는 물질에 대한 다양한 이론들의 지반에 우리가 논쟁을 벌이는 두 가지 가정이 있음을 보여 주고, 이러한 가정들이 나타나는 착각이 어디에 있는지 거슬러 올라가 보는 것으로 논의를 제한하도록 하자.

영국 경험론의 본질은 연장성을 촉각 인식perceptions tactiles의 속성으로 간주하는 것이다. 이 사상이 감각적 특질에서 오직 감각만을 보고 감각 자체에서는 오직 영혼의 상태만 보기에, 이 사상은 다양한 질적 특성에서 현상들의 평행설parallélisme[49]을 기초할 수 있는 어떠한 것도 발견하지 못한다. 따라서 힘force은 이 사상에서 습관을 통해 이 평행설을 설명하는 것이 된다. 예를 들어 이 습관은 시각의 실제적인 지각들이 우리에게 가능한 촉각의 감각을 암시하는 것이다. 서로 다른 두 가지 의미의 인상이 두 언어의 단어만큼 유사하지 않다면, 한 언어의 소여들에서 다른 한 소여들을 연역하려고 노력하는 것은 헛된 일일 것이다. 이들은 공통적

---

49 역주) 앞서 언급했듯이 '평행설'이란 오감이 가진 감각적 특질들이 하나의 대상이 가진 동시적인 특성들, 즉 평행하는 것이라고 고려하는 이론을 말한다. 예를 들어 하나의 사과는 붉으면서 동시에 달콤하고 동시에 향긋하며 또한 딱딱한 속성을 가지고 있으며 어느 하나가 다른 하나를 유발하거나 원인이 되는 것이 아니라고 생각하는 것이다.

인 요소가 없다. 그러므로 항상 촉각적인 연장성과 어떤 형식으로든 연장성일 수 없는 촉각 이외의 다른 감각의 소여들 사이에도 역시 공통적인 것이 없다. 그런데 공간에 움직임을, 의식에 감각을 두는 원자적 실재론réalisme atomistique은 연장성의 변형 혹은 현상들과 여기에 응답하는 감각들 사이에서 공통적인 것을 전혀 발견할 수가 없다. 이러한 감각은 그 변형에서 마치 발광성phosphorescence의 [한] 종류처럼 나타나거나 혹은 이들은 '영혼의 언어 안에서' 물질의 발현처럼 번역될 것이다. 하지만 그 어떤 경우에도 변형이나 발현의 원인으로서의 이미지를 반영하지는 않을 것이다.

의심할 바 없이 그들은 모두 공간 안에서의 운동이라는 공통의 기원으로 거슬러 올라간다. 하지만 이들은 모두 공간의 바깥에서 진화하기 때문에 감각으로서의 그들의 원인과 이어 주는 관계를 포기한다. 공간과 단절되면서, 이들은 또한 서로 간에도 단절되어, 결국 서로에게 참여하지도 못하며 연장성에도 참여하지 못한다. 따라서 관념론[50]과 실재론[51]은, 여기서 전자가 연장성을 촉각적 지각으로까지 후퇴시키면서 촉각을 연장성의 배타적인 속성으로 만드는 반면, 후자는 연장성을 보다 더 멀리 떠밀면서 모든 지각의 바깥으로 밀어낸다[52]는 점에서만 다르다. 하지

---

50 역주) 이 관념론은 앞서 말한 '영국 관념론'을 지칭한다.

51 역주) 이 실재론은 실증주의적인 '소박한 실재론'을 지칭한다.

52 역주) 이러한 진술을 이해하기 위해 1장에서 논한 바 있는 '실증주의적 실재론'에 대해 상기할 필요가 있다. 실증주의는 외부 세계의 사물들이 가지고 있는 이미지들이 ―사실은 우리의 감각이 포착한 것일 뿐임에도 불구하고― 그 사물들의 실재라고 간주하게 된다. 이렇게 하여 우리의 의식을 이 외부 세계의 이미지들로서 설명하고자 하는 것이다. 이 경우 진정한 연장성(사물들의 물질성)이 의식 속의 이미지로 환원되고, 따라서 의식 속의 이미지와 외부 사물의 실재와 동일시하게 되며, 더 이상 외부 대상의 진정한 연장성에 대해 관심을 두지 않게 된다. 이를 '연장성을 … 모든 지각의 바깥으로 밀어낸다'고 표현한 것이다.

만 두 사상은 순수하게 연장적인 것에서 어떤 방식으로도 연장적이지 않는 것으로의 갑작스러운 이행[53]에 있어서와 마찬가지로 감각적 특성의 다양한 질서의 불연속성을 인정한다는 데 있어서 일치한다. 그런데 지각 이론에서 이 둘 모두가 직면하는 주된 어려움은 이러한 공통적인 가정에서 비롯한다.

사실상 우리는 버클리Berkeley와 함께 연장성에 대한 모든 지각이 촉각과 관련된다고 생각할 수 있을까? 부득이한 경우 우리는 청각, 후각, 미각 등의 소여들에 대한 연장성을 부정할 수 있을 것이다. 하지만 이 경우 최소한 촉각적 공간espace tactile에 일치하는 시각적 공간espace visuel의 기원을 설명할 수 있어야 할 것이다. 사람들[54]이 시각은 결국 촉각의 상징이 되며, 공간적 관계에 대한 시각적 지각에는 촉각적 지각을 암시하는 것 이상은 없다고 주장하는 것은 사실이다. 하지만 사람들은 우리에게 부조relief에 대한 시각적 인식, 예를 들어 우리에게 **독특한** 인상을 주는 묘사하기가 불가능한 지각이 어떻게 촉감에 대한 단순한 기억과 일치하는지를 매우 어렵게 이해시키고자 할 것이다. 현재의 지각에 대한 기억의 연합은 알려진 요소로서 이 지각을 풍부하게 하면서 이러한 지각을 복잡하게 만들 수 있겠지만, 새로운 유형의 인상, 즉 지각의 새로운 질적 특성을 **창조**하지는 않는다. 그런데 부조에 대한 시각적 지각은 완전히 독창적인 특성을 제시한다. 평평한 표면으로 인해 부조에 대한 착각을 일으

---

53 역주) '순수하게 연장적인 것에서 어떤 방식으로도 연장적이지 않는 것으로의 갑작스러운 이행'이란 구체적인 사물에서 그 사물을 지칭하는 '개념'으로의 갑작스런 이행을 말한다. 예를 들어, 시원한 생수는 구체적인 물질을 가지고 있는 '연장적인 것'이겠지만, 과학자들은 이를 대신할 수 있는 'H2O'라는 물분자의 구조를 사용한다. 하지만 이는 엄밀히 말해 실제적인 연장성을 전혀 가지지 않은 개념적 혹은 관념적인 것으로 환원한 것이다.

54 역주) 이들은 물론 버클리를 비롯한 영국 관념론자들을 말한다.

킨다고 말할 수 있을까? 이를 통해 사람들은 돌출된 대상의 빛과 그림자의 유희가 어느 정도 잘 모방된 표면이 부조를 상기시키기에 충분하다고 확립할 것이다. 하지만 부조가 상기되기 위해서는 여전히 이 부조가 이전에 참으로 인식되었어야 한다.

우리가 이미 앞서 말한 바 있지만, 아무리 반복해도 지나치지 않은 것이 있다. 만약 어떤 특정한 순간에 어떤 특정한 장치가 어떤 특정한 지각에 대한 환상을 만들어 낸다면, 그것만으로도 항상 이런 지각 자체를 만들어 내기에 충분하다는 사유가 우리의 지각 이론을 완전히 훼손하였다는 것이다. ― 마치 기억의 역할이 단지 원인의 단순화보다는 결과의 복잡성을 더 오래 지속하도록 하는 것이 아닌 것처럼![55]

망막 자체가 평평한 표면이고, 만일 우리가 시각을 통해 연장성의 어떤 사물을 인식한다면, [이 사물의 이미지가 망막에 있으므로] 이것은 어쨌든 망막의 이미지일 뿐이라고 말할 수 있을까? 그러나 우리가 이 책의 시작 부분에서 증명하였듯이, 한 대상에 대한 시각적 지각에서 뇌, 신경, 망막 및 대상 그 자체가 하나의 연속적인 과정을 이루는 연대를 형성하며, 여기서 망막의[망막 위에 있는] 이미지는 단지 하나의 삽화에 불과하다는 것이 사실이 아닌가? 어떤 권리로 시각을 통한 모든 지각을 요약하기 위해

55　역주) 이 진술은 매우 중요한 내용을 함축하고 있다. 만일 기억의 역할이 원인의 단순화에 있다고 한다면, 이는 어떤 사물을 지각할 때, 이 지각의 원인이 과거의 기억을 상기하는 것에 있다고 하는 것이다. 이는 통상 연합주의가 '유사성'과 '인접성' 등의 개념을 통해 주장하는 것이다. 반면 기억의 역할이 결과의 복잡성을 오래 지속하도록 하는 것에 있다고 한다면, 이는 현재의 지각이 과거의 기억을 상기하는 데에서 이루어지는 것이 아니라, 완전히 새로운 지각이며 새롭게 지각된 것을 인식하는 데 있어서 과거의 유사한 기억이 현재 지각이 가지는 그 느낌이나 의미 혹은 원인이나 결과 등에 대해서 보다 다양하게 하고 풍부하게 한다는 것을 의미한다. 그리고 이러한 인식의 결과는 과거의 기억이 보다 중요한 기억일수록 더 오래 지속될 수밖에 없다. 베르그송은 관념론이든 실재론이든 모두 기억의 역할을 현재 인식의 결과에 관여시키기보다는 현재 인식의 원인에 관여시킨다고 비판하고 있는 것이다.

[망막 위의] 이 이미지를 분리하는 것인가? 그리고 우리가 마찬가지로 이미 증명하였듯이[56] 하나의 표면이, 사람들이 3차원으로 복원할 수 있는 공간의 표면이 아닌 다른 표면으로 인식될 수 있을까?[57] 적어도 버클리는 자신의 논지를 끝까지 밀고 나갔다. 그는 시각에 있어서 연장성에 대한 모든 지각을 부정하였다. 그러나 우리가 제기하는 반대는 여기서 더 큰 힘을 얻을 뿐이다. 왜냐하면 선, 표면, 부피에 대한 우리의 시각적 지각 안에서의 '독창적인 그 무엇ce qu'il y a d'original'을 어떻게 수학자들이 만족할 만큼 명확한 지각, 그리고 일반적으로 배타적인 시각적 공간에서만 추론하는 단순한 기억의 연합으로 창조할 수 있는지 이해할 수 없기 때문이다. 하지만 수술을 받은 시각 장애인의 관찰에서 도출된, 논란의 여지가 있는 주장들과 마찬가지로 이러한 다양한 관점을 주장하지는 말자. 버클리 이래로 고전적인 이론이 된 시각 인식에 관한 이론은 현대 심리학의 여러 공격에 저항할 필요는 없는 것 같다.[58]

---

56 원주) 『의식에 직접적으로 주어진 소여들(*Essai sur les données immédiates de la conscience*)』, Paris, 1889, pp. 77 et 78.

57 역주) 베르그송은 위의 책(『의식에 직접적으로 주어진 소여들』) 제2장에서 의식(정신) 속에서의 지속인 '순수 지속(pure durée)'을 가정하고, 이를 통해 선이나 면을 지각한다고 주장하는 심리학자들의 사유를 비판한 바 있다. 이러한 비판에서 그는 다양한 음들이 멜로디가 되기 위해서는 서로 긴밀하게 연결되어야 한다는 비유를 사용한 바 있다. 선 위를 이동하는 점 A가 선을 인식하기 위해서는 매 순간 이동할 때마다 구별되는 고유한 지점들에 대한 인식이 있고, 이 다양한 지점들을 어느 순간 동시적으로 연계하여 보아야만 선을 인지한다. 다양한 구별되는 지점들이 서로 긴밀히 연결되어 있는 선이 '순수 지속'에 대비되는 '실재 지속'이다. 그리고 점 A가 실제로 이 선을 인지하기 위해서는 선으로부터 벗어나 선보다 조금 위에서 내려다보아야 한다고 말하면서 이를 통해 공간을 인지한다고 주장하였다. 즉 실재 지속으로서의 선을 지각하는 것은 3차원의 공간에서만 가능한 것이며, 의식 속의 수학적인 점들을 연결하여 실재 지속인 선을 인지할 수는 없다고 주장하였다. 한마디로 의식 속에서 상상력을 통해 인지하는 막대기와 실제 막대기를 인지하는 것은 공간의 관점에서 완전히 다르다는 것이다.

58 원주) 이 주제에 관해서는 다음을 참조. Paul Janet, 「거리에 대한 시각적 지각(La perception visuelle de la distance)」, *Revue philosophique*, 1879, t. VII, p. 1 et suiv. William James, 『심리학의 원리(*Principles of Psychology*)』, t. II, chap. XXII. 연장성에 대한 시각적 지각에 관해서는 다음을 참조.

심리학적 분야의 난제들은 한쪽에 두고, 우리에게 본질적인 또 다른 관점에 주의를 집중하자. 시각이 원래 우리에게 어떠한 공간적인 관계에 대해서도 알려 주지 않는다고 잠시 가정해 보자. 시각적 형태, 시각적 돌출, 시각적 거리는 촉각적 지각의 상징이 된다. 그런데 사람들은 우리에게 왜 이 상징주의가 성공하는지 말해 주어야 한다. 여기에 모양이 변하고, 움직이는 물체가 있다. 시각은 구체적인 변화를 확인하고, 이후 촉각은 이를 확인한다. 따라서 시각적, 촉각적 두 계열 안에 혹은 그들의 원인 안에 이들을 서로 일치시키고, 둘 사이에 평행의 지속성을 보장하는 무언가가 있다. 이 연결의 원리는 무엇인가? 영국 관념론에 있어 그것은 단지 '데우스 엑스 마키나*deus ex machina*'[59]일 뿐이며, 우리는 다시 신비로 돌아오게 된다. 반면 소박한 실재론의 경우 감각들 사이에서 대응의 원리가 발견되는 곳은 감각과 구별되는 공간이다. 그러나 이러한 이론은 어려움을 뒤로 밀쳐 내고, 심지어 악화시키기까지 한다. 왜냐하면 공간에서의 동질적인 움직임의 체계가 어떻게 그들과 전혀 관련이 없는 다양한 감각을 불러일으키는지 말해 주어야 하기 때문이다. 조금 전에는 이미지들의 단순한 연결을 통해 공간에 대한 시각적 인식이 발생했다는 사실이 우리에게 무로부터의*ex nihilo* 진정한 창조를 암시하는 것처럼 보였다. 여기서는 모든 감각이 무無에서 발생하거나, 혹은 적어도 그 감각을 일으키는 움직임과는 아무런 관련이 없다.

Dunan, 「시각적 공간과 촉각적 공간(L'espace visuel et l'espace tactile)」(*Revue philosophique*, février et avril 1888, janvier 1889).

59 역주) 앞서 언급했듯이 '데우스 엑스 마키나'는 드라마 등에서 어려움이나 곤란한 일 등을 일시에 해결하는 초월적인 힘이나 신비스러운 능력을 말하는 것으로 '신의 손' 혹은 '도깨비방망이' 등으로 해석할 수 있다.

사실상 이 두 번째 이론은 첫 번째 이론과 우리가 생각하는 것만큼 그렇게 다르지는 않다. 서로 밀고 충돌하는 원자들이 있는 무정형의 공간은 객관적인 촉각적 지각 외에 다른 것이 아니며, 사람들이 이 촉각적 지각에 부여하는 예외적인 중요성으로 인해 다른 지각들과 분리되고, 다른 감각들과 구별되면서 독립적인 실재로서 세워지고, 여기서 상징이 되는 것이다. 다른 한편 이러한 작업 안에서 사람들은 촉각적 지각 내용의 일부를 비워 버렸다. 모든 감각들을 촉각으로 수렴한 후에, 사람들은 '만짐 그 자체'에서 오직 촉각적 지각의 추상적인 체계만을 보존하며, 이를 통해 외부 세계를 구성한다. 한편으로는 이러한 추상과 다른 한편으로는 감각들이라는 둘 사이에서 더 이상 가능한 소통을 찾을 수 없다는 것에 대해 놀라야 할까? 그러나 진실은 공간이 우리 내부에 있지 않은 것과 마찬가지로 우리 외부에도 있지 않으며,[60] 그것은 또한 감각들의 특권적인 집단에도 속하지 않는다는 것이다. 모든 감각은 연장성에 참여한다. 모두는 정도의 차이를 가지며 연장성 안에 깊게 뿌리를 내리고 있다. 소박한 실재론의 어려움은 감각들 사이의 관계가 추출되면서 무한하고 비어 있는 공간의 형태 아래 별도로 배치하였기 때문에, 우리는 어떻게 감각들이 연장성에 참여하는지, 이들 사이에 서로 어떻게 대응하는지를 더 이상 알 수 없다는 사실에서 비롯한다.

우리의 모든 감각이 어느 정도 연장적이라는 생각은 점점 더 현대

60　역주) 공간이 우리의 내부에도 외부에도 있지 않다는 것은 쉽게 이해하기 어렵다. 이렇게 말하는 이유는 공간이란 어떤 독립된 물체나 실체가 아니라, 어떤 것이 존재하기 위한 조건처럼 간주되기 때문이다. 즉 무엇이 있다는 사태에서 '있음'이 곧 '공간'을 의미하며, 무엇이 있다는 사태로부터, 즉 연장성으로부터 인간은 공간을 감지한다는 것이다. 따라서 공간은 나의 내부나 외부에 있는 것이 아니라, 내가 있다는 그 사태가 곧 공간이 있음을 말해 주는 것이다.

심리학에 침투하고 있다. 사람들은 "확장성extensité"[61] 없이 혹은 "부피감sentiment de volume"[62] 없이는 더 이상 감각도 없다는 주장을 어느 정도 이유를 가지고 지지하고 있다. 영국의 관념론은 촉각 지각에 연장성의 독점을 유보하고 다른 감각들은 우리에게 촉각적 소여들을 상기시키는 정도까지만 공간에서 행사된다고 주장하였다. 이와 반대로, 보다 주의 깊은 심리학은 의심의 여지 없이 우리에게 모든 감각이 원초적으로 연장적인 것으로 간주해야 할 필요성을 드러내고 있고, 점점 더 잘 드러낼 것이다. 즉 촉각 연장의 강도와 상위적인 유용성에 직면하여 다른 감각들의 연장성이 점차 약해지고 사라지게 된다는 것이다. 물론 의심의 여지 없이 시각적인 연장성도 마찬가지이다. 이렇게 이해된 공간은 실제로 고정성의 상징이자 무한한 분할의 상징이다. 구체적인 연장, 즉 감각적 특성의 다양성은 이 공간에는 없다. 우리가 이 감각적 특성의 다양성에 둔 것이 바로 공간이다. 공간은 실제 운동이 일어나는 지반이 아니라, 이와 반대로 공간을 자신 아래에 두는 것이 실제 운동이다.[63] 그러나 무엇보다도 표현의 편리함과 물질적 삶의 요구에 사로잡힌 우리의 상상력은 용어들

---

61   원주) Ward, article Psychology de *l'Encyclop. Britannica.*

62   원주) W. James, 『심리학의 원리들(*Principles of Psychology*)』, t. II, p. 134 et suiv. 엄밀히 말해 이 견해는 칸트에게 귀속될 수 있다는 점을 덧붙이자. 왜냐하면, 초월적 미학(Esthétique transcendantale)은 다양한 감각의 소여들 사이에 공간의 연장과 관련하여 차이를 만들지 않기 때문이다. 그러나 우리는 비판의 관점이 심리학의 관점과 상당히 다르다는 것과 이 비판의 목적이 지각이 그 결정적인 형태에 도달했을 때 결국 우리의 모든 감각이 공간 안에 국지화되는 것으로 충분하다는 점임을 잊어서는 안 된다.

63   역주) 공간과 운동 사이의 관계에 대한 베르그송의 관점을 아주 명쾌하게 요약해 주고 있다. 이를 보다 풀어서 설명해 보면, 공간이 먼저 있고 이 공간 안에서 실제 운동이 이루어지는 것이 아니라, 실제 운동이 일어나면 이 운동을 보고 우리가 공간을 인지한다는 것이다. 문학적으로 표현하면 공간이 운동을 하도록 장소를 제공하는 것이 아니라, 운동이 일어나면 이 운동이 자신의 아래에 공간이라는 장소를 마련한 것이다. 즉 운동이나 사물이 없다면 공간도 없다는 것이다.

의 자연스러운 질서를 전복하는 것을 선호한다. 완전히 형성되었고, 고정된 이미지의 세계에서 그 지지점을 찾는 데 익숙해진 우리에게 공간의 명백한 고정성은 무엇보다도 우리의 하위 욕구들의 불변성을 반영한다. 이는 정지가 운동성에 우선한다고 믿지 않을 수 없게 만들고, 정지를 지표로 취하고, 정지 안에 정착하게 하며, 결국 운동 안에서 오직 거리의 변화와 움직임 이전의 공간만을 보게 만든다. 그런 다음 동질적이고 무한히 분할 가능한 공간에서 우리의 습관화된 상상력은 궤적을 그리고 위치를 고정할 것이다. 그런 다음 궤적에 대해 움직임을 적용하면, 움직임을 마치 분할 가능하고 질적 특성이 제거된 '선線'처럼 고려하는 것이다.

만일 우리의 이해력이 단지 실재의 역전을 표현하는 이 관념을 바탕으로 실행되면서 여기서 오직 모순만을 발견한다면 [우리가] 놀라야만 할 것인가? 운동을 공간에 동화시키면서 우리는 이러한 동질적인 운동을 마치 공간인 것처럼 발견한다. 그리고 우리는 더 이상 이 둘 사이에서 방향과 속도의 계산 가능한 차이 이외의 어떤 것도 보려고 하지 않기 때문에, 운동과 질적 특성 사이의 모든 관계가 폐지된다. 이렇게 되면 남은 것은 운동을 공간 안에 그리고 질적인 특성을 의식 안에 안착시키고, 가설로는 결코 만날 수 없는 이 두 평행한 계열 사이에 하나의 신비로운 대응만을 확립하는 일뿐이다. 의식 속에 던져진 감각적 특성은 연장성을 다시 정복할 힘이 없게 된다. 유일한 하나의 순간만이 존재하고 모든 것이 항상 다시 시작되는 공간인 추상적인 공간으로 밀려난 이 운동은 운동의 본질 자체인 현재와 과거의 연대성을 포기한다. 그리고 지각의 이 두 가지 측면인 질적 특성과 운동이 똑같이 모호함에 둘러싸여 있다시피, 그 자체로 갇혀 있고 공간에 이질적인 의식이 지각현상을 공간에서

일어나는 일로 번역하게 되면, 이는 하나의 신비가 된다.[64]

이와 반대로, 해석이나 측정에 대한 선입견을 제쳐 두고 즉각적인 실재réalité immédiate를 직시해 보자. 우리는 더 이상 극복할 수 없는 거리도, 더 이상 본질적인 차이도, 나아가 지각과 지각된 사물 사이의 그리고 질적 특성과 운동 사이의 진정한 구별도 발견할 수가 없다. 따라서 우리는 오랜 우회를 거쳐 이 책의 첫 번째 장에서 도달한 결론으로 돌아온다. 우리의 지각이 원초적으로 정신 안에 있지 않고, 사물 안에dans les choses[65] 있으며, 우리에게en nous 있는 것이 아닌, 우리의 외부에hors de nous 있다고 우리는 말하지 않았는가. 다양한 종류에 대한 인식은 그만큼의 실재의 진정한 방향성들directions vraies de la réalité[66]을 나타낸다. 그러나 우리는 자신

64　역주) 베르그송에게 있어서 '지각'이란 오감과 정신이 지각 대상의 '지속'과 '연장성'에 참여하는 것을 의미하며, 문학적 표현으로는 지각하는 주체와 지각되는 대상 사이의 '교감'을 이루는 것을 말한다. 그렇기 때문에 지각은 본질적으로 개별적인 것이다. 하지만 의식이 지각을 공간에서 발생하는 현상으로 이해한다는 것은 공간 자체가 추상된 것이기에 '수' '양' 등의 매우 추상적인 것으로만 해석하게 되고, 이는 다양한 현상들은 이해할 수 없는 '신비'가 된다는 것이다. 따라서 여기서 말하는 '신비'란 신비주의나 종교적 지평에서의 신비가 아닌, '도무지 알 수 없음'이란 부정적인 의미로 사용되고 있다.

65　역주) 여기서 지각이 '사물 안에' 있다고 하는 것은 우리가 지각하는 것은 정신 안에 있는 것이 아니라, 곧 사물 그 자체에 있는 것이라는 의미이다. 지각이 정신 안에 있다는 것은, 우리가 지각하는 것이 사실 정신 안에 있다는 의미인데, 관념론자나 아리스토텔레스식의 인식론에서 이렇게 주장하게 된다. 예를 들어 아리스토텔레스는 오감이 서로 다른 것을 수용할 것인데 어떻게 우리가 하나의 '유기적 통일체'로 인지하는지를 질문하면서 오감이 수용한 내용을 종합해 내는 '내적 감각'이란 것을 가정하였다. 이 내적 감각에 의해 모인 오감의 내용들을 내적 감각이 종합을 통해 다시 하나의 유일한 통일체처럼 형성한 것을 영혼(과학자들에게는 뇌)에 보내면 영혼이 이를 인지한다고 본 것이다. 현대의 과학자들은 뇌가 이를 시신경을 통해 다시 망막에 전달하고 망막에 맺힌 상을 시각이 인지한다는 식으로 설명한다. 하지만 베르그송은 직관과 교감을 통해 대상을 즉각적으로 지각하고 과학자들의 분석은 유용성을 위해 인식된 이후에 이차적으로 분석한 것으로 간주하고 있다.

66　역주) '실재의 진정한 방향성들'이란 우리가 하나의 대상(실재)을 인식할 때, 다양한 관점에서 인식할 수 있음을 의미한다. 즉 한 사람을 인식할 때, 남자나 여자, 동양인이나 서양인, 건장하거나 허약한 사람 혹은 욕망하는 존재나 생각하는 존재 등으로 다양한 관점에서 인식할 수가 있으며, 각각의 종류들이 구체적인 '이 사람'의 실재의 한 방향성이 되는 것이다.

의 대상과 일치하는 이 지각은 사실에 있어서en fait라기보다는 권리에 있어서en droit라고 덧붙이지 않았는가. 즉 그것은 즉각적으로 일어난 것이다. 구체적인 인식에서는 기억이 개입하고 감각적 특질의 주관성은 항상 기억에서 시작되고, 하나의 유일한 직관 안에 다양한 순간을 압축하는 우리의 의식이 이러한 기억들을 서로서로 연장한다는 사실에서 기인한다. 의식과 물질, 영혼과 육체는 이렇게 지각 속에서 접촉하게 되었다. 그러나 이 개념은 어떤 면에서 모호한 상태로 남아 있었다. 왜냐하면 우리의 지각과 결과적으로 우리의 의식이 우리가 물질에 부여하는 분할성에 참여하는 것처럼 보였기 때문이다.

만일 우리가 이원론적 가설에서 지각된 대상과 지각하는 주체의 부분적인 일치를 자연스럽게 받아들이는 것을 꺼린다면, 그것은 지각 대상이 우리에게 본질적으로 무한히 분할 가능한 것으로 나타나지 않고, 우리가 지각에 대한 분할되지 않은 통일성을 의식하고 있기 때문이다. 여기에서 하나의 복합적인 연장성 앞에 배치된 비연장적인 감각들을 가진 의식에 대한 가설이 나오게 된다. 그러나 만일 물질의 가분성이 전적으로 그것에 대한 우리의 행동, 즉 국면을 수정하는 우리의 능력과 관련이 있다면, 만일 이 가분성이 물질 자체에 속하지 않고 물질을 우리의 파악 아래 두기 위해서 이 물질 아래에 배치한 공간에 속한다면, 어려움은 사라진다. 전체로서 고려된, 연장된 물질은 마치 모든 것이 서로 균형을 이루고, 서로 보충하고, 서로 중화되는 의식과 같다. 이 연장된 물질은 참으로 우리의 인식에 불가분성을 제공한다. 그래서 우리는 주저함 없이 지각에 물질의 연장성의 어떤 것을 귀속시킬 수 있는 것이다.

따라서 지각과 물질이라는 이 두 용어는 우리가 행동으로부터의 편견préjugés de l'action⁶⁷이라고 부를 수 있는 것을 제거하는 한 서로를 향해 움직인다. 감각은 연장성을 다시 정복하고 구체적인 연장성은 자연적인 연속성과의 불가분성을 회복한다. 그리고 두 용어 사이에 넘을 수 없는 장벽처럼 서 있던 동질적인 공간은 더 이상 도식이나 상징의 실재성 외에 다른 어떤 실재도 갖지 않는다. 이 동질적인 공간은 물질에 대해 행동하는 한 존재의 과정에 관심을 가지는 것이지, 물질의 본질에 대해 사색하는 정신의 활동에 관심을 가지는 것이 아니다. 또한 이를 통해 우리의 모든 연구가 수렴하는 질문, 즉 영혼과 육체의 결합에 대한 질문이 어느 정도 명확하게 된다. 이원론적 가설에서 이 문제의 모호함은 사람들이 물질을 본질적으로 분할할 수 있는 것으로 간주하고, 모든 영혼의 상태état d'âme는 마치 엄격하게 비연장적인 것으로 간주하여, 그 결과 두 용어 사이의 소통을 차단하면서 출발한다는 것에서 기인한다. 그리고 이 이중 공리를 심화함으로써 우리는 물질과 관련하여 구체적이고 분할할 수 없는 연장성과 그 아래에 있는 분할할 수 있는 공간에서 ─마찬가지로 정신과 관련된 것에도─ 하나의 혼동을 발견하게 된다. 이 혼동은 연장성과 비연장성 사이에는 정도의 차이도, 가능한 이행도 있을 수 없다는 환상이다.

그러나 만일 이 두 가정이 공통적인 오류를 숨기고 있다면, 만약 관념에서 이미지로, 이미지에서 감각으로 점진적인 이행이 있다면, 만일 이것이 현실을 향해, 즉 행동을 향해 진보한다면, 영혼의 상태는 연장성에

더 가까워지고, 마침내 이 연장성이 이루어져 분할되지 않은 상태로 유지된다면, 그리고 이를 통해 영혼의 통일성과 결코 충돌하지 않는다면, 우리는 정신이 순수 지각의 행위 안에서 물질에 안주할 수 있고 결과적으로 정신이 물질과 결합할 수 있음을 이해하며, 그럼에도 이 둘이 근본적으로 구분된다는 것을 이해한다. 정신이 **기억**일 때조차도, 즉 미래를 향한 과거와 현재의 종합일 때조차도 그리고 물질을 이용하기 위해 이 물질의 순간들을 압축하는 그것에 있어서도, 그리고 육체와의 결합의 이유가 되는 **행동들**을 통해 자신을 표출할 때도 이들과 구별된다. 그러므로 이 책의 서두에서 육체와 정신의 구분은 공간에 의해서가 아닌 시간에 따라 이루어져야 한다고 말한 것은 옳았다.[68]

소박한 이원론의 실수는 공간의 관점에서 자신을 위치시키고, 물질을 공간 안에서의 그 변화와 함께 한쪽에 두고, 다른 쪽에 비연장적인 감각들을 의식 안에 두는 것에 있다. 여기서부터 정신이 육체에 대해 어떻게 작용하는지, 육체는 또 정신에 대해 어떻게 작용하는지 이해하는 것이 불가능하게 되는 것이다. 여기로부터 그렇게 되고 그렇게 될 수밖에

---

[68] 역주) 이 부분은 육체와 정신의 구분에 대한 근본적인 베르그송의 관점을 말해 주고 있지만, 매우 함축적이어서 약간의 설명을 요한다. 정신이 비록 육체와 결합할 수 있음에도 근본적으로 구분되는 이유는 정신이 연장성에 참여할 수 있지만, 정신 그 자체는 연장성을 가지고 있지 않기 때문이다. 그리고 정신이 기억일 때에도 기억 자체와는 구분되고, 행동을 통해 자신을 표출할 때에도 이 행동과는 구분되는 이유 역시 정신은 행위의 주체이지 행위의 결과물은 아니기 때문이다. 이러한 이유로 정신은 공간을 통해서가 아닌 시간을 통해서 육체와 구분되는 것이다. 다시 말해 정신이 공간을 통해 구분된다면 정신 역시도 육체와 마찬가지로 연장성을 가져야 하기 때문에 앞서 말한 구분들이 불가능해진다. 반면 정신이 시간을 통해 구분된다는 것은 육체적인 것은 즉각적인 것이지만, 정신은 항상적인 것, 즉 과거 현재 미래를 일종의 종합적으로 지니고 있는 것이 정신이기에 육체와는 구분되는 것이다. 어떤 의미에서 정신은 시간성을 초월하는 것이기도 하며, 질료성을 전혀 갖지 않는 순수하게 정신적인 것이다. 이런 관점에서 데카르트의 '사유하는 실체'로서의 정신과 일맥상통한다. 하지만 데카르트는 정신이 육체적인 것과의 유사함을 가지거나 육체적인 것에 참여하거나 할 수 없는 이원론을 고수하고 있다는 점에서 베르그송의 관점과는 구분된다.

없는 사실에 대한 위장된 증명, 즉 평행설 혹은 예정 조화에 대한 관념일 뿐인 가설이 나오는 것이다. 하지만 또한 여기서 기억에 대한 심리학이나 물질에 대한 형이상학을 형성하는 것이 불가능하게 되는 것이다. 우리는 이 심리학과 형이상학이 결속되어 있고, 주체와 객체가 일치하는 순수 지각에서 시작하여 각각의 지속에서 이 두 용어의 발전을 모색하는 이원론에서 어려움이 완화된다는 것을 확립하고자 노력하였다. 우리가 물질에 대한 분석을 더 멀리 지속하는 한에서 물질은 점점 더 서로에 대해 추론되어지고 이에 따라 서로 동등하게 되는 무한히 빠른 순간의 연속이 되는 경향이 있다. 정신은 이미 지각 속의 기억이면서 그리고 현재 안에서의 과거의 연장, 하나의 진보, 하나의 진정한 진화로서 점점 더 자신을 주장하고 있다. 그런데 육체의 정신에 대한 관계가 좀 더 명확해지는가? 우리는 공간적 구별을 시간적 구별로 대체한다. 여기서 두 용어가 더 잘 통합될 수 있는가? 첫 번째 구별에는 정도가 포함되지 않는다는 점에 유의하여야 한다. 물질은 공간에 있고 정신은 공간의 바깥에 있다. 이들 사이에 가능한 전환이 없다.

이와 반대로, 만일 정신의 가장 작은 역할이 사물들의 지속의 연속적인 순간들을 연결하는 것이라면, 그리고 이 작용에서 정신이 물질과 접촉하고 이를 통해 정신이 우선적으로 육체와 구분된다면, 우리는 물질과 충만히 발전된 정신, 즉 비결정적일 뿐만 아니라 합리적이고 사려 깊은 행동을 할 수 있는 정신 사이에서는 무한히 큰 정도의 차이가 있음을 이해하게 된다. 삶의 증가하는 강도를 측정하는 이러한 연속적인 각 단계의 등급은 지속의 더 높은 긴장에 응답하고 외부적으로는 감각운동 시스템의 더 큰 발전으로 해석된다. 그렇다면 이 신경 시스템을 고려해 보아야 하지 않을까?

신경계의 증가하는 복잡성에 따라 생명체의 활동에 있어 점점 더 커지는 자유, 반응하기 전에 기다릴 수 있는 능력, 그리고 수용된 자극을 점점 더 다양한 운동 메커니즘에 연결시킬 수 있는 여지가 생기는 것으로 보인다. 그러나 이것은 단지 겉으로 보이는 것일 뿐이며, 물질에 대해 생명체에게 더 큰 독립성을 보장하는 것처럼 보이는 신경계의 보다 복잡한 조직은 바로 이러한 독립성 자체를 물질적으로 상징할 뿐이다. 이 독립성은 사물들의 흐름의 리듬에서 벗어나 미래에 점점 더 심오한 영향을 미치기 위해 과거를 점점 더 잘 유지하도록 하는, 다시 말해 우리가 그 용어에 특별한 의미를 부여하는 '그 기억sa mémoire'인 것이다. 이처럼 원시적인 물질과 가장 잘 성찰할 수 있는 정신 사이에는 기억의 모든 가능한 강도, 혹은 동일한 의미로 자유의 모든 등급이 있다.[69] 정신과 육체를 공간의 용어로 구분하는 첫 번째 가설에서 육체와 정신은 직각으로 교차하는 두 개의 선로와 같다. 두 번째 가설[70]에서는 선로가 곡선으로 연결되어 있으며, 그 결과 눈에 띄지 않게 한 선로에서 다른 선로로 이동한다.[71]

---

69 역주) 물질과 정신의 관계가 이 문장에 집약되어 있다. 베르그송에게 있어서 존재의 총체를 하나의 비전으로 나타내면 가장 기초적인 물질(원시적인 물질)과 가장 성찰이 발달된 정신 사이에서 존재가 아날로그적으로 마치 등급들처럼 나타난다. 여기서 보다 물질 쪽으로 가까이 있다면 이는 기억의 강도가 약하고 따라서 자유도 빈약하며, 보다 정신 쪽으로 가까이 있다면 기억의 강도도 강하고 그만큼 자유도 분명하고 강하게 나타난다. 따라서 이러한 존재의 등급에서 핵심 역할을 하는 것이 기억이며, 또한 물질과 정신은 분명하게 이분화할 수 없는 것처럼 보이고, 어느 정도 양자가 서로에게 참여하고 있는 것으로 보이는 것이다.

70 역주) 즉 정신과 육체를 시간의 용어로 구분하는 가설을 말한다.

71 역주) 물질과 정신을 공간으로 구분하는 것과 시간으로 구분하는 것을 직각으로 교차하는 선로와 곡선으로 교차하는 선로로 비유한 것은 아주 참신하다. 달리는 기차는 직선으로 교차하는 곳에서는 다른 선로로 이동할 수가 없다. 즉, 공간으로 구분할 때 물질은 정신으로 이동할 수 없다. 반면 두 선로가 곡선으로 교차할 때는 달리는 기차는, 승객들이 알아차리지 못하지만, 다른 선로로 쉽게 이동할 수 있다. 즉, 시간으로 구분할 때 물질은 정신으로 이동할 수가 있는 것이다. 베르그송은 『창조적 진

그런데 여기에 이미지 이상의 것이 있을까? 그리고 고유한 의미의 물질과 가장 미천한 정도의 자유나 기억 사이의 구별, 즉 환원할 수 없는 대립은 여전히 명확하게 남아 있지 않는가? 의심의 여지 없이 그렇다. 구별은 남아 있지만 결합은 가능하게 된다. 왜냐하면 순수 지각 안에서 결합은 부분적인 일치의 근본적인 형태 아래에 주어져 있기 때문이다. 소박한 이원론의 어려움은 두 용어가 구별된다는 사실에서 오는 것이 아니라, 둘 중 하나가 다른 용어에 어떻게 접목되는지를 우리가 보지 못한다는 사실에서 비롯된다. 그런데 우리가 증명했듯이, 정신의 가장 낮은 수준인 순수 지각, 즉 '기억이 배제된 정신esprit sans la mémoire'[72]은 진정으로 우리가 이해하는 그러한 물질의 일부가 될 것이다. 좀 더 멀리 나아가 보자. 기억은 물질이 전혀 예감하지 못하였을 기능처럼 그리고 이미 자체 방식으로 모방하지 않았을 기능처럼 개입하지 않는다.[73] 물질이 과거를

화』에서 모든 물질에는 이미 생명 탄생의 가능성을 가지고 있고, 모든 생명은 또한 정신을 산출하고자 하는 지향으로 진화한다고 보았다.

72 역주) '순수 지각', 즉 '기억이 배제된 정신'이란 무엇을 말하는 것일까? 선뜻 상상하기가 쉽지 않다. 일반적으로 우리가 어떤 것을 지각한다는 것은 이미 기존에 알고 있었던 어떤 이미지나 기억을 동시에 떠올리고 이를 현재의 지각 대상에 적용하는 것을 의미한다. 토마스 아퀴나스의 경우 인간의 지성은 결코 감각적 이미지를 떠올리는 것 없이 무엇을 지각할 수는 없다고 하였다. 여기서 떠올리는 이미지는 과거의 경험에서 주어진 것이다. 따라서 베르그송이 말하는 '순수 지각'은 '논리적으로' 혹은 '이론적으로' 가능한 것을 의미한다고 보아야 할 것이다. 다시 말해 우리의 기억이 전혀 개입하기 전에 '즉각적으로 주어진 지각' '찰나의 순간에서의 지각'이라 할 수 있다. 이 경우 정신에는 전혀 과거의 이미지가 개입하기 전의 것이기 때문에 이러한 지각은 일종의 물질과 진정한 교감 중에 있는 지각이며, 따라서 물질의 일부가 된 것이라고 말할 수 있는 것이다. 베르그송에게 있어서 이러한 지각이 실제로 존재한다고 보고 있는지 혹은 논리적 필연성에 따라 이론적으로 가정되어야만 하는 지각을 의미하는지 아직은 확실하지는 않다.

73 역주) 이 문장은 매우 함축적이고 애매한 표현의 문장처럼 보인다. 물질이 예감한다는 것은 무슨 의미일까? 이는 물질과 기억을 어느 정도 의인화하여 표현한 것이다. 과거의 기억을 현재의 지각에 적용하기 위해 떠올리는 데에는 우선 '물질화'하는 과정, 즉 '이미지화'하는 과정이 필요하다. 그런데 아래서 설명하듯이 물질은 과거를 끊임없이 반복할 뿐이다. 즉 물질은 본질적으로 기능적인 것이다. 그런데 기억은 물질과 다르다. 기억은 물질처럼 과거의 이미지를 계속 반복하는 것이 아니라, 항상 복

기억하지 않는다면, 그것은 물질이 과거를 끊임없이 반복하기 때문이며, 필연성에 지배받으면서 각각의 순간은 이전의 것과 동일하고 이전의 것으로부터 추론할 수 있는 일련의 순간들을 펼치기 때문이다. 이처럼 물질의 과거는 그 현재에 진정으로 주어진다. 그러나 어느 정도 자유롭게 진화하는 존재는 매 순간 어떤 새로운 것을 창조한다. 따라서 만일 과거가 기억 상태로 그에게 주어져 있지 않다면, 현재에서 그 과거를 읽으려고 노력하는 것은 헛된 일이다. 이처럼 이 책에서 이미 여러 번 등장한 은유를 다시 취하면, 유사한 이유로, 과거가 물질에 의해 이루어져야_{joué} 하고 정신에 의해 상상되어야_{imaginé} 한다.[74]

잡화하고 풍요롭게 하고 완성하는 방식으로 이미지를 떠올리고 적용시킨다. 이는 물질이 사람이라면 기억은 전혀 예상할 수 없는 방식인 것이다. 따라서 기억은 물질이 알지 못하는 기억 자체만의 방식으로, 즉 자체 방식의 모방으로 이미지를 떠올리고 변형하고 재구성하는 것이다.

74 역주) 이 마지막 문장은 '지각'에 대한 베르그송의 관점을 아주 단순하고도 핵심적으로 말해 주고 있다고 할 수 있다. 과거가 물질에 의해서 이루어져야 한다는 것은 잊고 있었던 어떤 기억이 '이미지 형태'로 떠올라야 한다고 할 수 있으며, 이를 '물질에 의해 이루어져야 한다'는 표현은 이것은 단지 건조한 개념이나 관념과 달리 우리의 내면에서 실제로 어떤 개별적인 감정이나 기분 등을 떠올리게 하는 개별적인 것이라는 의미이다. 즉 누구에게나 동일하게 느껴지는 가상공간의 객관적인 이미지와는 근본적으로 다른 것, 나의 과거 삶의 한 부분을 차지하는 구체적이고 실제적인 이미지라는 말이다. 그리고 정신에 의해 상상되어야 한다는 것은 현재 지각되는 대상에 떠오른 과거의 이 이미지가 적용(결합)되면서 보다 나은 이미지, 보다 진보된 이미지를 획득(창조)한다는 것을 의미한다. 이 진보된 이미지는 지각된 대상의 새로운 용도나, 가치 혹은 개인적 삶에서 가지는 의미나, 삶의 지혜 등이 포함된 새롭고 풍요로운 이미지가 될 것이다.

요약과 결론

I.

　우리가 사실들로부터 이끌어 내고 추론을 통해 확인한 사실은 우리의 몸이 행위의 도구일 뿐이라는 사실이다. 어떤 정도에 있어서, 어떤 의미에 있어서 그리고 어떤 국면 아래서도 육체는 표상représentation을 준비하거나 설명하는 데 활용되지는 않는다. 외부 지각이 문제인 경우는 어떨까? 소위 뇌의 지각 능력과 척수의 반사 기능 사이에는 정도의 차이가 있을 뿐 본성의 차이는 없다. 척수는 받은 충격을 어느 정도 필연적으로 실행되는 움직임으로 변환하는 반면, 뇌는 이를 어느 정도 자유롭게 선택되는 운동 메커니즘과 연결한다. 하지만 우리의 지각에서 뇌를 통해 설명되는 것은 시작되거나, 준비되거나, 암시되는 우리의 행동이며, 이것은 우리의 지각 자체가 아니다. 기억souvenir이 문제되는 경우는 어떤가? 신체[1]는 과거를 재생할 수 있는 운동 습관을 유지한다. 신체는 과거가 삽입되는 태도들을 다시 취할 수 있다. 혹은 더 나아가 오래된 인식을 갖고 있는 특정 대뇌현상의 반복을 통해 현재의 부착 지점에 관련된 기억에, 현재의 실재에 대해 상실한 영향력을 되찾는 방법을 제공할 것이다. 그러나 어떤 경우에도 뇌는 기억이나 이미지를 저장하지는 않는다. 따라서 지각에 있어서도, 기억에 있어서도, 더욱이 정신의 더 높은 활동

1　역주) 여기서 신체(corps)는 관점에 따라서는 '두뇌'와 동일한 의미로 이해해도 될 것이다.

에 있어서도, 신체는 표상활동représentation에 직접적으로 기여하지 않는다. 이 가설을 다양한 측면에서 발전시키고, [육체와 정신이라는] 이원론을 극단으로 밀어붙임으로써, 우리는 육체와 정신 사이에 넘을 수 없는 심연을 파 놓은 것처럼 보인다. 하지만 사실상 우리는 이 둘을 가까이 데려가고 서로 결합시킬 수 있는 유일한 방법을 제시하고 있는 것이다.[2]

Ⅱ.

소박한 이원론에서든, 유물론이나 관념론에서든, 사실 이 문제가 야기하는 모든 어려움은 우리가 인식과 기억의 현상들 안에서 물리적인 것과 정신적인 것이 하나가 다른 하나의 복제물이라고 생각하는 데서 비롯된다. 내가 의식 부대현상conscience-épiphénomène[3]에 대해 유물론적 관점을 취하면 어떨까? 나는 특정 대뇌현상들이 왜 의식을 동반하는지에 대한 이유, 즉 우선적으로 주어진 물질적인 세계에 대한 의식적인 반복이 어떻게 산출되는지 그리고 그 용도가 무엇인지를 전혀 이해하지 못하고 있다. 그렇다면 관념론으로 이동하면 어떻게 될까? 그렇다면 나는 단지 나 자신에게 지각들만을 줄 것이고, 나의 육체는 이[지각]들 중 하나가 될 것이다. 하지만 관찰에 따르면 인지된 이미지들은, 내가 나의 육체라고 부

---

2   역주) 한마디로 실제처럼 하나로 연결하기 위해서 먼저 둘을 분명히 구분할 필요가 있다는 뜻이다.

3   역주) 앞서 언급했듯이 의식 부대현상 혹은 의식 부수현상이란 모체현상(관찰할 수 있는 사건 혹은 사실)에 아무런 영향을 미치지 않으면서 부수적으로 추가된 현상을 의미한다. 다시 말해 기본 현상의 이차적 발현, 결과 혹은 특정 출현을 의미하며, 다만 일차 현상에 해석을 제공할 수 있는 또 다른 독립적인 현상을 의미하는 것은 아니다. 인과관계 측면에서 부수현상이라는 용어는 원칙적으로 일차 원인이 아닌 이차적 결과를 지칭하는 것이다. 따라서 '의식 부대현상'이란 인간의 모든 의식에 관한 현상은 일종의 뇌와 신경작용에 부수적으로 동반된 현상이라고 간주하는 것이다. 일반적으로 마르크스와 같은 유물론자들은 인간의 모든 도덕적 혹은 정신적인 현상을 신경물리적인 작용들에 대한 부대현상으로 간주하고 있다.

르는 것의 아주 작은 변화에도 완전히 전복된다는 것을 (왜냐하면 나의 시각적 우주를 사라지게 하기 위해서는 눈을 감는 것만으로 충분하기 때문에) 보여 주고 있다. 그리고 과학은, 모든 현상들이 결과는 원인에 엄격하게 비례한다는 규정된 질서에 따라 서로 잇따르고 조건 지어져야 한다는 것을 나에게 말해 주고 있다.

그러므로 나는 내가 나의 육체라고 부르는, 어디에서나 나를 따라다니는 이 이미지에서, 이번에는 잘 조절되고 서로 정확하게 측정되는 변화들, 내 몸 주위에서 서로 잇따르는 이미지들의 변화에 해당하는 등가물들을 잘 살펴보아야 할 것이다. 내가 이렇게 발견한 대뇌의 움직임은 다시 한번 내 지각들의 복제물duplicat임을 발견한다. 이러한 움직임은 여전히 인식, 즉 "가능한" 인식이므로 이 두 번째 가설이 다른 가설보다 더 이해하기 쉬운 것은 사실이다. 그러나 반면 이 두 번째 가설은 사물들에 대한 나의 실제적인 지각과 어떠한 경우에도 사물들과 전혀 유사하지 않은 특정한 뇌 운동으로부터의 가능한 지각 사이에 설명할 수 없는 일치가 있다고 가정해야만 한다. 이를 좀 더 자세히 살펴보자. 사람들은 모든 관념론의 암초暗礁가 여기에 있다는 것을 알게 될 것이다. 이 암초는 지각 안에서 우리에게 나타나는 질서와 과학 안에서 우리에게 성공을 가져다주는 질서로 나아가는 그 이행에 있다. 혹은 만일 보다 특수하게 칸트적 관념론의 경우엔 감성에서 오성[이해력]으로 넘어가는 그 이행에 있다.

이제 소박한 이원론이 남아 있을 것이다. 나는 한쪽에 물질을 두고 다른 한쪽에 정신을 두고, 대뇌의 움직임들을 가리켜 대상에 대한 나의 표상의 원인 또는 계기라고 가정할 것이다. 그런데 만일 대뇌의 움직임들이 표상의 원인cause이라고 한다면, 이들이 표상을 산출하기에 충분하다고 한다면, 나는 점점 더 '의식 부대현상'의 유물론적 가설로 다시 떨어지게 될 것이다. 만일 이들이 계기occasion에 지나지 않는다고 한다면, 그 것은 대뇌의 움직임들이 어떤 식으로든 표상과 유사하지 않기 때문이다. 그렇다면 나는 표상에 부여한 모든 질적 특성들을 물질에서 제거하고 관념론으로 되돌아가게 될 것이다.[4] 따라서 관념론과 유물론은 이런 종류의 이원론이 항상 왔다 갔다 하는 양극이다. 그리고 [육체와 정신이라는] 실체의 이원성을 유지하기 위해 이 둘을 동일한 등급에 두고자 한다면, 이 둘한테서 동일한 기원의 두 가지 해석, 두 평행하는 전개, 미리 가정된 동일한 하나의 원리에 의한 규제를 보게 될 것이며, 결국 이 둘의 상호적인 영향을 부정하고 필연적인 결과를 통해 자유를 희생하게 될 것이다.[5]

---

4 역주) '원인'과 '계기'라는 개념들을 통해 유물론과 관념론을 해석하는 베르그송의 해석이 매우 명쾌하다. 이를 이해하기 위해 예를 들어 약간의 설명을 덧붙여 보자. 예를 들어 우리가 지니고 있는 '뱀'이라는 이미지, 즉 표상이 대뇌에서 야기한 것이 원인이 되었다고 한다면, 이는 일종의 필연적인 물리적 현상에 의해 일어난 것으로, 이후 우리가 이 뱀이라는 이미지에 부여하는 다양한 정신적인 의미들은 본질적이거나 실제적인 의미가 아닌 (물리적 현상에 뒤따르는) 부수적인 것에 지나지 않을 것이다. 이 경우 인식에 있어서 실재성은 '물리적인 것' 혹은 '감각적인 것'이 된다. 반면 대뇌의 움직임들이 원인이 아니라 다만 '계기'에 불과하다는 것은 대뇌의 움직임들을 '단서' 혹은 '기회'로 하여 우리의 정신이나 마음이 스스로 형성해 낸 것이라는 의미가 된다. 이 경우 대뇌의 움직임과 마음이 만들어 낸 표상 사이에는 유사성이 없게 된다. 이 후자는 예를 들어 불교에서 '일체유심조'라는 것이다. 이는 '감각적인 것'을 매개로 혹은 기회로 삼아 마음이 모든 것을 구성한다는 것을 의미하기에 감각적인 것에 '인식'의 실재성을 부여하기보다는 마음이 만들어 낸 것에, 즉 '관념'에 인식의 실재성을 부여하는 것이기에 관념론이 되는 것이다.

5 역주) 유물론과 관념론을 피하기 위해 (소박한 이원론에 의해) 육체와 정신이라는 이원성을 가정할 때, 자유를 희생하게 된다는 이러한 베르그송의 관점이 선뜻 이해가 되지 않는다. 여기서 자유가 희생된다는 것은 정신의 자유라고 할 수 있다. 이해를 돕기 위해 약간의 설명을 덧붙여 보자. 육체와 정신의 이원성을 인정한다는 것, 즉 두 가지 구분되는 실체를 인정할 경우 (육체와 정신은 완전히 다른 속성을 가진 것이므로) 이 둘의 소통과 교류를 긍정하기 위해서는 이 둘 사이를 이어 주는 제3의 어떤 원리를 가정해야 할 것이다. 이 경우 인식의 모든 과정들이 이 제3의 원리에 의해서 규제되고 이루어지게 될 것이며, 엄밀히 말해 감각의 편에서도 정신의 편에서도 자유롭게 이미지를 형성하거나 지각하거나 할 수가 없게 되는 것이다. 베르그송에게 있어서 인간의 인식이란 본질적으로 기존에 가지고 있던 '이미지'나 '관념'을 끊임없이 보완하고 완성시켜 나간다는 의미가 있는 것이기에 정신의 자유가 필연적으로 요청되는 행위이다. 따라서 소박한 이원론은 수용할 만한 것이 아니다.

이제 위의 세 가지 가설을 파고들면서 나는 이들이 가진 공통적인 기초를 발견하게 되는데, 이들은 정신, 지각, 기억의 기본 작용들을 순수한 앎의 작용으로 간주한다. 이들이 의식의 근원에 두는 것은 때로는 외적인 실재의 쓸모없는 복제물이고[6] 때로는 완전히 사심 없는 지성적 구성의 생기 없는 요소이다.[7] 하지만 이들은 지각의 행동에 대한 관계, 기억의 이끎에 대한 관계를 항상 배제하고 있다. 그런데 우리는 의심할 바 없이 '사심 없는désintéressé' 기억과 지각을 '이상적인 한계limite idéale'로 생각할 수 있을 것이다. 그러나 사실상 지각과 기억이 지향하고 있는 것은 행동이며, 육체가 준비하는 것은 바로 이 행동이다. 인식에 관한 것은 어떨까? 신경계의 증가하는 복잡성은 점점 더 다양한 운동 시스템으로부터 수용한 충격을 받아들이게 되며, 이와 동시에 가능한 행동의 수도 점점 더 많이 그려지게 된다. 기억을 고려하면 어떨까? 기억의 첫 번째 기능은 현재의 지각과 유사한 모든 과거의 지각들을 불러일으키고, 이전의 것과 뒤따르는 것을 우리에게 상기시켜 가장 유용한 결정을 제안하고자 하는 것이다. 하지만 이것이 전부는 아니다. 하나의 유일한 직관 안에서 지속의 여러 순간을 파악하게 함으로써 기억은 사물들의 흐름, 즉 필연성의 리듬에서 우리를 해방시킨다. 기억이 이 순간들을 하나의 순간으로 더 많이 압축할수록 물질에 대한 장악력은 더욱 견고해질 것이다. 그 결과 한 생명체의 기억은 무엇보다도 사물들에 대한 그 행동의 능력을 측정하는 것으로 보이며, 이는 지성적인 영향력과 다른 것이 아닌 것 같다.[8] 그

---

6   역주) 이는 유물론자의 관점이다.

7   역주) 이는 관념론자의 관점이다.

8   역주) 한 생명체에게 있어서 '기억'의 능력은 행동의 능력을 측정하게 하는 것이며, 또한 이것이 '지성
     적인 영향력'과 다른 것이 아니라고 하는 것은 선뜻 이해하기 어렵다. 하지만 이것이 베르그송의 관

러므로 행위하는 이 힘을 진정한 원리로 간주하고 출발하자. 신체가 행동의 중심, 단지 행동의 중심이라고 가정하고 여기에서 지각에는, 기억에는 그리고 신체와 정신의 관계에는 어떤 결과가 흘러나오는지 살펴보자.

III.

먼저 지각에 대해 생각해 보자. 여기에 "지각 중추"가 있는 내 육체가 있다. 이 중추들은 흔들거리고 있으며 나는 사물들에 대한 표상을 가지고 있다. 반면 나는 이러한 흔들거림이 나의 지각을 산출할 수도 없고, 나의 지각을 해석할 수도 없다고 가정하였다. 따라서 이 지각은 신경의 흔들거림 너머에 있다. 그렇다면 이 지각은 어디에 있는 것인가? 나는 망설일 수가 없다. 내 몸의 자세를 취함으로써 나는 특정한 이미지를 설정했을 뿐 아니라, 그에 따라 다른 이미지의 총체도 설정하게 되었다. 왜냐하면 자신의 질적 특성들, 자신의 규정들, 자신의 실존이 전체 우주 안에서 차지하는 자신의 자리로부터 빚지지 않는 물질적인 대상은 없기 때문이다. 그러므로 나의 지각은 단지 이러한 대상들 자체의 어떤 것[부분]일 수 있을 뿐이다. 대상들이 지각 안에 있는 것이 아니라, 지각[9]이 대상들 안에 있는 것이다. 그런데 지각이란 이 사물들에 대해 정확히 무엇인가? 나는 내 지각이 소위 감각적이라 부르는 신경의 흔들거림의 모든 세

점이다. 베르그송은 모든 생명체는 최소한의 '자유의지의 능력'이 있다고 판단하며, '자유의지'는 본질적으로 '판단에 의한 선택'이기에 판단하는 지성적인 능력을 또한 전제한다. 그는 동일한 환경에서 동일한 위기에 처한 꿀벌들의 행동이 모두가 동일하지 않고 다양한 다른 선택을 한다는 것을 근거로 꿀벌들이 다만 본능에 따라 움직이는 것이 아니라, 판단을 하고 가장 생존 가능성이 높은 쪽을 선택하는 '최소한의 자유의지'가 있는 것으로 파악하였다.

9   역주) 여기서 지각이란 지각된 내용을 말한다.

부 사항들을 뒤따른다는 것을 알고 있으며, 반면에 이러한 흔들거림의 역할은 단지 주변 물체들에 대한 내 신체의 반응을 준비하고, 내 육체의 가상적인[잠정적인] 행동을 그려 내는 것임을 알고 있다. 그러므로 지각이란 대상들에 대한 나의 신체의 가능한 행동을 모든 대상들로부터 분리해 내는 것에서 주어진다. 그렇다면 지각이란 단지 선택일 뿐이다. 지각은 아무것도 창조하지 않는다. 이와 반대로 지각의 역할은 내가 통제할 수 없는 모든 이미지들을 전체 이미지들로부터 제거하는 것이며, 그런 다음 그 자체로 유지된 각각의 이미지들에서 내가 나의 몸이라고 부르는 이미지의 요구에 관심이 없는 모든 것을 제거하는 것이다. 이러한 것이 적어도 매우 단순화된 설명, 즉 우리가 순수 지각이라고 부르는 것에 대한 도식적인 설명이다. 실재론과 관념론의 사이에서 우리가 취한 입장을 지체 없이 살펴보도록 하자.

모든 실재는 결국 의식과의 유사성, 유비, 어떤 관계를 갖고 있다는 사실, 이것이 바로 우리가 사물들을 "이미지"라고 부르는 바로 그것을 통해 관념론을 인정하는 것이다. 어떤 철학적 사상도 '자기 자신과 잘 소통한다는 한에서' [즉 내적인 자기 완결성을 잘 갖추고 있다면] 이 결론을 피할 수가 없다. 하지만 만일 우리가 의식의 모든 상태, 과거와 현재 그리고 가능한 상태들, 모든 의식적인 존재의 상태에 대해 연결한다면, 우리의 관점에서는 이를 통해 우리가 물질적 실재의 아주 작은 부분만 소진했을 것이다. 왜냐하면 이미지들은 모든 측면에서 지각을 넘어서고 있기 때문이다. 과학과 형이상학이, 우리의 지각이 단지 몇 개의 고리만을 보유하고 있는 사슬을 총체적인 이미지 안에서 복원하고자 하면서 재구성하려고 하는 것은 바로 이러한 이미지들이다. 그런데 지각과 실재 사이에서 부분과 전체의 관계를 확립하기 위해서는 지각에게 자신의 진정한 역할을, 즉 행동을 위해 준비하는 그 역할을 부여해야 한다. 이것이 관념론이 하지 않는 일이다. 우리가 앞서 말했듯이 지각에 나타나는 질서에서 과학이 성취하는 질서로, 즉 우리의 감각이 서로 뒤따르는 것처럼 보이는 우연성으로부터 자연의 현상들을 연결하는 결정론으로 나아가는 것이 왜 실패하는가?[10] 왜냐하면 관념론은 지각의 과정에서 의식에게 사변적인 역할을 부여하기 때문이며, 그 결과 이 의식이 두 감각 사이에서, 예를 들어 첫 번째 감각에서 두 번째 감각을 나오게 하는 매개들을 놓쳐 버리는 데 있어서 어떤 득실이 있는지 전혀 알지 못하기 때문이다.[11]

우리가 밀의 표현에 따라 이러한 매개자를 "가능한 감각"으로 설정하든지, 혹은 칸트가 그렇게 한 것처럼 이 질서를 '비인격적 이해entendement impersonnel'에 의해 확립된 하위 구조에 귀속시키든지, 모호하게 남아 있는 것은 바로 이러한 매개물들과 그 엄격한 질서이다. 그런데 사물들의

---

10 역주) 이 문장은 다소 추상적인 표현이어서 구체적인 설명이 필요해 보인다. 일반적으로 과학자들은 지각현상을 '기계론적으로' 혹은 '결정론적으로' 해명하고자 한다. 다시 말해서 인간의 지각현상도 마치 자연의 물리법칙처럼 일종의 필연적인 법칙으로 이해하고자 하는 것이다. 이렇게 필연적인 법칙처럼 형성한 것이 과학이 성취한 질서이고, 이를 '결정론'이라고 부른다. 즉 결과가 이미 자연법칙 혹은 물리법칙에 의해 결정되어 있음을 의미하는 것이다. 하지만 베르그송은 이러한 결정론적인 이해가 결국 인간의 지각현상을 이해하는 데 실패할 것이라고 말하고 있는 것이다.

11 역주) 이 문장은 베르그송의 관점을 충분히 숙지하고 있지 않다면 매우 모호한 표현처럼 보일 것이다. 지각의 과정에 있어서 결정론자들은 의식의 역할이 다만 '사변적인 역할'일 뿐이라고 생각한다. 이 경우 의식은 지각의 과정에 직접 개입하는 것이 아니라, 지각된 이후에 이를 이해하거나 해명하는 역할만을 하게 된다. 결정론자들에게는 감각들의 연계에 있어서 하나에서 다른 하나로 나아가게 하는 '매개체'가 필요하지 않다. 왜냐하면 그 과정은 오직 물리적인 법칙 혹은 자연법칙처럼 이루어지기 때문이다. 하지만 베르그송은 이렇게 매개체를 놓쳐 버리는 것이 전체 지각을 이해하는 데 전혀 도움이 되지 않기에 실패한다고 보고 있는 것이다. 참고로 말하자면 베르그송에게 있어서 이 매개체는 의식 그 자체이며, 또한 '자유의지'이다. 왜냐하면 지각한다는 것은 '행동'을 위해 준비하는 과정과 동일하기 때문이며, 지각한다는 것은 실재의 다양한 지평에서 자신이 관심 있는 부분에 주의를 집중하는 것을 의미하기 때문이다. 주의를 어느 한 부분에 집중한다는 것은 곧 자유의지를 통해 어느 부분을 선택한다는 것이다.

총체 속에서 사물에 대해 그려 내는 의식적 인식이 사물들에 대한 나의 가능한 행위에 관심을 갖는 완전히 실용적인 목적을 가지고 있다고 가정해 보자. 이 경우 나머지 모든 것이 나에게서 벗어나고, 그럼에도 이 나머지 모든 것은 내가 인지하고 있는 것과 동일한 본성을 가지고 있음을 이해하게 된다. 그렇다면 물질에 대한 나의 앎은 영국 관념론[12]에서처럼 주관적인 것도 아니고, 칸트의 관념론에서 요구하는 것처럼 상대적인 것도 아니다.[13] 나의 앎은 주관적인 것이 아니다. 왜냐하면 이 앎[내가 알고 있는 것]은 나에게 있기보다는 사물들 안에 있기 때문이다. 이 앎은 상대적이지 않다. 왜냐하면 "현상"과 "사물" 사이에는 "외관"과 "실재"의 관계가 아니라, 단순히 '전체에 대한 부분의 관계'가 있을 뿐이기 때문이다.

여기서 우리는 실재론으로 되돌아온 것같이 보인다. 그러나 본질적인 한 관점을 수정하지 않는다면, 실재론 역시 관념론과 동일한 이유로 수용할 수가 없다. 관념론은 지각에서 나타나는 질서에서 과학에서 성공하는 질서, 즉 실재로 나아갈 수 없다고 우리는 말한 바 있다. 반대로, 실재론은 우리가 실재에 대해 갖고 있는 즉각적인 앎을 실재로부터 끌어내는 데 실패한다. 사실상 우리는 소박한 실재론에 위치하고 있는가? 우리는 한쪽에는 다소 독립적인 부분들로 구성되고 공간에 분산되어 있는 복합적인 물질을 가지고 있고, 다른 한쪽에는 최소한 유물론자들이 그렇게

---

12 역주) 영국 관념론이 지칭하는 대표자로는 '버클리'를 들 수 있다. 버클리는 경험주의자이지만, 인식의 원리에 있어서 오직 '지각된 것만이 실재'라고 하는 '비물질론자'이기에 관념론자 혹은 유심론자라고 할 수 있다. "내 영혼이 존재하는 곳은 세계 안이 아니다. 오히려 내 영혼 안에 존재하는 그것이 세계이다"라는 유명한 말은 그의 관념론적(유심론적) 인식론의 특징을 잘 말해 주고 있다.

13 역주) 칸트에게 있어서 '물자체(실체)'는 인식될 수 없는 것이며, 우리가 인식하는 것은 곧 '현상'을 인식하는 것이다. 그런데 이 현상은 인식하는 주체의 내적인 구조에 달려 있기에 '상대적인 앎'이라고 할 수 있다. 칸트의 인식론은 선험적으로 주어진 구조에 적합하게 인식하기에 '선험적 관념론'이라 하고, 이미 내재된 구조에 적합하게 현상을 수용한다는 차원에서 '합목적성'이라고 한다.

믿는, 이해할 수 없는 부대현상이 아니라면, 물질과는 어떠한 어떤 접촉점도 가질 수 없는 정신을 가지고 있다. 우리는 칸트적 실재론을 선호하는 것을 고려해 볼 수 있을까? 사물 자체, 즉 진정한 것과 그것으로 우리의 지식을 구성하는 감각적인 다양성 사이에서 우리는 이해할 만한 관계나 어떠한 공통적인 척도도 발견할 수가 없다.

이제 이 두 가지 극단적 형태의 실재론을 더 깊이 탐구하면서 우리는 이들이 동일한 지점으로 수렴되는 것을 보게 된다. 둘 모두 마치 지성과 사물들 사이에 있는 하나의 벽처럼 '동질적인 공간'을 설정한다는 것이다. 소박한 실재론은 이 공간을 사물이 정지된 실제 환경으로 만든다. 칸트적 실재론은 여기서 감각의 다양성이 조화를 이루는 이상적인 환경[14]을 발견한다. 하지만 두 경우 모두 이 환경은 마치 어떤 것이 여기 와서 거주하게 될 필연적인 조건처럼 [지각 활동에 앞서] 먼저 주어진 것이다. 그리고 이제 공통적인 이 가설을 심화시키면서 우리는 이 가설이 동질의 공간에 하나의 '사심 없는 역할rôle désintéressé'을 부여하면서 성립한다는 것을 발견하게 된다. 이 역할은 물질적인 실재를 지지해 주는 지지자의 역할이거나 혹은 여전히 순수하게 사변적인 것으로 감각들 사이에 서로 조화를 이루게 하는 방법을 제공하는 역할이다. 그 결과 관념론과 마찬가지로 실재론의 모호함은 우리들의 의식적인 지각과 이 지각의 조건들이 지향하는 것이 행동이 아니라 순수한 앎을 지향한다는 것에서 비롯한다.

---

14 역주) 칸트에게 있어서 이러한 이상적 환경이란 '범주들'을 말한다. 범주란 카테고리를 의미하는 것으로 지성이 어떤 사물을 인식할 때, 사물들이 가진 특질들을 범주를 통해 지각한다는 것을 말하는 것이다. 따라서 이는 지각 대상의 가능한 상태를 의미하는 것이며, 객관적이고 구체적인 성질을 말하는 것은 아니다.

그러나 이제 이 동질적인 공간이 논리적으로 물질적인 것과 우리가 그것에 대해 가질 수 있는 순수한 지식보다 앞선 것이 아니라, 이것에 뒤따르는 것이라고 가정해 보자. 연장성이 공간을 앞선다고 가정해 보자. 동질적인 공간이, 우리가 물질적인 연속성의 아래로 내려가 우리가 주인이 되고 우리들의 행위와 필요에 따라 분해하는 무한히 나누어진 그물과 같다고 가정해 보자. 그렇다면 우리는 [이 가정에서] 각각의 사물이 다른 모든 사물에 영향을 미치고 결과적으로 어떤 의미에서 단지 연장성의 총체를 차지하는 것을 보여 주는 과학에 합류하는 것으로 끝나지 않을 것이다. (비록 우리가 이 사물로부터 사물의 중심만을 보고, 우리의 육체가 이 사물들에 대해 영향력을 미치는 것을 멈추는 지점에서 한계를 두겠지만.) [이러한 가정을 통해] 우리는 형이상학에서 공간 안에서의 분할 가능성이 야기하는 모순을, 즉 우리가 보여 주었듯이 항상 행동과 앎의 두 관점을 분리하지 않는다는 사실에서 발생하는 모순을 해결하거나 약화하는 것으로 끝나지 않을 것이다. 우리는 여기서 연장된 사물과 이 사물에 대한 우리의 지각 사이에 실재론이 제기한 극복할 수 없는 장벽을 무너뜨림으로써 무엇보다도 이득을 얻는다.[15] 사실 우리는 한쪽에는 다양하고 분할된 외적인 실재를 상정하고, 다른 쪽에는 연장성에 이질적이고 이와 접촉할 수 없는 감각을 상정하지만, 우리는 구체적인 연장성은 실제로는 분할되지 않았다

15　역주) 여기서 실재론이 제기한 '극복할 수 없는 장벽'이란 칸트적 실재론에서처럼 인식과 인식 대상 사이에 '동질적인 공간'을 설정하고 '실체' 혹은 '물자체'는 직접적으로 접촉할 수 없다는 이러한 가정이다. 즉 인식되는 것은 동질적인 공간을 통해 나타나는 현상들이지 그 너머에 있는 '본질적인 것'이 아니다. 하지만 만일 이러한 동질적인 공간이 '인식' 혹은 '앎' 이후에 가정 혹은 설정되는 것이라면, 지각과 지각 대상 사이에는 직접적인 교감을 인정하는 것이 된다. 그렇기 때문에 이 경우 장벽은 없어지고, 앎의 대상에 대한 직접적인 인식, 즉 직관을 통한 본질인식이 가능하게 되는 것이다. 베르그송은 이러한 직관과 교감을 통한 사물들의 본질적인 것을 인식하는 것을 곧 '형이상학'의 역할이라고 보고 있다. 그는 다른 책(『의식에 직접 주어진 소여들』)에서 '직관'이 곧 형이상학이라고 말하고 있다.

는 것을 통찰하고, 마찬가지로 즉각적인 지각이 실제로는 연장적인 것임을 통찰한다. 우리는 실재론에서 출발하여 관념론이 우리를 이끌었던 동일한 지점으로 되돌아온다. 우리는 지각을 다시 사물 안에 위치시킨다. 그리고 우리가 실재론과 관념론에 공통적인 한계로 작용하였던 둘 사이에서 논쟁 없이 수용된 그 전제[16]를 벗어난다는 한에서 실재론과 관념론이 서로 거의 일치하는 것을 보게 된다.

요약하자면, 만약 우리가 연장된 연속성continuité étendue을 가정하고, 바로 이 연속성 그 자체에 우리들의 육체를 통해 표현되는 실제적인 행동의 중심이 있다고 가정한다면,[17] 이 활동은 매 순간 물질의 모든 부분을 그 자신의 빛으로 밝혀 주고 있는 것처럼 보일 것이다. 물질 안에서 우리의 육체를 잘라 낸 동일한 필요성, 동일한 행위의 능력이 우리를 둘러싼 환경 안에서 구분되는 육체들의 경계를 설정할 것이다. 모든 것이, 마치 우리가 잠재적인 행위를 멈추고 이를 유지하기 위해 외부 사물의 실제 행동을 여과시키는 것처럼 발생할 것이다. 우리 육체에 대한 이러한 사물들의 잠재적인 행동과 사물들에 대한 우리 육체의 잠재적인 행동이 곧 지각 자체이다. 그러나 우리 몸이 주변 신체로부터 받는 충격이 본질적으로 초기 반응을 지속적으로 결정하고, 대뇌 물질의 이러한 내부 움직임은 모든 순간에 사물에 대한 우리의 가능한 행동의 개요를 그려 내므로 뇌의 상태는 정확히 지각과 일치한다. 뇌의 상태란 [지각의] 원인도 결과도 아니며, 어떤 의미에서도 복사물도 아니다. 뇌의 상태는 단순히 지각행위를 지속하는 것이며, 지각이 우리들의 가상적[잠재적] 행동이

16 역주) 이 전제는 물론 '지각'과 '지각 대상' 사이에서 경험에 앞서 주어져 있는 '동질적인 공간'이다.
17 역주) 이를 다른 방식으로 표현하면 '우리 지각 활동의 중심이 사물들을 구성하는 실제적인 요소들과의 직접적인 접촉 혹은 교감에 있고'라고 표현할 수 있을 것이다.

라면, 뇌의 상태는 우리들의 시작된 행동이다.

IV.

그런데 이러한 "순수 지각"에 대한 이론은 두 가지 점에서 약화되고 동시에 보완되어야 했다. 사실 실재에서 분리된 단편과 같은 이 순수 지각은 다른 신체의 지각, 즉 자신의 신체의 지각, 자신이 가진 애정이나 현재 순간의 직관이나 다른 순간들의 직관, 즉 자신의 기억들이 섞이지 않은 존재에 속해야 한다. 다시 말해, 우리는 먼저 연구의 편의를 위해 살아 있는 육체를 공간 속의 수학적 지점으로 그리고 의식적 지각을 시간 속의 수학적 한 순간처럼 고려한 것이다. 따라서 육체에 그 연장성을 수복해 주고 지각에는 그 지속성을 복구해 주어야 했다. 이를 통해 우리는 의식의 두 가지 주관적 요소인 감성affectivité과 기억을 다시 통합하게 된 것이다. 감성이란 무엇인가? 우리의 지각은 다른 육체에 대한 우리 육체의 가능한 행동을 그려 낸다고 말한 적이 있다. 그러나 확장된 우리의 육체는 다른 육체들에 대해서 행위할 뿐 아니라 그 자신에 대해서도 행위할 수 있다. 그러므로 우리 몸의 어떤 것이 우리의 지각 속으로 들어올 것이다. 그러나 주변의 물체[육체]의 경우, 가설에 따르면, 약속이나 위협의 거리를 시간에 따라 측정해 주는 상당한 공간을 통해 우리의 육체와 분리되어 있다. 바로 이러한 이유로 이러한 물체들에 대한 우리의 지각은 오직 가능한 행동만을 그려 내는 것이다.

이와 반대로, 주변의 물체들과 우리의 신체 사이의 거리가 줄어들수록 가능한 행동은 보다 실제적인 행동으로 전환되는 경향이 있으며, 거리가 보다 줄어들수록 행동은 더욱 긴급해진다. 그리고 이 거리가 0이 되면, 즉 지각되는 신체가 우리 자신의 신체가 될 때, 지각이 그려 내는 것은 더 이상 가상이 아닌 실제 행위이다.[18] 이것이 바로 고통의 본질이며, 상처받은 사람이 대상들을 제자리로 되돌리려는 현재의 노력, 국지적이고 분리된 노력이며, 그렇기 때문에 더 이상 총체적인 효과들에 적합하지 않은 유기체 안에서는 실패할 수밖에 없는 것이다. 따라서 마치 대상이 지각되는 장소에 있는 것과 마찬가지로 고통은 고통이 발생하는 장소에 있다. 느껴지는 정감과 지각된 이미지 사이에서 정감은 우리 육체 안에 있고, 이미지는 우리 육체의 바깥에 존재한다는 차이가 있다. 그리고 이러한 이유로 나의 육체와 다른 육체들의 공통적인 한계인 우리 육체의 표면은 감각의 형식과 동시에 이미지의 형식 아래에 우리에게 주어져 있다. 정서적 감각의 이러한 내면성은 그의 주관성에서 성립하고, 이미지 일반의 외면성은 그의 객관성에서 성립한다. 그런데 여기서 우리는 우리들의 연구의 전 과정을 통해 추적해 온 끊임없이 반복되는 오류를 발견한다.

사람들은 감각과 지각이 그 자체로 존재하기를 원한다. 사람들은 이들에게 순전히 사변적인 역할을 부여한다. 그리고 사람들은 그것을 통해 감각과 지각이 몸체를 이루고, 또 서로 구분될 수 있는 실제적 행동과 가상적인 행동을 무시했기 때문에, 이들 사이에서 오직 정도의 차이만

---

18 역주) 예를 들어 보자. 산행을 하다가 저 멀리 정면에 있는 언덕에 늑대가 서 있는 것을 인지하였다면, 이 지각은 우리에게 다만 가능한 행동만을 그려 낼 것이다. 우회로로 피해 갈 것인지, 그냥 돌아갈 것인지 혹은 계속 가던 길을 갈 것이지 생각만으로 그려 낼 것이다. 그런데 이러한 가능한 행동은 만일 늑대가 20-30미터의 가까운 거리에서 나타났다면 보다 긴박하게 실제적인 행동을 취하게 될 것이다. 이렇게 지각 대상과 지각 사이에서 그 간격이 멀수록 가능한 행동을, 가까울수록 직접적인 행동을 야기한다. 그리고 지각 대상과의 거리가 0일 때, 즉 고통과 같이 그 대상이 내 몸이 될 때, 이는 그 자체 일종의 현실적인 행동이 된다. 왜냐하면 고통에 대한 내 육체의 반작용이 곧 현실적인 행동을 의미하기 때문이다. 다른 한편 이러한 예를 통해 베르그송이 암시적으로 말하고 있는 것은 지각은 애초에 앎을 지향하는 것이 아니라 행동을 지향하고 있음을 말해 주고 있다.

을 발견할 뿐이다. 그런 다음 정서적 감각이 단지 모호하게만 국지화되어 있다는 사실(정서적 감각이 포괄하고 있는 노력의 모호함으로 인해)에 근거하여, 사람들은 즉시 이것이 비확장적이라 선언한다. 그리고 이렇게 감소된 정감이나 비확장적인 감각으로부터 사람들은 공간에서 이미지를 구성하는 재료를 획득하는 것이다. 이로 인해 사람들은 그들이 가정하는 그렇게 많은 절대적인 것들이, 즉 의식이나 감각의 요소들이 어디에서 왔는지, 이 비확장적인 감각들이 어떻게 공간과 결합하여 그곳에서 조화를 이루는지, 이들이 왜 다른 질서들이 아닌 어느 하나의 질서에 적응하는지, 나아가 어떤 방법을 통해 이들이 이 공간에서 모든 사람에게 공통되는 안정된 경험을 구성하는지를 설명하지 못하게 되는 것이다. 이와 반대로 우리가 출발해야 하는 곳은 바로 이 경험, 즉 우리의 활동에 반드시 필요한 무대이다. 그러므로 우리가 먼저 우리 자신에게 주어야 할 것은 순수 지각, 즉 이미지이다.[19] 그리고 감각[혹은 느낌]은 이미지를 만드는 재료가 아니라, 정반대로 우리들의 육체로부터 다른 모든 육체로 투사되는 것이면서, 이미지에 섞여 있는 불순물로 나타나는 것이다.

V.

그러나 우리가 감각과 순수 지각에 머무르는 한, 우리는 정신의 일을 하고 있다고 말할 수 없다. 의심할 바 없이 우리는 의식 부대현상 conscience-épiphénomène 이론에 반대하여 어떤 대뇌 상태도 지각과 동일하

---

19 역주) 이미지를 순수 지각이라고 할 수 있는 이유는 이 이미지가 개인적인 감정이나 이성에 의한 해석 등이 섞여 있지 않은 직접적인 직관이기 때문이다. 뒤이어 감각 혹은 느낌을 이미지에 섞여 있는 불순물이라고 하는 이유도 감각이나 느낌은 그 자체 주관적인 혹은 개별적인 것을 포함하고 있기 때문이다.

지는 않다는 것을 확인한다. 일반적인 이미지들 중에서 지각이 [어느 하나를] 선택한다는 것은 의심의 여지 없이 이미 정신을 알리는 식별의 효과이다. 결국 의심의 여지 없이 이미지의 총체로 정의되는 물질적 우주 자체는 일종의 의식, 즉 모든 것이 균형을 이루고 중립화되는 의식이며, 모든 불확정적인 부분들이 행동에 대한 항상 동일한 반응을 통해 서로 균형을 이루는 의식이며, 서로가 돌출되지 않도록 상호적으로 노력하는 의식이다. 하지만 정신의 실재를 다루기 위해서는 과거를 풍요롭게 하는 현재에서 과거를 연장하고 보존하는 개별적인 의식의 관점에 자신을 위치시켜야 하며, 과거가 현재 안에서 끊임없이 자기 자신을 뒤따르고, 현재란 과거가 또 다른 형식 아래서 단순히 반복할 뿐이며, 모든 것이 항상 동일하게 흘러가는 이 '필연성의 법칙 자체loi même de la nécessité'에서 벗어나야 한다. 순수 지각에서 기억으로 넘어가면서, 우리는 결정적으로 정신을 위해 물질을 벗어났다.

VI.

우리 연구의 중심을 이루고 있는 기억에 관한 이론은 순수 지각에 관한 이론의 이론적 결과이자 동시에 실험적 검증이 되어야 할 것이다. 지각을 수반하는 대뇌 상태들은 이 지각의 원인도 복제물도 아니며, 지각은 동반되는 생리학적 현상과 함께 잠재적 행위와 시작된 행위의 관계를 유지한다는 것, 이것은 우리가 사실들을 통해서 확립할 수 없었던 것이다. 왜냐하면 우리들의 가정 안에서는 모든 것이 마치 지각이 대뇌 상태로부터 비롯되는 것처럼 보이기 때문이다. 실제로 순수 지각에서 지각된 대상은 현재의 대상, 즉 우리의 육체를 변형시키는 [대상의] 육체이다. 따라서 여기서 이미지는 현실적으로 주어진 것이며, 이때부터 (비록 매우 불

규칙적으로 동의하는 것은 아닐지라도) 우리는 대뇌의 변형이 우리 육체의 반응을 설명해 주거나 혹은 현재의 이미지에 대한 의식적인 복제물을 생성한다고 냉담하게 말할 수 있을 것이다.

그러나 기억의 경우에는 이와 전혀 다르다. 왜냐하면 기억은 존재하지 않는 대상에 대한 표상이기 때문이다. 여기서 두 가지 가설은 반대되는 결과들을 낳게 될 것이다. 현재 대상의 경우에 만약 우리 몸의 상태가 이미 대상의 표상을 생성하기에 충분했다면, 더 나아가 이러한 상태가 동일한 대상이 부재한 경우에도 여전히 충분할 것이 아니겠는가. 그러므로 이 이론에서 기억은 첫 번째 지각을 유발한 대뇌현상의 약화된 반복에서 발생하며, 단순히 약화된 지각에서 구성되어야만 할 것이다. 바로 여기서 다음과 같은 이중의 논제, 즉 기억은 단지 뇌의 기능일 뿐이며, 지각과 기억 사이에는 강도의 차이만 있을 뿐이라는 논제가 나오는 것이다. 이와 반대로 만일 대뇌 상태가 어떤 식으로든 현재 대상에 대한 우리의 지각을 생성하지 않고 단순히 지각을 지속하는 것이라면,[20] 이 대뇌의 상태는 여전히 지각을 심화시키고 우리가 불러일으키는 기억에 도달할 수가 있을 것이다. 하지만 두뇌 상태가 이 기억을 낳는 것은 아니다. 그리고 다른 한편 현재 대상에 대한 우리의 지각이 '이러한 대상 그 자체의 어떤 것quelque chose de cet objet lui-même'이다시피, 부재하는 이 대상에 대한 우리들의 표상은 지각과는 전혀 다른 질서의 현상이 될 것이다. 왜냐하면 존재와 부재 사이에는 정도의 차이도, 중간도 없기 때문이다. 바로 여기서 이전의 논제와는 정반대되는 이중의 논제가 성립한다. 즉 기억은 뇌의 기능과는 다른 것이며, 지각과 기억 사이에는 정도의 차이가 아니

20　역주) 이 관점이 베르그송의 관점이다.

라 본성의 차이[21]가 있다. 이렇게 되면 두 이론의 대립은 첨예한 형태를 취하고, 이번에는 경험이 둘 중 하나를 결정할 수 있다.

우리는 여기서 우리의 시도에서 확인하였던 세부 사항들을 다시 다루지는 않을 것이다. 여기서 핵심적인 것만 언급해 보자. 뇌피질 물질에 기억이 축적될 가능성을 지지하는 모든 사실적 주장은 기억의 국소적인 질환에 근거를 두고 있다. 하지만 만일 기억이 정말로 뇌에 축적된다면, 분명한 망각은 특징적인 뇌의 병변에 일치하게 될 것이다. 그런데 예를 들어 우리들의 과거의 실존 전체 기간이 갑자기 그리고 근본적으로 기억에서 삭제된 기억 상실증의 경우에는 정확한 뇌 병변을 관찰하지 못한다. 반대로 대뇌에서의 위치가 명확하고 확실한 기억 장애, 즉 다양한 실어증과 시각 질환이나 청각 질환의 경우, 이것은 전체 기억에서 특정한 구체적인 기억이 원래 있던 자리에서 분리되는 것이 아니다. 이는 피험자가 그의 기억들을 현재의 상황에 적용시키기 위해서 원래 있던 자리에서 불러내는 데 있어 활력이 다소 감소되어 어려움을 겪는 것이다. 따라서 뇌의 역할이 기억 자체를 뇌세포에 가두는 것이 아니라, 뇌의 기능을 보장하는 것은 아닌지 알아보기 위해서는 이러한 접촉의 메커니즘을 연구해 보아야 한다.

그리하여 우리는 모든 진보 과정에서 과거와 현재가 서로 접촉하는 점진적인 운동, 즉 앎을 따르도록 인도되었다. 그리고 실제로 우리는 현재 대상에 대한 인식이 완전히 다른 두 가지 방식으로 이루어질 수 있다는 사실을 발견하였다. 하지만 이 두 가지의 경우에도 뇌는 이미지의 저

---

21 역주) 여기서 본성의 차이, 혹은 근본적인 차이라고 하는 것은 지각은 '확장적'인 것, 즉 물질적 연장성을 가졌다는 것이며, 기억은 '비확장적'인 것, 즉 물질적 연장성을 가지지 않았다는 것을 말한다.

장소처럼 작용하지 않았다. 때로는 사실상 생각하기보다는 [행동으로] 실행된 완전히 수동적인 인식을 통해 육체가 새롭게 된 인식, 즉 자동화된 과정에 일치한다. 그런 다음 모든 것은 습관이 신체에 각인한 운동 장치들에 의해 설명되며, 기억의 병변들은 이러한 메커니즘의 손상을 야기할 수 있다. 때로는 이와 반대로 현재의 지각 앞에서 일어나는 이미지 기억을 통해 인식이 능동적으로 일어난다. 그러나 이러한 기억들이 지각에 두어지는 순간, 지각이 행위로 나아가기 위해 일반적으로 사용하는 것과 동일한 장치를 뇌에서 활성화하는 방법을 찾아야 한다. 그렇지 않다면 사전에 무기력함으로 선고되어 기억을 활성화하기 위한 어떤 경향성도 가지지 못할 것이다.

그리고 바로 이러한 이유로 뇌 손상이 특정 범주의 기억에 영향을 미치는 모든 경우에 영향받은 기억들이 유사하지는 않다. 예를 들어 기억들이 동일 시대에 속하거나 혹은 기억들 사이에 논리적 형제 관계에 있는 것은 유사하지 않다. 하지만 단순히 이 기억들이 모두 청각적이라거나 혹은 모두 시각적이거나 혹은 모두 운동적이라는 점에서는 유사할 수 있다. 따라서 손상된 것으로 보이는 것은 다양한 감각 및 운동 영역이며, 혹은 여전히 더 자주 나타나는 것은 기억 자체보다는 피질의 내부에서 기억을 활성화하는 보조기관들이다. 우리는 더 나아가 단어들에 대한 인식과 감각 실어증의 현상들에 대한 주의 깊은 연구를 통해, 인식[재인]이 전혀 두뇌 속에 있는 휴면상태의 기억들에 대한 기계적인 각성에 의해 이루어지지는 않는다는 것을 입증하려고 노력하였다. 오히려 인식[재인]은 순수 기억mémoire pure 속에서 순수 기억들souvenirs pures을 찾고,[22] 현

---

22 역주) 'mémoire(메무아르)'는 일반 기억을 'souvenirs(수브니르)'는 추억을 의미하는 개별적인 기억을

재의 지각과 접촉하면서 이 기억들을 점진적으로 물질화하는 다소 높은 의식의 긴장을 함의하고 있다. 그런데 이 순수 기억이란 무엇이고, 또 이 순수 기억들souvenirs이란 무엇인가? 이 질문에 답함으로써 우리는 우리들의 논제를 완료할 것이다. 우리는 방금 첫 번째 요점, 즉 기억은 뇌의 기능과는 다른 것임을 확립하였다. 이제 우리에게 남은 것은 "순수 기억들souvenirs"에 대한 분석을 통해 기억과 지각 사이에는 단순한 정도의 차이가 존재하는 것이 아니라, 본성의 근본적인 차이가 있음을 보여 주는 것이다.

VII.

이 마지막 문제에서 더 이상 단순한 심리학적인 중요성이 아닌 형이상학적인 중요성을 즉시 지적해 보자. 기억이 약화된 지각이라는 것은 의심의 여지 없이 순수한 심리학의 논제이다. 그러나 여기서 실수해서는 안 된다. 만일 기억souvenir이 단지 보다 약화된 지각에 지나지 않는다면, 반대로 지각은 보다 강화된 기억과 같을 것이다. 그런데 영국 관념론의 싹이 여기에 있다. 이 관념론은 지각된 대상의 실재성réalité과 통찰된 대상의 이상성idéalité 사이에서 본성의 차이가 아니라, 오직 정도의 차이만을 보는 것에서 성립한다. 그리고 우리가 '우리의 내적인 상태로' 질료를 구성하고, 지각이란 단지 '진정한 환각'일 뿐이라는 사유[23] 역시 여기서 비롯된다. 우리가 물질에 대한 문제를 다룰 때마다 싸우기를 멈추지

의미한다. 따라서 이 구절은 '일반적인 순수 기억' 안에서 '순수 개인적 기억'을 찾고라는 뜻이 될 것이다. 여기서 '순수'의 의미는 '현재의 지각에 관계된 어떤 것이 섞이지 않은'의 의미이다. 기억에 관해서는 이 책의 말미에 있는 「주요 개념 정리」의 '기억과 추억'을 참조.

23 역주) 이러한 사유는 '모든 것이 마음의 조화'라는 일종의 절대적인 관념론의 관점이다.

않은 것이 바로 이러한 사유이다. 즉, 물질에 대한 우리의 개념이 틀렸거나, 혹은 기억souvenir이 지각과는 근본적으로 다르기 때문이다.

이처럼 우리는 형이상학적인 문제를 순수하고 단순한 관찰로 해결할 수 있는 심리적 문제와 일치시키는 지점까지 전환시켰다. 심리학은 이 문제를 어떻게 해결하는가? 만일 하나의 지각에 대한 기억이 단지 이러한 약화된 지각에 지나지 않는다면, 예를 들어 우리는 강렬한 소음에 대한 기억을 위해 가벼운 소리에 대한 지각을 취하게 될 것이다. 그러나 그런 혼란은 결코 일어나지 않는다. 그런데 우리는 더 나아가서 여전히 관찰을 통해서 하나의 기억에 대한 의식이 결코 우리가 과거에서 [현재와 관련된 기억의] 빈약함을 의식한 이후에 [이를] 보다 약화된 현재의 상태로 되면서 시작하지는 않는다는 사실을 증명할 수 있다. 다른 한편 만일 우리가 이전에 경험했던 과거에 대한 표상을 이미 가지고 있지 않다면, 우리는 가장 덜 강력한 심리적 상태를 과거로 내보낼 수가 있을까? 만일 그럴 수 있다면, 보다 혼란스러운 현재의 경험을 보다 분명한 현재의 경험에 병치시키듯이 기억들을 보다 강한 것 옆에 보다 약한 것을 병치시키는 것은 매우 간단한 일일 것이다.

사실을 말하자면 기억은 결코 현재에서 과거로의 회귀로 형성되는 것이 아니라, 이와 반대로 과거에서부터 현재로의 진보로 구성된다.[24] 우

---

24 역주) 구체적인 예를 들어 보자. 만일 내가 길을 가다가 우연히 교통사고를 목격하고 과거의 교통사고에 대한 끔찍한 기억으로 인해 사고를 구경하는 대신에 자리를 피해 버렸다고 하자. 심리학자들은 이 상황을 연상작용으로 설명할 것이다. 즉 현재의 교통사고가 원인이 되어 그와 유사한 과거의 사고 기억을 떠오르게 하였다는 것이다. 하지만 베르그송의 통찰은 이와 반대된다. 만일 내가 평범한 교통사고에서 과거의 교통사고와 유사한 끔찍한 것을 느끼고 급히 자리를 피했다면, 이는 현재의 사고가 과거의 기억을 떠올리게 한 것이 아니라, 지금 나에게 현존하고 있는 과거의 기억이 현재의 사고에 투사되어 그와 유사한 것을 느끼게 하였다는 것을 말한다. 즉 현재 사고에 관한 나의 반응은 과거의 기억이 원인이 되어 현재의 지각에 영향을 준 것이지, 현재의 사고가 원인이 되어 과거의 기억을

리가 즉시 자신을 위치시키는 곳은 과거이다. 우리는 일련의 다양한 의식의 평면plans de conscience을 통해 조금씩 나아가는 "가상의 상태"에서 출발하여, 현실적인 지각이 구체화되는 정점에까지, 즉 현재적이고 활성화되는 지점까지, 즉 마침내 우리 몸의 윤곽이 그려져 있는 우리 의식의 극단적인 평면까지 나아간다. 이 가상의 상태는 순수 기억으로 구성된다. 여기서 의식의 증언을 오해하는 것은 어디서 기인할까? 우리가 왜 이 기억을 과거로 내보내는지, 어떻게 우리가 기억의 날짜를 발견하는지, 어떤 이유로 이 기억이 다른 순간이 아닌 어느 한 순간에 다시 나타나는지 알 수 없는, 약화된 지각이라고 하는 생각은 어디서 오는 것일까? 이는 항상 사람들이 현재 심리 상태의 실제 목적지[25]를 망각하기 때문이다. 사람들은 지각을 다만 정신의 사심 없는 작용으로, 즉 단지 관조contemplation로 생각한다. 그러면 순수 기억은 분명 이런 종류의 것일 수밖에 없기 때문에 (왜냐하면 순수 기억은 현재의 긴급한 현실과 일치하지 않기 때문) 기억과 지각은 동일한 성격을 지닌 상태가 되며, 이 둘 사이에서 사람들은 다만 강도의 차이 외에는 아무것도 찾을 수 없게 된다.

그러나 진실은 우리의 현재가 더 강렬한 것으로 정의되어서는 안 된다는 것이다. 현재란 우리에게 작용하는 것이며, 우리를 행동하게 만드는 것이다. 현재는 감각적인 것이며 원동력이다. 우리의 현재는 무엇보다 먼저 우리 몸의 상태이다. 반대로 우리의 과거는 더 이상 행동하지 않

불러오게 한 것은 아니라는 것이다. 이는 현재의 어떤 특정한 지각이 나에게 남들은 느낄 수 없는 고통을 유발한다면, 이는 현재의 사건 때문이 아니라, 내가 지속적으로 지니고 있는 과거의 사건에 대한 기억 때문인 것이다. 이렇게 기억은 항상 과거의 어떤 기억이 현재의 지각에 영향을 미치면서 점점 더 확장되어 간다는 것이 베르그송의 사유이다.

25 역주) 베르그송에게 이 목적지는 '미래의 행동'이다. 보다 구체적으로는 정신적인 활동이다.

는 것이지만 [우리가] 행동할 수 있[게 하는 것이며, 현재의 감각에 자신을 삽입하여 여기서 활력을 빌려 행동하게 될 과거이다. 기억이 행위를 통해 현실화되는 순간 그것은 기억이기를 멈추고 다시 지각이 된다는 것은 사실이다. 따라서 우리는 왜 기억이 대뇌의 상태로부터 발생할 수 없는 것인지 이해하게 된다. 두뇌의 상태는 기억을 지속하게 한다. 두뇌는 기억에게 물질성을 제공함으로써 현재를 붙잡게 한다. 하지만 순수 기억은 '정신적인[영적인] 현현manifestation spirituelle'이다. 기억을 통해 우리는 진정으로 정신의 영역에 있게 된다.

VIII.

우리는 이 분야를 세밀히 연구하지 않았다. 정신과 물질의 합류점에 위치하여 무엇보다도 정신과 물질이 서로에게 흘러가는 것을 보고자 갈망하면서, 우리는 지성의 자발성에서 신체 메커니즘과의 교차점만 붙잡고자 하였다. 이리하여 관념연합현상과 가장 단순한 일반 관념들이 나타나는 것을 목격할 수 있었다.

연합주의의 주된 오류는 무엇인가? 그것은 모든 기억을 같은 평면에 두는 것, 현재의 신체 상태, 즉 행동으로부터 기억을 분리시키는 정도의 차이를 가진 거리를 무시한 것이다.[26] 또한 연합주의는 어떻게 기억이 자

---

26   역주) 연합주의란 '관념연합주의'라고도 하는데, 이는 문제해결 방식이나 창조적인 행위에 있어서, 모든 것은 기억 속에 이미 존재하는 관념들의 연합(조합)에 의해서 형성된다는 이론을 말한다. 그리고 베르그송은 본문에서 이러한 이론이 가진 오류는 '인간의 의식은 하나의 주도적인 기억을 중심으로 다른 기억들이 보다 가까이 혹은 보다 멀리 질서 지어지고 있음'을 간과하였다고 지적하였다. 이러한 기억들이 질서 지어진 거리에 따라 현재의 지각에 보다 깊이 참여하는 관념(기억)도 있고, 거의 영향을 미치지 않는 관념도 있을 것인데, 연합주의는 모든 관념들이 동등한 가치나 무게를 가지고 있다고 가정하는 것이다. '연합주의'에 관해서는 「주요 개념 정리」의 '관념연합론'을 참조.

신을 불러일으키는 지각에 부착되는지, 왜 연합이 다른 방식이 아닌 유사성이나 인접성을 통해 형성되는지 설명하지 못하였고, 나아가 선택된 기억만큼이나 현재의 지각에 대해 유사성이나 인접성을 가진 수천의 기억들 중에서 어떤 변덕에 의해 특정 기억들이 선택되는지 설명하지 못하였다. 이는 말하자면 연합주의가 **의식의 모든 구분되는 지평**을 흐릿하게 하고 모호하게 하여 덜 완전한 기억 속에서 덜 복잡한 기억만을 보려고 하지만, 사실상 이는 덜 **꿈꾸는** 기억, 즉 행동에 더 가까운 기억, 따라서 보다 진부한 기억만을 보려는 것이며, 나아가 마치 기성복처럼 현재 상황에서 새로움의 모형을 만들기에 더 손쉬운 것만을 보려는 것이다. 다른 한편 이러한 분야에서는 연합주의를 반대하는 이들도 이를 따랐다. 이 반대자들은 [관념들의] 연합을 통해 정신의 상위적인 작용을 설명하는 것에 있어서 연합주의자를 비판했지만, 그러나 연합의 진정한 본성 그 자체에 대해 잘못 알고 있는 것에 대한 비판은 아니었다. 그런데 바로 여기에 연합주의의 원초적인 악덕[27]이 있다.

우리 몸이 자신의 과거를 운동 습관으로 압축하는 행동의 지평과 우리의 정신이 흘러온 삶의 그림을 그 모든 세부 사항까지를 보존하고 있는 순수 기억의 차원 사이에서, 우리는 이와는 반대로 수천 가지의 다른 의식의 지평, 체험된 경험의 총체성에 대한 수천 가지의 통합적이면서도 다양한 반복을 믿었다. 보다 개별적인 세부 사항을 통해 기억을 완

---

27 역주) 연합주의의 원초적인 악덕이 '연합의 진정한 본성에 대해 무지한 것'이라면, 여기서 연합의 진정한 본성은 무엇일까? 그것은 첫째로 연합을 한다는 것은 모든 연합하는 것들이 동일한 지평, 동일한 평면에 놓여 있다는 '균질성'을 의미하는 것이며, 둘째는 하나의 보다 중요한 중심 관념이 있고, 이것을 중심으로 다른 관념들이 질서 지어져야 하는데, 연합은 관념들을 다만 병치하는 것으로 이루어진다는 것이다. 즉 연합의 오류는 기억이나 의식의 진정한 속성인 '다양성'과 '차별성'을 없애 버린다는 것에 있다. 연합주의는 이에 대해 무지한 것이다.

성한다는 것은 하나의 기억에 다른 기억들을 기계적으로 병치시키는 것으로 이루어지는 것이 아니라, 자신을 보다 확장된 의식의 지평으로 옮기고, 꿈의 방향direction du rêve 안에서 자신을 보다 행동으로부터 멀어지게 하는 것에서 이루어진다.[28] 한 기억의 위치를 찾는 것은 다른 기억들 사이에서 기계적으로 이 기억을 삽입하는 것에서 이루어지는 것이 아니라, 기억을 그 전체성 안에서 증가하는 확장을 통해 과거의 세부 사항이 거기에 나타날 만큼 충분히 큰 범위를 기술하는 것에서 이루어진다. 다른 한편 이러한 지평들은 마치 기성품처럼 서로 겹쳐서 주어진 것이 아니다. 이들은 정신적인 것에 고유한 이러한 실존으로부터 잠재적으로virtuellement 존재한다.

---

28 역주) '기억을 완성한다는 것'과 '꿈의 방향 안에서 자신을 보다 행동으로부터 멀어지게 하는 것' 등의 표현은 매우 시적인 표현이라고 할 수 있으며, 독자들에 따라 그 의미가 다소 모호할 수 있다. 이를 보다 구체적인 예를 들어 보다 알기 쉽게 설명해 보자. 예를 들어 누군가 하루의 삶을 마치고 잠자리에 들기 전에 일기를 쓰고 있다면, 이 일기는 어떤 의미에서 하루 동안 일어난 일에 관한 자신의 기억을 정리하는 것이다. 이미 하루는 지나가고 없는 것이니 실제로 존재하는 것은 기억에 남아 있는 것뿐이다. 따라서 우리는 사실상 과거란 기억에 존재하는 것이라고 할 수 있다. 그런데 이러한 기억을 완성한다는 것은 하루 동안 발생했던 수많은 일들을 정리하는 것이라고 할 수 있다. 다만 시간 순서대로 사건들을 병치하는 것이 아니라, 의미 있는 것과 무의미한 것, 중요한 일과 하찮은 일들 등을 구분하고 이들 사이의 연관성을 확립하는 등 전체적으로 하루의 삶을 재구성하고 총체화함을 의미한다. 일기란 이렇게 하루의 삶을 정리하고 마무리한다는 차원에서 나의 기억을 완성하는 일이라고 할 수 있다. 그런데 '꿈의 방향'은 무엇이며, 이것이 왜 '행동으로부터 멀어지는 것'이라고 할 수 있는가? 만일 일기를 쓰는 사람이 일기를 쓰지 않고 '근무일지'를 쓰고 있다면 일기와는 완전히 다른 것을 기록할 것이다. 이는 실용적인 목적하에서 내일이나 모레에 실제로 활용할 수 있는 내용들을 중심으로 기록할 것이다. 이는 매우 '행동과 가까이 있는 것'이라 할 수 있다. 반면 일기는 인간 정신의 그 속성에 따라 보다 미래를 지향할 수밖에 없고, 보다 나은 것을 지향할 수밖에 없다. 즉 오늘이 '완성할 만한 것'이라면, 내일은 '보다 완성된 것'으로 고려될 수밖에 없다. 즉, '꿈의 방향 안에서'라는 표현은 '보다 이상적인 삶을 향해서'라는 의미인 것이다. 베르그송에게 있어서 진보 혹은 진화란 '보다 나은 삶의 형식 혹은 양태를 창조하는 것'을 의미하며, 그래서 그는 진화를 '창조적 진화'로 본 것이다. 그런데 이렇게 '이상적인 삶을 향한 방향'에 자신의 정신을 두기 위해서는 (깊은 성찰을 하거나 명상을 하기 위해서는) 잠시 현실의 실용적인 활동이나 필요성에 의한 요구들로부터 벗어나야 한다. 이를 베르그송은 '행동으로부터 멀어지게 하는 것'이라 표현한 것이다.

지성은 모든 순간에 이 지평들을 분리하는 간격을 따라 움직이며 이 지평들을 발견하거나 혹은 오히려 끊임없이 이들을 새롭게 창조한다. 지성의 생명은 바로 이 움직임 자체에서 주어진다. 이제 우리는 연합의 법칙이 왜 다른 것이 아닌 유사성과 인접성인지 그리고 기억은 왜 많은 다른 이미지들 사이에서 유사하고 인접한 특정 이미지들을 선택하는 것인지를 이해할 수 있다. 그리고 마지막으로 육체와 정신의 결합에 관한 논의를 통해 어떻게 첫 번째 일반적인 개념들을 형성하는 것인지를 이해할 수 있다. 한 생명체의 관심은 현재 상황에서 이전 상황과 유사한 것을 파악하고, 선행한 것에, 특히 [선행한 것에] 뒤따르는 것에 접근하여 과거의 경험으로부터 이익을 얻는 것이다. 그러므로 우리가 상상할 수 있는 모든 연합 중에서 유사성과 인접성을 통한 연합은 무엇보다도 중요한 유용성을 갖는 유일한 것이다. 하지만 이러한 연합의 메커니즘을 이해하기 위해, 특히 기억들 사이에서 분명히 변덕스러워 보이는 선택을 이해하려면 우리는 행동의 지평과 꿈의 지평이라고 부르는 이 두 극단적인 지평에 차례로 우리 자신을 위치시켜야 한다.

첫 번째의 경우[29] 운동 습관만이 나타나며, 이는 표상된 것이라기보다는 실행joué되었거나 경험된 연합이라고 말할 수 있다. 여기서는 유사성과 인접성이 함께 융합된다. 왜냐하면 유사한 외부적 상황들이 반복되면서 우리 육체의 특정한 움직임들을 연결하는 것으로 마무리되며, 이때부터 인접한 운동들이 흘러나오는 동일한 자동적인 반응이 또한 이전의 상황들과의 유사함을 추출하게 될 것이기 때문이다. 하지만 우리가 운동에서 이미지로, 더 낮은 이미지에서 더 풍부한 이미지로 이동하는 한에

---

29   역주) 행동의 지평의 경우를 말한다.

서 유사성과 인접성은 분리된다. 이들은 어떤 행동도 더 이상 이미지에 부착되지 않은 이 두 가지 다른 극단적인 지평에서는 서로 대립하게 된다. 따라서 많은 유사성들 중에서 하나의 유사성을 선택하는 것, 다른 많은 인접성 중에서 하나의 인접성을 선택하는 것은 무작위로 작동하지 않는다. 그것은 끊임없이 변화하는 기억의 긴장의 정도에 달려 있으며, 이 긴장의 정도는 기억이 현재의 행동에 삽입되는 혹은 이로부터 분리되는 것에 따라 전체적으로 하나의 음색 안에 혹은 다른 음색 안에 옮겨지게 된다. 그리고 이는 또한 우리가 살펴본 것처럼 첫 번째 일반 개념, 즉 유사점을 추출하기 위해 유사한 이미지를 향해 올라가는 운동 습관과 단어들을 하나로 이어 주는 자동적인 발음 안에서처럼 서로 혼합되기 위해 유사한 이미지가 운동 습관으로 내려오는 기억의 이중 운동이기도 하다. 따라서 관념의 초기 일반성은 이미 행동과 표상 사이의 움직임 안에서 정신의 특정한 활동으로 형성된다. 바로 이 때문에 우리는 어떤 특정한 철학에서 언어로써 관념을 결정화하거나, 기억에서 관념을 증발시키는 두 극단 사이에 일반 관념을 위치시킨다고 어렵지 않게 말할 수 있겠지만, 사실은 일반 관념은 이 두 극단의 한쪽 끝에서 다른 한쪽 끝으로 나아가는 정신의 발걸음에서 형성된다.

IX.

이처럼 이번에는 우리의 몸을 둘러싼 모든 것과 함께 우리의 몸으로부터, 기억의 마지막 지평, 극단적인 이미지, 즉 우리의 과거가 모든 순간에 미래를 향해 밀치는 움직이는 지점으로써 기초적인 정신활동을 표상하면서, 우리가 육체의 역할에 대해 말했던 것과 이와 동시에 육체와 정신 사이에 상호접근의 길을 준비했던 것에 대해 확인하고 조명해 볼 것이다.

실제로 순수 지각과 순수 기억을 차례로 검토한 뒤에, 우리는 이 둘을 서로 접근시켜야 했다. 만일 순수 기억이 이미 정신이고, 순수 지각이 여전히 물질적인 어떤 것이라면, 우리는 순수 기억과 순수 지각 사이의 교차점에 우리를 위치시킴으로써 정신과 물질의 상호작용에 어느 정도 빛을 비출 수 있었다. 사실상 "순수한", 즉 순간적인instantanée 인식은 하나의 이상적인 것, 하나의 한계일 뿐이다. 모든 인식은 지속의 특정한 두께를 차지하고, 현재 안에서 과거를 심화시키고, 이를 통해 기억에 참여한다. 그런 다음 순수 기억과 순수 지각, 즉 정신과 물질의 종합으로서의 구체적인 형태의 지각을 취함으로써 우리는 영혼과 육체의 결합 문제를 가장 좁은 한계에까지 좁혔다. 이는 작업의 마지막 부분에서 우리가 특별히 시도한 노력이다.

일반적인 이원론의 두 원리의 대립은 비연장성과 연장성, 질과 양, 자유와 필연이라는 삼중의 대립에서 해소된다. 만일 신체의 역할에 대한 우리의 개념이, 순수 지각과 순수 기억에 대한 우리의 분석을, 육체와 정신의 상호관계를 통해 명확히 [규명]해야 한다면, 이 세 가지 대립을 강화하거나 약화하는 조건 아래서만 가능할 것이다. 따라서 심리학을 통해서만 취하고자 원했던 결론을 여기서는 보다 형이상학적인 형태로 제시하면서 차례로 검토해 보자.

1) 만일 사람들이 한편으로 미립자와 같은 것을 통해 실제로 분할된 연장성을 상상하고, 다른 한편으로 공간 안에 투사되는 그 자체로 비연장적인 감각과 더불어 의식을 상상한다면, 물질과 의식 사이에, 육체와 정신 사이에 어떠한 공통점도 찾지 못할 것이다. 그러나 지각과 물질의

이러한 대립은 습관이나 법칙에 따라 분해하고 재구성하는 이해력의 인위적인 작품이다. 이러한 대립은 즉각적인 직관에는 주어지지 않는다. 주어진 것은 비연장적인 감각이 아니다. [만일 그렇다면] 이들은 어떻게 공간에 합류하고, 여기에서 한 장소를 선택하고, 마침내 보편적인 경험을 구축하기 위해 질서를 유지하겠는가? 다른 한편 어떻게 우리의 의식과 어떤 관계도 없이 [실재의] 질서와 관계들이 우리들의 표상에서의 질서와 관계들에 정확히 일치하는 일련의 변화를 실행한다는 것인가?

주어진 것donée, 그것은 실제적인 것이다. 이는 분할된 연장성과 순수한 비연장성 사이에 있는 어떤 중간자적인 것이다. 이것은 우리가 '연장적인[연장될 수 있는]extensif'이라고 불렀던 그것이다. 연장성은 지각의 가장 명백한 질적 속성이다. 우리가 연장성의 아래 펼쳐진 추상적인 공간의 형태로 복합적이고 무한히 분할 가능한 연장성을 구축하는 것은 행동의 필요성에 의해 이 연장성을 응집하고 세분화하기 때문이다. 이와 반대로, 우리가 이러한 비연장적인 감각들을 획득하고 이로부터 헛되이 이미지를 재구성하고자 하는 것은 이 연장성을 세분화하면서 차례로 정감적인 감각에서 용해시키고, 위조된 순수 관념에서 증발시키는 것에서 주어진다. 그리고 우리가 그 안에서 이 이중의 작업을 추구하는 두 가지 대립하는 방향은 매우 자연스럽게 우리에게 열려 있다. 왜냐하면 우리를 위해 연장성이 절대적으로 독립적인 대상으로 분할되는 (바로 여기서 연장을 세분화하는 표식이 발생한다) 행위의 필요성 자체에서 발생하기 때문이다. 그리고 우리는 감지할 수 없을 정도로 정감에서 지각으로 나아간다(바로 여기서 지각이 점점 더 비연장적이라 가정하는 경향성이 발생한다). 그러나 논리적 차이를 확립하고, 결과적으로 분명한 대립을 형성하는 역할을 가진 우리의 이해력은 차례로 이 두 길로 나아가며, 각각의 길에서 끝까지 나아간다. 이처럼 두 극단의 한쪽에는 무한히 분할 가능한 연장성을, 다른 한쪽에는 절대적으로 비연장적인 감각을 확립하는 것이다. 이리하여 우리의 이해력은 대립을 창조하며, 뒤이어 광경을 제공하는 것이다.

2) 훨씬 덜 인공적인 것은 양과 질의 대립, 즉 운동에 대한 의식의 대립이다. 그러나 이 두 번째 대립은 첫 번째 대립을 수용하는 것으로 시작할 때만 근본적인 것이 된다. 실제로 사물의 특성이 의식에 영향을 미치는 비확장적인 감각으로 축소되어, 그 결과 수많은 상징과 마찬가지로 공간에서 발생하는 동질적이고 계산 가능한 변화만을 나타낼 뿐이라고 가정한다면, 당신은 이러한 감각과 이러한 변화 사이에 하나의 이해할 수 없는 대응을 상상해야 할 것이다. 이와 반대로 이들 사이에 이러한 인위적인 대립을 선험적으로 설정하는 것을 포기한다면, 당신은 그들을 분리시키는 것처럼 보였던 모든 장벽이 하나씩 무너지는 것을 보게 될 것이다.

첫째, 의식이 자기 자신에 잠겨 비확장적인 지각의 내적인 행진에 참여한다는 것은 사실이 아니다. 그러므로 당신이 순수 지각을 다시 위치시켜야 할 곳은 통찰된 사물들 그 자체이다. 이리하여 당신은 첫 번째 장애물을 제거하게 될 것이다.

당신은 이제 두 번째를 만나게 될 것이다. 과학이 그에 대해 작용하는 동질적이고 계산 가능한 변화는 원자와 같은 복합적이고 독립적인 요소에 속하는 것처럼 보인다. 하지만 이는 다만 우연적일 뿐이다.[30] 이 다양성은 지각과 그 대상 사이에 끼어들 것이다. 그러나 만일 연장성의 분

---

30 역주) 여기서 '우연적일 뿐이다'라는 진술의 의미는 변화가 원자들의 작용 결과처럼 보이는 것은 사실이지만, 이는 개연적인 것이지 반드시, 즉 필연적으로 그렇게 보이는 것은 아니라는 것이다.

할이 순전히 이에 대한 우리의 가능한 행동과 관련된 것이라면, 독립된 미립자라는 개념은 전적으로 도식적이고 잠정적인 것이 된다. 다른 한편, 과학 스스로가 이것을 배제할 수 있는 권한을 우리에게 준다. 바로 여기서 두 번째 장벽이 무너졌다. 이제 넘어야 할 마지막 간격이 남아 있다. 이 간격은 [감각에 있어서의] 질적 특성의 이질성과 연장성 속의 운동의 명백한 동질성 사이에 존재하는 간격이다.

그러나 우리가 이러한 운동의 자리를 차지하게 될 요소들, 원자 또는 다른 요소들을 분명히 제거했기 때문에, 여기서는 운동체의 우연적인 것에 지나지 않는 역학이 연구하는 추상적인 운동에 대해서는 질문의 여지가 없다. 이 추상적인 운동은 사실상 구체적인 운동을 측정하는 공통의 척도일 뿐이다. 기준점을 바꾸면 부동성이 되는 이 추상적인 운동이 실제적인 변화, 즉 느껴지는 변화의 기초가 어떻게 될 수 있을까? 어떻게 일련의 순간적인 위치로 구성된 부분이, 부분들이 서로 확장되고 지속하는 하나의 지속을 채울 수 있겠는가? 따라서 오직 가능한 하나의 가설만이 남아 있다. 즉, 의식과 마찬가지로 과거를 현재로 확장할 수 있고, 반복함으로써 감각적 특성을 생성할 수 있는 구체적인 운동은 이미 의식의 어떤 것이며, 이미 감각의 어떤 것이라는 가설만이 남아 있다. 그것은 이 동일한 감각이 희석되어 무한히 더 많은 순간에 걸쳐 분산된 감각, 우리가 말했듯 그의 유충sa chrysalide[31]의 내부에서 진동하는 동일한 감각일 것이다. 따라서 해명해야 할 마지막 요점이 남아 있다. 그것은 더 이상 동

31　역주) 운동이 여러 번 반복되면서 어느 순간 감각이나 의식으로 변환된다는 것을 표현하기 위해 '유충(번데기)'의 비유를 든 것은 절묘해 보인다. 나비의 유충은 기간이 지나면 완전히 다른 종류의 나비가 되겠지만, 그러나 유충을 나비로 만든 그 진동은 동일한 감각일 것이기 때문이다.

질적인 운동에서 뚜렷한 질적 특성으로의 이동[32]이 아니라, 보다 덜 이질적인 변화에서 보다 이질적인 변화로의 수렴contraction이 어떻게 발생하는가 하는 물음이다.

그런데 이 질문에 대해 구체적인 지각에 대한 우리의 분석이 답하고 있다. 순수 지각과 순수 기억의 살아 있는 종합인 이 지각은 필연적으로 명백한 단순함 속에서 엄청나게 다양한 순간들을 요약하게 된다. 우리의 표상에서 고려된 감각적 특성과 계산 가능한 변화로 간주된 이 동일한 질적 특성 사이에는 오직 지속의 리듬의 차이, 내부 긴장의 차이만이 있을 뿐이다. 이처럼 우리는 확장이라는 개념을 통해 연장성과 비연장성의 대립을 제거하고자 노력한 것처럼, 긴장이라는 개념을 통해 질과 양의 대립을 제거하고자 하였다. 확장과 긴장은 복합적인 정도[등급]를 허용하지만 항상 규정되어 있다. 이해력의 기능은 확장과 긴장이라는 두 가지 장르, 그들의 비어 있는 용기, 즉 동질적인 공간과 순수한 양에서 분리되어 행동의 요구에서 탄생한 정도[등급]와 엄격한 추상을 포함하는 유연한 실재들로 대체하는 것이다. 우리는 수용하거나 내버려둘 수만 있고, 따라서 어떠한 대안도 사물들을 통해서는 받아들일 수 없는 딜레마를 반성하는 사유에 맡겨 두게 된다.

3) 그러나 만일 우리가 확장된 것과 확장되지 않은 것, 질과 양의 관계를 이렇게 고려한다면, 세 번째이자 마지막 대립인 자유와 필연성의 대립을 이해하는 데 어려움이 덜할 것이다. 절대적 필연성nécessité absolue은 지속의 연속적인 순간들이 서로 완벽하게 동등하다는 것으로 표현될 것이다. 물질 우주의 지속이 이와 같은 것일까? 각 순간이 이전 순간으로

---

32 역주) 즉, 운동에서 감각으로의 이동을 말하고 있다.

부터 수학적으로 추론될 수 있을까? 우리는 연구의 편의를 위해 이 모든 작업에서 이것이 실제로 그렇다고 가정하였다. 그리고 이러한 것이 실제로 우리들의 지속의 리듬과 사물들의 흐름의 리듬 사이의 간격이다. 최근의 철학에 의해 매우 깊이 연구된 자연적 흐름[과정]의 우연성은 실천적인 이유로 필연성과 동일한 가치를 가져야 한다.[33]

그러므로 약화될 여지가 있는 우리의 가설을 유지하자. 그럼에도 불구하고 자유는 마치 '제국 안의 작은 제국'처럼 자연 안에는 존재하지 않을 것이다.[34] 우리는 이 자연이 중립화된neutralisé 의식처럼, 결과적으로 잠재된 의식처럼 고려될 수 있다고 말하였다. 이 중립화된 의식은 우연적인 발현들이 서로를 억제하고 나타나기를 원하는 정확한 그 순간에 서로 상쇄되는 의식으로 간주될 수 있다. 따라서 여기에 개인적인 의식을 던지러 오는 첫 번째 희미한 빛은 예기치 못한 빛을 비추지는 않는다. 이 의식은 단지 장애물을 제거하고 전체 실재에서 가상의 부분을 추출하고 마침내 [자신에게] 관심이 있는 것을 선택하고 되찾아 줄 뿐이다. 그리고 만일 이 지성적인 선택을 통해 의식이 정신으로부터 자신의 형태를 취한다는 것을 분명히 보여 준다고 하더라도, 그럼에도 이 의식이 자신의 질

---

33 역주) 자연적 흐름(과정)의 우연성은 실천적인 이유로 필연성과 동일한 가치를 가져야 한다는 이러한 사유는 콩트의 실증주의의 관점이기도 하다. 사실 실증주의는 'Le positivisme'을 직역한 것이 아니라, 이 사상이 지니고 있는 사유의 핵심을 드러내기 위해 의역한 것이다. 'positif'란 형용사로 사용될 때, 'négaif(부정적인)'에 반대되는 '긍정적인'의 의미를 지니고 있다. 따라서 문자 그대로 직역하면 '실증주의'는 '긍정주의'가 되어야 한다. 그런데 여기서 긍정적인 것이 의미하는 것이 바로 '필연성' 혹은 '절대성'에 관한 것이다. 사실상 경험을 통해 보편(일반성)을 획득하는 귀납법에 있어서 '필연성' 혹은 '절대성'은 존재하지 않으며 모든 것이 개연적(확률적)인 것이다. 하지만 학문이 성립하기 위해서는 어떤 법칙이 개연적이어서는 안 되며, 필연적이어야 한다. 따라서 콩트는 긍정적인 의미로 혹은 긍정적으로 모든 확인된 자연법칙을 '절대적인 것' 혹은 '필연적인 것'으로 간주하여야 한다고 주장한 것이다. 이 주제와 관련하여 보다 깊이 다룬 철학자로는 '라슐리에(Lachelier)'가 있다.

34 역주) 즉 자유란 자연의 일부가 되지는 않을 것이라는 말이다.

료를 이끌어 내는 것은 자연으로부터이다.

다른 한편 우리는 이 의식이 개화하는 것을 목격하는 동시에 생명체가 가장 단순한 형태로 자발적이고 예기치 못한 움직임을 할 수 있는 형태를 갖추는 것을 보게 된다. 생명체의 진보는 먼저 자극을 전달하는 기능의 분화에서 이루어지며, 그런 다음 활동을 조직할 수 있는 점진적인 신경계의 복잡화로 이어진다. 상위 중추가 더 발달할수록 보다 운동 경로가 더 많아질 것이며, 이 사이에서 동일한 자극이 행동에 하나의 선택을 요구할 것이다. 공간 안에서의 운동에 점점 더 큰 자유latitude가 주어지는데, 이것이 실제로 우리가 보는 것이다. 우리가 보지 못하는 것은 시간에 따라 증가하며 의식에 수반되는 긴장이다.

이미 오래된 경험에 대한 기억을 통해 이 의식은 보다 풍요롭고 새로운 결정 안에서 현재와 더불어 과거를 점점 더 잘 조직하고자 할 뿐 아니라, 즉각적인 경험에 대한 기억을 통해 자신의 현재의 지속 안에서 점점 더 증가하는 순간들을 응축하면서 더 강렬한 삶을 살아가고 있다. 물질의 순간에 대해 원하는 만큼의 다양성으로 분산되어야 하는 내적인 불확정성이 의식으로 하여금 그만큼 필연성의 그물을 더 잘 통과하도록 하는 행위들을 창조할 수 있게 한다. 이처럼 시간 안에서 고려하든 공간 안에서 고려하든, 자유는 항상 필연성nécessité 안에 깊이 뿌리를 내리고자 애쓰며, 이 필연성과 내밀하게 조직되는 것처럼 보인다.[35] 정신은 자신이

---

35 역주) 통속적으로 보면 자유는 필연성과 대립하는 개념이다. 하지만 베르그송은 자유가 마치 필연성에서 출발하는 것처럼 말하며, 자유와 필연성이 서로 불가분의 관계에 있는 것처럼 말하고 있다. 베르그송의 논리는 물질에 대한 보다 다양한 불확정성이 증가할수록 선택의 여지가 다양해지기에 자유의 가능성이 많아진다는 것이다. 자유란 곧 필연성의 거물을 더 잘 넘어서는 것을 말한다. 자유가 필연성의 극복에서 시작되기에 필연성이 없다면 자유도 없다. 그렇기 때문에 자유란 필연성에서 출발한다고 할 수 있다. 하지만 이러한 설명이 자유가 필연성에 깊이 뿌리를 내리고 있으며, 필연성과 내

자양분을 끌어오는 물질에서 지각을 이끌어 내며, 자신의 자유가 각인된 운동의 형태로 이 지각을 물질에게 되돌려준다.

밀하게 조직된다는 것에 대한 충분한 설명이 된다고 보기엔 빈약해 보인다. 어떤 것을 넘어서면서 시작된다는 것과 어떤 것에 뿌리를 내린다는 것은 다른 의미이기 때문이다. 또한 필연성이 있어야 (이를 넘어서는) 자유도 있다는 사태를 필연성과 자유가 서로 잘 조직된다고 표현하기는 어렵기 때문이다. 이러한 진술을 긍정하기 위해서는 다른 관점에서의 설명이 추가되어야 할 것 같다. 다른 관점이란 '외적 필연성'과 '내적 필연성'을 구분하는 것이다. 자연 법칙은 필연적으로 이루어진다. 이는 말하자면 주어진 상황에 의해 그럴 수밖에 없는 방식으로 혹은 선택의 여지가 없는 기계적인 방식으로 이루어진다는 것이다. 이것이 '외적 필연성'이다. 하지만 인간은 이러한 외적 필연성을 극복할 수 있는 존재이다. 인간은 이러한 외적인 상황의 필연성을 넘어서서 오직 자신의 내적인 결단에 의해서 행동할 수 있는 존재이다. 이것이 인간의 자유로운 행위이다. 즉 내 행동의 주인(원인)은 외적 환경이 아니라 나의 사유이고 나의 선택일 때 나는 자유로운 것이다. 그런데 이러한 자유의 행동에는 반드시 요구되는 것이 있다. 그것은 스스로의 결단의 원인이 될 '내적인 확신'이다. 이러한 내적인 확신이 보다 강할수록 행동은 보다 필연적인 방식으로, 즉 그렇게밖에 달리 행동할 수 없는 방식으로 행위된다. 이것이 외적 필연성에 대립하는 내적 필연성이다. 따라서 정신이 더 깊이 숙고할수록 행동은 보다 필연적인 방식으로 이루어질 수밖에 없으며, 자유는 필연성과 긴밀하게 조직될 수밖에 없다. 자유는 바로 내적인 필연성에 뿌리를 두고 있으며, 이 내적인 필연성이 보다 확고할수록 행동은 보다 자유롭게 실행되는 것이다.

베르그송의 사상에는 우리가 일상적으로 사용하는 단어나 개념들이 베르그송 자신만의 의미와 뉘앙스를 가지고 등장하며, 또한 다른 철학에서 사용하는 것과는 다른 의미로 사용되는 것이 많다. 꼭 필요한 경우에는 역주를 통해 이 개념들을 설명해 주고 있지만, 이러한 용어가 등장할 때마다 매번 본문 아래에서 설명할 수가 없어 여기 가나다순으로 일목요연하게 제시하여 독자들이 본문을 읽을 때 참조할 수 있도록 하였다. 특히 빈번히 등장하는 용어들을 중심으로 베르그송이 사용하고 있는 독특한 의미를 부각시키는 방식으로 제시하고 있다. 따라서 본문에서 설명하는 이론이 베르그송 자신의 관점인지 아니면 다른 학자들의 관점을 설명해 주는 것인지 모호할 때 여기 제시한 개념들을 참고하면 도움이 될 것이다.

감각sensation

일반적으로 오감을 의미하며, 오감을 통해 대상을 인식하는 행위 그 자체를 감각이라고도 한다.

감정sentiment

어떤 특별한 쾌, 불쾌의 뉘앙스를 가진 내면의 움직임을 의미하는 용어이며, 한글의 다른 단어로는 '느낌'에 가장 가까운 용어이다.

과학적 실재론réalisme scientifique

현실에서 물질이나 시간에 대한 관념은 균질하지 않고 균등하지 않다. 그리고 본질적으로 분할할 수 없는 것이다. 하지만 과학자들은 추상을 통해 물질과 시간과 공간을 균질하고 균등한 것으로 바꾸고, 이를 등가의 것으로 분할하여 실재를 수학적으로 이해하고자 한다. 이를 베르그송은 과학적 실재론이라고 칭한다. 베르그송은 이러한 사상은 본질적으로 실재(지각 대상)와 인식(인식주체) 사이의 관계성을 단절하면서 성립하는 것이라 지각의 본질이나 물질의 본질을 밝혀 줄 수 없다고 비판하고 있다.

관념연합론associationnisme

'연합주의', '관념연합주의' 혹은 '관념연합론' 등으로 불리는 불어 용어는 'associationnisme'이다. 심리학에서는 '연상 심리학'이라 번역하기도 하고, 국내의 번역서에서는 '연상주의'로 번역되기도 한다. 철학에서는 정신과 지식에 관한 이론을 말하는데 경험론과 강하게 연결되어 있는 이 이론은 관념의 결합을 통해 모든 지적 작용, 모든 이성의 원리, 심지어 정신생활 전체를 설명할 수 있다고 주장하는 사상이다. '관념의 연합'이란, 말 그대로 어떤 관념 뒤로 다른 관념들이 잇따르면서 형성하는 사고 및 지각의 연쇄적 흐름을 말한다. 다시 말해 하나의 관념을 떠올리면 이와 연계된 다른 관념이 연속하여 떠오르는 현상을 말한다. '관념연합론자'들은 이러한 이론을 특히 미적 경험을 설명하는 데 적용하고 있다. 이들은 다양한 미적인 경험들(미각, 촉각, 청각 등)에 해당하는 독립된 지각 기관들을 개별적으로 따로 추가하지 않고, 하나의 통합적인 능력으로 이를 설명하고자 한다. 이 이론에 따르면 영감과 같은 창조적인 행위도 사실은 이미 의식이 지니고 있는 관념들을 연합하면서 발생한다고 보고 있다. 이 사상은 문제 해결 방식이나 창조적인 행위에 있어서, 모든 것은 기억 속에 이미 존재하는 관념들의 연합(조합)에 의해서 형성된다고 보고 있다. 흄David Hume은 관념의 연합을 뉴턴이 발견한 보편적 인력의 법칙에 비교하였다. 따라서 관념연합주의는 모든 사태들이 관념의 연합에 수렴된다는 것을 가장 일반적인 설명 방식으로 고려하고 있다. 로크, 흄, 제임스 밀, 존 스튜어트 밀 그리고 알렉산더 베인Alexander Bain, 허버트 스펜서Herbert Spencer 등에 의해 지지된 이론이다. 하지만 베르그송은 관념연합론에 대해 비판적인 사유를 견지하고 있는데, 그 이유는 이 사상이 본질적으로 다양한 질적 특성을 가지고 있는 관념들을 하나의 동질적인 것으로 환원하고 있기 때문이다. 특히 의식에 관해 '인간의 의식은 하나의 주도적인 기억을 중심으로 다른 기억들이 보다 가까이, 혹은 보다 멀리 질서 지어지고 있음'에도 관념연합론은 이를 간과하였다고 비판한다. 즉, 이러한 기억들이 질서 지어진 거리에 따라 현재의 지각에 보다 깊이 참여하는 관념(기억)도 있고, 거의 영향을 미치지 않는 관념도 있을 텐데, 연합주의는 모든 관념들이 동등한 가치나 무게를 가지고 있다고 가정하였다는 것이다.

관념의 통일성unité de l'idée

동일한 언어로 표현되지만 다양한 뉘앙스와 질적 차이를 가진 관념들을 하나의 지평에서 통일화하는 것을 말한다. 예를 들어 장미의 붉은색과 일몰의 붉은색은 다 같이 붉은색을 가지고 있지만, 그럼에도 이 두 가지 붉은색은 개별적 특성을 가지고 있으며 동일한 붉은색이라 할 수가 없다. 그럼에도 유명론자는 이들의 개별적 특성에는 무관심한 채, 붉은색이라는 상징적인 동일성을 통해 이 둘을 함께 묶게 된다. 이를 베르그송은 관념의 확장을 통해서 그렇게 한다고 이해한다. 즉 유명론자는 이러한 확장성을 통해서 '붉음'이라는 '일반 관념'을 가지게 되는 것이다.

기억mémoire과 추억souvenir

불어에서 'mémoire(메무아르)'와 'souvenir(수브니르)'는 보통 '기억'과 '추억'으로 번역된다. 구별하자면 전자가 기억에 해당하는 일체의 것, 즉 기억 일반을 지칭한다면, 후자는 특정한 사건이나 개인적인 체험을 바탕으로 하여 '나의 기억'이라고 할 만한 기억을 지칭한다. 따라서 전자를 일반적인 기억, 후자를 개별적인 기억이라고 말할 수 있다. 예를 들어 '영어 단어'나 '원소 주기표' 등을 암기한 것은 '메무아르'에 해당하지만, '첫사랑'에 대한 기억은 '메무아르'에 포함되지만 그중에서도 '수브니르'에 해당된다. 이 책에서는 이렇게 분명하게 구분하면서 사용하는 경우도 있고, 특별한 구분을 염두에 두지 않고 사용하는 경우도 있다. 더욱이 학문적인 논의에서는 '추억'이라는 말이 사용하기에 적절하지 않아서 대개는 '기억'으로 번역하고 있다. 베르그송은 '수브니르'를, 마치 현재 나의 기억에 지반(배경)을 이루고 있는 '배경 기억'처럼 고려하고 있다.

기억의 국지화localisation du mémoire

‘기억의 국지화’란 두뇌의 특정 부분에 특정한 기억이 저장되어 있다
는 두뇌의 분할·규정된 위치를 정하는 것을 의미한다. 심리학자나
뇌과학자는 기억이 마치 두뇌의 뇌피질 어느 곳에 마치 컴퓨터에 데
이터가 저장된 것처럼 저장되어 있다고 가정한다. 그리하여 두뇌에
대한 체계적인 지도를 작성하고 여기서 이러저러한 운동 신경과 관
련된 부분을 할당한다. 이처럼 기억도 이렇게 뇌피질의 특정 부위에
특정한 기억이 저장되어 있을 것이라 추정한다. 이를 기억에 대한 국
지화 혹은 단순하게 기억의 국지화라고 부른다. 하지만 베르그송은
이러한 기억의 국지화는 비물질적인 기억을 물질화하는 것으로 기억
의 본질을 왜곡하는 것으로 보고 있다.

기억의 물질화matérialisation du mémoire

불어에서 ‘물질화하다matérialiser’라는 것은 문자 그대로는 비물질적인
것을 물질화한다는 것을 의미하겠지만 현실에서 이러한 구체적인 예
를 발견하기는 어렵다. 따라서 일반적으로 이 용어는 ‘관념적인 것(정
신적인 것)을 감각적인 것으로 환원하는 것을 지칭한다. 이 책에서는
‘잠정적으로 정신 안에 있는 기억’을 의식 안에 색과 형상을 가진 영
상vision의 형태로 떠오르게 하는 것을 의미한다. 베르그송은 기억이
영상처럼 떠오르기 전에는 순수하게 ‘정신적인 것’, 즉 ‘비물질처럼’
잠재적으로 존재하고 있다고 보고 있다. 따라서 기억의 물질화는 기
억이 본질적으로 ‘비물질적인 것’임을 말해 주고 있다. 그런데 베르그
송의 경우 ‘영상’ 혹은 ‘이미지’의 형태로 기억이 떠오르는 것은 거의
‘우연에 의해서’라고 보고 있다. 우연을 강조하는 이유는 기억과 관련

된 현상에 기계론적인 결정론보다는 인간의 자유에 더 많은 의미나 인과성을 부여하기 때문이다.

동질적인 공간espace homogène과 동질적인 시간temps homogène

인간의 실존과 사물들의 실존을 하나의 공통분모로 연결시키기 위해서 만든 추상적인 도식, 즉 동질적이고 불편부당한 환경을 말한다. 따라서 동질적인 공간과 동질적인 시간은 베르그송에게 있어서 사물의 속성을 의미하는 것도, 사물을 아는 능력의 본질적인 조건도 아니다. 이들은 우리가 실재의 움직이는 연속성에 가하는 이해를 위한 고정화(시간의 경우)와 분할(공간의 경우)의 이중 작업을 추상적인 형태로 표현한 것에 불과하다.

데우스 엑스 마키나deus ex machina

일종의 라틴어 관용구라고 할 수 있다. 직역을 하면 '기계의 신' 혹은 '기계로 구성된 신'이 되겠지만, 이 용어는 연극이나 드라마에서 복잡하고 어려운 상황 속에서 어떤 예상치 못한 인물이 등장하거나 사건이 발생하여 문제를 일거에 해결해 주는 것을 의미한다. 아마도 풍자적인 한국어 표현으로는 '도깨비방망이'가 적절할 것이다. 베르그송은 실재론이나 관념론이 감성과 이해력 사이의 관계를 규정할 때, 납득할 만한 설명도 없이 마치 예정조화설처럼 이러한 개념을 도입하여 해결한다고 비판하고 있다.

메커니즘mécanisme

일반적으로 메커니즘은 기계장치, 기구, 조직, 구조, 체계, 메커니즘

등 다양하게 번역된다. 베르그송이 이 용어를 사용할 때는 ─가령 신경 메커니즘, 기억 메커니즘 등─ '조직을 갖추고 유기적인 방식으로 스스로 작동하는 것'을 지칭하며, 이때 '역동성'이 강하게 부각되고 있다. 따라서 이 용어는 단순한 기계장치나 구조 혹은 체계 이상의 뉘앙스를 가진다. 따라서 이 책에서는 주로 '메커니즘'으로 번역하고 있다.

부수현상설épiphénoménisme

'부대현상설'이라고 하기도 한다. 이 이론은 정신과 관련된 현상들, 신념, 욕망, 감정 또는 의도 등은 인과관계를 가진 것이 아니기에 신체나 다른 정신 현상에 크게 영향을 미치지 않는다는 가설을 말하는 것이다. 이 이론은 주로 인간의 정신현상을 뇌의 기능과 연관시켜 이해하고자 하는 영미의 '심철학philosophy of mind'에서 주장하고 있는 이론이다. '부수현상론자'에게 있어서는 물리적 사건만이 다른 사건의 원인이 될 수 있으며, 정신적 사건은 인과의 계열에 포함될 수 없고, 다만 결과로만 나타나고 있다. 이리하여 이들은 정신현상을 '부수현상', 즉 뇌의 특정한 활동에서 파생되는 부산물로 분류한다. 따라서 부수현상설은 다분히 유물론의 관점에서 인간 현상을 고찰하는 경향성을 가지게 된다.

불확정적인 중심들centres d'indétermination

이는 생명 혹은 삶의 가장 분명한 특징을 나타내 주는 개념이다. 자연의 가장 기본적인 법칙이 '작용과 반작용'이라고 할 때, 생명이 없는 물질들은 이 작용과 반작용이 '확정적'이다. 즉 오직 물리적 법칙에 의해서만 작용한다. 가령 물은 오직 100도에서만 수증기로 변한

다. 따라서 이들에게는 오직 하나의 확정적인 중심(물리 법칙)이 있을
뿐이다. 반면 생명체의 반작용은 불확정적이다. 가령 사람의 경우 뇌
의 명령으로 반응하는 것도 있고, 빛에 눈꺼풀을 깜빡이는 조건반사
도 있고, 또 회의에 갈 것인지 말 것인지와 같은 '의지의 능력'을 통
해 이루어지는 것도 있다. 따라서 행위의 중심이 다양하고 확정적이
지가 않다. 하나의 행위가 정확히 어느 중심을 통해 이루어질 것인지
는 내적인 조건과 외부의 영향이 무엇인가에 따라 '아직 결정되지 않
은' 경우가 많다. 그래서 '불확정적인 중심들'을 가지게 되는 것이다.
베르그송은 이 불확정적인 중심에서 자유의 개념이 탄생한다고 보고
있다. 즉, 인간의 행위가 자유로울 수 있는 이유는 근본적으로 이 행
위가 불확정적인 중심들을 가지고 있기 때문이다.

평행설parallélisme

'평행론'이라고도 한다. 이 개념은 일반적으로 육체와 정신의 관계를
설명하는 스피노자식의 이론을 지칭하는 것이다. 이 이론에 따르면
모든 존재는 마치 동전의 양면처럼 한편으로 물질적이고 다른 한편
으로는 관념적이다. 다시 말해서 우리들의 생각 속의 일련의 관념들
과 연장성 속의 일련의 운동들 사이에는 서로 정확하게 대응하는 일
치가 존재하는데, 이 두 계열은 결코 교차하지도 않고 서로 영향을 주
지도 않기 때문에 '평행하는 것'이다. 다시 말해 동일한 하나의 것이
이쪽에서 볼 때 물질적으로 나타나며, 저쪽에서 볼 때 관념적으로 나
타나는 것이다. 그렇기 때문에 평행설에 따르면 대뇌피질상의 변화
(물질적인 변화)와 심리적 상태의 변화(마음의 변화)는 정확히 일치한다
는 관점이 가능한 것이다. 베르그송에게 있어서 이러한 평행론은 수

용될 수가 없다. 그 이유는 분명하게 구분되는 비물질적인 심리적 상태(정신적인 상태)와 물질적 상태를 의미하는 대뇌의 상태(생리적 상태)가 서로 정확히 일치한다는 가정이 전혀 근거나 이유를 가지지 못하므로 철학적인 관점일 수 없기 때문이다.

표상représentation

재현이라고도 한다. 우리가 한 사물을 인식하고 이를 글이나 이미지(상)의 형태로 재현하는 것을 말한다. 일반적으로 관념론에서는 표상으로 '지각 대상'을 대신한다. 즉 지각 대상을 표상으로 환원하여 이를 실재와 동일한 것으로 간주하는 것이다. 베르그송에게 있어서 표상은 이미지보다 실재에 더 가까이 있는 것이 아니다. 따라서 표상은 실재를 대변하는 것이라 할 수 없으며, 표상을 일종의 지성의 필요성에 의해 추상한 것에 지나지 않는 것으로 보고 있다.

선험적으로*a priori*

'경험에 앞서는 것으로'란 뜻이다. 즉, 어떤 법칙이나 원리가 경험적 관찰과 무관하게 하나의 보편적인 법칙처럼 고려할 수 있을 때, 선험적으로 주어진 법칙이라고 할 수 있는 것이다.

순수 감각sensation pure

베르그송에게 있어서 감각 행위는 그 자체로 복합적이고 총체적인 행위이다. 예를 들어, 질주하는 자동차를 감각한다는 것은 자동차의 속도감, 소리, 색깔, 금속적인 느낌 등을 동시적으로 그리고 전체적으로 감각하는 것이다. 그리고 다양한 감각적인 요소들은 전체적으로

한 덩어리로 감각된다. 이것이 구체적인 대상을 지각하는 것이다. 하지만 이렇게 구체적인 감각 대상을 지각하는 감각이 아닌, 순수한 감각, 즉 시각, 청각, 촉각 등을 따로 감각하는 것도 이론상으로는 가능할 것이다. 가령 복숭아의 붉은색만을 나머지 모든 감각 요소로부터 분리하여 감각할 수가 있을 것이다. 하지만 이는 잠재적으로 혹은 가상적으로는 가능하겠지만 현실적으로는 불가능하다. 이렇게 아직 감각 행위로 활성화되지 않은 잠정적 감각 혹은 단순히 감각 능력이라고 할 수 있는 것을 순수 감각이라고 부른다. 즉 나의 눈은 시각이라는 순수 감각을 지니고 있는 것이다.

순수 기억mémoire pure

베르그송에 의하면 순수 기억은 활성화되기 이전에는 '비감각적인 것', 즉 '정신적인 혹은 영적인 것'이기에 활성화된 기억, 즉 감각적인 형상으로 환원된 것과는 '비물질적/물질적'이라는 본성적인 차이가 있다. 일반적으로 기억의 역할은 현재의 지각에서 이 지각이 실행되기 위한 조건처럼 이전의 이미지 기억을 떠올려 외부의 지각 대상에 투사하는 것을 말한다. 따라서 지각이란 항상 과거의 기억이 현재의 지각 대상의 이미지와 혼합 혼용되면서 더 완성된 새로운 이미지를 산출하고자 하는 적극적인 행동이다. 반면 현재의 지각과 전혀 상관 없이 나의 의식 속에 존재하는 과거에 대한 기억이 있을 수 있다. 그런데 이 과거의 기억이 현실적으로 활성화되지 않는 한, 구체적인 사건이나 삶의 상황들과는 연결되지 않은 매우 관념적인 것이다. 예를 들면 막연하게 개념적으로 지니고 있는 '어린 시절의 행복' '부모님의 사랑' '청소년기의 불안' 등을 의미한다. 이렇게 구체적인 과거의 경험과 직접 연관시키지 않고도 지니고 있는 기억이 순수 기억이다. 물론 보다 넓은 의미에서는 현재의 지각과 직접 연관되지 않는 모든 기억을 순수 기억이라고 부르기도 한다. 베르그송은 이러한 순수 기억을 '비감각적인 것(정신적인 것)'이라고 생각하는 반면 심리학자들은 '초기(탄생하고 있는) 감각적인 것' 혹은 '강도가 약한 감각적인 것'이라고 생각한다.

순수 이미지image pure와 표상(된) 이미지

인식론에서는 '사물 그 자체'와 이 사물을 인식한 뒤 인식주체에 의해 '표상된 이미지'가 동일한 것인가 혹은 다른 것인가를 질문한다. 그리고 각자의 관점에서 '다르다' '유사하다' '동일하다'는 등의 입장을 가지게 된다. 베르그송은 '사물 그 자체'에 대한 '순수한 이미지', 즉 인간의 인식에 포착되기 이전에 이 사물이 가진 '이미지 그 자체'가 있다고 가정하며 이후 인간의 인식에 의해 포착되고 '표현(재현)된' 것을 '표상' 혹은 '표상된 이미지'라고 규정하고 있다. 베르그송은 순수한 이미지를 '실재의 이미지' 혹은 '객관적인 실재의 이미지'라고 부르고 '표상'을 '표상된 이미지'라고 부르고 있다. 그에 따르면 표상된 이미지란 '필연적으로' 과거나 현재에 이미 수용된 다양한 다른 이미지들과의 연관성 속에서 표상된 것이며, 표상된 작은 하나의 이미지도 전 우주에 대해 지니고 있는 이미지와의 관계성 속에서 표상된 것이다.

순수 지각perception pure

인식주체가 가진 모든 개별적인 특성을 없이하고 완전히 인식 대상 그 자체에 몰입하는 그리고 과거의 기억을 전혀 개입시키지 않고 현재에 몰입하고 있는 지각을 말한다. 이러한 인식은 현실에서 가능한 것은 아니며, 인식 과정을 설명할 때 '논리상' 혹은 '권리상' 가정되는 것을 말한다. 베르그송에게 있어서 지각이란 그 자체가 기억을 이미 지화하여 현재의 지각 대상에 투사하는 것처럼 고려되기에 불교에서 말하는 '찰나'를 가정하지 않는 한 이러한 순수 지각은 불가능한 것으로 간주된다.

시간temps과 공간space

시간이란 무엇인가? 그리고 공간이란 무엇인가? 시간과 공간은 사물이 존재할 수 있기 위한 하나의 조건에 불과한가, 아니면 실제로 존재하는 '어떤 것'이라고 할 수 있는가? 아인슈타인은 시간과 공간을 마치 실제로 존재하는 '어떤 것', 즉 실체처럼 고려하고 있고, 칸트는 시간과 공간을 사물이 존재하기 위한 조건처럼 간주하고 있다. 베르그송은 시간과 공간은 실제로 존재하는 실체처럼 고려하는 것도, 그렇다고 사물들이 존재하는 조건처럼 간주하는 것도 아니다. 베르그송은 오히려 구체적인 사물들이 존재하는 것으로부터 시간과 공간이 마치 이 사물들의 존재에 파생되는 속성들처럼 고려하고 있다. 예를 들어 그는 공간이 먼저 있고, 여기서 구체적 사물들이 특정한 장소를 차지하는 것이 아니라, 어떤 사물들이 존재하고 있기 때문에 우리에게 그것이 마치 '공간 안에' 있는 것처럼 인식하는 것이다. 이는 시간에 있어서도 마찬가지다. 시간을 움직임이나 변화가 있는 곳에 마치 그것에 파생되는 속성처럼 고려하고 있다. 즉 먼저 객관적인 실체로서의 시간이 있고 이 시간의 특정한 기간 안에서 특정한 변화나 운동이 이루어지는 것이 아니라, 변화나 운동이 있기 때문에, 우리가 그것을 '시간'이란 형식 아래서 파악하는 것이다.

신경계의 구심 운동과 원심 운동

말초조직에서 얻은 신호나 정보를 중추신경을 통해 뇌로 전달하는 운동을 구심 운동이라고 하고, 뇌에서 발생한 신호를 말초신경을 통해 근육으로 전달하는 운동을 원심 운동이라고 한다. 그리고 전자의 역할을 하는 신경을 '구심(성) 신경'이라 부르고, 후자의 역할을 하는 신경을 '원심(성) 신경'이라고 한다.

실재론réalisme과 관념론idéalisme

인식론에 있어서 인식된 내용으로서의 인식 대상이 우리의 인식과 무관하게 외계 대상 안에 독립적으로 존재하는가, 혹은 우리의 인식에 전적으로 의존하는 것인가 하는 질문이 발생한다. 여기서 전자의 관점을 실재론이라고 하고, 후자의 관점을 관념론이라고 부른다. 그런데 베르그송은 양자 모두 동일한 오류를 범하고 있다고 보는데, 그 이유는 이 두 이론이 모두 인식주체와 인식 대상 사이에 진정한 관계성을, 즉 상호관계를 확보할 수가 없기 때문이다. 베르그송에게 이 진정한 관계성은 교감과 지속 그리고 기억의 개념을 통해 확보된다.

실재의 방향성directions de la réalité

우리는 하나의 대상(실재)을 인식할 때, 다양한 관점에서 인식할 수 있다. 즉 한 사람을 인식할 때, 남자나 여자, 동양인이나 서양인, 건장하거나 허약한 사람 혹은 욕망하는 존재나 생각하는 존재 등으로 다양한 관점에서 인식할 수가 있다. 이러한 다양한 지평은 인식 행위가 이루어질 때, 모두 동시에 한꺼번에 지향될 수가 없고 필연적으로 어느 한두 가지의 지평을 향하게 된다. 이것이 '실재의 방향성' 혹은 '실재를 향한 방향성'이 의미하는 것이다.

연장과 비연장 étendu et inétendu

'연장' 혹은 '연장성'은 물질이 가진 가장 기본적인 속성이다. 즉 만질 수 있는 어떤 질료적인 요소가 늘어져 있거나 펼쳐져 있는 것을 '연장' 혹은 '연장성'이라고 한다. 하지만 연장성의 의미에는 단순히 '질료의 펼쳐짐'만이 아니라, '넓이' '길이' '부피' '모양' '색깔' '냄새' 등의 물질적인 속성을 가진 모든 것이 함의되어 있다. 반면 본질적으로 우리의 의식 안에 존재하는 '이미지'는 이러한 연장성의 특성을 가지지 않는 '비연장적인 것'이다. 즉 연장성과 비연장성은 물질성과 비물질성(정신성)으로 구분된다. 연장성과 비연장성의 차이는 또한 공간을 차지하고 있는가 그렇지 않은가로 구분된다. 베르그송은 이러한 비연장성을 정신적인 것으로 고려하고 있다. 따라서 기억 혹은 이미지 기억은 비연장적인 것이기에 뇌의 어떤 부분에 물리적인 데이터처럼 저장되는 것이 아니며, 정신 안에 존재하는 것처럼 고려하고 있다. 뇌의 기능은 이러한 정신 속의 기억을 우리의 육체에 전달하는 '중앙 관제소'의 역할을 담당할 뿐이다.

유물론 matérialisme과 유심론 spiritualisme

인식된 '외부 대상'에 관한 이미지가 '오직 물질적인 것(두뇌운동이나 두뇌 물질 등)'으로 환원될 때 인식론에 있어서 유물론이 되며, 오직 심리 현상으로서의 '마음의 작용'으로 고려하게 되면 유심론이 된다. 일반

적으로 실재론이 유물론으로, 관념론이 유심론으로 안착하게 된다는
것이 베르그송의 관점이다. 베르그송은 이 둘 모두 진정한 인식의 본
질을 왜곡하고 있다고 보고 있다.

육체(몸)의 기억mémoire du corps

반복된 습관을 통해서 우리의 몸에 기억된 어떤 특정한 행동의 경향
성을 지칭하는 용어이다. 예를 들어 자신이 누구인지 완전히 잊어버
린 단기 기억상실자라고 할지라도 그가 체득한 그림을 그리는 능력
이나 악당을 제압하는 무술의 기술 등은 그의 몸에 기억되어 있어서
해당 능력이 필요한 현재의 상황에 적절하게 즉각적으로 반응하며
나타난다. 이것을 육체의 기억(육체에 각인된 기억)이라고 부른다. 베르
그송은 이러한 육체의 기억을 거의 '습성habitude'과 동일한 의미로 고
려하면서, 본질적으로 과거의 기억 전체가 하나의 총체를 이루고 있
는 '의식의 지속durée'으로서의 진정한 기억은 아니라고 보고 있다.

의식의 지속(성)durée de la conscience

의식은 본질적으로 과거 기억의 다발들이다. 그런데 의식 속에 있는
과거의 기억은 항상 현실적인 상태가 아니며, 잠재적인 상태로 존재
한다. 어떤 계기로 과거의 기억이 의식에 이미지화되면(현실화되면)
이는 의식에 있어서는 더 이상 과거의 것이 아니라 현재의 것이 된
다. 하지만 과거의 것이 의식 속에서 현재화된다고 해서 '과거의 기
억'이 사라지는 것은 아니다. 과거의 기억은 '순수 기억'의 형태로 끊
임없이 지속하면서durer 유사한 새로운 현실의 경험이 있을 때마다,
이미지 형태로 떠올라 현재 의식의 상태와 결합하고 그 일부가 되면

서 선택과 행동에 영향을 미친다. 이것은 본질적으로 의식이란 먼 과거의 것이 지속하면서 점점 더 확장되고 성숙하게 되며 그 과정 속에서 모든 기억들이 고스란히 지속되고 있음을 말해 주고 있다. 이것이 곧 '의식의 지속성'이 의미하는 것이다.

의식적(인) 지각perception consciente

의식적으로 지각한다는 것은 실용적 목적에서든 개인적인 관심에서든 어떤 특정한 부분을 선택하여 지각한다는 것을 말한다. 따라서 의식적인 지각에서 의식은 무엇보다 먼저 '실천적 분별력discernement pratique'을 전제하고 있다. 일반적으로 과학자들이 현미경으로 어떤 특정 부분을 확대하여 지각하는 것은 의식적인 지각의 상징적인 행위이다. 이러한 의식적인 지각은 지각의 '확장성'에 반하는 수렴적인 것으로 인위적인 지각이라고 할 만한 것이다. 과학자들은 의식적인 지각을 통해 대상을 다양한 부분으로 분해하고 이를 다시 (일종의 필요성에 의해) 종합하면서 단절된 요소들 사이에서 연속성을 재확립하고, 최종적으로 물질적 대상의 전체le tout를 거의 유사하게 재구성한다. 하지만 베르그송은 이러한 방식의 물질에 대한 인식은 무엇보다 먼저 물질의 '비분할성'을 '분할성'으로 환원하는 것이기에 물질의 본질을 밝히는 데는 실패할 것이라고 생각하고 있다.

의지의 불확정성indétermination

베르그송은 자유의 한 조건처럼 '불확정성'을 말하고 있다. 왜냐하면 이미 확정되어 있는 것이라면 다른 것을 선택할 여지가 없기 때문이다. 그는 의지란 본질적으로 자유로운 것 혹은 자유로울 수 있는 것으로 고려하고 있다. 따라서 '의지의 불확정성'은 의지가 자유롭기 위해 필연적으로 요청되는 것이다. 다시 말해 어떤 특정한 조건이 주어지면 필연적으로 어떤 특정한 반응을 하게 되는, 기계적인 것이 아니라는 의미에서 불확정적이란 뜻이다. 그럼에도 이러한 의지의 불확정성은 신경 요소들의 통일성과 잘 일치하고 있다. 즉, 자유로운 의지의 발로는 그만큼 신경 요소들이 잘 통일되어 있다는 것을 의미한다. 이와 반대로 신경 요소들의 통일성이 무너지면 그만큼 자유로운 의지의 행사가 감소하게 된다는 것을 의미한다.

이미지image

'상像'으로도 번역된다. 베르그송의 관점에서 '이미지'는 우리들의 인식 체계가 외부 대상을 인식할 때 가장 먼저 포착되는 것, 일종의 '직관' 혹은 '교감'을 통해서 드러나는 것을 지칭하고 있다. 따라서 단순한 외관이나 외적 모습 이상을 의미한다. 감각과 의식 그리고 감각 대상의 서로 간의 상호작용을 통해서 총체적으로 파악된 것을 의미하며, 이는 물질로도, 감각으로도, 정신적인 것으로도 환원할 수 없는 것이다. 이미지를 '상像'으로 번역할 수도 있을 것이다. 하지만 불어에서 '형상(모양)'에 해당하는 용어인 'forme'이란 용어가 따로 있으며, '상'이란 일반적으로 '시각적인 모양' '표상'의 약자 혹은 '표상'된 결과를 의미한다. 반면 이미지는 오감과 의식이 함께 작용한 결과이기에 훨씬 풍부한 뉘앙스를 지니고 있다. 그래서 베르그송은 '이미지'는 '표상'보다 많은 것을 가지고 있다고 생각하며, 이미지를 '사물'과 '표상' 사이의 '중도에' 위치한 실존existence을 의미한다고 말하고 있다.

일반 관념idée générale

일반적으로 구체적인 대상이나 특정한 상황과 무관한 평화, 분노, 욕망 등 정신적인 삶과 관련된 보통명사를 지칭한다고 할 수 있다. 이러한 일반 관념은 유사성과 인접성을 통해 형성되는 것으로, 이 관념들 사이에는 공통분모가 있다. 예를 들어 '사랑'과 '미움'이란 관념은 서로 완전히 구분되는 관념이지만 왜 사랑이 발생하게 되었는지 그리고 또 왜 미움이 발생하게 되었는지 그 근원을 추적해 보면 '그 사람에 대해 갈망하는 무엇'이 공통의 요소로 자리하고 있음을 알 수 있다. 마찬가지로 '화산'에 대한 이미지와 '폭우'에 대한 이미지는 서로 분명 구분되는 '이미지'들이지만 이들 역시도 '자연현상'이라는 공통의 장르를 가지고 있다. 이렇게 모든 '관념'과 '이미지'는 충분히 거슬러 올라가면 '공통의 장르'를 발견하게 된다. 그런데 이러한 일반 관념은 이들이 지칭하는 '사물'과 같은 구체적인 대상이 없다는 측면에서 개별적인 것도 아니고, 나아가 모두에게서 하나로 일치하는 보편적인 의미를 가진 것이 아니기에 보편적인 것도 아니다. 그래서 베르그송은 이를 '일반 관념'이라고 부르고 있다.

정감affection

'영향을 주고받다' '작용하다' '슬퍼하다' '갈구하다' 등의 뜻을 가진 동사 'affecter'에서 파생된 명사이다. 일반적으로 'affection'은 '애정' '병의 증상' '애착' '감동' '감정' 등 다양한 의미로 사용된다. 그런데 베르그송은 이 용어를 나의 내면에서 발생하는 어떤 움직임으로서 '감정' '정감' '정서' 등을 의미로 사용하고 있다.

정도degré의 차이와 본성nature의 차이

베르그송이 기억과 지각의 차이, 지각과 정감의 차이 등을 구분할 때 사용하는 개념이다. 심리학자들은 기억을 가리켜 희미한 지각처럼 고려하면서 기억과 지각의 차이를 다만 정도 혹은 강도의 차이로 구분한다. 하지만 베르그송은 기억(이미지 기억)은 연장성을 가지지 않는 반면 지각은 연장성을 가지는 것으로, 정도의 차이가 아니라 본성상의 차이가 있다고 보고 있다. 마찬가지로 지각과 정감의 차이 또한 정도의 차이가 아니라 본성(성질)의 차이를 지닌다. '정감(느낌)'은 생물학적인 것이 강하지만, 지각은 정신적인 것, 즉 '반성의 능력'을 강하게 내포하고 있다. 그리고 정감이 '수동적인 특성'을 가지고 있다면 지각은 '능동적인 특성'을 가진다. 이 둘은 정도에서 구분되는 것이 아니라, 본성상 혹은 그 성질에 있어서 구분된다.

정신적 실명cécité psychique

'정신적 실명'이란 운동 능력이나 감각 능력 등에는 별문제가 없음에도, 일련의 연속된 과정을 가진 간단한 행위들을 잘 하지 못하는 증상을 말한다. 예를 들어 의학에서는 정신적 실명의 한 예로 '실행증'이라는 병을 예로 들고 있는데, 이는 커피를 타는 것, 봉투에 편지를 넣고 붙이는 것 등의 간단한 행위를 어떻게 하는지 잘 알지 못하는 증상을 말하는 것이다. 그리고 자신의 가족의 얼굴을 알아보지 못하는 단기기억 상실 등도 일종의 정신적 실명에 해당한다. 아마도 사람들이 '치매 증상'이라고 부르는 것도 '정신적 실명'의 한 종류라고 볼 수 있을 것이다. 베르그송은 이러한 정신적인 실명이 뇌피질의 특정 부위에 손상을 입어 저장된 기억이 삭제된 것에 연유하는 것이라는 심리학자나 뇌과학자들의 사유에 동의하지 않으며, 이는 잠정적으로 정신과 육체를 이어 주는 신경의 단절로 인해 정신(의식)에 있는 기억을 불러오지(떠올리지) 못하기 때문이라고 보고 있다.

지각perception

'인식'으로도 번역된다. 일반적으로 '인식'은 많은 경우 감각 인식을 지칭하고, 지각知覺은 감각을 통해 알게 됨 혹은 감각으로 파악된 것이 '무엇인지 알아봄'이라는 의미를 가지고 있다. 따라서 '지각'이란 순수한 감각 작용이기보다는 감각이 동반된 의식의 작용을 의미한다. 베르그송은 보다 더 의식적으로 지각된 인식을 강조하기 위해 '의식적인 지각perception consciente'이라는 표현을 사용한다.

지속durée

우리가 실재 혹은 '사물 자체'라고 부르는 것의 진정한 국면을 이르는 말이다. 지속은 시간상 끊임없이 이어지는 것을 말하며, 공간상 분할할 수 없는 것을 의미한다. 예를 들어, 우리들의 인식구조는 인식 대상인 '외부 세계'와 끊임없이 교감하고 서로 연관되어 있어서 뇌의 분자운동과 같이 인식의 구조에서 분리하여 독자적으로 고찰할 수 없다. 이것이 '지속 개념', 즉 '단절이 없음의 개념' 중 하나이다. 나의 의식 속의 기억도 마찬가지다. 인간의 기억이란 어떤 의미에서 하나의 총체적인 기억을 지니고 있으며, 전체의 기억으로부터 어느 하나를 분리할 수 없다. 유용성 때문에 그렇게 할 수는 있겠지만, 전체의 기억으로부터 분리된 기억은 진정한 기억의 국면이 아니다. 예를 들어 학창 시절에 대한 이미지 기억을 초등학생 시절, 중학생 시절, 고등학생 시절의 기억을 통해 떠올렸을 때, 이 세 가지 기억들은 현재 나의 의식에 존재하고 있다는 차원에서 동시적인 것이고, 현재적인 것이며 하나의 덩어리로 전체적으로 존재한다. 여기서 기억을 10년 전의 기억, 20년 전의 기억 등으로 분할하는 것은 불가능하다. 이것이 기억에 대한 지속 개념이다. 이러한 의식 혹은 기억의 지속은 또한 시간의 지속에서 그 근거를 가진다. 시간은 본질적으로 하나의 전체이며 지속하는 것이지, 1분 전의 시간과 2분 전의 시간으로 분리할 수 있는 것이 아니다. 이 책에서는 지속이라는 용어가 많이 등장하지는 않지만, 모든 논의에서 마치 배경처럼 전제되어 있다. 특히 실재에 대한 과학자들의 관점을 비판할 때는 항상 이 지속의 개념이 그 배경이 되고 있다.

직관intuition

직관이란 인식의 단계에서 가장 최초의 순간에서 이루어지는 행위를 말한다. 직접적인 인식, 즉 이성의 해석이나 개인적인 정서가 개입하기 이전의 인식을 말한다. 따라서 지각 대상과 지각주체 사이에 일종의 '교감'이 이루어진 상태, 과장하여 말하면 '물아일체'가 된 상태라고 할 수 있다. 베르그송은 이러한 직관의 상태에서 "지각이 사물의 일부가 된다"라고 말하기도 한다. 바로 이러한 직관의 개념으로 인해 그는 '물자체(있는 그대로의 사물)는 알 수 없다'는 칸트의 선험적 관념론을 비판하고 있다. 그리고 그가 '순수 지각'이라고 말할 때는 바로 이러한 직관을 통해 이루어진 지각을 말한다. 물론 베르그송은 이러한 직관이 누구에게나 가능한 것인지 또한 어떤 조건 아래에서 가능한 것인지에 대해서는 자세히 논하고 있지 않지만, 최소한 이론적으로는 그렇다는 것이 베르그송의 관점이다.

확장성과 비확장성extension et inextension

감각 지각의 속성을 말할 때 주로 사용하는 개념이다. 확장성이란 감
각 지각에 있어서 우리의 지각은 본질적으로 전체적인 풍경으로 확
대된다는 것을 의미한다. 예를 들어 내가 어떤 사람을 바라볼 때 나
의 지각이 지향하는 것은 특별한 이유가 없다면 그 사람의 전체 이미
지이며, 손이나 발 등의 지엽적인 부분을 지향하지는 않는다. 이렇
게 전체를 지향하면서 넓어지는 것을 '확장성'이라고 한다. 반면 '비확
장성'은 우리의 인식이 어느 특정한 지엽적인 요소에 초점이 맞추어
지는 것을 말한다. 이러한 비확장성은 정감을 가지게 될 때 발생하는
것으로, 우리가 감각 인식으로부터 어떤 특정한 정감(느낌, 정서)을 가
지게 될 때는 일반적으로 이 정감은 광범위하지 않다. 다시 말해 전
체 풍경의 어떤 특정한 부분이 우리에게 어떤 특정한 느낌이나 정서
를 느끼게 한다. 그것이 소리이든, 색깔이든 혹은 모양이든 어떤 특
정한 것이 우리의 내면에 어떤 특정한 감정이나 느낌을 유발하는 것
이다. 즉 감각 지각은 광범위하게 이루어지지만, 정감은 비광범위하
게 이루어진다. 이러한 비확장적인 특성은 특히 과학자들이 어떤 유
용성이나 필요성으로 인해 사물들을 분석하는 데서도 발생하는데,
가령 현미경으로 어떤 특정 부분만을 확대하는 데서 발생한다. 여기
서 인위적인(인공적인) 사물에 대한 이미지가 발생하는 것이다. 베르
그송은 이 인위적인 사물의 이미지를 사물 그 자체의 '실제적인 이미
지'로 간주하는 데서 '환상illusion'이 발생한다고 말하고 있다.

‘작용’이라는 의미로도 사용된다. 베르그송에게 행동이란 다만 현실적인 삶의 육체적·정신적 활동만을 의미하지 않는다. 우선적으로 그는 행동이란 우리가 사물들을 변화시키는 능력, 의식에 의해 확인되고 조직화된 신체의 모든 능력이 이 변화를 위해 수렴하는 활동 혹은 능력 그 자체라고 말하고 있다.

1859년   파리의 유대인 부모 아래서 4남 3녀 중 둘째로 성장.

1868년   〈콩도르세 고등학교〉에 입학. 전국학력 경시대회 수학분야에서 「파스칼
         의 세 개의 원에 관한 풀이」로 전국 1위 입상, 본 주제는 1877년『신수학연
         감』에 게재됨.

1878년   〈에콜 노르말 슈페리외(파리고등사범학교)〉에 입학, 철학을 전공으로 선
         택함.

1881년   교수자격 국가시험에 합격. 1896년까지 여러 고등학교에서 교사직 수행.

1889년   『의식에 직접적으로 주어진 소여들』로 철학박사 학위 취득, 아르캉 출판
         사에서 출간.

1896년   『물질과 기억』 출간.

1897년   〈콜레주 드 프랑스〉의 강사로 임용.

1898년   〈에콜 노르말 슈페리외〉의 강사로 임용.

1900년   〈콜레주 드 프랑스〉의 교수직 임명,『웃음』출간.

1901년   〈도덕·정치 아카데미〉 회원으로 선출.

1907년   『창조적 진화』 출간.

1911년   〈옥스퍼드 대학〉에서 '명예과학박사 학위' 수여.

1913년   〈런던 심령연구회〉 회장으로 추대.

1919년   레지옹 도뇌르 3등 훈장 수훈,『정신적 에너지』출간.

1922년   유네스코의 모체인 〈국제지적협력위원회〉의 초대회장으로 선출됨,『지
         속과 동시성』 출간.

1923년   레지옹 도뇌르 2등 훈장 수훈.

1928년   노벨문학상 수상.

1930년   레지옹 도뇌르 대십자훈장 수훈.

1932년   『도덕과 종교의 두 원천』 출간.

1934년   논문집 『사유와 운동』 출간.

1941년   파리의 자택에서 임종.

1978년   '판테온 사원' 묘지로 이장.